KB084703

특별부록

2020 ~ 2017년
서울교통공사 NCS 기출문제

모바일 OMR 답안분석

2020 ~ 2017년 시행 기출문제

※ 다음은 스마트 스테이션에 관한 자료이다. 다음 자료를 보고 이어지는 질문에 답하시오. [1~3]

서울 지하철 2호선에 '스마트 스테이션'이 본격 도입된다. 서울교통공사는 현재 분산되어 있는 분야별 역사 관리 정보를 정보통신기술(ICT)을 기반으로 통합·관리할 수 있는 '스마트 스테이션'을 내년(2021년) 3월까지 2호선 50개 전 역사에 구축한다고 밝혔다.

스마트 스테이션은 올해 4월 지하철 5호선 군자역에서 시범 운영됐다. 그 결과 순회 시간이 평균 28분에서 10분으로 줄고, 돌발 상황 시 대응 시간이 평균 11분에서 3분으로 단축되는 등 안전과 보안, 운영 효율이 향상된 것으로 나타났다.

스마트 스테이션이 도입되면 3D맵, IoT센서, 지능형 CCTV 등이 유기적으로 기능하면서 하나의 시스템을 통해 보안, 재난, 시설물, 고객서비스 등 통합적인 역사 관리가 가능해진다. 3D맵은 역 직원이 역사 내부를 3D 지도로 한눈에 볼 수 있어 화재 등의 긴급 상황이 발생했을 때 신속 대응에 도움을 준다. 지능형 CCTV는 화질이 200만 화소 이상으로 높고, 객체 인식 기능이 탑재되어 있어 제한구역의 무단침입이나 역사 화재 등이 발생했을 때 실시간으로 알려준다. 지하철 역사 내부를 3차원으로 표현함으로써 위치별 CCTV 화면을 통한 가상순찰도 가능하다.

서울교통공사는 기존 통합 모니터링 시스템을 개량하는 방식으로 2호선 내 스마트 스테이션의 도입을 추진한다. 이와 관련해 지난달 L통신사 컨소시엄과 계약을 체결하였다. 이번 계약에는 군자역에 적용된 스마트 스테이션 기능을 보완하는 내용도 들어 있다. 휠체어를 자동으로 감지하여 역 직원에게 통보해주는 기능을 추가하는 등 교통약자 서비스를 강화하고, 직원이 역무실 밖에서도 역사를 모니터링할 수 있도록 모바일 버전을 구축하는 것이 주요 개선사항이다.

서울교통공사는 2호선을 시작으로 점진적으로 전 호선에 스마트 스테이션 도입을 확대해 나갈 예정이다. 또 스마트 스테이션을 미래형 도시철도 역사 관리 시스템의 표준으로 정립하고, 향후 해외에 수출할 수 있도록 기회를 모색해 나갈 계획이라고 밝혔다.

〈스마트 스테이션의 특징〉

- 역무실 공백 상태가 줄어든다.
- 출입관리가 강화된다.
- 상황 대응이 정확하고 빨라진다.

〈일반 CCTV와 지능형 CCTV의 특징〉

구분	일반 CCTV	지능형 CCTV
특징	사람이 영상을 항시 감시·식별	영상분석 장치를 통해 특정 사람, 사물, 행위 등을 인식
장단점	- 유지보수가 용이함 - 24시간 모니터링 필요 - 모니터링 요원에 의해 사건·사고 인지	- 정확한 식별을 통한 관리의 용이성 - 자동화된 영상분석 장치를 통해 특정 상황 발생 시 알람 등을 이용해 관제요원에게 통보 - 개발이 어려움

01 다음 중 기사문의 내용과 일치하는 것은?

① 스마트 스테이션은 2020년 말까지 2호선 전 역사에 구축될 예정이다.
② 스마트 스테이션은 2019년 4월에 처음으로 시범 운영되었다.
③ 현재 5호선 군자역에서는 분야별 역사 관리 정보를 통합하여 관리한다.
④ 현재 군자역의 직원은 역무실 밖에서도 모바일을 통해 역사를 모니터링할 수 있다.
⑤ 2호선에 도입될 스마트 스테이션에는 새롭게 개발된 통합 모니터링 시스템이 적용된다.

02 다음 중 일반 역(스테이션)의 특징으로 옳지 않은 것은?

① 스마트 스테이션에 비해 순찰 시간이 짧다.
② 스마트 스테이션에 비해 운영비용이 많이 든다.
③ 스마트 스테이션에 비해 돌발 상황에 대한 대응 시간이 길다.
④ 스마트 스테이션에 비해 더 많은 인력이 필요하다.
⑤ 스마트 스테이션에 비해 사건·사고 등을 실시간으로 인지하기 어렵다.

---

01 스마트 스테이션에서는 분산되어 있는 분야별 역사 관리 정보를 정보통신기술을 기반으로 통합 관리한다. 따라서 현재 스마트 스테이션을 시범 운영하고 있는 5호선 군자역에서는 역사 관리 정보가 통합되어 관리되고 있음을 알 수 있다.

오답분석
① 서울교통공사는 스마트 스테이션을 2021년 3월까지 2호선 50개 전 역사에 구축할 예정이다.
② 스마트 스테이션은 올해 2020년 4월 지하철 5호선 군자역에서 시범 운영되었다.
④ 모바일 버전의 구축은 이번에 체결한 계약의 주요 개선사항 중 하나이므로 현재는 모바일을 통해 역사를 모니터링할 수 없다.
⑤ 스마트 스테이션은 기존 통합 모니터링 시스템을 개량하는 방식으로 도입될 예정이므로 앞으로 도입될 스마트 스테이션에는 새롭게 개발된 모니터링 시스템이 아닌 보완·개선된 기존의 모니터링 시스템이 적용될 것이다.

02 스마트 스테이션이 군자역에서 시범 운영된 결과, 순회 시간이 평균 28분에서 10분으로 줄었다. 따라서 일반 역의 순찰 시간은 스마트 스테이션의 순찰 시간보다 더 긴 것을 알 수 있다.

오답분석
② 스마트 스테이션이 시범 운영된 결과, 운영 효율이 향상된 것으로 나타났으므로 일반 역은 스마트 스테이션에 비해 운영비용이 많이 드는 것을 알 수 있다.
③ 스마트 스테이션이 시범 운영된 결과, 돌발 상황에 대한 대응 시간이 평균 11분에서 3분으로 단축되었으므로 일반 역의 대응 시간은 스마트 스테이션보다 더 긴 것을 알 수 있다.
④ 스마트 스테이션이 도입되면 3D맵과 지능형 CCTV를 통해 가상순찰이 가능해지므로 스마트 스테이션에서는 일반 역보다 적은 인력이 필요할 것이다.
⑤ 스마트 스테이션의 경우 지능형 CCTV를 통해 무단침입이나 역사 화재 등을 실시간으로 인지할 수 있지만, 일반 역에서는 이를 실시간으로 인지하기 어렵다.

정답 01 ③ 02 ①

03 다음은 스마트 스테이션의 3D맵이다. 다음을 보고 판단한 내용으로 옳지 않은 것은?

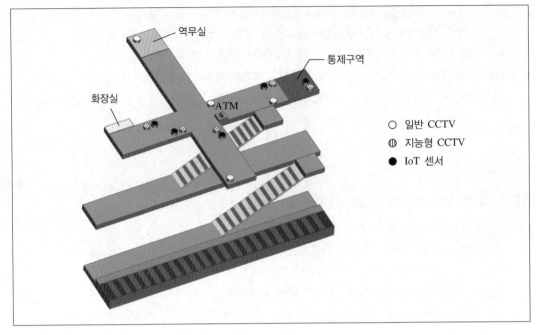

① 역무실의 CCTV는 고장이 나더라도 유지보수가 용이하다.
② ATM기 오른편의 CCTV보다 맞은편의 CCTV를 통해 범죄자 얼굴을 쉽게 파악할 수 있다.
③ 역 내에 지능형 CCTV와 IoT센서는 같이 설치되어 있다.
④ 통제 구역의 CCTV는 침입자를 실시간으로 알려준다.
⑤ 역무실에서는 역 내의 화장실 주변에 대한 가상순찰이 가능하다.

---

03 지능형 CCTV(◍)의 경우 높은 화소와 객체 인식 기능을 통해 사물이나 사람의 정확한 식별이 가능하다. 따라서 ATM기 맞은편에 설치된 일반 CCTV(○)보다 ATM기 오른쪽에 설치된 지능형 CCTV(◍)를 통해 범죄자 얼굴을 쉽게 파악할 수 있다.

오답분석
① 일반 CCTV(○)는 유지보수가 용이하다는 장점이 있다.
③ 제시된 3D맵을 보면 모든 지능형 CCTV(◍)는 IoT센서(●)와 함께 설치되어 있음을 알 수 있다.
④ 지능형 CCTV(◍)는 객체 인식 기능을 통해 제한구역의 무단침입 등이 발생할 경우 이를 실시간으로 알려 준다.
⑤ 지하철 역사 내부를 3차원으로 표현한 3D맵에서는 지능형 CCTV(◍)와 IoT 센서(●) 등을 통해 가상순찰이 가능하다.

정답 03 ②

04 다음 중 고객접점서비스에 대한 설명으로 옳은 것을 모두 고르면?

> ㄱ. 덧셈 법칙이 적용된다.
> ㄴ. 처음 만났을 때의 15초가 중요하다.
> ㄷ. 서비스 요원이 책임을 지고 고객을 만족시킨다.
> ㄹ. 서비스 요원의 용모와 복장이 중요하다.
> ㅁ. 고객접점서비스를 강화하기 위해서는 서비스 요원의 권한을 약화시켜야 한다.

① ㄱ, ㄴ, ㄷ   ② ㄴ, ㄷ, ㄹ
③ ㄷ, ㄹ, ㅁ   ④ ㄱ, ㄷ, ㄹ, ㅁ
⑤ ㄱ, ㄴ, ㄷ, ㄹ, ㅁ

05 다음 중 거절에 대한 설명으로 옳지 않은 것은?

N공사	입사를	축하합니다
응할 수 없는 이유를 설명한다	거절은 되도록 늦게 해야 한다	모호하지 않고 단호하게 거절한다
여러분	**환영합니다**	
정색하지 않는다	도움을 주지 못한 것에는 아쉬움을 표현한다	

① N공사   ② 입사를
③ 축하합니다.   ④ 여러분
⑤ 환영합니다.

---

04 고객접점서비스(MOT)는 고객과 서비스 요원 사이에서 15초 동안의 짧은 순간 이루어지는 서비스로, 이 15초 동안 고객접점에 있는 서비스 요원이 책임과 권한을 가지고 우리 회사를 선택한 것이 가장 좋은 선택이었다는 사실을 고객에게 입증해야 한다. 이때, 서비스 요원의 용모와 복장 등은 첫인상을 좌우하는 중요한 요소가 된다.

오답분석

ㄱ. 고객접점서비스는 모든 서비스에서 100점을 맞았더라도 한 접점에서 불만이 나오면 $100 \times 0 = 0$의 곱셈 법칙이 적용되어 모든 서비스 점수가 0점이 된다.

ㅁ. 고객접점서비스를 강화하기 위해서는 서비스 요원의 권한을 강화하여야 한다.

05 거절은 빠르게 하는 것이 좋다.

올바른 거절 방법
• 거절에 대해 먼저 사과하고, 상대방이 이해할 수 있게 응할 수 없는 이유를 설명하다.
• 거절은 시간을 들이지 말고 바로 하는 것이 좋다.
• 모호한 태도를 보이는 것보다 단호하게 거절하는 것이 좋다.
• 정색을 하면 상대방의 감정이 상하므로 주의한다.
• 거절한 다음에는 도움을 주지 못하는 것에 대해 아쉬움을 표현한다.

정답 04 ②   05 ②

안심Touch

※ 다음은 지점이동을 원하는 직원들에 대한 자료이다. 자료를 보고 이어지는 질문에 답하시오. [6~7]

〈직원 기록〉

성명	1차 희망지역	보직	경력	성명	1차 희망지역	보직	경력
A	대구	시내운전	3년	H	부산	연료주입	3년
B	대전	차량관리	5년	I	서울	시내운전	6년
C	서울	연료주입	4년	J	대구	차량관리	5년
D	경기	차량관리	2년	K	광주	연료주입	1년
E	서울	시내운전	6년	L	경기	연료주입	2년
F	부산	연료주입	7년	M	부산	시내운전	8년
G	경기	차량관리	1년	N	대구	차량관리	7년

〈조건〉

- 각 지역마다 희망지역을 신청한 사람 중 2명까지 이동할 수 있다.
- 우선 희망지역이 3명 이상이면 경력이 높은 사람이 우선된다.
- 1차 희망 지역에 가지 못한 사람들은 2차 희망지역에서 다음 순위 방법으로 선정된다.
  - 보직 우선순위 '시내운전 > 차량관리 > 연료주입'
  - 보직이 같을 경우 경력이 낮은 사람 우선
- 희망지역은 3차까지 신청 가능하다.
- 3차 희망지역도 안 될 경우 지점이동을 하지 못한다.

| 2020년

06 1차 희망지역인 서울과 경기지역으로 이동할 직원들이 바르게 연결된 것은?

①
서울
E, I
경기
G, L

②
서울
C, I
경기
D, L

③
서울
E, I
경기
D, L

④
서울
C, E
경기
D, G

⑤
서울
C, I
경기
D, G

07 다음은 지점이동을 지원한 직원들의 희망지역을 정리한 표이다. 표를 참고할 때 어느 지역으로도 이동하지 못하는 직원은?

<희망지역 신청표>

성명	1차 희망지역	2차 희망지역	3차 희망지역	성명	1차 희망지역	2차 희망지역	3차 희망지역
A	대구	울산	부산	H	부산	광주	울산
B	대전	광주	경기	I	서울	경기	–
C	서울	경기	대구	J	대구	부산	울산
D	경기	대전	–	K	광주	대전	–
E	서울	부산	–	L	경기	서울	–
F	부산	대구	포항	M	부산	대전	대구
G	경기	광주	서울	N	대구	포항	–

① A
② C
③ G
④ H
⑤ N

---

06 지점이동을 원하는 직원들 중 1차 희망지역에 서울을 신청한 직원은 C, E, I이고, 경기를 적은 직원은 D, G, L이다. 하지만 조건에서 희망지역을 신청한 사람 중 2명만 이동할 수 있으며, 3명 이상이 지원하면 경력이 높은 사람이 우선된다고 했으므로 서울을 신청한 직원 중 경력이 6년인 E, I가 우선이며, 경기는 경력이 2년인 D, L이 우선이 된다. 따라서 서울 지역으로 이동할 직원은 E, I이며, 경기 지역은 D, L이다.

07 지점이동을 원하는 직원들 중 첫 번째와 두 번째 조건에 따라 1차 희망지역으로 발령을 받는 직원을 정리하면 다음과 같다.

서울	경기	대구	대전
E, I	D, L	J, N	B
부산	**광주**	**포항**	**울산**
F, M	K		

1차 희망지역에 탈락한 직원은 A, C, G, H이며, 4명의 2차 희망지역에서 순위 선정 없이 바로 발령을 받는 직원은 울산을 지원한 A이다. G와 H는 광주를 지원했지만 광주에는 K가 이동하여 한 명만 더 갈 수 있기 때문에 둘 중 보직 우선순위에 따라 차량관리를 하고 있는 G가 이동하게 된다. H는 3차 희망지역으로 울산을 지원하여 울산에 배정된 직원은 A 1명이므로 울산으로 이동한다. C의 경우 2·3차 희망지역인 경기, 대구 모두 2명의 정원이 배정되어 있으므로 이동하지 못한다. 따라서 지점이동을 하지 못하는 직원은 C이다.

정답 06 ③ 07 ②

08 다음 중 감정은행계좌에 대한 설명으로 가장 적절하지 않은 것은?

〈감정은행계좌〉

1. 감정은행계좌란?

인간관계에서 구축하는 신뢰의 정도를 은유적으로 표현한 것으로, 만약 우리가 다른 사람에 대해 공손하고 친절하며 정직하고 약속을 지킨다면 우리는 감정을 저축하는 것이 되고, 무례하고 불친절한 행동 등을 한다면 감정을 인출하는 것이 된다.

2. 감정은행계좌 주요 예입수단

내용	사례
상대방에 대한 이해심	여섯 살 아이는 벌레를 좋아하였지만, 아이의 행동을 이해하지 못한 부모는 벌레를 잡아 내쫓았다. 결국 아이는 크게 울고 말았다.
사소한 일에 대한 관심	두 아들과 여행을 간 아버지는 막내아들이 추워지자 입고 있던 자신의 코트를 벗어 막내아들에게 입혔다. 여행에서 돌아온 뒤 표정이 좋지 않은 큰아들과 이야기를 나누어보니 동생만 챙긴다고 서운해하고 있었다.
약속의 이행	A군과 B군이 오전에 만나기로 약속하였으나, B군은 오후가 다 되어서야 약속장소에 나왔다. A군은 앞으로 B군과 만나기로 약속할 경우 약속 시간보다 늦게 나가야겠다고 생각하였다.
기대의 명확화	이번에 결혼한 신혼부부는 결혼생활에 대한 막연한 기대감을 품고 있었다. 그러나 결혼 후의 생활이 각자 생각하던 것과 달라 둘 다 서로에게 실망하였다.
언행일치	야구선수 C는 이번 시즌에서 20개 이상의 홈런과 도루를 성공하겠다고 이야기하였다. 실제 이번 시즌에서 C가 그 이상을 해내자 사람들은 C의 능력을 확실히 믿게 되었다.
진지한 사과	D사원은 작업 수행 중 실수가 발생하면 자신의 잘못을 인정하고 사과하였다. 처음에는 상사도 이를 이해하고 진행하였으나, 같은 실수와 사과가 반복되자 이제 D사원을 신뢰하지 않게 되었다.

① 상대방을 제대로 이해하지 못하면 감정이 인출될 수 있다.

② 분명한 기대치를 제시하지 않아 오해가 생기면 감정이 인출될 수 있다.

③ 말과 행동을 일치시키거나 약속을 지키면 신뢰의 감정이 저축된다.

④ 내게 사소한 것이 남에게는 사소하지 않을 수 있다.

⑤ 잘못한 것에 대해 사과를 하면 항상 신뢰의 감정이 저축된다.

---

08 진지한 사과는 감정은행계좌에 신뢰를 예입하는 것이지만, 반복되는 사과나 일상적인 사과는 불성실한 사과와 같은 의미로 받아들여져 감정이 인출될 수 있다.

감정은행계좌 주요 예입수단

- 상대방에 대한 이해심 : 다른 사람을 진정으로 이해하기 위해 노력하는 것이야말로 우리가 할 수 있는 가장 중요한 예입수단이다.
- 사소한 일에 대한 관심 : 약간의 친절과 공손함은 매우 중요하다. 이와 반대로 작은 불손, 작은 불친절, 하찮은 무례 등은 막대한 인출을 가져온다.
- 약속의 이행 : 책임을 지고 약속을 지키는 것은 중요한 감정 예입 행위이며, 약속을 어기는 것은 중대한 인출 행위이다.
- 기대의 명확화 : 신뢰의 예입은 처음부터 기대를 분명히 해야 가능하다.
- 언행일치 : 개인의 언행일치는 신뢰를 가져오고, 감정은행계좌에 많은 종류의 예입을 가능하게 하는 기초가 된다.
- 진지한 사과 : 진지한 사과는 감정은행계좌에 신뢰를 예입하는 것이다.

정답 08 ⑤

09 다음 중 〈보기〉와 관련된 자기인식에 대한 설명으로 옳지 않은 것은?

― 〈보기〉 ―

ㄱ 이력서에 적힌 개인정보를 바탕으로 보직이 정해졌다.
ㄴ 일을 하면서 몰랐던 적성을 찾았다.
ㄷ 지시에 따라 적성에 맞지 않은 일을 계속하였다.
ㄹ 상사가 나에게 일에 대한 피드백을 주었다.
ㅁ 친한 동료와 식사를 하면서 나의 꿈을 이야기했다.
ㅂ 나의 평판에 대해 직장 동료나 상사에게 물어본다.

① ㄹ은 눈먼 자아와 연결된다.
② ㄴ은 아무도 모르는 자아와 연결된다.
③ ㄱ은 공개된 자아와 연결된다.
④ ㅂ은 숨겨진 자아와 연결된다.
⑤ 조셉과 해리 두 심리학자가 '조해리의 창' 이론을 만들었다.

10 다음 중 우리나라 직장인에게 요구되는 직업윤리와 가장 관련이 없는 것은?

① 전문성   ② 성실성
③ 신뢰성   ④ 창의성
⑤ 협조성

---

09 숨겨진 자아는 타인은 모르지만, 나는 아는 나의 모습을 의미한다. 자신의 평판에 대해 직장 동료나 상사에게 물어보는 것은 타인은 알고 있지만, 나는 알지 못하는 나의 모습을 의미하는 눈먼 자아와 연결된다.

조해리의 창(Johari's Window)
조해리의 창은 대인관계에 있어서 자신이 어떻게 보이고, 또 어떤 성향을 가지고 있는지를 파악할 수 있도록 한 심리학 이론으로, 미국의 심리학자 조셉 루프트와 해리 잉햄이 고안하였다.
• 눈먼 자아 : 나에 대해 타인은 알고 있지만, 나는 알지 못하는 모습
• 아무도 모르는 자아 : 타인도 나도 모르는 나의 모습
• 공개된 자아 : 타인도 나도 아는 나의 모습
• 숨겨진 자아 : 타인은 모르지만, 나는 아는 나의 모습

10 직업윤리의 일반적 덕목에는 소명의식, 천직의식, 직분의식, 책임의식, 전문가의식, 봉사의식 등이 있으며, 한국인들은 중요한 직업윤리 덕목으로 책임감, 성실성, 정직함, 신뢰성, 창의성, 협조성, 청렴함 등을 강조한다.

정답   09 ④   10 ①

〈철도차량의 개조〉

• 개요

철도차량을 소유하거나 운영하는 자가 철도차량을 개조하여 운행하려면 국토교통부 장관의 개조승인을 받아야 한다.

• 내용

1) 철도안전법 시행규칙 제75조의3(철도차량 개조승인의 신청 등)

　① 철도차량을 소유하거나 운영하는 자(이하 "소유자 등"이라 한다)는 철도차량 개조승인을 받으려면 별지 제45호 서식에 따른 철도차량 개조승인신청서에 다음 각호의 서류를 첨부하여 국토교통부 장관에게 제출하여야 한다.

　　1. 개조 대상 철도차량 및 수량에 관한 서류

　　2. 개조의 범위, 사유 및 작업 일정에 관한 서류

　　3. 개조 전·후 사양 대비표

　　4. 개조에 필요한 인력, 장비, 시설 및 부품 또는 장치에 관한 서류

　　5. 개조작업수행 예정자의 조직·인력 및 장비 등에 관한 현황과 개조작업수행에 필요한 부품, 구성품 및 용역의 내용에 관한 서류. 다만, 개조작업수행 예정자를 선정하기 전인 경우에는 개조작업수행 예정자 선정기준에 관한 서류

　　6. 개조 작업지시서

　　7. 개조하고자 하는 사항이 철도차량기술기준에 적합함을 입증하는 기술문서

　② 국토교통부 장관은 제1항에 따라 철도차량 개조승인 신청을 받은 경우에는 그 신청서를 받은 날부터 15일 이내에 개조승인에 필요한 검사내용, 시기, 방법 및 절차 등을 적은 개조검사 계획서를 신청인에게 통지하여야 한다.

2) 철도안전법 시행규칙 제75조의5(철도차량 개조능력이 있다고 인정되는 자)

국토교통부령으로 정하는 적정 개조능력이 있다고 인정되는 자란 다음 각 호의 어느 하나에 해당하는 자를 말한다.

　1. 개조 대상 철도차량 또는 그와 유사한 성능의 철도차량을 제작한 경험이 있는 자

　2. 개조 대상 부품 또는 장치 등을 제작하여 납품한 실적이 있는 자

　3. 개조 대상 부품·장치 또는 그와 유사한 성능의 부품·장치 등을 1년 이상 정비한 실적이 있는 자

　4. 법 제38조의7 제2항에 따른 인증정비조직

　5. 개조 전의 부품 또는 장치 등과 동등 수준 이상의 성능을 확보할 수 있는 부품 또는 장치 등의 신기술을 개발하여 해당 부품 또는 장치를 철도차량에 설치 또는 개량하는 자

3) 철도안전법 시행규칙 제75조의6(개조승인 검사 등)

　① 개조승인 검사는 다음 각 호의 구분에 따라 실시한다.

　　1. 개조 적합성 검사 : 철도차량의 개조가 철도차량기술기준에 적합한지 여부에 대한 기술문서 검사

　　2. 개조 합치성 검사 : 해당 철도차량의 대표편성에 대한 개조작업이 제1호에 따른 기술문서와 합치하게 시행되었는지 여부에 대한 검사

　　3. 개조형식시험 : 철도차량의 개조가 부품 단계, 구성품 단계, 완성차 단계, 시운전 단계에서 철도차량 기술기준에 적합한지 여부에 대한 시험

② 국토교통부 장관은 제1항에 따른 개조승인 검사 결과 철도차량기술기준에 적합하다고 인정하는 경우에는 별지 제45호의 4서식에 따른 철도차량 개조승인증명서에 철도차량 개조승인 자료집을 첨부하여 신청인에게 발급하여야 한다.

③ 제1항 및 제2항에서 정한 사항 외에 개조승인의 절차 및 방법 등에 관한 세부사항은 국토교통부 장관이 정하여 고시한다.

| 2019년

11 다음 중 철도차량 개조 순서가 바르게 연결된 것은?

① 개조신청 – 사전기술 검토 – 개조승인
② 개조신청 – 개조승인 – 사전기술 검토
③ 사전기술 검토 – 개조신청 – 개조승인
④ 사전기술 검토 – 개조승인 – 개조신청
⑤ 개조승인 – 사전기술 검토 – 개조신청

| 2019년

12 K씨는 철도차량 개조를 신청하기 위해 자료를 살펴보았다. 다음 중 K씨가 자료를 통해 알 수 없는 것은?

① 신청 시 구비 서류
② 개조승인 검사 종류
③ 개조승인 검사 기간
④ 신청서 처리 기간
⑤ 차량 개조 자격

---

11 철도차량을 소유하거나 운영하는 자가 철도차량 개조승인을 받으려면 먼저 철도안전법 시행규칙 제75조의3 제1항에 나타난 서류와 개조승인신청서를 제출하여야 한다. 개조신청이 접수되면 철도차량의 개조가 철도차량기술기준 등에 적합한지 여부에 대한 검토가 진행된다. 검토 결과 적합하다고 인정된 경우 국토교통부 장관의 개조승인을 받을 수 있다. 따라서 철도차량의 개조는 '개조신청 – 사전기술 검토 – 개조승인'의 순서로 진행된다.

12 개조승인 신청 이후 개조검사 계획서가 통지되는 기한은 알 수 있으나, 이후 실시되는 개조승인 검사가 얼마 동안 진행되는지는 알 수 없다.

오답분석
① 철도안전법 시행규칙 제75조의3 제1항
② 철도안전법 시행규칙 제75조의6 제1항
④ 철도안전법 시행규칙 제75조의3 제2항
⑤ 철도안전법 시행규칙 제75조의5

정답 11 ① 12 ③

안심Touch

13 다음은 자아효능감에 관한 자료이다. 다음 빈칸에 들어갈 말이 차례대로 연결된 것은?

〈자아효능감〉

반두라(Bandura)의 이론에 따르면 자아효능감(Self Efficacy)이란 자신이 어떤 일을 성공적으로 수행할 수 있는 능력이 있다고 믿는 개인적 기대와 신념을 의미한다. 반두라는 자아효능감이 ____㉠____ 경험을 통해 결정된다고 보았다. 이를 위해서는 실제 성공할 수 있는 수준부터 시작하여 단계별로 높여 나가며 목표를 달성하도록 해야 한다. 스스로 해낼 수 있다는 긍정적인 신념은 성공 경험이 쌓임으로써 발생하기 때문이다.

또한 반두라는 실제 자신의 ____㉠____ 보다는 약하지만, 성공한 사람들의 경험을 간접적으로 학습하는 ____㉡____ 역시 자아효능감 형성에 영향을 미치는 요인으로 보았다. 다른 사람의 성공 사례를 통해 '저 사람이 할 수 있다면 나도 할 수 있다.'는 생각을 가질 수 있다는 것이다. 즉, 반두라는 개인의 행동과 반응이 다른 사람의 행동에 영향을 받는 ____㉢____ 경험의 역할을 강조하였다.

한편, 자신의 능력에 대한 의심이나 과제에 대한 불안은 자아효능감 형성에 좋지 않은 영향을 미친다고 보았으며, 오히려 적당한 ____㉣____ 상태에서 온전한 능력을 발휘할 수 있다고 보았다.

	㉠	㉡	㉢	㉣
①	모델링	정서적 각성	수행성취	사회적
②	모델링	수행성취	정서적 각성	사회적
③	정서적 각성	수행성취	모델링	정서적 각성
④	수행성취	모델링	사회적	정서적 각성
⑤	수행성취	모델링	정서적 각성	사회적

---

13 ㉠ 수행성취, ㉡ 모델링, ㉢ 사회적, ㉣ 정서적 각성

정답 13 ④

14 다음은 의약품 종류별 상자 수에 따른 가격표이다. 종류별 상자 수를 가중치로 적용하여 가격에 대한 가중평균을 구하면 66만 원이다. 이때 빈칸에 들어갈 가격으로 적절한 것은?

〈의약품 종류별 가격 및 상자 수〉

(단위 : 만 원, 개)

구분	A	B	C	D
가격	( )	70	60	65
상자 수	30	20	30	20

① 60만 원

② 65만 원

③ 70만 원

④ 75만 원

⑤ 80만 원

15 농도가 12%인 A설탕물 200g, 15%인 B설탕물 300g, 17%인 C설탕물 100g이 있다. A와 B설탕물을 합친 후 300g만 남기고 버린 다음, 여기에 C설탕물을 합친 후 다시 300g만 남기고 버렸다. 이때, 마지막 300g 설탕물에 녹아 있는 설탕의 질량은?

① 41.5g

② 42.7g

③ 43.8g

④ 44.6g

⑤ 45.1g

----

14 가중평균은 원값에 해당되는 가중치를 곱한 총합을 가중치 합으로 나눈 것을 말한다. A의 가격을 a만 원이라고 할 때, 식을 구하면 다음과 같다.

$$\frac{(a \times 30) + (70 \times 20) + (60 \times 30) + (65 \times 20)}{30 + 20 + 30 + 20} = 66 \rightarrow \frac{30a + 4,500}{100} = 66 \rightarrow 30a = 6,600 - 4,500 \rightarrow a = \frac{2,100}{30} \rightarrow a = 70$$

따라서 A의 가격은 70만 원이다.

15 A, B, C설탕물의 설탕 질량을 구하면 다음과 같다.

• A설탕물 : $200 \times 0.12 = 24$g

• B설탕물 : $300 \times 0.15 = 45$g

• C설탕물 : $100 \times 0.17 = 17$g

A, B설탕물을 합치면 설탕물 500g에 설탕은 $24 + 45 = 69$g, 농도는 $\frac{69}{500} \times 100 = 13.8\%$이다. 합친 설탕물을 300g만 남기고 C설탕물과 합치면, 설탕물 400g이 되고 여기에 들어있는 설탕의 질량은 $300 \times 0.138 + 17 = 58.4$g이다. 또한, 합친 설탕물을 300g만 남기면 농도는 일정하므로 설탕물이 $\frac{3}{4}$으로 줄어든 만큼 설탕의 질량도 같이 줄어든다. 따라서 설탕의 질량은 $58.4 \times \frac{3}{4} = 43.8$g이다.

정답 14 ③   15 ③

안심Touch

16 매년 수입이 4,000만 원인 A씨의 소득 공제 금액이 작년에는 수입의 5%였고, 올해는 수입의 10%로 늘었다. 작년 대비 증가한 올해의 소비 금액은 얼마인가?(단, 소비 금액은 천 원 단위에서 절사한다)

〈소비 금액별 소득 공제 비율〉

소비 금액	공제 적용 비율
1,200만 원 이하	6%
1,200만 원 초과 4,600만 원	72만 원+(1,200만 원 초과금)×15%

① 1,334만 원

② 1,350만 원

③ 1,412만 원

④ 1,436만 원

⑤ 1,455만 원

17 A기차와 B기차가 36m/s의 일정한 속력으로 달리고 있다. 600m 길이의 터널을 완전히 지나는 데 A기차는 25초, B기차는 20초가 걸렸다면 A기차와 B기차의 길이로 옳은 것은?

	A기차	B기차
①	200m	150m
②	300m	100m
③	150m	120m
④	200m	130m
⑤	300m	120m

----

16 작년과 올해 공제받은 금액 중 1,200만 원 초과금을 x, y만 원이라 하고 공제받은 총금액에 관한 방정식으로 x, y를 구하면 다음과 같다.

- 작년 : $72 \times 0.15x = 4,000 \times 0.05 \rightarrow 72 + 0.15x = 200 \rightarrow x = \dfrac{128}{0.15} \fallingdotseq 853$

- 올해 : $72 \times 0.15y = 4,000 \times 0.1 \rightarrow 72 + 0.15y = 400 \rightarrow y = \dfrac{328}{0.15} \fallingdotseq 2,187$

따라서 작년 대비 증가한 올해 소비 금액은 $(2,187+1,200)-(853+1,200)=1,334$만 원이다.

17 A, B기차의 길이를 각각 a, bm라고 가정하고 터널을 지나는 시간에 대한 방정식을 세우면 다음과 같다.

- A기차 : $\dfrac{600+a}{36}=25 \rightarrow 600+a=900 \rightarrow a=300$

- B기차 : $\dfrac{600+b}{36}=20 \rightarrow 600+b=720 \rightarrow b=120$

따라서 A기차의 길이는 300m이며, B기차의 길이는 120m이다.

정답 16 ① 17 ⑤

18 다음 중 H부장의 질문에 대해 옳지 않은 대답을 한 사원은?

> H부장 : 10진수 21을 2, 8, 16진수로 각각 바꾸면 어떻게 되는가?
> A사원 : 2진수로 바꾸면 10101입니다.
> B사원 : 8진수로 바꾸면 25입니다.
> C사원 : 16진수로 바꾸면 16입니다.

① A사원   ② B사원
③ C사원   ④ A, B사원
⑤ B, C사원

---

18 숫자 21을 2, 8, 16진수로 바꾸면 다음과 같다.
   • 2진수
   　2) 21
   　2) 10 … 1
   　2) 5 … 0
   　2) 2 … 1
   　　　1 … 0
   아래부터 차례대로 적으면 10101, 21의 2진수 숫자이다.
   • 8진수
   　8) 21
   　　　2 … 5
   21의 8진수는 25이다.
   • 16진수
   　16) 21
   　　　1 … 5
   21의 16진수는 15이다.
   따라서 옳지 않은 대답을 한 사원은 C사원이다.

정답 18 ③

안심Touch

19 다음은 셀리그먼 박사가 개발한 PERMA 모델이다. 다음 중 PERMA 모델의 'E'에 해당하는 설명으로 옳은 것은?

〈PERMA 모델〉

P		긍정적인 감정(Positive Emotion)
E		
R		인간관계(Relationship)
M		의미(Meaning & Purpose)
A		성취(Accomplishment & Achievement)

① 사람은 고립되면 세상을 바라보는 균형이 깨지고, 고통도 혼자 감내하게 된다.

② 목표를 세우고 성공하게 되는 과정은 우리에게 기대감을 심어준다.

③ 현재를 즐기며, 미래에 대한 낙관적인 생각을 갖는다.

④ 무엇인가에 참여하게 되면 우리는 빠져들게 되고, 집중하게 된다.

⑤ 자신이 가치 있다고 생각하는 것을 찾고, 그 가치를 인식해야 한다.

---

19 PERMA 모델의 'E'는 참여(Engagement & Flow)로 시간 가는 줄 모르는 것, 어떤 활동에 빠져드는 동안 자각하지 못하는 것, 자발적으로 업무에 헌신하는 것 등을 말하므로 ④가 적절하다.

오답분석

① 인간관계(Relationship)에 대한 설명이다.

② 성취(Accomplishment & Achievement)에 대한 설명이다.

③ 긍정적인 감정(Positive Emotion)에 대한 설명이다.

⑤ 의미(Meaning & Purpose)에 대한 설명이다.

정답 19 ④

20 K회사에서 지난 주 월요일부터 금요일까지 행사를 위해 매일 회의실을 대여했다. 회의실은 501호부터 505호까지 마주보는 회의실 없이 차례대로 위치해 있으며, 하루에 하나 이상의 회의실을 대여할 수 있지만, 전날 사용한 회의실은 다음날 바로 사용할 수 없다. 또한 바로 붙어있는 회의실들은 동시에 사용할 수 없지만, 월요일에는 예외적으로 붙어있는 두 개의 회의실을 사용했다. 다음 회의실 사용 현황을 참고하여 수요일에 2개의 회의실을 대여했다고 할 때, 수요일에 대여한 회의실은 몇 호인가?

〈회의실 사용 현황〉

구분	월요일	화요일	수요일	목요일	금요일
회의실	501호	504호		505호	

① 501호, 502호

② 501호, 503호

③ 502호, 503호

④ 504호, 505호

⑤ 501호, 505호

21 다음 〈조건〉을 충족하는 을의 나이로 가장 적절한 것은?

─〈조건〉─

• 갑과 을은 부부이다. a는 갑의 동생, b, c는 갑의 아들과 딸이다.
• 갑은 을과 동갑이거나 나이가 많다.
• a, b, c 나이의 곱은 2,450이다.
• a, b, c 나이의 합은 46이다.
• a는 19 ~ 34세이다.
• 갑과 을의 나이 합은 아들과 딸의 나이 합의 4배이다.

① 46세

② 45세

③ 44세

④ 43세

⑤ 42세

---

20 월요일은 붙어있는 회의실 두 곳 501호와 502호를 사용했고, 화요일은 504호, 목요일은 505호를 사용하였다. 이때 전날에 사용한 회의실은 사용할 수 없다고 했으므로 화요일과 목요일에 사용한 504·505호는 수요일에 사용이 불가능하고 월요일에 사용한 501·502호, 그리고 아직 사용하지 않은 503호는 가능하다. 하지만 수요일에 대여한 회의실은 두 곳이므로 세 회의실 중에 붙어있지 않은 501·503호만 사용 가능하다. 따라서 수요일에 501·503호를 대여했음을 알 수 있다.

21 a, b, c의 나이를 식으로 표현하면 $a \times b \times c = 2,450$, $a+b+c=46$이다. 나이의 곱을 소인수분해하면 $a \times b \times c = 2,450 = 2 \times 5^2 \times 7^2$이다. 2,450의 약수 중에서 19 ~ 34 사이인 수를 구하면 25이므로 갑의 동생 a는 25세가 된다. 그러므로 아들과 딸 나이의 합은 $b+c=21$이다. 따라서 갑과 을 나이 합은 $21 \times 4 = 84$가 되며, 갑은 을과 동갑이거나 연상이라고 했으므로 을의 나이는 42세 이하이다.

정답 20 ② 21 ⑤

안심Touch

22 A1 인쇄용지의 크기가 한 단위 작아질 경우 가로 길이의 절반이 A2 용지의 세로 길이가 되고, A1 용지의 세로 길이는 A2 용지의 가로 길이가 된다. 이는 용지가 작아질 때마다 같은 비율로 적용된다. 이때 A4에서 A5로 축소할 경우 길이의 축소율은?(단, $\sqrt{2}=1.4$, $\sqrt{3}=1.7$)

① 20%　　　　　　　　　　　　　② 30%

③ 40%　　　　　　　　　　　　　④ 50%

⑤ 60%

22　A1의 가로를 a[mm], 세로를 b[mm]라고 하면 A1의 세로 길이 b는 A2의 가로 길이가 되고, A1의 가로 길이의 $\frac{1}{2}$은 A2의 세로 길이가 된다. 이런 방식으로 A3부터 A5까지 각각의 가로와 세로 길이를 구하면 다음과 같다.

구분	가로 길이(mm)	세로 길이(mm)
A1	a	b
A2	b	$\dfrac{a}{2}$
A3	$\dfrac{a}{2}$	$\dfrac{b}{2}$
A4	$\dfrac{b}{2}$	$\dfrac{a}{4}$
A5	$\dfrac{a}{4}$	$\dfrac{b}{4}$

가로와 세로가 같은 비율로 작아지므로 A4와 A5의 길이 축소율을 a와 b에 관한 식으로 나타내면

(가로 길이 축소율)=(세로 길이 축소율) $\rightarrow \dfrac{a}{4} \div \dfrac{b}{2} = \dfrac{b}{4} \div \dfrac{a}{4} \rightarrow \dfrac{a^2}{16} = \dfrac{b^2}{8} \rightarrow a = \sqrt{2}\,b \cdots \text{㉠}$

따라서 ㉠을 A4에서 A5의 가로 길이 축소율에 대입하면 $\dfrac{a}{4} \div \dfrac{b}{2} = \dfrac{a}{2b} = \dfrac{\sqrt{2}\,b}{2b} = \dfrac{1.4}{2} = 0.7$이므로 30%로 축소됨을 알 수 있다.

정답 22 ②

23 다음 글을 읽고 오프라 윈프리의 설득 비결로 옳은 것은?

> 1954년 1월 29일, 미시시피주에서 사생아로 태어난 오프라 윈프리는 어릴 적 사촌에게 강간과 학대를 당하고 14살에 미혼모가 되었으나, 2주 후에 아기가 죽는 등 불우한 어린 시절을 보냈다. 그 후 고등학생 때 한 라디오 프로에서 일하게 되었고, 19살에는 지역의 저녁 뉴스에서 공동뉴스캐스터를 맡게 되었다. 그러나 곧 뛰어난 즉흥적 감정 전달 능력 덕분에 뉴스 캐스터가 아닌 낮 시간대의 토크쇼에서 진행자로 활동하게 되었다. 에이엠 시카고(AM Chicago)는 시카고에서 낮은 시청률을 가진 30분짜리 아침 토크쇼였지만 오프라 윈프리가 맡은 이후, 시카고에서 가장 인기 있는 토크쇼였던 '도나휴'를 능가하게 되었다. 그리고 그 쇼가 바로 전국적으로 방영되었던 '오프라 윈프리 쇼'의 시초였다.
>
> 이렇듯 그녀가 토크쇼의 진행자로서 크게 성공할 수 있었던 요인은 무엇이었을까? 얼마 전 우리나라에서 방송되었던 한 프로그램에서는 그 이유에 대해 '말하기와 듣기'라고 밝혔다. 실제로 그녀는 방송에서 자신의 아픈 과거를 고백함으로써 게스트들의 진심을 이끌어 냈으며, 재밌는 이야기에 함께 웃고 슬픈 이야기를 할 때는 함께 눈물을 흘리는 등 그녀의 공감 능력을 통해 상대방의 닫힌 마음을 열었다. 친숙한 고백적 형태의 미디어 커뮤니케이션이라는 관계 형성 토크의 새로운 영역을 개척한 것이다.
>
> 오프라 윈프리는 상대방의 설득을 얻어내기 위한 방법으로 다섯 가지를 들었다. 첫째, 항상 진술한 자세로 말하여 상대방의 마음을 열어야 한다. 둘째, 아픔을 함께 하는 자세로 말하여 상대방의 공감을 얻어야 한다. 셋째, 항상 긍정적으로 말한다. 넷째, 사랑스럽고 따뜻한 표정으로 대화한다. 다섯째, 말할 때는 상대방을 위한다는 생각으로 정성을 들여 말해야 한다. 또한 그녀는 '바위 같은 고집쟁이도 정성을 다해 말하면 꼼짝없이 마음의 문을 열고 설득당할 것이다.'라고도 말했다.

① 자신감 있는 태도
② 화려한 경력
③ 공감의 화법
④ 상대방에 대한 사전 조사
⑤ 사실적 근거

---

23 오프라 윈프리는 상대방의 설득을 얻어 내기 위해서는 진솔한 자세로 상대방의 마음을 열고, 아픔을 함께 하는 자세로 상대방의 공감을 얻어야 한다고 하였으므로, 그녀의 설득 비결로 ③이 옳다.

[정답] 23 ③

24 다음 글에서 나타나는 문제의 원인으로 가장 적절한 것은?

> 러시아에 공산주의 경제가 유지되던 시절, 나는 모스크바에 방문했다가 이상한 장면을 보게 되었다. 어떤 한 사람이 계속 땅을 파고 있고, 또 다른 사람은 그 뒤를 쫓으며 계속 그 구멍을 덮고 있었던 것이다. 의아했던 나는 그들에게 이러한 행동의 이유를 물어보았고, 그들이 말하는 이유는 단순했다. 그들은 나무를 심는 사람들인데 오늘 나무를 심는 사람이 오지 않아 한 사람이 땅을 판 후, 그대로 다음 사람이 그 구멍을 메우고 있었다는 것이다.

① 과도한 분업화 ② 체력 저하
③ 체계화되지 않은 체제 ④ 복잡한 업무
⑤ 리더의 부재

25 다음 중 밑줄 친 조직의 성격으로 적절한 것은?

> **제4조(국가 등의 책무)**
> ① 국가와 지방자치단체는 국민의 생명·신체 및 재산을 보호하기 위하여 철도안전시책을 마련하여 성실히 추진하여야 한다.
> ② 철도운영자 및 철도시설관리자(이하 '철도운영자 등'이라 한다)는 철도운영이나 철도시설관리를 할 때에는 법령에서 정하는 바에 따라 철도안전을 위하여 필요한 조치를 하고, 국가나 지방자치단체가 시행하는 철도안전시책에 적극 협조하여야 한다.

① 관리적·정치적 조직 ② 호혜조직
③ 체제유지목적 조직 ④ 봉사조직
⑤ 경제적 조직

---

24 사람들은 나무를 심는 일을 땅을 파는 일, 나무를 심는 일, 구멍을 메우는 일로 각각 나누어 진행하였다. 분업화는 이처럼 일을 각 업무별로 나누어 진행하는 것으로 업무의 효율성을 높여주지만, 각각의 일을 담당한 사람들은 본인 위주의 일밖에 할 수 없다는 단점이 있다. 따라서 글에 나타난 문제의 원인으로 ①이 가장 적절하다.

25 국가와 지방자치단체는 사회 속에서 사람·자원 및 하위 체제의 통제·조정에 관한 기능을 수행하는 관리적·정치적 조직에 속한다.

오답분석
② 호혜조직 : 조직으로부터 혜택을 받는 주요 수혜자가 조직의 구성원인 조직으로 노동조합, 정당 등이 이에 해당된다.
③ 체제유지목적 조직 : 교육·문화 등의 활동을 통해 사회의 문화 체제를 계승·발전시키려는 조직으로 교육기관·문화단체 등이 이에 해당된다.
④ 봉사조직 : 일반 대중이 조직의 1차적 수혜자로, 이들을 대상으로 서비스를 제공한다. 학교, 병원 등이 이에 해당된다.
⑤ 경제적 조직 : 사회에서 경제적 생산과 배분의 역할을 하는 조직으로 기업체 등이 이에 해당된다.

정답 24 ① 25 ①

26 다음 사례에서 갑에게 나타난 인지적 오류의 유형으로 가장 적절한 것은?

> 을과 함께 있던 갑은 새로 들어온 신입사원이 자신의 옆을 지나가면서 웃는 것을 보고 분명히 자신을 비웃는 것이라고 생각하였다. 을은 과민한 생각이 아니냐며 다른 재밌는 일이 있는 것이라고 이야기했지만, 갑은 을의 이야기를 듣지 않고 자괴감에 빠졌다.

① 정신적 여과   ② 개인화

③ 과잉 일반화   ④ 이분법적 사고

⑤ 예언자적 사고

27 다음 중 A대리에게 나타나는 증상의 원인으로 가장 적절한 것은?

> S공사 A대리는 회사 내 유능한 인재로 인정받고 있다. 하지만 S공사에서는 적자 해소를 위해 인력을 축소하고 신규인력 채용을 연기하였고 A대리는 기존에 여러 사원과 하던 업무를 점점 홀로 떠맡게 되었다. 일처리가 빠르기로 소문난 A대리였지만, 일이 A대리에게만 집중되자 A대리의 능력으로도 소화해내기 힘들어졌다. A대리는 모든 일에 무기력해졌고, 현재 퇴사를 고려하고 있다.

① 대인관계가 원활하지 않아서   ② 일의 난이도가 낮아서

③ 민원 업무 때문에   ④ 일의 양이 과도하게 많아서

⑤ 업무에 비해 연봉이 적어서

---

26 갑은 무관한 사건을 자신과 관련된 것으로 잘못 해석하고 있는 개인화의 오류를 범하고 있다.

오답분석

① 정신적 여과 : 상황의 주된 내용은 무시하고, 특정한 일부의 정보에만 주의를 기울여 전체의 의미를 해석하는 오류이다.

③ 과잉 일반화 : 한두 번의 사건에 근거하여 일반적 결론을 내리고, 무관한 상황에도 그 결론을 적용하는 오류이다.

④ 이분법적 사고 : 여러 가지 가능성이 있음에도 불구하고 두 가지 가능성에 한정하여 사고하는 오류이다.

⑤ 예언자적 사고 : 충분한 근거 없이 미래에 일어날 일을 단정하고 확신하는 오류이다.

27 A대리는 갑자기 많아진 업무로 인해 무기력감을 느끼고, 마침내 퇴사까지 고려하고 있다. 이러한 증상은 의욕적으로 일에 몰두하던 사람이 극도의 신체적·정신적 피로감을 호소하며 무기력해지는 번아웃 증후군으로, 주로 긴 노동시간에 비해 짧은 휴식 시간, 강도 높은 노동 등이 원인이 된다.

정답 26 ②   27 ④

28 다음 글에 나타난 유비의 리더십 유형으로 가장 적절한 것은?

> '모난 돌이 정 맞는다.', '갈대는 휘지만 절대 부러지지 않는다.'라는 말이 있다. 직장 생활을 하다 보면 정에 맞거나, 부러져야 할 위기의 순간이 찾아온다. 그때 겉모습은 그리 아름답지 않겠지만 휘거나 굽히는 모양새가 필요하다. 그러나 사실 자존감을 잃지 않는 범위 내에서 겸손과 굽힘의 유연함을 갖추기는 매우 어렵다. 우리가 주목해야 할 것은 유비가 제갈량을 얻기 위해 갖춘 겸손의 태도이다. 당시 유비는 47세로, 27세의 제갈량보다 무려 스무 살이나 연상이었다. 그럼에도 불구하고, 유비는 제갈량을 세 번이나 찾아가 머리를 굽혔다. 마지막 세 번째에는 낮잠을 자는 제갈량을 무려 몇 시간이나 밖에 서서 기다리는 모습을 보이면서 제갈량의 마음을 얻은 것으로 알려져 있다. 또한 유비는 나이, 신분, 부, 출신 지역 등을 가리지 않고 인재를 등용했으며, 인재를 얻기 위해서는 자신을 낮추는 데 주저함이 없었다. 당시 유비의 책사였던 서서가 어쩔 수 없는 상황으로 유비를 떠나면서 제갈량을 추천했던 것도 유비의 진심에 탄복했기 때문이다.

① 서번트 리더십   ② 카리스마 리더십
③ 거래적 리더십   ④ 민주적 리더십
⑤ 방임적 리더십

---

28 유비는 상대의 나이나 신분과 관계없이 스스로를 낮추는 겸손의 태도를 통해 능력 있는 인재들을 등용하여 함께 목표를 달성하고자 했다. 이러한 유비의 태도는 리더가 부하를 섬기며 서로 간의 신뢰를 형성하고, 그들의 성장 및 발전을 통해 궁극적으로 조직의 목표를 달성하는 서번트 리더십을 보여준다.

오답분석
② 카리스마 리더십 : 리더는 구성원의 의견보다는 자신의 주관을 갖고 팀을 이끈다.
③ 거래적 리더십 : 리더가 구성원들과 맺은 교환 관계에 기초해서 영향력을 발휘한다.
④ 민주적 리더십 : 리더는 구성원들의 참여와 합의에 따라 의사결정을 한다.
⑤ 방임적 리더십 : 리더는 최소한의 영향만을 행사하며, 의사결정권을 구성원에게 일임한다.

정답 28 ①

29 다음 중 밑줄 친 단어의 한자가 바르게 연결된 것은?

> 현행 수입화물의 프로세스는 <u>적하</u>목록 제출, 입항, 하선, 보세운송, 보세구역 반입, 수입신고, 수입신고 수리, 반출의 절차를 이행하고 있다. 입항 전 수입신고는 5% 내외에 머무르고, 대부분의 수입신고가 보세구역 반입 후에 행해짐에 따라 보세운송 절차와 보세구역 반입 절차가 반드시 수반되어야 했다. 하지만 새로운 제도가 도입되면 해상화물의 적하목록 제출시기가 적재 24시간 전(근거리 출항 전)으로 앞당겨져 입항 전 수입신고가 일반화될 수 있는 여건이 <u>조성</u>될 것이다. 따라서 수입화물 프로세스가 적하목록 제출, 수입신고, 수입신고 수리, 입항, 반출의 절차를 거침에 따라 화물반출을 위한 세관 절차가 입항 전에 종료되므로 보세운송, 보세구역 반입이 생략되어 수입화물을 신속하게 화주에게 인도할 수 있게 된다.

① 積下 – 調聲　　　　　　② 積下 – 組成

③ 積荷 – 潮聲　　　　　　④ 積荷 – 造成

⑤ 責任 – 造成

30 A사에 근무하는 K대리는 워드프로세서로 작성된 보고서에 동영상 파일을 삽입하려고 한다. 다음 중 워드프로세서에 삽입 가능한 동영상 파일의 파일 형식으로 적절하지 않은 것은?

① mpg　　　　　　② avi

③ asf　　　　　　④ mp4

⑤ tif

---

29 • 적하(積荷) : 화물을 배나 차에 실음
　 • 조성(造成) : 분위기나 정세 따위를 만듦

　 오답분석
　 • 적하(積下) : 짐을 부림
　 • 조성(調聲) : 소리를 낼 때에 그 높낮이와 장단을 고름
　 • 조성(組成) : 여러 개의 요소나 성분으로 얽거나 짜서 만듦
　 • 책임(責任) : 맡아서 해야 할 임무나 의무

30 워드프로세서에 삽입 가능한 동영상 파일의 파일 형식은 mpg, avi, asf, wmv, mp4 등이 있으며, tif는 고화질과 큰 사이즈의 사진을 뽑거나 인쇄를 할 때 사용하기 적합한 이미지 파일 형식이다.

31 다음은 어느 영화의 한 장면이다. 다음 중 이 영화에서 하고자 하는 이야기로 가장 적절한 것은?

어느 한 법정에서 선정된 12명의 배심원이 한 소년의 살인죄에 대한 유·무죄를 가린다. 배심원들의 의견이 만장일치가 되어야만 소년의 형량이 결정되는데, 12명의 배심원은 학교의 빈 강당으로 수용되고 이들은 모든 외부 세계와 단절된다. 혹시라도 있을 수 있는 편견과 잘못된 판단을 방지하기 위해서이다. 이들은 서로 이름도 모르고 아무런 연계성이 없는 사람들로 이들 중 대표 한 사람을 뽑아서 회의를 연다. 이들은 모두 어차피 수사가 다 끝났고 증인도 있으니 이 불쌍한 소년이 유죄라 생각하며 빨리 결정을 내고 해산하려는 생각뿐이다. 그러나 그중 단 한 사람이 무죄를 선언하자 야단법석이 일어난다.
"정말로 무죄라고 생각하시나요?"
"꼭 저런 사람들이 있지."
"저 소년과 아는 사이 아닌가!"
하지만 그 한 명의 배심원은 그들의 압력에 동조하지 않고 말했다.
"나까지 저 소년이 유죄라고 하면, 저 소년은 진짜로 죽을 것 아니오?"
결국 비밀 투표가 시행되고, 한 사람이 더 무죄에 투표하게 된다. 배심원들 사이에서 분분한 논쟁이 이어지면서 하나둘씩 소년의 무죄를 느낀다. 결정적으로 이 살인사건의 증인이었던 옆집 여자의 증언이 위증으로 판명되면서 배심원 모두가 소년의 무죄를 선언하게 된다.

① 다수의 의결에 따라야 한다.
② 범죄를 저질렀으면 벌을 받아야 한다.
③ 결정을 내리기 전에는 다른 의견도 들어봐야 한다.
④ 다수의 의견이 항상 옳은 것은 아니다.
⑤ 소수의 의견은 다수의 의견에 앞선다.

---

31 한 사람만이 소년이 유죄라는 대다수의 의견에 동조하지 않고 소년의 무죄를 주장하였고, 마침내 소년은 무죄로 판결 받는다. 다수의 의견을 따라 판결을 내렸다면 소년은 억울하게 살인죄의 판정을 받았을 것이다. 이를 통해 이 영화는 다수의 의견이 항상 옳지만은 않다는 것을 이야기하고 있다.

정답 31 ④

32 전통적인 회식비 분담 방식은 회식비 총액을 인원수로 나누는 방식이다. 하지만 최근에는 자신이 주문한 만큼 부담하는 거래내역 방식을 사용하기도 한다. 다음 중 전통적인 방식에 비해 거래내역 방식으로 회식비를 분담할 때 부담이 덜어지는 사람은 누구인가?

<주문내역>

구분	메인요리	샐러드	디저트
병수	12,000원	–	3,000원
다인	15,000원	5,000원	3,000원, 5,000원
한별	13,000원	5,000원	7,000원
미진	15,000원	3,000원	6,000원, 5,000원
건우	12,000원	4,000원	5,000원, 5,000원

① 병수
② 다인
③ 한별
④ 미진
⑤ 건우

33 다음 중 벤치마킹의 분류와 그 특징이 잘못 연결된 것은?

① 내부적 벤치마킹 – 자사 내 타부서와 비교하는 방법
② 경쟁적 벤치마킹 – 경쟁사와 비교하여 유사 업무 처리 과정을 비교하는 방법
③ 기능적 벤치마킹 – 동일한 산업의 동일한 기능을 비교하는 방법
④ 전략적 벤치마킹 – 최우수 기업의 전략과 방법을 조사하는 방법
⑤ 본원적 벤치마킹 – 동일한 제품을 판매하는 경쟁사의 사업 과정을 비교하는 방법

---

32 거래내역 방식은 각자 주문한 금액만 부담하므로 주문금액을 정리하면 다음과 같다.

구분	주문금액
병수	12,000+3,000=15,000원
다인	15,000+5,000+3,000+5,000=28,000원
한별	13,000+5,000+7,000=25,000원
미진	15,000+3,000+6,000+5,000=29,000원
건우	12,000+4,000+5,000+5,000=26,000원
합계	123,000원

전통적인 회식비 분담 방식으로 낼 경우, 모두 $\frac{123,000}{5}=24,600$원씩 부담한다. 따라서 거래내역 방식으로 회식비를 분담할 때 부담이 덜어지는 사람은 병수이다.

33 본원적 벤치마킹(과정 벤치마킹)은 가장 넓은 범위의 벤치마킹으로, 비교 대상은 경쟁 관계나 산업영역에 구애받지 않는다. 따라서 전혀 다른 제품을 생산하는 회사의 사업 과정도 그 비교 대상이 될 수 있다.

정답 32 ① 33 ⑤

34 다음은 A ~ E자동차의 성능을 비교한 자료이다. K씨의 가족은 서울에서 거리가 140km 떨어진 곳으로 여행을 가려고 한다. 가족 구성원은 총 4명이며 모두가 탈 수 있는 차를 렌탈하려고 할 때, 어떤 자동차를 이용하는 것이 가장 비용이 적게 드는가?(단, 비용은 일의 자리에서 반올림한다)

〈자동차 성능 현황〉

구분	종류	연료	연비
A자동차	하이브리드	일반 휘발유	25km/L
B자동차	전기	전기	6km/kW
C자동차	가솔린 자동차	고급 휘발유	19km/L
D자동차	가솔린 자동차	일반 휘발유	20km/L
E자동차	가솔린 자동차	고급 휘발유	22km/L

〈연료별 비용〉

구분	비용
전기	500원/kW
일반 휘발유	1,640원/L
고급 휘발유	1,870원/L

〈자동차 인원〉

구분	인원
A자동차	5인승
B자동차	2인승
C자동차	4인승
D자동차	6인승
E자동차	4인승

① A자동차　　　　　　　　　　② B자동차
③ C자동차　　　　　　　　　　④ D자동차
⑤ E자동차

---

34 K씨 가족은 4명이므로 4인승 이상의 자동차를 택해야 한다. 2인승인 B자동차를 제외한 나머지 4종류 자동차의 주행거리에 따른 연료비용은 다음과 같다.

- A자동차 : $\frac{140}{25} \times 1,640 ≒ 9,180$원
- C자동차 : $\frac{140}{19} \times 1,870 ≒ 13,780$원
- D자동차 : $\frac{140}{20} \times 1,640 = 11,480$원
- E자동차 : $\frac{140}{22} \times 1,870 = 11,900$원

따라서 A자동차를 이용하는 것이 가장 비용이 적게 든다.

정답 34 ①

35 다음 A, B의 태도에 알맞은 직업윤리 덕목은?

> A : 내가 하는 일은 내가 가장 잘할 수 있는 일이고, 나는 내게 주어진 사회적 역할과 책무를 충실히 하여 사회에 기여하고 공동체를 발전시켜나간다.
>
> B : 내가 하는 일은 기업의 이익을 넘어 사회에 기여할 수 있는 일이라고 생각한다. 나는 이런 중요한 일을 하므로 내 직업에 있어서 성실히 임해야 한다.

	A의 직업윤리	B의 직업윤리		A의 직업윤리	B의 직업윤리
①	봉사의식	소명의식	②	책임의식	직분의식
③	천직의식	소명의식	④	전문가의식	직분의식
⑤	봉사의식	책임의식			

---

35   A는 직업에 대한 사회적 역할과 책무를 충실히 수행하는 책임의식의 태도를 지니고 있으며, B는 자신이 맡은 일이 사회와 기업을 성장시키는 데 중요하다고 생각하는 직분의식의 태도를 지니고 있다.

오답분석
- 봉사의식 : 직업을 통해 다른 사람과 공동체에 봉사하는 정신을 갖추고 실천하는 태도이다.
- 소명의식 : 자신의 일은 하늘에 의해 맡겨진 것이라 생각하는 태도이다.
- 천직의식 : 자신의 일이 능력과 적성에 꼭 맞다 여기고 열성을 가지고 성실히 임하는 태도이다.
- 전문가의식 : 자신이 맡은 일의 분야에 대한 지식과 교육을 밑바탕으로 성실히 일하는 태도이다.

정답 35 ②

안심Touch

36 다음은 철도종사자 등의 신체검사에 관한 지침의 일부이다. 밑줄 친 정보에 해당하는 것은?

〈철도종사자 등의 신체검사에 관한 지침〉

제9조(기록보존 등)

① 신체검사의료기관은 신체검사 판정서를 발급한 경우에는 별지 제2호 서식의 신체검사 판정서 관리대장에 기록하고, 다음 각 호의 서류를 신체검사 판정서를 발급한 날부터 5년 동안 보존하여야 한다.

　1. 신체검사판정서 및 관련 검사자료

　2. 신체검사판정서 교부대장

② 제1항 각 호에 따른 자료에 대하여는 교육생의 경우에는 교육훈련기관이, 철도종사자의 경우에는 철도운영기관이, 운전면허시험·관제자격증명 응시자의 경우에는 교통안전공단이 각각 철도안전정보망에 입력하여야 하며, 교통안전공단 이사장은 그 자료를 보관·관리하여야 한다.

③ 신체검사의료기관의 장은 신체검사 판정서 및 신체검사의 기록 등 신체검사를 시행하는 과정에서 알게 된 <u>정보</u>에 관하여는 누설하지 말아야 한다.

---

① 몸무게　　　　　　　　　　② 면허발급일자

③ 근속기간　　　　　　　　　④ 주소지

⑤ 연봉

36　밑줄 친 정보는 신체검사를 통해 알 수 있는 부분으로, ①은 신체검사 항목에 해당하나, ②·③·④·⑤는 해당되지 않는다.

정답 36 ①

37 다음 사례에서 박 과장이 속한 부적응적 인간관계 유형은 무엇인가?

> 박 과장은 모든 사내 인간관계에서 다툼과 대립을 반복하여 팀 내에서 늘 갈등의 중심으로 여겨진다. 사내에는 박 과장과 친한 사람도 있지만, 자주 갈등을 일으키는 탓에 박 과장을 싫어하는 사람도 많다. 김 대리는 이 과장과의 면담에서 박 과장이 팀 내에서 늘 갈등을 일으키는 것을 이야기하며, 박 과장의 언행으로 인해 감정이 상했다고 털어 놓았다. 그러나 박 과장과 친한 이 과장은 박 과장이 사실은 두려움이 많은 친구라고 이야기했다.

① 불안형
② 실리형
③ 소외형
④ 반목형
⑤ 의존형

---

37 박 과장은 다른 사람들과 친밀한 관계를 맺기도 하지만, 주로 인간관계에서 대립과 다툼을 반복하기 때문에 반목형의 유형에 속한다.

부적응적 인간관계 유형
- 회피형
  - 경시형 : 인간관계가 사는 데 있어 중요하지 않고 무의미하다고 생각하는 유형
  - 불안형 : 사람을 사귀고자 하는 욕구가 있지만, 사람을 만나는 것이 불안하고 두려워 결과적으로 경시형과 같이 고립된 생활을 하는 유형
- 피상형
  - 실리형 : 인간관계를 실리적인 목적에 두는 유형
  - 유희형 : 인간관계는 항상 즐거움을 추구하며 가벼운 관계를 유지하는 유형
- 미숙형
  - 소외형 : 대인관계 기술이 미숙하여 다른 사람들로부터 따돌림을 받는 유형
  - 반목형 : 인간관계에서 대립과 다툼을 반복하여 다른 사람에게 상처를 남기는 유형
- 탐닉형
  - 의존형 : 스스로를 나약한 존재라고 생각하여 항상 누군가에게 의지하려는 유형
  - 지배형 : 혼자서는 항상 허전함과 불안함을 느껴 자신의 추종세력을 찾는 유형

정답 37 ④

안심Touch

38 다음 자료는 운전면허 취득을 위한 교육훈련 과정별 교육시간 및 교육훈련 과목이다. 주어진 자료를 참고 하여 갑과 을의 대화 중 밑줄 친 ㉠과 관련된 욕구와 이에 대한 을의 조언을 바르게 연결한 것은?

〈운전면허 취득을 위한 교육훈련 과정별 교육시간 및 교육훈련 과목(제20조 제3항 관련)〉

1. 일반응시자

교육과정	교육훈련 과목
디젤차량 운전면허(470시간)	• 현장실습교육 • 운전실무 및 모의운행훈련 • 비상 시 조치 등
제1종 전기차량 운전면허(470시간)	
제2종 전기차량 운전면허(410시간)	
철도장비 운전면허(170시간)	
노면전차 운전면허(240시간)	

2. 운전면허 소지자

소지면허	교육과정	교육훈련 과목
디젤차량 운전면허 제1종 전기차량 운전면허 제2종 전기차량 운전면허	고속철도차량 운전면허(280시간)	• 현장실습교육 • 운전실무 및 모의운행훈련 • 비상 시 조치 등
디젤차량 운전면허	제1종 전기차량 운전면허(35시간)	• 현장실습교육 • 운전실무 및 모의운행훈련
	제2종 전기차량 운전면허(35시간)	
	노면전차 운전면허(20시간)	
제1종 전기차량 운전면허	디젤차량 운전면허(35시간)	• 현장실습교육 • 운전실무 및 모의운행훈련
	제2종 전기차량 운전면허(35시간)	
	노면전차 운전면허(20시간)	
제2종 전기차량 운전면허	디젤차량 운전면허(70시간)	• 현장실습교육 • 운전실무 및 모의운행훈련
	제1종 전기차량 운전면허(70시간)	
	노면전차 운전면허(20시간)	
철도장비 운전면허	디젤차량 운전면허(260시간)	• 현장실습교육 • 운전실무 및 모의운행훈련 • 비상 시 조치 등
	제1종 전기차량 운전면허(260시간)	
	제2종 전기차량 운전면허(170시간)	
	노면전차 운전면허(100시간)	
노면전차 운전면허	디젤차량 운전면허(120시간)	• 현장실습교육 • 운전실무 및 모의운행훈련 • 비상 시 조치 등
	제1종 전기차량 운전면허(120시간)	
	제2종 전기차량 운전면허(105시간)	
	철도장비 운전면허(45시간)	

3. 일반사항

　가. 철도차량 운전면허 소지자가 다른 종류의 철도차량 운전면허를 취득하기 위하여 교육훈련을 받는 경우에는 신체검사와 적성검사를 받은 것으로 본다. 다만, 철도장비 운전면허 소지자가 다른 종류의 철도차량 운전면허를 취득하기 위하여 교육훈련을 받는 경우에는 적성검사를 받아야 한다.

　나. 고속철도차량 운전면허를 취득하기 위한 교육훈련을 받으려는 사람은 법 제21조에 따른 디젤차량, 제1종 전기차량 또는 제2종 전기차량의 운전업무 수행경력이 3년 이상 있어야 한다.

　다. 모의운행훈련은 전(全) 기능 모의운전연습기를 활용한 교육훈련과 병행하여 실시하는 기본기능 모의운전연습기 및 컴퓨터지원교육시스템을 활용한 교육훈련을 포함한다.

　라. 철도장비 운전면허 취득을 위하여 교육훈련을 받는 사람의 모의운행훈련은 다른 차량 종류의 모의운전연습기를 활용하여 실시할 수 있다.

　마. 교육시간은 교육훈련기관이 별도로 정하는 성적평가 기준에 따라 개인별로 20% 범위에서 단축할 수 있다.

갑 : 제1종 전기차량 운전면허를 따야겠어.

을 : 그래, 너의 꿈을 이루려면 지금 가지고 있는 제2종 전기차량 운전면허로는 부족하겠지. 제1종 전기차량 운전면허를 취득하는 것은 좋은 방법이라고 생각해.

갑 : 하지만 나는 지금 아이도 커 가고 있고……. 470시간의 교육을 받으려면 현재 직장을 그만두어야 하는데, 그러면 당장 ㉠ 생활하기가 어려워.

을 : _____

---

① 안전의 욕구 – 자네는 너무 자기합리화를 하는 것 같아.
② 생리적 욕구 – 자네는 너무 제한적으로 사고하는 것 같아.
③ 안전의 욕구 – 자네는 자기중심적으로 생각하는 것 같아. 주변을 둘러봐.
④ 생리적 욕구 – 자네는 내부정보를 제대로 알아보지 않은 것 같네.
⑤ 자아실현 욕구 – 자네는 너무 제한적으로 사고하는 것 같아.

38　매슬로우의 욕구 5단계에 따르면 기본적인 식욕, 수면욕이나 의식주와 같이 우리 생활의 가장 기본적인 요소들은 생리적 욕구에 속하므로 갑이 고민하고 있는 문제는 생리적 욕구이다. 또한, 갑은 제2종 전기차량 운전면허를 이미 소지하고 있으므로 제1종 전기차량 운전면허를 취득하기 위해서는 470시간이 아닌 70시간의 교육과정만 받으면 된다. 따라서 교육시간 정보를 제대로 알아보지 못한 갑에 대해 을의 조언으로 ④가 적절하다.

정답　38 ④

안심Touch

39 다음 중 안드라고지(Andragogy)에 대한 설명으로 옳지 않은 것은?

① 성과 중심, 문제해결 중심, 생활 중심의 성향을 보인다.
② 교수자는 지원자의 안내자 역할을 한다.
③ 교사중심 교육이며 교과중심적인 성향을 갖는다.
④ 학습의 책임이 학생에게 있다고 본다.
⑤ 학습자가 스스로 배우고 주도해 나가는 과정을 의미한다.

40 다음 중 어미 '–지'의 쓰임이 잘못 연결된 것은?

> ㉠ 상반되는 사실을 서로 대조적으로 나타내는 연결 어미
> ㉡ (용언 어간이나 어미 '–으시–', '–었–', '–겠–' 뒤에 붙어) 해할 자리에 쓰여, 어떤 사실을 긍정적으로 서술하거나 묻거나 명령하거나 제안하는 따위의 뜻을 나타내는 종결 어미. 서술, 의문, 명령, 제안 따위로 두루 쓰인다.
> ㉢ (용언의 어간이나 어미 '–으시–', '–었–' 뒤에 붙어) 그 움직임이나 상태를 부정하거나 금지하려 할 때 쓰이는 연결 어미. '않다', '못하다', '말다' 따위가 뒤따른다.

① ㉠ – 콩을 심으면 콩이 나지 팥이 날 수는 없다.
② ㉡ – 그는 이름난 효자이지.
③ ㉡ – 그는 어떤 사람이지?
④ ㉢ – 쓰레기를 버리지 마시오.
⑤ ㉢ – 그는 얼마나 부지런한지 세 사람 몫의 일을 해낸다.

---

39 페다고지(Pedagogy)에 대한 설명이다.
페다고지와 안드라고지의 비교

구분	페다고지(Pedagogy)	안드라고지(Andragogy)
학습자	의존적	자기주도적
교사(교수자)	권위적	동기부여자, 안내자
학습지향성	교과목 지향	생활중심적, 성과지향적
교육방법	교사중심적 수업	학생중심적 수업
학습초점	개인의 초점	문제해결에 초점
학습책임	교사가 책임	학생이 책임
경험	중요하지 않음	매우 중요함

40 ⑤에서는 ㉢이 아닌 '막연한 의문이 있는 채로 그것을 뒤 절의 사실이나 판단과 관련시키는 데 쓰는 연결어미'인 '–ㄴ지'가 사용되었다.

정답 39 ③ 40 ⑤

41 다음 중 철도 운전면허를 취득할 수 있는 사람은?

〈철도안전법〉

제11조(결격사유)

다음 각 호의 어느 하나에 해당하는 사람은 운전면허를 받을 수 없다.

1. 만 18세 미만인 사람
2. 철도차량 운전상의 위험과 장해를 일으킬 수 있는 정신질환자 또는 뇌전증환자로서 대통령령으로 정하는 사람
3. 철도차량 운전상의 위험과 장해를 일으킬 수 있는 약물(마약류 관리에 관한 법률 제2조 제1호에 따른 마약류 및 화학물질관리법 제22조 제1항에 따른 환각물질을 말한다. 이하 같다) 또는 알코올 중독자로서 대통령령으로 정하는 사람
4. 두 귀의 청력을 완전히 상실한 사람, 두 눈의 시력을 완전히 상실한 사람, 그 밖에 대통령령으로 정하는 신체장애인

〈철도안전법 시행규칙〉

제12조(운전면허를 받을 수 없는 사람)

① 철도안전법 제11조 제2호 및 제3호에서 '대통령령으로 정하는 사람'이란 해당 분야 전문의가 정상적인 운전을 할 수 없다고 인정하는 사람을 말한다.

② 철도안전법 제11조 제4호에서 '대통령령으로 정하는 신체장애인'이란 다음 각 호의 어느 하나에 해당하는 사람을 말한다.

   1. 말을 하지 못하는 사람
   2. 한쪽 다리의 발목 이상을 잃은 사람
   3. 한쪽 팔 또는 한쪽 다리 이상을 쓸 수 없는 사람
   4. 다리·머리·척추 또는 그 밖의 신체장애로 인하여 걷지 못하거나 앉아 있을 수 없는 사람
   5. 한쪽 손 이상의 엄지손가락을 잃었거나 엄지손가락을 제외한 손가락을 3개 이상 잃은 사람

---

① 전문의가 뇌전증환자로서 정상적인 운전을 할 수 없다고 인정한 사람
② 전문의가 알코올 중독자로서 정상적인 운전을 할 수 없다고 인정한 사람
③ 교통사고로 두 다리를 잃어 걷지 못하는 사람
④ 태어날 때부터 두 눈의 시력을 완전히 상실한 사람
⑤ 사고로 한쪽 손의 새끼손가락을 잃은 사람

---

41 철도안전법 시행규칙 제12조 제2항 제5호에 따르면 한쪽 손 이상의 엄지손가락을 잃었거나 엄지손가락을 제외한 손가락을 3개 이상 잃은 사람의 경우 운전면허를 받을 수 없다. 따라서 한쪽 손의 새끼손가락을 잃은 사람은 이에 해당하지 않으므로, 철도 운전면허를 취득할 수 있다.

오답분석
① 철도안전법 제11조 제2호
② 철도안전법 제11조 제3호
③ 철도안전법 시행규칙 제12조 제2항 제3호
④ 철도안전법 제11조 제4호

정답 41 ⑤

---

42 K회사의 업무는 전 세계에서 이루어진다. 런던지사에 있는 A대리는 11월 1일 오전 9시에 업무를 시작하여 오후 10시에 마치고 시애틀에 있는 B대리에게 송부하였다. B대리는 11월 2일 오후 3시부터 작업하여, 끝내고 바로 서울에 있는 C대리에게 자료를 송부하였다. C대리는 자료를 받자마자 11월 3일 오전 9시부터 자정까지 작업을 하고 최종 보고하였다. 다음 중 세 명이 업무를 마무리 하는 데 걸린 시간은 총 몇 시간인가?

위치	시차
런던	GMT+0
시애틀	GMT−7
서울	GMT+9

① 25시간
② 30시간
③ 35시간
④ 40시간
⑤ 45시간

---

42   런던에서 A대리는 11월 1일 오전 9시부터 오후 10시까지 일을 하여 13시간이 걸렸다. 시애틀의 B대리는 11월 2일 오후 3시부터 서울 시간으로 11월 3일 오전 9시에 일을 끝마쳤다. 서울 시간을 시애틀 시간으로 바꾸면 시애틀이 서울보다 16시간 느리므로 B대리가 끝마친 시간은 11월 2일 오후 5시가 되고, B대리가 업무하는 데 걸린 시간은 2시간이다. 마지막으로 C대리는 11월 3일 오전 9시부터 자정까지 작업을 하고 보고했으므로 15시간이 걸렸다. 따라서 세 명의 대리가 업무를 하는 데 걸린 시간은 총 13+2+15=30시간이다.

정답 42 ②

43 다음 A사원과 B사원의 대화 중 빈칸에 들어갈 단축키 내용으로 적절한 것은?

> A사원 : 오늘 야근 예정이네. 이걸 다 언제하지?
>
> B사원 : 무슨 일인데 그래?
>
> A사원 : 아니 부장님이 오늘 가입한 회원들 중 30대의 데이터만 모두 추출하라고 하시잖아. 오늘 가입한 사람들만 1,000명이 넘는데…
>
> B사원 : 엑셀의 자동필터 기능을 사용하면 되잖아. 단축키는 _____ 야.
>
> A사원 : 이런 기능이 있었구나! 덕분에 오늘 일찍 퇴근할 수 있겠군. 고마워!

① Ctrl + Shift + L

② Ctrl + Shift + %5

③ Ctrl + Shift + &7

④ Ctrl + Shift + ∶

⑤ Ctrl + Shift + F

---

43 엑셀 자동필터 설정 단축키는 Ctrl + Shift + L 이다.

오답분석

② 백분율 적용

③ 테두리 적용

④ 현재 시간 나타내기

⑤ 셀 서식

정답 43 ①

안심Touch

44 A ~ E사의 올해 영업이익 결과에 대해 사람들이 이야기하고 있다. 이 중 한 사람만 거짓을 말할 때, 항상 참인 것은?(단, 영업이익은 올랐거나 내렸다)

> 철수 : A사는 영업이익이 올랐다.
> 영희 : B사는 D사보다 영업이익이 더 올랐다.
> 수인 : E사의 영업이익이 내렸고, C사 영업이익도 내려갔다.
> 희재 : E사는 영업이익은 올랐다.
> 연미 : A사는 D사보다 영업이익이 덜 올랐다.

① E사는 영업이익이 올랐다.
② B사는 A사보다 영업이익이 더 올랐다.
③ C사의 영업이익이 내려갔다.
④ D사는 E사보다 영업이익이 덜 올랐다.
⑤ E사는 B사보다 영업이익이 덜 올랐다.

---

44 다섯 명 중 수인과 희재는 동시에 참이 될 수 없으므로 수인이나 희재가 거짓을 말한다.
수인이가 거짓을 말할 경우와 희재가 거짓을 말할 경우, 항상 참인 영희와 연미의 명제를 정리해보면 영업이익이 많이 오른 순서는 B사>D사>A사이다. 따라서 ②가 항상 참임을 알 수 있다.

오답분석
① 희재가 거짓일 때는 E사의 영업이익이 내렸다.
③ 수인이가 거짓일 때는 C사의 영업이익이 올랐다.
④ D사와 E사의 영업이익 비교는 명제들 사이에서 알 수 없는 사실이다.
⑤ B사와 E사의 영업이익 비교는 명제들 사이에서 알 수 없는 사실이다.

정답 44 ②

45 다음의 표는 두 회사가 광고를 투입할 경우에 얻어지는 회사별 수입을 나타내고 있다. 다음 중 옳지 않은 것은?

구분	B회사는 광고를 한다	B회사는 광고를 하지 않는다
A회사는 광고를 한다	A회사 매출 70% 상승, B회사 매출 70% 상승	A회사 매출 100% 상승, B회사 매출 30% 하락
A회사는 광고를 하지 않는다	A회사 매출 30% 하락, B회사 매출 100% 상승	A회사 매출 30% 상승, B회사 매출 30% 상승

① 두 회사 모두 광고를 하는 것이 이 문제의 우월전략균형이다.
② 두 회사 모두 광고를 하지 않는 것이 이 문제의 내쉬균형이다.
③ 이 상황이 반복되면 두 회사는 광고를 계속하게 될 것이다.
④ 광고를 하는 것이 우월전략이고, 안 하는 것이 열등전략이다.
⑤ 두 회사는 상대방이 광고유무에 상관없이 광고를 하는 것이 최적의 전략이다.

45　내쉬균형은 게임이론의 개념으로써 각 참여자가 상대방의 전략을 주어진 것으로 보고 자신에게 최적인 전략을 선택할 때, 그 결과가 균형을 이루는 최적 전략의 집합을 말한다. 상대방의 전략이 공개되었을 때 어느 누구도 자기 전략을 변화시키려고 하지 않는 전략의 집합이라고 말할 수 있다. A·B회사가 광고를 같이 하거나 하지 않을 때 둘 다 매출이 상승하고 어느 한 회사만 광고를 할 경우 광고를 한 회사만 매출이 상승한다. 따라서 두 회사 모두 광고를 하는 것이 내쉬균형이 된다.

정답 45 ②

안심Touch

46 다음은 권력과 복종을 기준으로 조직을 구분한 에치오니(Etzioni)의 조직 유형이다. 다음 중 각 조직 유형에 대한 설명이 잘못 연결된 것은?

구분	소외적 몰입	타산적 몰입	도덕적 몰입
강제적 권력	㉠		
보상적 권력		㉡	
규범적 권력			㉢

① ㉠ – 강제적 통제 권력이 사용되며, 구성원은 조직의 목적에 매우 부정적인 태도를 취한다.

② ㉠ – 교도소나 군대 등이 이에 속한다.

③ ㉡ – 물질적 보상체제를 사용하여 구성원을 통제하고, 구성원은 보상에 따라 타산적으로 조직에 참여한다.

④ ㉢ – 종교 단체나 전문직 단체 등이 이에 속한다.

⑤ ㉢ – 구성원은 반대급부에 대한 계산을 따져보고 그만큼만 조직에 몰입한다.

---

46 ㉢은 규범적 조직으로 이 조직의 구성원은 보상과 관계없이 당연히 조직에 순응해야 한다고 생각하여 조직에 헌신적으로 참여한다. 이와 달리 공리적 조직(㉡)의 구성원은 대부분이 보수·상여금 등에 대하여 이해득실을 따져 조직에 참여한다. 따라서 ⑤는 공리적 조직에 대한 설명이다.

정답 46 ⑤

47 협상과정은 '협상 시작 → 상호 이해 → 실질 이해 → 해결 대안 → 합의 문서' 5단계로 구분할 수 있다. 다음 〈보기〉의 내용을 협상 순서에 따라 바르게 나열한 것은?

〈보기〉

㉠ 최선의 대안에 대해 합의하고 이를 선택한다.
㉡ 겉으로 주장하는 것과 실제로 원하는 것을 구분하여 실제로 원하는 바를 찾아낸다.
㉢ 협상 진행을 위한 체제를 구축한다.
㉣ 갈등 문제의 진행 상황 및 현재 상황을 점검한다.
㉤ 합의문의 합의 내용, 용어 등을 재점검한다.

① ㉠ → ㉡ → ㉣ → ㉢ → ㉤
② ㉠ → ㉣ → ㉡ → ㉢ → ㉤
③ ㉢ → ㉣ → ㉡ → ㉠ → ㉤
④ ㉢ → ㉡ → ㉣ → ㉠ → ㉤
⑤ ㉢ → ㉡ → ㉣ → ㉤ → ㉠

---

47 협상의 단계에 따라 〈보기〉를 배열하면 ㉢ 협상 시작 → ㉣ 상호 이해 → ㉡ 실질 이해 → ㉠ 해결 대안 → ㉤ 합의 문서의 순서임을 알 수 있다.

협상과정의 5단계
- 협상 시작
  - 협상 당사자들 사이에 상호 친근감을 쌓음
  - 간접적인 방법으로 협상의사를 전달
  - 상대방의 협상의지를 확인
  - 협상 진행을 위한 체제를 짬
- 상호 이해
  - 갈등 문제의 진행사항과 현재의 상황을 점검
  - 적극적으로 경청하고 자기주장을 제시
  - 협상을 위한 협상대상 안건을 결정
- 실질 이해
  - 겉으로 주장하는 것과 실제로 원하는 것을 구분하여 실제로 원하는 바를 찾아냄
  - 분할과 통합의 기법을 활용하여 이해관계를 분석
- 해결 대안
  - 협상 안건마다 대안들을 평가
  - 개발한 대안들을 평가
  - 최선의 대안에 대해서 합의하고 선택
  - 대안 이행을 위한 실행계획 수립
- 합의 문서
  - 합의문 작성
  - 합의문의 합의 내용, 용어 등을 재점검
  - 합의문에 서명

정답 47 ③

〈철도안전법〉

제5조(철도안전 종합계획)

① 국토교통부장관은 5년마다 철도안전에 관한 종합계획(이하 '철도안전 종합계획'이라 한다)을 수립하여야 한다.

③ 국토교통부장관은 철도안전 종합계획을 수립할 때에는 미리 관계 중앙행정기관의 장 및 철도운영자 등과 협의한 후 기본법 제6조 제1항에 따른 철도산업위원회의 심의를 거쳐야 한다. 수립된 철도안전 종합계획을 변경(대통령령으로 정하는 경미한 사항의 변경은 제외한다)할 때에도 또한 같다. 〈개정 2013. 3. 23.〉

④ 국토교통부장관은 철도안전 종합계획을 수립하거나 변경하기 위하여 필요하다고 인정하면 관계 중앙행정기관의 장 또는 특별시장 · 광역시장 · 특별자치시장 · 도지사 · 특별자치도지사(이하 '시 · 도지사'라 한다)에게 관련 자료의 제출을 요구할 수 있다. 자료 제출 요구를 받은 관계 중앙행정기관의 장 또는 시 · 도지사는 특별한 사유가 없으면 이에 따라야 한다. 〈개정 2013. 3. 23.〉

제6조(시행계획)

① 국토교통부장관, 시 · 도지사 및 철도운영자 등은 철도안전 종합계획에 따라 소관별로 철도안전 종합계획의 단계적 시행에 필요한 연차별 시행계획(이하 '시행계획'이라 한다)을 수립 · 추진하여야 한다. 〈개정 2013. 3. 23.〉

제7조(안전관리체계의 승인)

① 철도운영자 등(전용철도의 운영자는 제외한다. 이하 이 조 및 제8조에서 같다)은 철도운영을 하거나 철도시설을 관리하려는 경우에는 인력, 시설, 차량, 장비, 운영절차, 교육훈련 및 비상대응계획 등 철도 및 철도시설의 안전관리에 관한 유기적 체계(이하 '안전관리체계'라 한다)를 갖추어 국토교통부장관의 승인을 받아야 한다. 〈개정 2013. 3. 23., 2015. 1. 6.〉

② 전용철도의 운영자는 자체적으로 안전관리체계를 갖추고 지속적으로 유지하여야 한다.

③ 철도운영자 등은 제1항에 따라 승인받은 안전관리체계를 변경(제5항에 따른 안전관리기준의 변경에 따른 안전관리체계의 변경을 포함한다. 이하 이 조에서 같다)하려는 경우에는 국토교통부장관의 변경승인을 받아야 한다. 다만, 국토교통부령으로 정하는 경미한 사항을 변경하려는 경우에는 국토교통부장관에게 신고하여야 한다. 〈개정 2013. 3. 23.〉

⑤ 국토교통부장관은 철도안전경영, 위험관리, 사고 조사 및 보고, 내부점검, 비상대응계획, 비상대응훈련, 교육훈련, 안전정보관리, 운행안전관리, 차량 · 시설의 유지관리(차량의 기대수명에 관한 사항을 포함한다) 등 철도운영 및 철도시설의 안전관리에 필요한 기술기준을 정하여 고시하여야 한다. 〈개정 2013. 3. 23., 2015. 1. 6.〉

제8조(안전관리체계의 유지 등)

① 철도운영자 등은 철도운영을 하거나 철도시설을 관리하는 경우에는 제7조에 따라 승인받은 안전관리체계를 지속적으로 유지하여야 한다.

② 국토교통부장관은 철도운영자 등이 제1항에 따른 안전관리체계를 지속적으로 유지하는지를 점검 · 확인하기 위하여 국토교통부령으로 정하는 바에 따라 정기 또는 수시로 검사할 수 있다. 〈개정 2013. 3. 23.〉

제9조(승인의 취소 등)

① 국토교통부장관은 안전관리체계의 승인을 받은 철도운영자 등이 다음 각 호의 어느 하나에 해당하는 경우에는 그 승인을 취소하거나 6개월 이내의 기간을 정하여 업무의 제한이나 정지를 명할 수 있다. 다만, 제1호에 해당하는 경우에는 그 승인을 취소하여야 한다. 〈개정 2013. 3. 23.〉

1. 거짓이나 그 밖의 부정한 방법으로 승인을 받은 경우
2. 제7조 제3항을 위반하여 변경승인을 받지 아니하거나 변경신고를 하지 아니하고 안전관리체계를 변경한 경우

3. 제8조 제1항을 위반하여 안전관리체계를 지속적으로 유지하지 아니하여 철도운영이나 철도시설의 관리에 중대한 지장을 초래한 경우

4. 제8조 제3항에 따른 시정조치명령을 정당한 사유 없이 이행하지 아니한 경우

제61조(철도사고 등 보고)

① 철도운영자 등은 사상자가 많은 사고 등 대통령령으로 정하는 철도사고 등이 발생하였을 때에는 국토교통부령으로 정하는 바에 따라 즉시 국토교통부장관에게 보고하여야 한다. 〈개정 2013. 3. 23.〉

② 철도운영자 등은 제1항에 따른 철도사고 등을 제외한 철도사고 등이 발생하였을 때에는 국토교통부령으로 정하는 바에 따라 사고 내용을 조사하여 그 결과를 국토교통부장관에게 보고하여야 한다. 〈개정 2013. 3. 23.〉

〈철도안전법 시행령〉

제5조(시행계획 수립절차 등)

① 법 제6조에 따라 특별시장·광역시장·특별자치시장·도지사 또는 특별자치도지사(이하 '시·도지사'라 한다)와 철도운영자 및 철도시설관리자(이하 '철도운영자 등'이라 한다)는 다음 연도의 시행계획을 매년 10월 말까지 국토교통부장관에게 제출하여야 한다. 〈개정 2013. 3. 23.〉

② 시·도지사 및 철도운영자 등은 전년도 시행계획의 추진실적을 매년 2월 말까지 국토교통부장관에게 제출하여야 한다. 〈개정 2013. 3. 23.〉

제57조(국토교통부장관에게 즉시 보고하여야 하는 철도사고 등)

법 제61조 제1항에서 '사상자가 많은 사고 등 대통령령으로 정하는 철도사고 등'이란 다음 각 호의 어느 하나에 해당하는 사고를 말한다.

1. 열차의 충돌이나 탈선사고

2. 철도차량이나 열차에서 화재가 발생하여 운행을 중지시킨 사고

3. 철도차량이나 열차의 운행과 관련하여 3명 이상 사상자가 발생한 사고

4. 철도차량이나 열차의 운행과 관련하여 5천만 원 이상의 재산피해가 발생한 사고

〈철도안전법 시행규칙〉

제86조(철도사고 등의 보고)

① 철도운영자 등은 법 제61조 제1항에 따른 철도사고 등이 발생한 때에는 다음 각 호의 사항을 국토교통부장관에게 즉시 보고하여야 한다. 〈개정 2013. 3. 23.〉

  1. 사고 발생 일시 및 장소

  2. 사상자 등 피해사항

  3. 사고 발생 경위

  4. 사고 수습 및 복구 계획 등

② 철도운영자 등은 법 제61조 제2항에 따른 철도사고 등이 발생한 때에는 다음 각 호의 구분에 따라 국토교통부장관에게 이를 보고하여야 한다. 〈개정 2013. 3. 23.〉

  1. 초기보고 : 사고발생현황 등

  2. 중간보고 : 사고수습·복구상황 등

  3. 종결보고 : 사고수습·복구결과 등

③ 제1항 및 제2항에 따른 보고의 절차 및 방법 등에 관한 세부적인 사항은 국토교통부장관이 정하여 고시한다. 〈개정 2013. 3. 23.〉

48 다음 중 글을 이해한 내용으로 적절하지 않은 것은?

① 국토교통부장관은 철도운영 및 철도시설의 안전관리에 필요한 기술기준을 정하여 고시하여야 한다.

② 국토교통부장관은 5년마다 철도안전에 관한 종합계획을 수립하여야 하는데, 이때에는 미리 관계 중앙 행정기관의 장 및 철도운영자와 협의한 후 철도산업위원회의 심의를 거쳐야 한다.

③ 이미 수립된 철도안전 종합계획을 변경하려는 경우에 국토교통부장관의 변경승인을 받아야 하지만, 경미한 변경 사항의 경우는 국토교통부장관에게 신고하여야 한다.

④ 철도운영자가 부정한 방법으로 안전관리체계에 대한 승인을 받은 경우 국토교통부장관은 6개월 이내 의 기간을 정하여 업무의 제한이나 정지를 명할 수 있다.

⑤ 철도안전 종합계획을 수립하거나 변경하기 위하여 자료가 필요한 경우 국토교통부장관은 관계 중앙행 정기관의 장 또는 시·도지사에게 관련 자료의 제출을 요구할 수 있다.

49 다음 중 철도운영자의 임무에 대한 설명으로 옳지 않은 것은?

① 철도운영자는 철도운영을 하거나 철도시설을 관리하려는 경우 안전관리에 관한 유기적 체계를 갖추어 국토교통부장관의 승인을 받아야 한다.

② 철도운영자가 안전관리체계를 변경하려는 경우 국토교통부장관의 변경승인을 받아야 한다.

③ 3명 이상의 사상자가 발생한 철도사고의 경우 철도운영자는 즉시 국토교통부장관에게 사고 발생 일시 및 장소, 사고발생 경위 등을 보고하여야 한다.

④ 열차의 탈선으로 사고가 발생한 경우 철도운영자는 국토교통부장관에게 최소 3번 이상 보고해야 한다.

⑤ 철도운영자는 다음 연도의 시행계획을 매년 10월 말까지 국토교통부장관에게 제출하여야 한다.

-----

48 철도운영자가 부정한 방법으로 안전관리체계에 대한 승인을 받은 경우 국토교통부장관은 그 승인을 취소해야 한다(철도안전법 제9 조 제1항 제1호).

오답분석

① 철도안전법 제7조 제5항
② 철도안전법 제5조 제1항·제3항
③ 철도안전법 제7조 제3항
⑤ 철도안전법 제5조 제4항

49 열차의 탈선사고는 '사상자가 많은 사고 등 대통령령으로 정하는 철도사고 등'에 해당하는 사고로 이 경우에는 사고 발생 및 일시 및 장소, 사상자 등 피해사항, 사고 발생 경위 등을 국토교통부장관에게 즉시 보고하여야 한다(철도안전법 제61조 제1항, 철도안전 법 시행령 제57조 제1호, 철도안전법 시행규칙 제86조 제1항).

오답분석

① 철도안전법 제7조 제1항
② 철도안전법 제7조 제3항
③ 철도안전법 제61조 제1항, 철도안전법 시행령 제57조 제3호, 철도안전법 시행규칙 제86조 제1항
⑤ 철도안전법 시행령 제5조 제1항

정답 48 ④ 49 ④

50 다음 중 적절한 대답을 한 면접자를 모두 고른 것은?

> 면접관 : 선호하지 않는 일을 한다고 하면 그것도 직업이라고 할 수 있습니까?
> 갑 : 보수를 받지 않는다면 그것은 직업이 아니라고 생각합니다.
> 면접관 : 최근에 직업을 가진 적이 있습니까?
> 을 : 네. 저번 여름에 해외로 자원봉사를 반년간 다녀왔습니다.
> 면접관 : 마지막에 가진 직업이 무엇입니까?
> 병 : 1개월 동안 아르바이트를 한 것이 마지막 직업이었습니다.
> 면접관 : 중요한 미팅에 나가는데 길에 할머니가 쓰러져있으면 어떻게 하시겠습니까?
> 정 : 119에 도움을 요청한 후, 미팅에 나가겠습니다.
> 면접관 : 입사를 한다면 입사 후에 어떠한 활동을 하실 계획입니까?
> 무 : 입사 후에 저의 경력관리를 위해 직무와 관련된 공부를 할 계획입니다.

① 갑, 병
② 갑, 정
③ 을, 병
④ 병, 정
⑤ 정, 무

---

50 정은 중요한 업무를 앞두고 있음에도 불구하고 쓰러진 할머니를 외면하지 않겠다는 대답을 통해 바람직한 윤리적 태도를 보여주었다. 무의 대답에서는 입사 이후에도 자신의 직무와 관련된 능력을 연마하겠다는 바람직한 직업관과 태도를 볼 수 있다. 따라서 면접관의 질문에 대해 적절한 대답을 한 지원자는 정과 무이다.

오답분석

• 갑 : 직업을 보수를 받기 위한 수단으로만 보는 그릇된 직업관을 지니고 있다. 또한, 선호하지 않는 일에 대해 물었는데 다른 대답을 하고 있다.
• 을 : 직업은 일정한 수입을 얻는 것이므로 보수와 관계없는 자원봉사를 직업으로 볼 수 없다.
• 병 : 직업은 일정 기간 계속 수행되어야 한다는 계속성을 지닌다. 1개월 아르바이트는 이러한 계속성을 지니지 못하므로 직업으로 볼 수 없다.

정답 50 ⑤

안심Touch

51 다음 상황에서 나타난 갑과 을의 행위 원인이 바르게 연결된 것은?

- 갑은 철도안전법상 열차 내에서 물건을 매매할 수 없다는 것을 알고 있었지만, 생계가 어려워지자 가족들을 먹여 살리기 위해 열차 내에서 물건을 판매하였다.
- 을은 술을 한 잔만 마시려고 했으나 술자리 분위기가 너무 좋아 만취 상태에 이르렀고, 만취 상태에서 판단능력을 상실하고 운전업무를 수행 중인 병을 폭행하였다.

	갑	을
①	무관심	무절제
②	무절제	무지
③	무관심	무지
④	무지	무관심
⑤	무절제	무관심

---

51 갑은 열차 내에서 물건을 판매하는 행위가 비윤리적 행위임을 알면서도 윤리적 행동을 중요하게 여기지 않은 무관심으로, 을은 만취 상태에서 판단능력을 상실하여 자신의 통제를 벗어난 무절제로 인해 비윤리적 행위를 저질렀다.

오답분석

무지 : 무엇이 옳고, 무엇이 그른지 모르기 때문에 비윤리적 행위가 발생한다.

정답 51 ①

52 S공사의 A대리는 제품 시연회를 준비하고 있다. 다음 중 5W1H에 해당하는 정보로 옳지 않은 것은?

〈환경개선 특수차 시연회 시행계획〉

안전점검의 날을 맞이하여 시민고객에게 우리공사 환경안전정책 및 지하철 환경개선 노력을 홍보하고, 시민고객과의 소통으로 시민고객과 함께하는 지하철 환경개선사업으로 도약하고자 함

1. 추진개요
   - 행사명 : 시민과 함께하는 환경개선 특수차 시연회 개최
   - 시행일시 : 2017. 12. 4. (월) 10:00 ~ 12:00
   - 장소 : 차량기지 장비유치선
   - 시연장비 : 고압살수차
   - 참석대상 :
     - 환경개선 특수차 시연회 일반인 신청자 : 20명
     - 우리공사 : 장비관리단장 외 20명
   ※ 시민참여 인원 등 행사일정은 현장여건에 따라 변동될 수 있음

2. 행사내용
   - 우리공사 지하철 환경관리 정책홍보 및 특수차 소개
   - 시민과 함께하는 지하철 화재예방 영상 교육
   - 2017년 환경개선 특수장비 운영에 따른 환경개선 활동 및 시연
   - 차량검수고 견학(차량사업소 협조)
   - 지하철 환경개선에 대한 시민고객의 의견수렴(설문지)

---

① When – 2017년 12월 4일
② Where – 차량기지 장비유치선
③ What – 지하철 환경개선 특수차 시연회
④ How – 환경개선 특수차 시연 및 차량검수고 견학
⑤ Why – 시민참여 인원 등 행사일정 변동 가능

---

52 5W1H의 Why에 해당하는 정보는 제품 시연회의 필요성과 관계있으므로, 공사의 환경안전정책 및 지하철 환경개선 노력 홍보 및 시민고객과의 소통 등이 적절하다.

5W1H
- Who : 누가 적격인가?
- Why : 왜 그것이 필요한가?
- What : 그 목적은 무엇인가?
- Where : 어디서 하는 것이 좋은가?
- When : 언제 하는 것이 좋은가?
- How : 어떤 방법이 좋은가?

정답 52 ⑤

53 다음 대화와 이메일을 읽고, C회원에게 필요한 네티켓 원칙으로 가장 적절한 것을 고르면?

> A대리 : 카페 운영이 쉽지 않아요.
>
> B과장 : 어떤 점에서 쉽지 않나요?
>
> A대리 : 정보공유를 위한 카페를 만들었는데 질문만 많고 정보 공유는 잘 되지 않아요. 질문 글이 전체 신규 글의 절반이 넘기도 한다니까요.
>
> B과장 : 카페 운영원칙을 잘 세워서 문화를 만들어야 하지 않을까요?
>
> A대리 : 원칙을 세우는 것도 문제예요. 질문을 했다는 이유로 이용을 제재하기는 애매하고 반발이 심하니 원칙을 강제할 수 없거든요. 특히, 반말이나 줄임말을 쓰지 않는 원칙을 만들었더니 잘 지키지 않는 분들도 많고, 제재를 가하면 반발을 하는 분들이 많아서 힘들어요.
>
> B과장 : 참 큰일이군요.
>
> > 받는 이 : 카페 운영자
> >
> > 보낸 이 : C회원
> >
> > 제목 : 쥔장 보시오!
> >
> > 내용 : 내가 질문한 게 뭐 그리 큰 잘못이라고 이용 제재씩이나 하슈? 그리고 인터넷상에서 줄임말도 쓸 수 있고 반말할 수도 있지. 이런 걸로 불편하게 제재를 하면 카페 이용은 어떻게 하라는 거요?

① 당신의 권력을 남용하지 말라.
② 카페의 환경에 어울리게 행동하라.
③ 논쟁은 절제된 감정 아래 행하라.
④ 전문적인 지식을 공유하라.
⑤ 실제생활과 똑같은 기준과 행동을 고수하라.

---

53 어떤 공간에서는 허용될 수 있는 것들이 다른 공간에서는 무례하다고 판단될 수 있으므로, 새로운 공간에 참여하고자 할 때에는 그 환경을 잘 파악하고, 그러한 문화에 맞게 행동해야 한다. C회원은 카페의 이용 원칙 등을 지키지 않고 운영자인 A대리에게 이용 제재를 받자 오히려 이러한 제재에 반발하여 항의하는 이메일을 보냈다. 따라서 C회원에게 필요한 네티켓 원칙으로 ②가 적절하다.

정답 53 ②

54 서울교통공사의 캐릭터인 또타를 보고 다섯 사람이 대화를 나누었다. 다음 중 또타의 특성에 대해 잘못 말한 사람은?

① 수민 : 또타는 시민과 늘 함께하는 지하철의 모습을 밝고 유쾌한 이미지로 표현한 것 같아.

② 영찬 : 캐릭터의 개구진 표정을 통해 지하철이 자꾸 타고 싶은 즐겁고 행복한 공간임을 강조한 것 같아.

③ 애진 : 서울교통공사의 기업 브랜드에 즐겁고 유쾌한 이미지를 부여하는 커뮤니케이션 수단이 될 것 같아.

④ 경태 : 전동차 정면 모양으로 캐릭터 얼굴을 디자인해서 일상적으로 이용하는 대중교통수단의 모습을 참신한 느낌으로 표현한 것 같아.

⑤ 보라 : 메인 컬러로 사용한 파란색은 시민과 공사 간의 두터운 신뢰를 상징하고 있어.

---

54 전동차 정면 모양이 아닌 측면 모양으로 디자인되었다.

정답 54 ④

55 다음 설명을 읽고 이에 해당하는 것을 고르면?

> 2개 이상의 국가가 서로 상품이나 서비스를 사고팔 때 매기는 관세나 각종 수입제한을 철폐하여 교역을 자유화하려는 협정이다. 모든 품목의 관세를 없애는 것이 원칙이나, 당사자 간 협상에 따라 일부 품목에만 관세를 물리도록 예외를 정하기도 한다.

① WTO
② IMF
③ FTA
④ WHO
⑤ SOFA

56 마케팅팀의 A사원은 아침마다 관련 기사를 찾아본다. 아래 기사를 읽고 ㉠의 사례로 적절한 것을 고른 것은?

> 뉴메릭 마케팅이란, 숫자를 뜻하는 'Numeric'과 'Marketing'을 합한 단어로, 브랜드나 상품의 특성을 나타내는 숫자를 통해 사람들에게 인지도를 높이는 마케팅 전략을 말한다. 숫자는 모든 연령대 그리고 국경을 초월하여 공통으로 사용하는 기호이기 때문에 이미지 전달이 빠르고 제품의 특징을 함축적으로 전달할 수 있다는 장점이 있다. 또한, 숫자 정보를 제시하여 소비자들이 신빙성 있게 받아들이게 되는 효과도 있다. 뉴메릭 마케팅은 크게 세 가지 방법으로 구분할 수 있는데, 기업 혹은 상품의 역사를 나타낼 때, ㉠ 특정 소비자를 한정 지을 때, 제품의 특성을 반영할 때이다.

① 한 병에 비타민 C 500mg이 들어있는 '비타 500'
② 13 ~ 18세 청소년들을 위한 CGV의 '1318 클럽'
③ 46cm 내에서 친밀한 대화가 가능하도록 한 '페리오 46cm'
④ 1955년 당시 판매했던 버거의 레시피를 그대로 재현해 낸 '1955 버거'
⑤ 1974년 GS슈퍼 1호점 창립 연도 때의 초심 그대로를 담아낸 '1974 떡갈비'

---

55 **오답분석**
① WTO : 세계무역기구
② IMF : 국제통화기금
④ WHO : 세계보건기구
⑤ SOFA : 한·미 행정협정

56 특정 소비자(13세부터 18세의 청소년)를 한정하여 판매하는 마케팅 전략을 구사하고 있는 것은 ②이다.
오답분석
①·③ 제품의 특성을 반영한 마케팅
④·⑤ 기업 혹은 상품의 역사를 나타낸 마케팅

정답 55 ③ 56 ②

57 ■, ▲, ♥의 무게가 다음과 같을 때, ■+▲의 무게는 100원짜리로 얼마인지 올바르게 구한 것은?

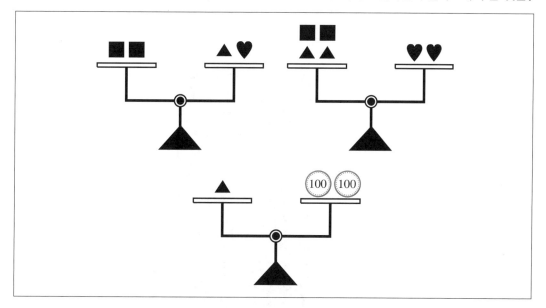

① 300원

③ 500원

⑤ 700원

② 400원

④ 600원

---

57 ■, ▲, ♥의 무게를 각각 x, y, z[g]라 하고, 제시된 무게를 식으로 나타내면 다음과 같다.

$2x = y + z \cdots$ ㉠

$2x + 2y = 2z \rightarrow x = -y + z \cdots$ ㉡

$y = 200 \cdots$ ㉢

㉠-㉡을 하면 $x = 2y \cdots$ ㉣

㉣에 ㉢을 대입하면 $x = 2 \times 200 = 400$

따라서 ■+▲의 무게는 $x + y = 400 + 200 = 600$원이다.

정답 57 ④

58 K공사 홍보실에 근무하는 A사원은 12일부터 15일까지 워크숍을 가게 되었다. 워크숍을 떠나기 직전 A사원은 자신의 스마트폰 날씨예보 어플을 통해 워크숍 장소인 춘천의 날씨를 확인해 보았다. 다음 중 A사원이 확인한 날씨예보의 내용으로 적절한 것은?

① 워크숍 기간 중 오늘이 일교차가 가장 크므로 감기에 유의해야 한다.
② 내일 춘천지역의 미세먼지가 심하므로 주의해야 한다.
③ 워크숍 기간 중 비를 동반한 낙뢰가 예보된 날이 있다.
④ 내일모레 춘천지역의 최고·최저기온이 모두 영하이므로 야외활동 시 옷을 잘 챙겨 입어야 한다.
⑤ 글피엔 비는 오지 않지만 최저기온이 영하이다.

---

58 글피는 모레의 다음 날로 15일이다. 15일은 비는 오지 않고 최저기온은 영하이다.

오답분석
① 12 ~ 15일의 일교차를 구하면 다음과 같다.
  • 12일 : 11-0=11℃
  • 13일 : 12-3=9℃
  • 14일 : 3-(-5)=8℃
  • 15일 : 8-(-4)=12℃
  따라서 일교차가 가장 큰 날은 15일이다.
② 제시된 자료에서 미세먼지에 관한 내용은 확인할 수 없다.
③ 14일의 경우 비가 예보되어 있지만 낙뢰에 관한 예보는 확인할 수 없다.
④ 14일의 최저기온은 영하이지만 최고기온은 영상이다.

정답 58 ⑤

59 진실마을 사람은 진실만을 말하고, 거짓마을 사람은 거짓만을 말한다. 주형이와 윤희는 진실마을과 거짓마을 중 한 곳에서 사는데, 다음 윤희가 한 말을 통해 주형이와 윤희는 각각 어느 마을에 사는지 적절하게 유추한 것은?

> 윤희 : "적어도 우리 둘 중에 한 사람은 거짓말쟁이 마을 사람이다."

① 윤희는 거짓마을 사람이고, 주형이는 진실마을 사람이다.
② 윤희는 진실마을 사람이고, 주형이는 거짓마을 사람이다.
③ 윤희와 주형이 모두 진실마을 사람이다.
④ 윤희와 주형이 모두 거짓마을 사람이다.
⑤ 윤희의 말만으로는 알 수 없다.

60 한글에서 파일을 다른 이름으로 저장할 때 사용하는 단축키는 무엇인가?

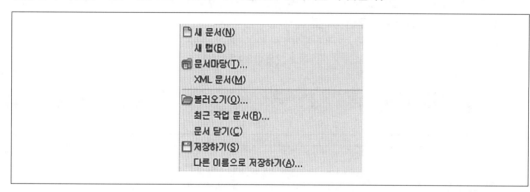

① [Alt]+[N]　　　　　　　　② [Ctrl]+[N], [P]
③ [Alt]+[S]　　　　　　　　④ [Alt]+[P]
⑤ [Alt]+[V]

---

59 윤희를 거짓마을 사람이라고 가정하면 윤희의 말은 거짓이므로, 두 사람 모두 진실마을 사람이어야 한다. 그러면 가정과 모순이 발생되므로 윤희는 거짓마을 사람이 아니다. 따라서 윤희의 말은 참이므로 주형이는 거짓마을 사람이다.

60　**오답분석**
① 새 문서
② 쪽 번호 매기기
③ 저장하기
④ 인쇄하기

정답 59 ②　60 ⑤

61 다음의 막대를 사용해 서로 다른 길이를 잴 수 있는 경우의 수는?

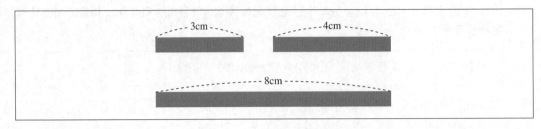

① 6가지   ② 7가지

③ 8가지   ④ 9가지

⑤ 10가지

62 자동차 제조 회사에서 근무하는 황 대리는 T중형차 매출현황에 대한 보고서를 작성 중이었다. 그런데 실수로 커피를 쏟아 월별 매출 일부분과 평균 매출 부분이 얼룩지게 되었다. 황 대리가 기억하는 연 매출액은 246억 원이고, 3분기까지의 평균 매출은 22억 원이었다. 다음 중 남아 있는 매출현황을 통해 4분기의 평균 매출을 올바르게 구한 것은?

〈월별 매출현황〉

(단위 : 억 원)

1월	2월	3월	4월	5월	6월	7월	8월	9월	10월	11월	12월	평균
–	–	–	16	–	–	12	–	18	–	20	–	–

① 14억 원   ② 16억 원

③ 18억 원   ④ 20억 원

⑤ 22억 원

61
- 3가지 막대 중 1가지만 선택하는 경우 : 3cm, 4cm, 8cm
- 3가지 막대 중 2가지를 선택해 긴 막대를 만드는 경우 : 3+4=7cm, 3+8=11cm, 4+8=12cm
- 3가지 막대 중 2가지를 선택해 짧은 막대를 만드는 경우 : 4−3=1cm, 8−4=4cm, 8−3=5cm
- 3가지 막대 중 2가지를 선택해 더한 후 나머지 막대의 길이를 더하거나 빼서 만드는 경우 : 8−(3+4)=1cm, (8+3)−4= 7cm, (8+4)−3=9cm
- 3가지 막대를 모두 사용해 긴 막대를 만드는 경우 : 3+4+8=15cm

따라서 구하는 경우의 수는 10가지이다(∵ 1cm, 4cm, 7cm는 두 번 나온다).

62 3분기까지의 매출액은 평균 매출이 22억 원이므로 22×9=198억 원이다. 연 매출액이 246억 원이라고 하였으므로 4분기의 매출액은 246−198=48억 원이다. 따라서 4분기의 평균 매출은 $\frac{48}{3}$=16억 원이다.

정답   61 ⑤   62 ②

63 M사 전산팀의 팀원들은 회의를 위해 회의실에 모였다. 회의실의 테이블은 원형모형이고, 다음 〈조건〉에 근거하여 자리배치를 하려고 할 때, 김 팀장을 기준으로 왼쪽 방향으로 앉은 사람을 순서대로 올바르게 나열한 것은?

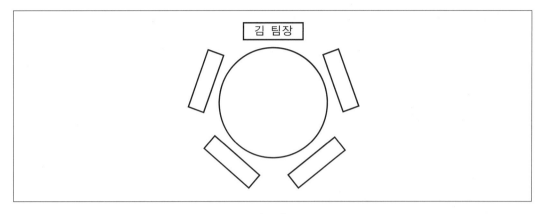

─〈조건〉─

• 정 차장과 오 과장은 서로 사이가 좋지 않아서 나란히 앉지 않는다.
• 김 팀장은 정 차장이 바로 오른쪽에 앉기를 바란다.
• 한 대리는 오른쪽 귀가 좋지 않아서 양 사원이 왼쪽에 앉기를 바란다.

① 정 차장 – 양 사원 – 한 대리 – 오 과장
② 한 대리 – 오 과장 – 정 차장 – 양 사원
③ 양 사원 – 정 차장 – 오 과장 – 한 대리
④ 오 과장 – 양 사원 – 한 대리 – 정 차장
⑤ 오 과장 – 한 대리 – 양 사원 – 정 차장

---

63 두 번째 조건을 통해 김 팀장의 오른쪽에 정 차장이 앉고, 세 번째 조건을 통해 양 사원은 한 대리 왼쪽에 앉는다고 하면, 왼쪽을 기준으로 김 팀장 – 한 대리 – 양 사원 – 오 과장 – 정 차장 순서로 앉거나, 김 팀장 – 오 과장 – 한 대리 – 양 사원 – 정 차장 순서로 앉을 수 있다. 하지만 첫 번째 조건에서 정 차장과 오 과장은 나란히 앉지 않는다고 하였으므로, 김 팀장 – 오 과장 – 한 대리 – 양 사원 – 정 차장 순서로 앉게 된다.

정답 63 ⑤

64 다음과 같은 규칙으로 수를 나열할 때, 11행 3열에 오는 숫자는?

	1열	2열	3열
1행	1	4	5
2행	2	3	6
3행	9	8	7
4행	10	11	110
5행	25	24	23

① 118　　　　　　　　② 119
③ 120　　　　　　　　④ 121
⑤ 122

65 다음 중 동영상 파일 포맷의 확장자로 옳은 것은?
① TIFF　　　　　　　② GIF
③ PNG　　　　　　　④ JPG
⑤ MPEG

---

64 각 홀수 번째 행의 1열에 나열된 수의 규칙은 홀수의 제곱수이다($1, 3^2, 5^2 \cdots$). 그리고 1행을 제외한 홀수 번째 행에서 열의 수가 1씩 증가할 때, 나열된 수는 1씩 감소한다. 11행 1열에 오는 숫자는 $11^2=121$이므로 11행 3열에 오는 숫자는 $121-2=119$이다.

65 **오답분석**
① 꼬리표(Tag)가 붙은 화상(이미지) 파일 형식이다.
② 인터넷 표준 그래픽 형식으로 8비트 컬러를 사용하여 2^8가지 색을 표현, 애니메이션 표현이 가능하다.
③ GIF를 대체하여 인터넷에서 이미지를 표현하기 위해 제정한 그래픽 형식, 애니메이션은 표현이 불가능하다.
④ 정지영상을 표현하기 위한 국제 표준 압축 방식으로 24비트 컬러를 사용하여 2^{24}가지의 색을 표현한다.

정답 64 ② 65 ⑤

66 다음은 18개 지역의 날씨에 관한 자료이다. 주어진 자료를 보고 날씨의 평균값과 중앙값의 차를 올바르게 구한 것은?

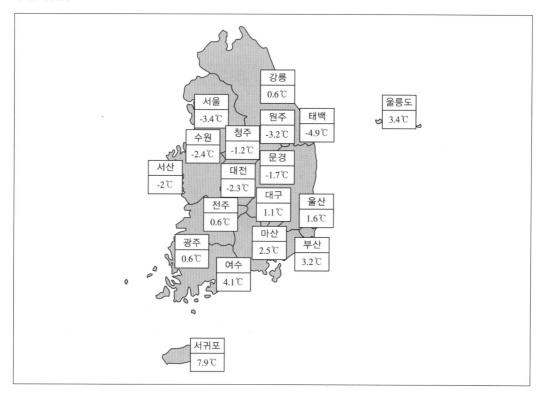

① 0.38

② 0.35

③ 0.26

④ 0.22

⑤ 0.17

---

66 • 18개 지역 날씨의 총합 : $(-3.4)+(-2.4)+(-2.0)+(0.6)+(7.9)+(4.1)+(0.6)+(-2.3)+(-1.2)+(2.5)+(1.1)+(-1.7)$
$+(-3.2)+(0.6)+(-4.9)+(1.6)+(3.2)+(3.4)=4.5℃$

• 18개 지역 날씨의 평균 : $\dfrac{4.5}{18}=0.25℃$

• 18개 지역의 중앙값 : $0.6℃$

따라서 평균값과 중앙값의 차는 $0.6-0.25=0.35$이다.

정답 66 ②

2020 ~ 2017년 시행 기출문제

67 다음은 A씨가 1～4월에 지출한 교통비이다. 1～5월의 평균 교통비가 49,000원 이상 50,000원 이하가 되게 하려고 할 때, A씨가 5월에 최대로 사용할 수 있는 교통비는?

〈1～5월 교통비〉

(단위 : 원)

1월	2월	3월	4월	5월
45,000	54,000	61,000	39,000	?

① 48,000원 ② 49,000원

③ 50,000원 ④ 51,000원

⑤ 52,000원

68 G제약회사는 이번에 개발한 신약의 약효실험을 한 결과 약효 S와 약물의 양 Ag, 시간 t분 사이에 S$=A^{1-0.02t}$의 관계가 성립함을 밝혔다. 약물을 10g 투입하고 5분 뒤의 약효를 S_1, 35분 뒤의 약효를 S_2라 할 때, $S_1 \div S_2$의 값은?

① $10^{0.3}$ ② $10^{0.4}$

③ $10^{0.5}$ ④ $10^{0.6}$

⑤ $10^{0.7}$

---

67 5월 교통비를 x원이라고 하면 1～5월 평균 교통비는 $\dfrac{45,000+54,000+61,000+39,000+x}{5}=\dfrac{199,000+x}{5}$ 원이다. 이때,

1～5월 평균 교통비의 범위는 49,000원 이상 50,000원 이하이므로 $49,000 \leq \dfrac{199,000+x}{5} \leq 50,000 \rightarrow 245,000 \leq 199,000+$

$x \leq 250,000$

$\therefore 46,000 \leq x \leq 51,000$

따라서 A씨가 5월에 최대로 사용할 수 있는 교통비는 51,000원이다.

68 $S_1 = 10^{1-0.02\times5} = 10^{0.9}$

$S_2 = 10^{1-0.02\times35} = 10^{0.3}$

$\therefore S_1 \div S_2 = 10^{0.9} \div 10^{0.3} = 10^{0.9-0.3} = 10^{0.6}$

정답 67 ④ 68 ④

69 S공사 총무부에서 근무하는 N사원은 워드프로세서 프로그램을 사용해 결재 문서를 작성해야 하는데 결재란을 페이지마다 넣고 싶다. 다음 중 N사원이 사용해야 하는 워드프로세서 기능은?

① 스타일
② 쪽 번호
③ 미주
④ 머리말
⑤ 글자 겹치기

70 다음 자료는 A ~ E의 NCS 직업기초능력평가 점수이다. 자료를 보고 표준편차가 가장 큰 순서대로 나열한 것은?

(단위 : 점)

구분	의사소통능력	수리능력	문제해결능력	조직이해	직업윤리
A	60	70	75	65	80
B	50	90	80	60	70
C	70	70	70	70	70
D	70	50	90	100	40
E	85	60	70	75	60

① D>B>E>C>A
② D>B>E>A>C
③ B>D>A>E>C
④ B>D>C>E>A
⑤ E>B>D>A>C

-----

69 워드프로세서의 머리말은 한 페이지의 맨 위에 한두 줄의 내용이 고정적으로 반복되게 하는 기능이다.

70 A ~ E의 평균은 모두 70점으로 같으며 분산은 다음과 같다.

- A : $\dfrac{(60-70)^2+(70-70)^2+(75-70)^2+(65-70)^2+(80-70)^2}{5}=50$

- B : $\dfrac{(50-70)^2+(90-70)^2+(80-70)^2+(60-70)^2+(70-70)^2}{5}=200$

- C : $\dfrac{(70-70)^2+(70-70)^2+(70-70)^2+(70-70)^2+(70-70)^2}{5}=0$

- D : $\dfrac{(70-70)^2+(50-70)^2+(90-70)^2+(100-70)^2+(40-70)^2}{5}=520$

- E : $\dfrac{(85-70)^2+(60-70)^2+(70-70)^2+(75-70)^2+(60-70)^2}{5}=90$

표준편차는 분산의 양의 제곱근이므로 표준편차를 큰 순서로 나열한 것과 분산을 큰 순서로 나열한 것은 같다. 따라서 표준편차가 큰 순서대로 나열하면 D>B>E>A>C이다.

정답 69 ④　70 ②

안심Touch

71 여러 온도계 종류 중 자주 사용되는 온도계에는 섭씨온도계와 화씨온도계가 있다. 섭씨 0℃는 화씨 32°F 이고 화씨 212°F는 섭씨 100℃일 때, 화씨 92°F를 섭씨온도계로 올바르게 환산한 것은?(단, 소수점 이 하 둘째 자리에서 반올림한다)

① 약 29.8℃

② 약 31.2℃

③ 약 33.3℃

④ 약 35.7℃

⑤ 약 37.6℃

72 토요일이 의미 없이 지나간다고 생각한 직장인 S씨는 자기계발을 위해 집 근처 문화센터에서 하는 프로 그램에 수강신청 하려고 한다. 문화센터 프로그램 안내표를 보고 적절하지 않은 설명을 고른 것은?(단, 시간이 겹치는 프로그램은 수강할 수 없다)

〈문화센터 프로그램 안내표〉

프로그램	수강료(3달 기준)	강좌시간
중국어 회화	60,000원	11:00 ~ 12:30
영어 회화	60,000원	10:00 ~ 11:30
지르박	180,000원	13:00 ~ 16:00
차차차	150,000원	12:30 ~ 14:30
자이브	195,000원	14:30 ~ 18:00

① 시간상 김 대리가 선택할 수 있는 과목은 최대 2개이다.

② 자이브의 강좌시간이 가장 길다.

③ 중국어 회화와 차차차를 수강할 때 한 달 수강료는 7만 원이다.

④ 차차차와 자이브를 둘 다 수강할 수 있다.

⑤ 회화 중 하나를 들으면 최소 2과목을 수강할 수 있다.

---

71 섭씨온도가 0℃에서 100℃로 100℃－0℃＝100℃만큼 올라갈 때, 화씨온도는 32°F에서 212°F로 212°F－32°F＝180°F만큼 올라 간다. 화씨 92°F일 때 섭씨온도를 x℃라고 하면 섭씨온도가 x℃－0℃＝x℃만큼 올라갈 때, 화씨온도가 32°F에서 92°F로 92°F－ 32°F＝60°F만큼 올라간다.

$100 : 180 = x : 60 \rightarrow 180x = 6,000$

$\therefore x \fallingdotseq 33.3℃$

72 ①·⑤ 회화(영어·중국어) 중 한 과목을 수강하고, 지르박을 수강하면 2과목 수강이 가능하고 지르박을 수강하지 않고, 차차차와 자이브를 수강하면 최대 3과목 수강이 가능하다.

오답분석

② 자이브의 강좌시간이 3시간 30분으로 가장 길다.

③ 중국어 회화의 한 달 수강료는 60,000÷3＝20,000원이고, 차차차의 한 달 수강료는 150,000÷3＝50,000원이므로 한 달 수강 료는 70,000원이다.

④ 차차차의 강좌시간은 12:30 ~ 14:30이고, 자이브의 강좌시간은 14:30 ~ 18:00이므로 둘 다 수강할 수 있다.

정답 71 ③ 72 ①

73 의사소통능력은 다음과 같이 구분할 수 있다. ㉠에 들어갈 것으로 적절한 것은?

	말하기	듣기	㉠
	쓰기	읽기	문자
	산출	수용	

① 음성   ② 표현

③ 상징   ④ 의미

⑤ 해석

74 12층에 살고 있는 수진이는 출근하려고 나왔다가 중요한 서류를 깜빡한 것이 생각나 다시 집에 다녀오려고 한다. 엘리베이터 고장으로 계단을 이용해야 하는데, 1층부터 6층까지 쉬지 않고 올라갈 때 35초가 걸리고, 7층부터는 한 층씩 올라갈 때마다 5초씩 쉬려고 한다. 이때, 수진이가 1층부터 12층까지 올라가는 데 걸리는 시간은?(단, 6층에서는 쉬지 않는다)

① 102초   ② 107초

③ 109초   ④ 112초

⑤ 114초

---

73 말하기, 듣기, 쓰기, 읽기를 가로와 세로 방향에 따라 그 특성으로 분류한 것이다. 먼저, 세로 방향으로 말하기와 쓰기는 생각이나 느낌 등을 표현하는 것이기 때문에 산출이고 듣기와 읽기는 타인의 생각이나 느낌 등을 받아들이는 것이기 때문에 수용이다. 가로 방향으로 쓰기와 읽기는 의사소통의 방식으로 문자를 사용한다. 이에 따라 말하기와 듣기는 의사소통 방식으로 음성을 사용하므로 ㉠에 들어갈 말은 ①이다.

74 수진이가 1층부터 6층까지 쉬지 않고 올라갈 때 35초가 걸린다고 하였으므로, 한 층을 올라가는 데 걸리는 시간은 $\frac{35}{5}=7$초이다.

또한, 6층부터 12층까지 올라가는 데 7×6=42초가 걸리고, 6층부터는 한 층을 올라갈 때마다 5초씩 쉰다고 했으므로, 쉬는 시간은 5×5=25초이다(∵ 7, 8, 9, 10, 11층에서 쉰다). 따라서 수진이가 1층부터 12층까지 올라가는 데 걸린 시간은 35+42+25=102초이다.

정답 73 ①   74 ①

75 여행을 가는 지완이는 주유소에 들러 9만 원어치의 연료를 주유했다. 주유 전과 주유 후의 연료 게이지는 다음과 같고 주유소와 목적지까지의 거리가 350km일 때, 목적지에 도착 후 남은 연료의 양은?(단, 연료 가격은 리터당 1,000원이며, 연비는 7km/L이다)

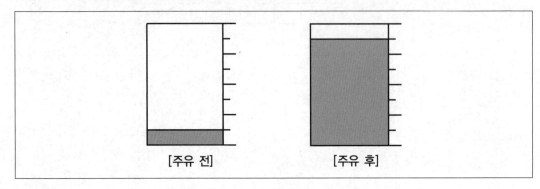

① 45L   ② 50L
③ 55L   ④ 60L
⑤ 65L

76 0 ~ 9 자연수 중에서 A, 2, 5, 6, 9가 하나씩 적힌 5장의 카드가 있다. 이 중 2장의 카드를 골라서 만든 가장 큰 수와 가장 작은 수의 합이 108이 된다고 했을 때, A의 값은?(단, $A \neq 0$)

① 1   ② 3
③ 4   ④ 7
⑤ 8

---

75 지완이는 90,000원어치의 연료를 주유했고 연료 가격은 리터당 1,000원이므로, 지완이가 주유한 연료의 양은 90,000÷1,000 =90L이다. 주유 전과 주유 후의 연료 게이지는 6칸이 차이가 나므로 연료 게이지 1칸에 해당하는 연료의 양은 90÷6=15L이고, 주유 후 전체 연료의 양은 15+90=105L이다. 이때, 연비가 7km/L이므로 350km를 가는 데 소모하는 연료의 양은 350÷7=50L 이다.
따라서 목적지에 도착 후 남은 연료의 양은 105-50=55L이다.

76 만약 A가 1이라고 하면 가장 작은 수는 12, 가장 큰 수는 96이다. 따라서 A=1(∵ 12+96=108)이다.

정답 75 ③ 76 ①

77 다음 그림과 같이 검은색 바둑돌과 흰색 바둑돌을 교대로 개수를 늘려가며 삼각형 모양으로 배열할 때, 37번째에 배열되는 바둑돌 중 개수가 많은 바둑돌의 종류와 바둑돌 개수 차이를 순서대로 나열한 것은?

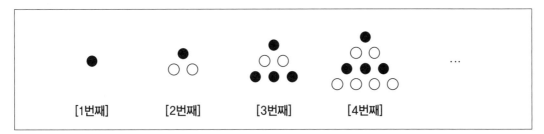

	바둑돌	차이
①	검은색	18개
②	검은색	19개
③	검은색	20개
④	흰색	18개
⑤	흰색	19개

---

77 n번째에 배열하는 전체 바둑돌의 개수를 a_n개(단, n은 자연수)라고 하면 제시된 규칙에 의하여

$a_1=1,\ a_2=1+2=3,\ a_3=1+2+3=6,\ \cdots,\ a_n=1+2+3+\cdots+n=\sum_{k=1}^{n}k=\dfrac{n(n+1)}{2}$ 이다.

즉, 37번째에 배열하는 전체 바둑돌의 개수는 $a_{37}=\dfrac{37\times38}{2}=703$개이다.

제시된 그림을 보면 검은색 바둑돌은 홀수 번째에서 추가로 배열된다. 홀수 번째에 있는 검은색 바둑돌의 개수를 b_{2m-1}개(단, m은 자연수)라고 하고, 표로 나타내면 다음과 같다.

m	$2m-1$	b_{2m-1}
1	1	1
2	3	1+3=4
3	5	1+3+5=9
...	...	...
m	$2m-1$	$\displaystyle\sum_{k=1}^{m}(2k-1)=m^2$

즉, $2m-1=37$에서 $m=19$이므로 $b_{37}=19^2=361$개이다. 37번째에 배열된 흰색 바둑돌의 개수는 $703-361=342$개이므로 검은색 바둑돌이 흰색 바둑돌보다 $361-342=19$개 많다.

정답 77 ②

78 P씨는 이번에 새로 산 노트북의 사양을 알아보기 위해 다음과 같이 [제어판]의 [시스템]을 열어 보았다. 다음 중 P씨의 노트북 사양에 대한 내용으로 옳지 않은 것은?

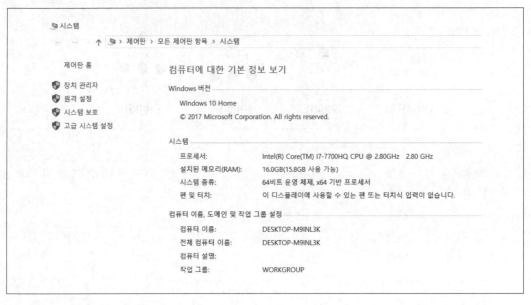

① 그래픽카드는 i7 – 7700HQ 모델이 설치되어 있다.

② OS는 Windows 10 Home이 설치되어 있다.

③ 설치된 RAM의 용량은 16GB이다.

④ Windows 운영체제는 64비트 시스템이 설치되어 있다.

⑤ 컴퓨터의 이름은 DESKTOP – M9INL3K로 설정되어 있다.

79 독서실 총무인 소연이는 독서실의 시계가 4시간마다 6분씩 늦어진다는 것을 확인하여 오전 8시 정각에 시계를 맞춰 놓았다. 다음 날 아침 오전 9시 30분까지 서울역에 가야 하는 소연이는 오전 8시에 독서실을 나서야 하는데, 이때 독서실 시계는 몇 시를 가리키고 있겠는가?

① 오전 7시 21분   ② 오전 7시 24분

③ 오전 7시 27분   ④ 오전 7시 30분

⑤ 오전 7시 33분

---

78 그래픽카드가 아닌 설치된 CPU 정보에 해당된다. 제시된 화면에서 그래픽카드에 관한 정보는 알 수 없다.

79 소연이가 시계를 맞춰 놓은 시각과 다음 날 독서실을 나선 시각의 차는 24시간이다. 4시간마다 6분씩 늦어진다고 하였으므로 24시간 후 36분이 늦어진다. 따라서 소연이가 독서실을 나설 때 시계가 가리키고 있는 시각은 8시−36분=7시 24분이다.

정답 78 ① 79 ②

80 A회사에 재직 중인 노민찬 대리는 9월에 결혼을 앞두고 있다. 다음 〈조건〉을 참고할 때, 노민찬 대리의 결혼날짜로 가능한 날은?

─────〈조건〉─────
- 9월은 1일부터 30일까지이며, 9월 1일은 금요일이다.
- 9월 30일부터 추석연휴가 시작되고 추석연휴 이틀 전엔 노민찬 대리가 주관하는 회의가 있다.
- 노민찬 대리는 결혼식을 한 다음 날 8박 9일간 신혼여행을 간다.
- 회사에서 신혼여행으로 주는 휴가는 5일이다.
- 노민찬 대리는 신혼여행과 겹치지 않도록 수요일 3주 연속 치과 진료가 예약되어 있다.
- 신혼여행에서 돌아오는 날 부모님 댁에서 하루 자고, 다음 날 출근할 예정이다.

① 1일
② 2일
③ 22일
④ 23일
⑤ 29일

---

80 〈조건〉에 따라 9월 달력을 나타내면 다음과 같다.

월요일	화요일	수요일	목요일	금요일	토요일	일요일
				1	2	3
4	5	6	7	8	9	10
11	12	13 치과	14	15	16	17
18	19	20 치과	21	22	23	24
25	26	27	28 회의	29	30 추석연휴	

치과 진료는 수요일 연속 3주간 받는다고 하였으므로 셋째 주·넷째 주 수요일은 무조건 치과 진료가 있다. 또한, 8박 9일간 신혼여행을 간다고 하였으므로 적어도 9일은 쉴 수 있어야 한다. 위 달력에서 9일 동안 아무 일정이 없는 날은 1일부터 12일까지이다. 신혼여행으로 인한 휴가는 5일 동안이므로 이 〈조건〉을 고려하면 노민찬 대리의 신혼여행은 9월 2일부터 10일까지이다. 이때, 결혼식 다음 날 신혼여행을 간다고 하였으므로 노민찬 대리의 결혼날짜는 9월 1일이다.

정답 80 ①

안심Touch

제1회
서울교통공사
승무/차량직

NCS 직업기초능력평가
+ 직무수행능력평가

www.sdedu.co.kr

〈문항 및 시험시간〉

평가영역	문항 수	시험시간	모바일 OMR 답안분석		
직업기초능력평가+ 직무수행능력평가	80문항	100분	기계일반	전기일반	전자일반

제1회 직업기초능력평가

01 다음 안전관리체계의 유지·검사 등에 대한 설명으로 옳지 않은 것은?

> **제6조(안전관리체계의 유지·검사 등)**
> ① 국토교통부장관은 법 제8조 제2항에 따른 정기검사를 1년마다 1회 실시해야 한다.
> ② 국토교통부장관은 법 제8조 제2항에 따른 정기검사 또는 수시검사를 시행하려는 경우에는 검사 시행일 7일 전까지 다음 각 호의 내용이 포함된 검사 계획을 검사 대상 철도운영자 등에게 통보하여야 한다. 다만, 철도사고, 철도준사고 및 운행장애 등의 발생 등으로 긴급히 수시검사를 실시하는 경우에는 사전 통보를 하지 아니할 수 있고, 검사 시작 이후 검사 계획을 변경할 사유가 발생한 경우에는 철도운영자 등과 협의하여 검사 계획을 조정할 수 있다.
> 1. 검사반의 구성
> 2. 검사 일정 및 장소
> 3. 검사 수행 분야 및 검사 항목
> 4. 중점 검사 사항
> 5. 그 밖에 검사에 필요한 사항
> ③ 국토교통부장관은 다음 각 호의 사유로 철도운영자 등이 안전관리체계 정기검사의 유예를 요청한 경우에 검사 시기를 유예하거나 변경할 수 있다.
> 1. 검사 대상 철도운영자 등이 사법기관 및 중앙행정기관의 조사 및 감사를 받고 있는 경우
> 2. 항공·철도 사고조사에 관한 법률 제4조 제1항에 따른 항공·철도사고조사위원회가 같은 법 제19조에 따라 철도사고에 대한 조사를 하고 있는 경우
> 3. 대형 철도사고의 발생, 천재지변, 그 밖의 부득이한 사유가 있는 경우
> ④ 국토교통부장관은 정기검사 또는 수시검사를 마친 경우에는 다음 각 호의 사항이 포함된 검사 결과보고서를 작성하여야 한다.
> 1. 안전관리체계의 검사 개요 및 현황
> 2. 안전관리체계의 검사 과정 및 내용
> 3. 법 제8조 제3항에 따른 시정조치 사항
> 4. 제6항에 따라 제출된 시정조치계획서에 따른 시정조치명령의 이행 정도
> 5. 철도사고에 따른 사망자·중상자의 수 및 철도사고 등에 따른 재산피해액

⑤ 국토교통부장관은 법 제8조 제3항에 따라 철도운영자 등에게 시정조치를 명하는 경우에는 시정에 필요한 적정한 기간을 주어야 한다.

⑥ 철도운영자 등이 법 제8조 제3항에 따라 시정조치명령을 받은 경우에 14일 이내에 시정조치계획서를 작성하여 국토교통부장관에게 제출하여야 하고, 시정조치를 완료한 경우에는 지체 없이 그 시정내용을 국토교통부장관에게 통보하여야 한다.

⑦ 제1항부터 제6항까지의 규정에서 정한 사항 외에 정기검사 또는 수시검사에 관한 세부적인 기준·방법 및 절차는 국토교통부장관이 정하여 고시한다.

① 수시검사를 하려면 검사시행일 7일 전에 검사 대상에게 통보하여야 한다.
② 정기검사는 연 1회 실시한다.
③ 대형 철도사고가 발생하면 검사 시기를 유예할 수 있다.
④ 철도운영자가 시정조치 명령을 받은 경우 14일 이내에 시정조치계획을 제출하여야 한다.
⑤ 검사가 시작되면 검사 계획을 변경할 수 없다.

02 다음 밑줄 친 부분과 같은 의미로 쓰인 것은?

> 차량에 탑재된 인공지능(AI) 시스템으로 주행하는 자율주행차가 대중화되면 항공기 여행 산업이 위축되고 로봇 택시 등의 새로운 시장이 <u>열릴</u> 전망이다. 시장 분석가들은 자율주행차가 확산되면 사람들의 여행 유형과 여행 거리까지 바뀔 것으로 예상했다. 공항에서의 수속 절차, 항공기 연착, 화물 분실 위험 등과 관련 없는 자율주행차를 이용하면 운전자는 운전할 필요 없이 차 안에서 잠을 자거나 TV를 보며 휴식을 취할 수 있기 때문이다. 이런 변화가 항공기 여행 산업에 새로운 도전이 될 것으로 보인다.

① 이번 정상회담을 통해 남북 관계에 새로운 국면이 <u>열렸다</u>.
② 관계가 발전되기 위해서는 우선 서로의 마음이 <u>열려야</u> 한다.
③ 국회에서는 헌법재판관 후보자에 대한 인사청문회가 <u>열렸다</u>.
④ 아직도 그 가게의 문이 <u>열리지</u> 않은 걸 보니 주인에게 무슨 일이 생겼나봐.
⑤ 공연 시작을 알리는 종이 울리자 오케스트라의 연주 속에서 커튼이 <u>열렸다</u>.

※ 다음은 외국인 농촌여행상품 운영 및 홍보지원에 관련된 공고문이다. 이어지는 질문에 답하시오. [3~4]

〈외국인 농촌여행상품 운영 및 홍보지원〉

1. 지원기간
   2020. 06. 13(목) ~ 2020. 12. 20(금)(예산소진 시까지)

2. 참가자격
   외국인 관광객을 유치하는 일반여행업
   – 관광진흥법 제4조 및 법 시행령 제2조 제1항 제1호 가목으로 등록된 업체
     ※ 일반여행업 : 국내외를 여행하는 내국인 및 외국인을 대상으로 하는 여행업

3. 상품구성
   농촌관광지 1회 이상 유료 방문 및 주변 관광지로 구성
   ※ 8개 지자체(경기, 강원, 충북, 충남, 전남, 경북, 경남, 제주)의 농촌체험휴양마을 829개소, 7개 지자체(경기, 강원, 충북, 충남, 전남, 경북, 경남)의 6차 산업 기업 854개소
   ※ 전북지역 농촌관광상품의 경우 별도 공고 예정

4. 지원내용
   ① 운영비 : 체험, 숙박, 식사비, 버스임차료 등 지원
     – 기존상품 : 체험, 숙박, 식사비의 50%, 항목별 최대 3만 원/인(숙박비 5만 원/인)
       예 산머루농원, 돼지보러오면돼지, 아홉굿마을, 의야지바람마을, 은아목장, 수미마을, 산머루마을 등 포함 농촌여행상품
     – 특별상품 : 체험, 숙박, 식사비의 90%, 항목별 최대 3만 원/인(숙박비 5만 원/인)
     – 버스임차료 : 버스임차료의 50%(최대 40만 원/일)
   ② 홍보비 : 홍보물 제작비, 팸투어 행사비, 해외박람회 참가비 등 지원
     – 홍보물 제작비의 50%, 팸투어 행사비의 50%, 해외박람회 참가비 50%

5. 농촌관광지 적용 대상
   농촌관광지 적용 대상 리스트 첨부파일 참고

6. 결과 발표
   농촌여행의 모든 것, 웰촌 홈페이지, 공지사항 게시 및 개별 연락

7. 접수 및 문의처
   이메일 접수 후 원본은 우편으로 제출
   ※ 유의사항 : 서류는 반드시 한글 또는 워드 파일로 작성하여 1개 파일로 제출

03 B여행사는 공고문을 보고 궁금한 점이 생겨 문의사항을 게시판에 남겼다. 대답으로 올바르지 않은 것은?

① Q : 여행업체로 등록되어 있지는 않지만 국내외 내국인 및 외국인을 대상으로 여행업을 3년간 해왔습니다. 신청이 가능한가요?

　A : 관광진흥법 제4조 및 법 시행령 제2조 제1항 제1호 가목으로 등록된 업체여야 신청 가능합니다.

② Q : 농촌관광지를 2회 유료 방문하는 상품 구성을 하려고 합니다. 횟수는 상관 없나요?

　A : 농촌관광지를 1회 이상 유료 방문해야 하는 최소 충족조건만 지키면 됩니다.

③ Q : 기존상품과 특별상품에 버스임차료 지원율은 다른가요?

　A : 기존상품과 특별상품 모두 버스임차료의 지원율은 50%로 일 최대 40만 원입니다.

④ Q : 홍보물 제작비나 해외박람회 참가비에 대한 지원금은 있습니까?

　A : 네, 홍보비는 홍보물 제작비, 팸투어 행사비, 해외박람회 참가비 등으로 항목당 50%씩 지원합니다.

⑤ Q : 접수는 이메일로 가능한가요?

　A : 이메일 접수는 받지 않으며 서류는 한글 또는 워드 파일로 작성하여 우편으로 제출해야 합니다.

04 다음 운영비 지급신청서에 따라 A사원이 지급받을 운영비 총액은?

〈농촌관광상품 운영비 지급신청서〉

• 여행사 현황

여행사명	시대고시여행	대표자	김〇〇		
주소	서울시 마포구 큰우물로 75				
거래은행	A은행	계좌번호	123456 - 56 - 123456(예금주 : 김〇〇)		
연락처	(담당자) 박〇〇		(연락처) 02 - 1600 - 1234		

• 관광객 유치실적

단체 번호	국적	방문일자	농촌 관광지명	인원수	운영비(원)			
					식사	체험	숙박	총계
1	싱가폴	2020. 9. 15.	수미마을	15	120,000	150,000	750,000	1,020,000
2	중국	2020. 9. 22.	산머루마을	27	189,000	810,000	890,000	1,889,000

※ 팀 단위로 작성하되 식사비, 체험비, 숙박비는 농촌관광지에 실제 지급한 총금액을 작성

위와 같이 외국인 농촌여행상품 운영비 지급신청서를 제출합니다.

2021년 12월 15일

대표자명 (인)

	싱가폴	중국		싱가폴	중국
①	408,000원	755,600원	②	510,000원	755,600원
③	510,000원	944,500원	④	918,000원	944,500원
⑤	918,000원	1,700,100원			

05 다음은 20 ～ 24세의 사망원인별 생명표 자료이다. 자료에 대한 〈보기〉의 설명 중 옳은 것을 모두 고르면?

〈20 ～ 24세 사망원인별 생명표〉

(단위 : %, 년)

사망원인	시·도	전체		남성		여성	
		사망 확률	증가기대여명	사망 확률	증가기대여명	사망 확률	증가기대여명
악성 신생물	서울	21.54	3.74	27.39	4.79	16.69	2.75
	부산	21.49	3.82	27.96	4.94	16.27	2.76
	대구	21.80	3.77	27.45	4.85	17.18	2.76
	인천	20.80	3.77	27.20	4.80	15.45	2.72
	광주	21.08	3.76	26.60	4.73	16.68	2.86
	대전	20.24	3.57	24.89	4.53	16.37	2.71
	경기	20.88	3.69	26.67	4.70	16.07	2.75
	강원	21.07	3.96	26.76	5.01	15.97	2.85
	제주	22.20	3.99	26.89	5.06	18.04	2.81
순환 계통 질환	서울	22.45	2.88	20.34	2.96	24.07	2.71
	부산	26.47	3.41	22.09	3.30	29.74	3.35
	대구	26.65	3.42	23.08	3.41	29.43	3.31
	인천	24.61	3.18	21.64	3.09	26.94	3.08
	광주	22.59	2.78	18.26	2.64	25.54	2.74
	대전	23.18	2.85	19.89	2.81	25.59	2.80
	경기	24.33	3.07	20.89	2.97	26.96	3.02
	강원	24.58	3.22	20.28	2.92	28.28	3.35
	제주	20.61	2.56	17.30	2.53	22.93	2.43
외부적 요인	서울	5.68	1.25	6.79	1.71	4.58	0.77
	부산	4.83	1.30	6.46	1.82	3.36	0.78
	대구	4.95	1.29	6.51	1.81	3.52	0.76
	인천	5.13	1.30	6.77	1.79	3.61	0.78
	광주	5.32	1.42	7.37	1.99	3.59	0.85
	대전	5.78	1.36	6.49	1.75	4.93	0.91
	경기	6.06	1.36	7.73	1.86	4.56	0.86
	강원	7.20	1.74	9.18	2.44	5.29	0.98
	제주	7.34	1.73	8.84	2.32	6.05	1.09

※ 각 시·도별 전체 사망자 수는 남성과 여성 각각의 전체 사망자 수의 합이다.

〈보기〉

ㄱ. 악성 신생물로 인한 사망 확률은 남성과 여성의 경우 모두 부산이 가장 높다.

ㄴ. 대구의 경우, 순환계통 질환으로 인한 사망 확률에 대한 조사대상 중 여성 수가 남성 수보다 많다.

ㄷ. 외부적 요인으로 인한 전체 사망 확률이 높은 지역 순위는 순환계통 질환으로 인한 전체 사망 확률이 높은 지역 순위와 동일하다.

ㄹ. 인천의 외부적 요인으로 인한 증가기대여명은 남성이 여성의 1.5배 이상이다.

---

① ㄱ, ㄴ   ② ㄱ, ㄷ

③ ㄴ, ㄷ   ④ ㄴ, ㄹ

⑤ ㄷ, ㄹ

06 K공사는 맞춤형 산업용수 공급 사업을 통해 기업의 요구에 맞는 수질의 산업용수를 생산, 공급하고 있다. 다음 자료를 통해 알 수 있는 내용은?

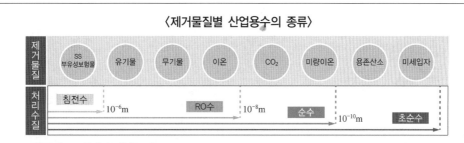

〈제거물질별 산업용수의 종류〉

※ 용존산소 : 물에 녹아있는 산소

〈산업용수의 종류 및 용도〉

구분	RO수	순수	초순수
비저항	0.1[mΩcm] 미만	0.1[mΩcm] 이상	10[mΩcm] 이상
공정	다중여과탑, 활성탄흡착, RO막	이온교환, CO_2 탈기	용존산소 탈기, 한외여과
사용용도	제철, 석유화학	발전, 자동차, 목재펄프	반도체, 디스플레이, 제약

※ 비저항 : 단위면적, 단위 길이당 전기저항의 비율

① RO수를 생산하기 위해서 다중여과탑, 한외여과 공정이 필요하다.

② 정밀한 작업이 필요한 반도체 회사에는 용존산소 탈기, 한외여과 공정을 거쳐 생산된 초순수를 공급한다.

③ 이온교환, CO_2 탈기 공정을 통해 제거물질 순서 중 무기물과 이온까지 제거해 순수를 생산한다.

④ 침전수는 10^{-8}m 크기의 물질까지 제거한다.

⑤ 석유화학 회사에는 예상치 못한 화학반응을 줄이기 위해 미량이온을 제거한 RO수를 공급한다.

안심Touch

07 다음 차트에 대한 설명으로 옳지 않은 것은?

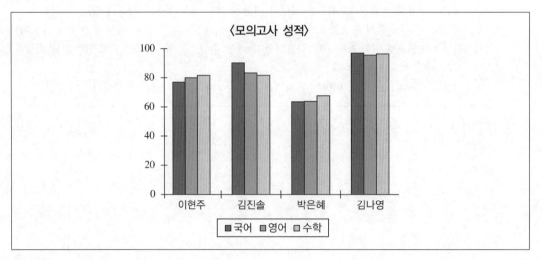

① 세로축의 주 단위가 20으로 설정되어 있다.
② 데이터 계열은 4개로 구성되어 있다.
③ 범례의 위치는 아래쪽에 있다.
④ 주 단위의 가로 눈금선이 표시되어 있다.
⑤ 2차원 세로 막대형 그래프이다.

08 S공사 직원 A ~ E 5명은 뉴질랜드, 대만, 덴마크, 미국, 핀란드 중 한 곳을 출장지로 배정받고 대화를
나누었다. A ~ E 중 한 명만이 진실을 이야기했다고 할 때, 직원 E가 가게 될 출장지는?(단, 출장지 한
곳에 한 명의 직원만 갈 수 있고 한 명이 여러 곳의 출장지를 갈 수 없다)

- 직원 A : B씨는 대만에 못 가시고, 저는 덴마크로 가게 되었네요.
- 직원 B : 저는 이번에 핀란드로 출장 가고, D씨는 대만으로 출장 가는군요.
- 직원 C : D씨는 덴마크로 출장 가고, E씨는 미국으로 출장 가게 되었네요.
- 직원 D : A씨는 대만에 배정받지 못하셨고, C씨는 뉴질랜드에 배정받으셨군요.
- 직원 E : D씨는 뉴질랜드로 가시고, A씨는 핀란드에 가시는군요.

① 뉴질랜드   ② 대만
③ 덴마크   ④ 미국
⑤ 핀란드

09 다음과 같이 판매실적을 계산하기 위해 [A7] 셀에 함수식 「＝SUMIFS(D2:D6,A2:A6,"연필",B2:B6,"서울")」을 입력했을 때, 그 결괏값으로 옳은 것은?

	A	B	C	D
2	연필	경기	150	100
3	볼펜	서울	150	200
4	연필	서울	300	300
5	볼펜	경기	300	400
6	연필	서울	300	200
7				

① 100

② 500

③ 600

④ 750

⑤ 800

※ 당신은 S기관의 상담사이며, 현재 불만고객 응대 프로세스에 따라 불만고객 응대를 하고 있는 중이다.
다음 대화문을 읽고 이어지는 질문에 답하시오. [10~11]

상담사 : 안녕하십니까. S기관 상담사 A입니다.

고객 : 학자금 대출이자 납입건으로 문의할 게 있어서요.

상담사 : 네, 고객님 어떤 내용이신지 말씀해주시면 제가 도움을 드리도록 하겠습니다.

고객 : 제가 S기관으로부터 대출을 받고 있는데 아무래도 대출이자가 잘못 나간 것 같아서요. 안 그래도 바쁘고 시간도 없는데 이것 때문에 비 오는 날 우산도 없이 은행에 왔다갔다했네요. 도대체 일을 어떻게 처리하는 건지….

상담사 : 아 그러셨군요, 고객님.
실례지만, 성함과 전화번호 확인 부탁드리겠습니다.

고객 : 네, △△△이고, 전화번호는 000-0000-0000입니다.

상담사 : 확인해주셔서 감사합니다. (㉠   )

---

10 위의 대화문에서 언급된 불만고객은 다음 중 어떤 유형의 불만고객에 해당하는가?

① 거만형
② 의심형
③ 트집형
④ 빨리빨리형
⑤ 우유부단형

11 상담사의 마지막 발언인 ㉠에 이어질 내용으로 적절한 것을 바르게 짝지은 것은?

ⓐ 어떤 해결 방안을 제시해주는 것이 좋은지 고객에게 의견을 묻는다.
ⓑ 고객 불만 사례를 동료에게 전달하겠다고 한다.
ⓒ 고객이 불만을 느낀 상황에 대한 빠른 해결을 약속한다.
ⓓ 대출내역을 검토한 후 어떤 부분에 문제가 있었는지 확인하고 답변해 준다.

---

① ⓐ - ⓑ
② ⓑ - ⓒ
③ ⓒ - ⓓ
④ ⓐ - ⓓ
⑤ ⓑ - ⓓ

12 K회사 마케팅부에 근무하는 B대리는 최근 제품수명주기를 설명하는 보고서를 읽게 되었다. 아래의 보고서를 읽고 〈보기〉의 (가) ~ (라)의 사례에 대한 제품수명주기의 유형을 연결시키고자 할 때, 올바르게 연결한 것은?

〈제품수명주기〉

▶ 제품수명주기의 정의
   제품수명주기(Product Life Cycle)는 제품이 출시되는 도입기, 매출이 성장하는 성장기, 성장률이 둔화되는 성숙기, 매출이 감소하는 쇠퇴기를 거쳐서 시장에서 사라지게 되는 과정이다.

▶ 제품수명주기의 4가지 유형

유형	그래프	설명
주기·재주기형	매출 / 시간	쇠퇴기에 접어들다가 촉진 활동 강화 혹은 재포지셔닝에 의해 다시 한 번 성장기를 맞이하는 경우로써 대부분의 제품에 해당한다.
연속성장형	매출 / 시간	새로운 제품 특성이나 용도 등을 발견함으로써 매출성장이 연속적으로 이어지는 경우이다.
패션형	매출 / 시간	한 때 유행하였다가 일정시간이 지나 다시 유행하는 형태로 일정 주기를 타고 성장, 쇠퇴를 거듭한다.
패드형	매출 / 시간	짧은 시간 내에 소비자들에 의해 급속하게 수용되었다가 매우 빨리 쇠퇴하는 형태를 보인다.

〈보기〉

(가) A전자회사는 에어컨과 난방기를 생산하고 있다. 에어컨은 매년 7 ~ 9월의 여름에 일정하게 매출이 증가하고 있으며 난방기는 매년 12 ~ 2월에 일정하게 매출이 증가하고 있다.

(나) B게임회사는 최근 모바일 게임의 꾸준한 업데이트를 통해 게임 유저들의 흥미를 자극시킴으로써 매출이 계속 성장하고 있다.

(다) C출판사는 자기계발서를 출판하는 회사이다. 최근 자기계발서에 대한 매출이 줄어듦에 따라 광고 전략을 시행하였고 이로 인해 일시적으로 매출이 상승하게 되었다.

(라) D회사는 월드컵을 맞이하여 응원 T셔츠를 제작하여 큰 매출 효과를 가졌다. 그러나 며칠이 지나지 않아 월드컵이 끝난 후 응원 T셔츠에 대한 매력이 떨어져 매출이 급감하게 되었다.

	주기·재주기형	연속성장형	패션형	패드형
①	(다)	(라)	(가)	(나)
②	(나)	(가)	(다)	(라)
③	(가)	(라)	(나)	(다)
④	(나)	(라)	(가)	(다)
⑤	(다)	(나)	(가)	(라)

13 다음 철도안전법의 일부내용을 읽고, 철도차량 운전면허의 취소·정지와 관련된 국토교통부장관의 역할로 적절하지 않은 것은?

〈철도안전법〉

제11조(운전면허의 결격사유)

다음 각 호의 어느 하나에 해당하는 사람은 운전면허를 받을 수 없다.

1. 19세 미만인 사람
2. 철도차량 운전상의 위험과 장해를 일으킬 수 있는 정신질환자 또는 뇌전증환자로서 대통령령으로 정하는 사람
3. 철도차량 운전상의 위험과 장해를 일으킬 수 있는 약물(마약류 관리에 관한 법률 제2조 제1호에 따른 마약류 및 화학물질관리법 제22조 제1항에 따른 환각물질을 말한다. 이하 같다) 또는 알코올 중독자로서 대통령령으로 정하는 사람
4. 두 귀의 청력 또는 두 눈의 시력을 완전히 상실한 사람
5. 운전면허가 취소된 날부터 2년이 지나지 아니하였거나 운전면허의 효력정지기간 중인 사람

제20조(운전면허의 취소·정지 등)

① 국토교통부장관은 운전면허 취득자가 다음 각 호의 어느 하나에 해당할 때에는 운전면허를 취소하거나 1년 이내의 기간을 정하여 운전면허의 효력을 정지시킬 수 있다. 다만, 제1호부터 제4호까지의 규정에 해당할 때에는 운전면허를 취소하여야 한다.
   1. 거짓이나 그 밖의 부정한 방법으로 운전면허를 받았을 때
   2. 제11조 제2호부터 제4호까지의 규정에 해당하게 되었을 때
   3. 운전면허의 효력정지기간 중 철도차량을 운전하였을 때
   4. 제19조의2를 위반하여 운전면허증을 다른 사람에게 대여하였을 때
   5. 철도차량을 운전 중 고의 또는 중과실로 철도사고를 일으켰을 때
      5의 2. 제40조의2 제1항 또는 제5항을 위반하였을 때
   6. 제41조 제1항을 위반하여 술을 마시거나 약물을 사용한 상태에서 철도차량을 운전하였을 때
   7. 제41조 제2항을 위반하여 술을 마시거나 약물을 사용한 상태에서 업무를 하였다고 인정할 만한 상당한 이유가 있음에도 불구하고 국토교통부장관 또는 시·도지사의 확인 또는 검사를 거부하였을 때
   8. 이 법 또는 이 법에 따라 철도의 안전 및 보호와 질서유지를 위하여 한 명령·처분을 위반하였을 때
② 국토교통부장관이 제1항에 따라 운전면허의 취소 및 효력정지 처분을 하였을 때에는 국토교통부령으로 정하는 바에 따라 그 내용을 해당 운전면허 취득자와 운전면허 취득자를 고용하고 있는 철도운영자 등에게 통지하여야 한다.
③ 제2항에 따른 운전면허의 취소 또는 효력정지 통지를 받은 운전면허 취득자는 그 통지를 받은 날부터 15일 이내에 운전면허증을 국토교통부장관에게 반납하여야 한다.
④ 국토교통부장관은 제3항에 따라 운전면허의 효력이 정지된 사람으로부터 운전면허증을 반납 받았을 때에는 보관하였다가 정지기간이 끝나면 즉시 돌려주어야 한다.
⑤ 제1항에 따른 취소 및 효력정지 처분의 세부기준 및 절차는 그 위반의 유형 및 정도에 따라 국토교통부령으로 정한다.
⑥ 국토교통부장관은 국토교통부령으로 정하는 바에 따라 운전면허의 발급, 갱신, 취소 등에 관한 자료를 유지·관리하여야 한다.

---

① 운전면허의 발급, 갱신, 취소 등에 관한 자료를 관리한다.
② 부정한 방법으로 운전면허를 받은 운전자의 운전면허 효력을 정지시킨다.
③ 운전면허 정지 처분을 받은 운전자의 운전면허증을 보관한다.
④ 운전면허 취소 처분을 받은 운전자가 속한 기관에 해당 내용을 통지한다.
⑤ 취소 및 효력정지 처분의 세부기준 및 절차를 정한다.

14 다음 시트에서 [B1] 셀에 「=INT(A1)」을 입력했을 때, 출력될 결괏값으로 올바른 것은?

	A	B
1	100.58	

① 100
② 100.5
③ 100.58
④ 100.6
⑤ 101

15 다음 중 밑줄 친 단어의 쓰임이 적절하지 않은 것은?

철도안전법 제42조에 따르면 무기, 화약류, 유해화학물질 또는 ㉠ 인화성(引火性)이 높은 물질 등 ㉡ 공중(空中)이나 여객에게 위해를 끼치거나 끼칠 우려가 있는 위해물품은 열차에서 ㉢ 휴대(携帶)하거나 ㉣ 적재(積載)할 수 없다. 다만, 국토교통부장관 또는 시·도지사의 허가를 받은 경우 또는 철도공안 사무에 종사하는 국가공무원, 경찰관 직무를 수행하는 사람, 위험물품을 운송하는 군용열차를 ㉤ 호송(護送)하는 군인 등 특정한 직무를 수행하는 경우에는 제외한다. 휴대 또는 적재 허가를 받은 경우에는 해당 위해물품이 위해물품임을 나타낼 수 있는 표지를 포장 바깥면 등 잘 보이는 곳에 붙여야 한다.

① ㉠
② ㉡
③ ㉢
④ ㉣
⑤ ㉤

16 현대사회의 직업인들은 환경의 변화와 조직이나 개인의 요구에 따라 경력개발을 해야 한다. 다음 〈보기〉에서 경력개발의 필요성을 성격에 따라 바르게 분류한 것은?

〈보기〉

㉠ 지식정보의 빠른 변화
㉡ 경영전략의 변화
㉢ 발달단계에 따른 가치관과 신념의 변화
㉣ 중견 사원의 이직 증가
㉤ 직무환경의 변화
㉥ 전문성 축적 및 성장 요구 증가

	환경의 변화	조직의 요구	개인의 요구
①	㉠, ㉣	㉡, ㉥	㉢, ㉤
②	㉠, ㉣	㉡, ㉤	㉢, ㉥
③	㉠, ㉤	㉣, ㉥	㉡, ㉢
④	㉡, ㉣	㉠, ㉤	㉢, ㉥
⑤	㉡, ㉤	㉠, ㉣	㉢, ㉥

17 S공사에서는 지역가입자의 생활수준 및 연간 자동차세액 점수표를 기준으로 지역보험료를 산정한다. 지역가입자 A ~ E의 조건을 보고 보험료를 계산한 것으로 옳은 것은?(단, 원 단위 이하는 절사한다)

〈생활수준 및 경제활동 점수표〉

구분		1구간	2구간	3구간	4구간	5구간	6구간	7구간
가입자 성별 및 연령별	남성	20세 미만 / 65세 이상	60세 이상 65세 미만	20세 이상 30세 미만 / 50세 이상 60세 미만	30세 이상 50세 미만	–	–	–
	점수	1.4점	4.8점	5.7점	6.6점			
	여성	20세 미만 / 65세 이상	60세 이상 65세 미만	25세 이상 30세 미만 / 50세 이상 60세 미만	20세 이상 25세 미만 / 30세 이상 50세 미만	–	–	–
	점수	1.4점	3점	4.3점	5.2점			
재산정도 (만 원)		450 이하	450 초과 900 이하	900 초과 1,500 이하	1,500 초과 3,000 이하	3,000 초과 7,500 이하	7,500 초과 15,000 이하	15,000 초과
점수		1.8점	3.6점	5.4점	7.2점	9점	10.9점	12.7점
연간 자동차세액 (만 원)		6.4 이하	6.4 초과 10 이하	10 초과 22.4 이하	22.4 초과 40 이하	40 초과 55 이하	55 초과 66 이하	66 초과
점수		3점	6.1점	9.1점	12.2점	15.2점	18.3점	21.3점

※ (지역보험료)=[(생활수준 및 경제활동 점수)+(재산등급별 점수)+(자동차등급별 점수)]×(부과점수당 금액)
※ 모든 사람의 재산등급별 점수는 200점, 자동차등급별 점수는 100점으로 가정한다.
※ 부과점수당 금액은 183원이다.

	성별	연령	재산정도	연간 자동차세액	지역보험료
① A씨	남성	32세	2,500만 원	12.5만 원	57,030원
② B씨	여성	56세	5,700만 원	35만 원	58,130원
③ C씨	남성	55세	20,000만 원	43만 원	60,010원
④ D씨	여성	23세	1,400만 원	6만 원	57,380원
⑤ E씨	남성	47세	13,000만 원	37만 원	59,350원

※ 다음은 K공사 연구소의 주요 사업별 연락처이다. 자료를 보고 이어지는 질문에 답하시오. [18~19]

〈주요 사업별 연락처〉

주요 사업	담당부서	연락처
고객지원	고객지원팀	044-410-7001
감사, 부패방지 및 지도점검	감사실	044-410-7011
국제협력, 경영평가, 예산기획, 규정, 이사회	전략기획팀	044-410-7023
인재개발, 성과평가, 교육, 인사, ODA사업	인재개발팀	044-410-7031
복무노무, 회계관리, 계약 및 시설	경영지원팀	044-410-7048
품질 평가관리, 품질평가 관련민원	평가관리팀	044-410-7062
가공품 유통 전반(실태조사, 유통정보), 컨설팅	유통정보팀	044-410-7072
대국민 교육, 기관 마케팅, 홍보관리, CS, 브랜드인증	고객홍보팀	044-410-7082
이력관리, 역학조사지원	이력관리팀	044-410-7102
유전자분석, 동일성검사	유전자분석팀	044-410-7111
연구사업 관리, 기준개발 및 보완, 시장조사	연구개발팀	044-410-7133
정부3.0, 홈페이지 운영, 대외자료제공, 정보보호	정보사업팀	044-410-7000

18 K공사 연구소의 주요 사업별 연락처를 본 채용 지원자의 반응으로 적절하지 않은 것은?

① K공사 연구소는 1개 실과 11개 팀으로 이루어져 있구나.
② 예산기획과 경영평가는 같은 팀에서 종합적으로 관리하는구나.
③ 평가업무라 하더라도 평가 특성에 따라 담당하는 팀이 달라지는구나.
④ 홈페이지 운영은 고객홍보팀에서 마케팅과 함께 하는구나.
⑤ 부패방지를 위해 부서를 따로 두었구나.

19 다음 민원인의 요청을 듣고 난 후 민원을 해결하기 위해 연결해야 할 부서를 적절히 안내한 것은?

> 민원인 : 얼마 전 신제품 품질 평가 등급 신청을 했습니다. 신제품 품질에 대한 등급에 대해 이의가 있습니다. 관련 건으로 담당자분과 통화하고 싶습니다.
> 상담직원 : 불편을 드려서 죄송합니다. (   ) 연결해드리겠습니다. 잠시만 기다려 주십시오.

① 지도 점검 업무를 담당하고 있는 감사실로
② 연구사업을 관리하고 있는 연구개발팀으로
③ 기관의 홈페이지 운영을 전담하고 있는 정보사업팀으로
④ 이력관리 업무를 담당하고 있는 이력관리팀으로
⑤ 품질평가를 관리하는 평가관리팀으로

※ 다음은 A ~ G지점 간 경로와 구간별 거리를 나타낸 자료이다. A지점으로 출장을 나온 K사원은 업무를 마치고 사무실이 있는 G지점으로 운전해 돌아가려고 할 때, 자료를 보고 이어지는 질문에 답하시오. [20~21]

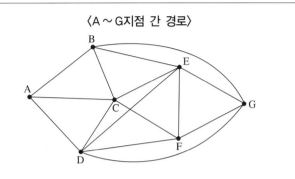

〈A ~ G지점 간 경로〉

〈구간별 거리〉

(단위 : km)

지점	A	B	C	D	E	F	G
A	–	52	108	51	–	–	–
B	52	–	53	–	66	–	128
C	108	53	–	56	53	55	–
D	51	–	56	–	62	69	129
E	–	66	53	62	–	59	58
F	–	–	55	69	59	–	54
G	–	128	–	129	58	54	–

※ 지점과 지점 사이 경로가 없는 경우 '–'로 표시한다.

20 K사원이 갈 수 있는 최단거리는?(단, 모든 지점을 거칠 필요는 없다)

① 159km
② 163km
③ 167km
④ 171km
⑤ 174km

21 K사원은 최단거리를 확인한 후 출발하려 했으나, C지점에 출장을 갔던 H대리가 픽업을 요청해 C지점에 들러 H대리를 태우고 사무실로 돌아가려고 한다. 이때, C지점을 거치지 않았을 때의 최단거리와 C지점을 거쳤을 때의 최단거리의 차는?

① 41km
② 43km
③ 45km
④ 47km
⑤ 49km

22 A ~ G 6명은 각각 차례대로 바이올린, 첼로, 콘트라베이스, 플루트, 클라리넷, 바순, 심벌즈를 연주하고 악기 연습을 위해 연습실 1, 2, 3을 빌렸다. 다음 〈조건〉을 만족할 때, 연습 장소와 시간을 확정하기 위해 추가로 필요한 조건은?

─〈조건〉─

- 연습실은 오전 9시에서 오후 6시까지 운영하고 모든 시간에 연습이 이루어진다.
- 각각 적어도 3시간 이상, 한 번 연습을 한다.
- 연습실 1에서는 현악기를 연습할 수 없다.
- 연습실 2에서 D가 두 번째로 5시간 동안 연습을 한다.
- 연습실 3에서 처음 연습하는 사람이 연습하는 시간은 연습실 2에서 D가 연습하는 시간과 2시간이 겹친다.
- 연습실 3에서 두 번째로 연습하는 사람은 첼로를 켜고, 타악기 연습시간과 겹치면 안 된다.

① E는 연습실 운영시간이 끝날 때까지 연습한다.
② C는 A보다 오래 연습한다.
③ E는 A와 연습 시간이 같은 시간에 끝난다.
④ A와 F의 연습 시간은 3시간이 겹친다.
⑤ A는 연습실 2를 사용한다.

23 다음에서 제시된 조직의 특성으로 적절한 것은?

서울교통공사의 사내 봉사 동아리에 소속된 70여 명의 임직원이 연탄 나르기 봉사 활동을 펼쳤다. 이날 임직원들은 지역 주민들이 보다 따뜻하게 겨울을 날 수 있도록 연탄 총 3,000장과 담요를 직접 전달했다. 사내 봉사 동아리에 소속된 문 대리는 "매년 진행하는 연말 연탄 나눔 봉사활동을 통해 지역사회에 도움의 손길을 전할 수 있어 기쁘다."며 "오늘의 작은 손길이 큰 불씨가 되어 많은 분들이 따뜻한 겨울을 보내길 바란다."고 말했다.

① 인간관계에 따라 형성된 자발적인 조직
② 이윤을 목적으로 하는 조직
③ 규모와 기능 그리고 규정이 조직화되어 있는 조직
④ 조직 구성원들의 행동을 통제할 장치가 마련되어 있는 조직
⑤ 공익을 요구하지 않는 조직

24 귀하는 휴대전화를 구입하기 위하여 A ~ C 세 상품에 대해 다음과 같이 만족도를 조사하였다. 다음 중 경제적 의사결정과 관련하여 옳은 설명은?(단, 만족도 1단위는 화폐 1만 원의 가치와 같다)

〈상품A ~ C의 만족도 조사〉

(단위 : 점)

상품 \ 가격	만족도	광고의 호감도 (5)	디자인 (12)	카메라 기능 (8)	단말기 크기 (9)	A/S (6)
A	35만 원	5	10	6	8	5
B	28만 원	4	9	6	7	5
C	25만 원	3	7	5	6	4

※ (   ) 안은 만족도의 만점임

① 합리적으로 선택한다면 상품 B를 구입할 것이다.
② 단말기 크기보다 카메라 기능을 더 중시하고 있다.
③ 만족도가 가장 큰 대안을 선택하는 것이 가장 합리적이다.
④ 예산을 25만 원으로 제한하면 휴대전화 구입을 포기할 것이다.
⑤ 구매 선택의 기준으로 휴대전화의 성능을 지나치게 중시하고 있다.

※ 사내 급식소를 운영하는 P씨는 냉장고를 새로 구입하였다. 다음 설명서를 읽고, 이어지는 질문에 답하시오. [25~27]

■ 설치 주의사항
- 바닥이 튼튼하고 고른지 확인하십시오(진동과 소음의 원인이 되며, 문의 개폐 시 냉장고가 넘어져 다칠 수 있습니다).
- 주위와 적당한 간격을 유지해 주십시오(주위와의 간격이 좁으면 냉각력이 떨어지고 전기료가 많이 나오게 됩니다).
- 열기가 있는 곳은 피하십시오(주위 온도가 높으면 냉각력이 떨어지고 전기료가 많이 나오게 됩니다).
- 습기가 적고 통풍이 잘되는 곳에 설치해 주십시오(습한 곳이나 물이 묻기 쉬운 곳은 제품이 녹이 슬거나 감전의 원인이 됩니다).
- 누전으로 인한 사고를 방지하기 위해 반드시 접지하십시오.

> ※ 접지단자가 있는 경우 : 별도의 접지가 필요 없습니다.
> ※ 접지단자가 없는 경우 : 접지단자가 없는 AC220V의 콘센트에 사용할 경우는 구리판에 접지선을 연결한 후 땅속에 묻어 주세요.
> ※ 접지할 수 없는 장소의 경우 : 식당이나 지하실 등 물기가 많거나 접지할 수 없는 곳에는 누전차단기(정격전류 15mA, 정격부동작 전류 7.5mA)를 구입하여 콘센트에 연결하여 사용하세요.

■ 고장신고 전 확인사항

증상	확인	해결
냉동, 냉장이 전혀 되지 않을 때	정전이 되지 않았습니까?	다른 제품의 전원을 확인하세요.
	전원 플러그가 콘센트에서 빠져있지 않습니까?	전원코드를 콘센트에 바르게 연결해 주세요.
냉동, 냉장이 잘 되지 않을 때	냉장실 온도조절이 '약'으로 되어 있지 않습니까?	온도조절을 '중' 이상으로 맞춰 주세요.
	직사광선을 받거나 가스레인지 등 열기구 근처에 있지 않습니까?	설치 장소를 확인해 주세요.
	뜨거운 식품을 식히지 않고 넣지 않았습니까?	뜨거운 음식은 곧바로 넣지 마시고 식혀서 넣어 주세요.
	식품을 너무 많이 넣지 않았습니까?	식품은 적당한 간격을 두고 넣어 주세요.
	문은 완전히 닫혀 있습니까?	보관 음식이 문에 끼이지 않게 한 후 문을 꼭 닫아 주세요.
	냉장고 주위에 적당한 간격이 유지되어 있습니까?	주위에 적당한 간격을 주세요.

냉장실 식품이 얼 때	냉장실 온도조절이 '강'에 있지 않습니까?	온도조절을 '중' 이하로 낮춰 주세요.
	수분이 많고 얼기 쉬운 식품을 냉기가 나오는 입구에 넣지 않았습니까?	수분이 많고 얼기 쉬운 식품은 선반의 바깥쪽에 넣어 주세요.
소음이 심하고 이상한 소리가 날 때	냉장고 설치장소의 바닥이 약하거나, 불안정하게 설치되어 있습니까?	바닥이 튼튼하고 고른 곳에 설치하세요.
	냉장고 뒷면이 벽에 닿지 않았습니까?	주위에 적당한 간격을 주세요.
	냉장고 뒷면에 물건이 떨어져 있지 않습니까?	물건을 치워 주세요.
	냉장고 위에 물건이 올려져 있지 않습니까?	무거운 물건을 올리지 마세요.

25 P씨는 설명서를 참고하여, 냉장고를 급식소에 설치하고자 한다. 다음 중 장소 선정 시 고려해야 할 사항으로 적절한 것은?

① 접지단자가 있는지 확인하고, 접지단자가 없으면 누전차단기를 준비한다.
② 접지단자가 있는지 확인하고, 접지할 수 없는 장소일 경우 구리판을 준비한다.
③ 냉장고 설치 주변의 온도가 어느 정도인지 확인한다.
④ 빈틈없이 냉장고가 들어갈 수 있는 공간이 있는지 확인한다.
⑤ 습기가 적고, 외부의 바람이 완전히 차단되는 곳인지 확인한다.

26 P씨는 냉장고 사용 중에 심한 소음과 함께 이상한 소리를 들었다. 설명서를 참고했을 때 소음이 심하고 이상한 소리가 나는 원인이 될 수 있는 것은?

① 보관음식이 문에 끼여서 문이 완전히 닫혀 있지 않았다.
② 냉장고 뒷면이 벽에 닿아 있었다.
③ 냉장실 온도조절이 '약'으로 되어 있었다.
④ 뜨거운 식품을 식히지 않고 넣었다.
⑤ 냉장실 온도조절이 '강'으로 되어 있었다.

27 P씨는 26번 문제에서 찾은 원인에 따라 조치를 취했지만, 여전히 소음이 심하고 이상한 소리가 났다. 추가적인 해결방법으로 적절한 것은?

① 전원코드를 콘센트에 바르게 연결하였다.
② 온도조절을 '중' 이하로 낮추었다.
③ 냉장고를 가득 채운 식품을 정리하여 적당한 간격을 두고 넣었다.
④ 냉장고를 안정적이고 튼튼한 바닥에 재설치하였다.
⑤ 뜨거운 음식은 곧바로 넣지 않고 식혀서 넣었다.

28 갈등을 관리하고 해소하는 방법을 더욱 잘 이해하기 위해서는 갈등을 증폭시키는 원인이 무엇인지 알 필요가 있다. 다음 중 조직에서 갈등을 증폭시키는 행위로 볼 수 없는 것은?

① 팀원 간에 서로 상대보다 더 높은 인사고과를 얻기 위해 경쟁한다.

② 팀의 공동목표 달성보다는 본인의 승진이 더 중요하다고 생각한다.

③ 다른 팀원이 중요한 프로젝트를 맡은 경우에 그 프로젝트에 대해 자신이 알고 있는 노하우를 알려주지 않는다.

④ 갈등이 발견되면 바로 갈등 문제를 즉각적으로 다루려고 한다.

⑤ 혼자 돋보이려고 지시받은 업무를 다른 팀원에게 전달하지 않는다.

29 다음 글을 보고 직장생활에 올바르게 적용한 사람은?

> 정의는 선행이나 호의를 베푸는 것과 아주 밀접한 관련이 있다. 그러나 선행이나 호의에도 몇 가지 주의할 점이 있다. 첫째, 받는 자에게 피해가 되지 않도록 주의하고 둘째, 베푸는 자는 자신이 감당할 수 있는 능력 내에서 베풀어야 하며 셋째, 각자 받을 만한 가치에 따라서 베풀어야 한다.
>
> 키케로 『의무론』
>
> 공자께서 말씀하시기를 "윗사람으로서 아랫사람을 너그럽게 관용할 줄 모르고, 예도를 행함에 있어 공경심이 없으며, 사람이 죽어 장례를 치르는 문상자리에서도 애도할 줄 모른다면 그런 인간을 어찌 더 이상 볼 가치가 있다 하겠느냐?"라고 하였다.
>
> 『논어』 팔일 3-26

① A사원 : 며칠 후에 우리 부장님 생신이라 비상금을 털어서 고급 손목시계 하나 해 드리려고.

② B과장 : 출근해서 사원들과 즐겁게 아침인사를 나누었어. 내가 먼저 반갑게 아침인사를 건네면 기분이 좋아져 좋은 하루를 보낼 수 있거든.

③ C사원 : 내가 준 김밥을 먹고 배탈이 났다고? 냉장보관을 안하긴 했는데….

④ D부장 : G사원이 어제 회식자리에서 내 옷에 김칫국물을 흘렸으니 세탁비를 받아야겠어.

⑤ E사원 : 지난주에 장례식장에 갔는데 육개장이 그렇게 맛있더라고.

30 H사원은 재직 중인 회사 부근의 거주지로 이사하려고 한다. 회사 근처의 아파트와 빌라 총 세 곳의 월세와 거리를 조사한 H사원은 고정지출비용을 생각하여 거주지를 결정하려고 한다. 주어진 자료에 대한 설명으로 옳은 것은?

거주지	월세	거리(편도)
A빌라	280,000원	2.8km
B빌라	250,000원	2.1km
C아파트	300,000원	1.82km

※ 월 출근일 : 20일
※ 교통비 : 1km당 1,000원
※ (고정지출비용)=(월세)+(한 달 왕복 교통비)

① 월 예산이 40만 원일 때, 세 거주지의 고정지출비용은 모두 예산을 초과한다.
② B빌라에 거주할 경우 회사와 집만 왕복한다면, 고정지출비용은 한 달에 334,000원이다.
③ C아파트에서의 교통비가 가장 많이 지출된다.
④ C아파트에 거주한다면, A빌라에 거주했을 때보다 한 달 고정지출비용이 20,000원 적게 지출된다.
⑤ B빌라에서 두 달 거주할 경우의 고정지출비용이 A빌라와 C아파트에서의 한 달 고정지출비용을 각각 합한 비용보다 많다.

31 다음 중 자료를 판단한 내용으로 옳지 않은 것은?(단, 증감률은 전년 대비 수치이다)

〈자동차 생산·내수·수출 현황〉

(단위 : 대, %)

구분		2016년	2017년	2018년	2019년	2020년
생산	차량 대수	4,086,308	3,826,682	3,512,926	4,271,741	4,657,094
	증감률	(6.4)	(−6.4)	(−8.2)	(21.6)	(9.0)
내수	차량 대수	1,219,335	1,154,483	1,394,000	1,465,426	1,474,637
	증감률	(4.7)	(−5.3)	(20.7)	(5.1)	(0.6)
수출	차량 대수	2,847,138	2,683,965	2,148,862	2,772,107	3,151,708
	증감률	(7.5)	(−5.7)	(−19.9)	(29.0)	(13.7)

① 2016년에는 전년 대비 생산, 내수, 수출이 모두 증가했다.
② 내수가 가장 큰 폭으로 증가한 해에는 생산과 수출이 모두 감소했다.
③ 수출이 증가했던 해는 생산과 내수도 증가했다.
④ 생산이 증가한 해에도 내수나 수출이 감소한 해가 있다.
⑤ 수출이 가장 큰 폭으로 증가한 해에는 생산도 가장 큰 폭으로 증가한 해이다.

안심Touch

32 다음은 시기별 1인당 스팸문자의 내용별 수신 수를 나타낸 자료이다. 자료에 대한 설명 중 옳지 않은 것은?

〈1인당 스팸문자의 내용별 수신 수〉

(단위 : 통)

구분	2019년 하반기	2020년 상반기	2020년 하반기
대출	0.03	0.06	0.08
성인	0.00	0.01	0.01
일반	0.12	0.05	0.08
합계	0.15	0.12	0.17

① 성인 관련 스팸문자는 2020년부터 수신되기 시작했다.
② 가장 높은 비중을 차지하는 스팸문자의 내용은 해당 기간 동안 변화했다.
③ 내용별 스팸문자 수에서 감소한 종류는 없다.
④ 해당 기간 동안 가장 큰 폭으로 증가한 것은 대출 관련 스팸문자이다.
⑤ 전년 동분기 대비 2020년 하반기의 1인당 스팸문자의 내용별 수신 수의 증가율은 약 13%이다.

33 근면하기 위해서는 업무에 어떤 자세로 임해야 하는가?

① 수동적인 자세   ② 소극적인 자세
④ 방어적인 자세   ④ 능동적이고 적극적인 자세
⑤ 방어적이고 소극적인 자세

34 총무팀 팀장인 귀하는 어느 날 팀 여직원으로부터 메일 한 통을 받았다. 다음 밑줄 친 내용 중 성희롱 예방 수칙에 어긋나는 행동은?

박○○ 팀장님께

팀장님, 안녕하세요?
다름이 아니오라 어제 팀 회식자리에서 최 과장님이 제게 한 행동들 중 오해할 만한 것이 있어 메일을 보냅니다.
팀장님도 아시다시피 최 과장님은 ① 회식 내내 제가 하는 말마다 큰 소리로 지적하곤 했잖아요. 또한 ② 조그만 실수에도 너무 과하다는 생각이 들 만큼 크게 웃으셨고요. 이뿐만이 아니라 ③ 자꾸 간식을 사오라는 심부름을 시키기도 했습니다. 그리고 회식 자리가 끝난 후 방향이 같아 ④ 최 과장님과 함께 택시를 탔습니다. 그런데 대뜸 ⑤ 제게 자신의 상반신 탈의 사진을 보여주면서 어떻게 생각하는지 물어보는 게 아니겠습니까? 저는 순간 성적 수치심이 들었지만, 내색은 하지 않았습니다.

팀장님의 의견을 듣고 싶습니다.
답변 부탁드립니다.

35 다음 〈보기〉의 사례와 직업의 특성이 바르게 연결된 것은?

─────────────〈보기〉─────────────
- ㉠ 단기간의 아르바이트와 달리 일정 기간 수행되어야 한다.
- ㉡ 직업을 통해 사회 구성원의 필요를 충족시키며, 사회에 봉사하게 된다.
- ㉢ 직업을 통해 일정한 수입을 얻고, 경제발전에 기여하여야 한다.

	㉠	㉡	㉢		㉠	㉡	㉢
①	연속성	봉사성	수익성	②	연속성	봉사성	경제성
③	지속성	공공성	경제성	④	계속성	사회성	경제성
⑤	계속성	사회성	수익성				

36 다음은 어느 도서관의 도서 대여건수에 대하여 일정기간 동안 작성한 자료이다. 다음 중 자료에 대한 설명으로 옳지 않은 것은?(단, 비율은 소수점 이하 둘째 자리에서 반올림한다)

〈도서 대여건수〉

(단위 : 권)

구분	비소설		소설	
	남자	여자	남자	여자
40세 미만	520	380	450	600
40세 이상	320	400	240	460

① 소설의 전체 대여건수가 비소설의 전체 대여건수보다 많다.
② 40세 미만보다 40세 이상이 대여건수가 더 적다.
③ 소설을 대여한 남자의 수가 소설을 대여한 여자의 수의 70% 이상이다.
④ 전체 40세 미만 대여 수에서 비소설 대여 수가 차지하는 비율은 40%를 넘는다.
⑤ 전체 40세 이상 대여 수에서 소설 대여 수가 차지하는 비율은 50% 미만이다.

37 다음 중 경력개발 단계를 바르게 나열한 것은?

┌───┐
│ ㉠ 자신과 환경 이해   ㉡ 경력개발 전략수립 │
│ ㉢ 경력목표 설정   ㉣ 직무정보 탐색   │
│ ㉤ 실행 및 평가   │
└───┘

① ㉠ → ㉢ → ㉡ → ㉣ → ㉤
② ㉡ → ㉠ → ㉣ → ㉤ → ㉢
③ ㉢ → ㉣ → ㉤ → ㉡ → ㉠
④ ㉣ → ㉢ → ㉡ → ㉠ → ㉤
⑤ ㉣ → ㉠ → ㉢ → ㉡ → ㉤

38 다음 중 ㉠ ~ ㉢에 들어갈 말이 올바르게 연결된 것은?

> 자기개발능력은 직업인으로서 자신의 흥미·적성·특성 등의 이해에 기초하여 자기정체감을 형성하는
> (㉠), 자신의 행동 및 업무수행을 통제하고 관리하며 조정하는 (㉡), 자신의 진로에 대한 단계적
> 목표를 설정하고 목표성취에 필요한 역량을 개발해 나가는 (㉢)으로 구성된다.

	㉠	㉡	㉢
①	자아인식능력	자기관리능력	경력개발능력
②	자아인식능력	경력개발능력	자기관리능력
③	자기관리능력	자아인식능력	경력개발능력
④	자기관리능력	경력개발능력	자아인식능력
⑤	경력개발능력	자기관리능력	자아인식능력

39 다음 중 자아인식에 대한 설명으로 올바르지 않은 것은?

① 대표적인 방법은 표준화된 검사를 활용하는 것이다.
② 자신의 직업에 대한 흥미를 파악하는 것이 포함된다.
③ 일과 관련된 경험을 관리하는 것이다.
④ 자기개발의 가장 처음 단계에서 이루어지는 것이다.
⑤ 다른 사람과의 커뮤니케이션을 통해 확인할 수 있다.

40 다음 중 자기개발의 특징을 올바르게 설명한 것은?

① 자기개발은 일이나 생활과 너무 밀접하게 연관 짓지 않도록 해야 한다. 자신이 궁극적으로 원하는
삶의 모습을 설계하기 위해서이다.
② 자기개발의 주체는 자기 자신이 아니라 타인이다. 타인의 객관적인 관점에서 자신을 분석하고 성장시
켜야 하기 때문이다.
③ 자기개발은 모든 사람에게 요구되는 것은 아니다. 때로는 잘못된 자기개발과 인생설계로 인해 더욱
부정적인 모습이 될 수 있기 때문이다.
④ 자기개발은 개별적인 과정이다. 사람마다 자신에게 적합한 목표를 설정하고 자기개발의 전략이나 방법
을 다르게 선정해야 한다.
⑤ 자기개발은 학교단계나 어떤 특정한 사건이나 요구가 있을 때 일시적으로 이루어지는 과정으로 단기간
에 효과적으로 실행해야 한다.

제1회 직무수행능력평가

개별문항 **1** 기계일반

01 회주철을 기호로 GC300과 같이 표시할 때 300이 의미하는 것은?

① 항복강도
② 인장강도
③ 굽힘강도
④ 전단강도
⑤ 압축강도

02 그림과 같은 수평면에 놓인 50kg 무게의 상자에 힘 $P=400$N으로 5초 동안 잡아당긴 후 운동하게 되는 상자의 속도와 가장 가까운 값은?(단, 상자와 바닥면 간의 마찰계수는 0.3이다)

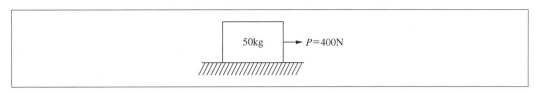

① 10m/s
② 25m/s
③ 40m/s
④ 50m/s
⑤ 60m/s

03 다음 중 디젤기관의 일반적인 특성에 대한 설명으로 옳은 것은?

① 공기와 연료를 혼합하여 동시에 공급한다.
② 전기점화방식을 사용하여 연료를 착화한다.
③ 소음과 진동이 적어 조용한 운전이 가능하다.
④ 연료장치로 연료분사펌프와 노즐을 사용한다.
⑤ 가솔린 기관에 비해 열효율이 높고 연료비가 싸다.

04 사각나사의 축방향하중이 Q, 마찰각이 p, 리드각이 α일 때 사각나사가 저절로 풀리는 조건은?

① $Q\tan(p+\alpha)>0$

② $Q\tan(p+\alpha)<0$

③ $Q\tan(p-\alpha)<0$

④ $Q\tan(p-\alpha)>0$

⑤ $Q\tan(p-\alpha)=0$

05 다음 중 기계재료의 구비조건으로 옳지 않은 것은?

① 고온 경도 높을 것

② 내마모성 클 것

③ 재료 공급이 용이할 것

④ 열처리가 쉬울 것

⑤ 마찰계수가 클 것

06 다음은 사출성형품의 불량원인과 대책에 관한 설명이다. 어떤 현상을 설명한 것인가?

> 금형의 파팅라인(Parting Line)이나 이젝터핀(Ejector Pin) 등의 틈에서 흘러 나와 고화 또는 경화된 얇은 조각 모양의 수지가 생기는 것을 말하는 것으로 이를 방지하기 위해서는 금형 자체의 밀착성을 좋게 하도록 체결력을 높여야 한다.

① 플로마크(Flow Mark)현상

② 싱크마크(Sink Mark)현상

③ 웰드마크(Weld Mark)현상

④ 플래시(Flash)현상

⑤ 스프링백(Spring Back)현상

07 선재의 지름이나 판재의 두께를 측정하는 게이지는?

① 와이어 게이지

② 나사 피치 게이지

③ 반지름 게이지

④ 센터 게이지

⑤ 플러그 게이지

08 압력이 101kPa이고, 온도가 27℃일 때, 크기가 5m×5m×5m인 방에 있는 공기의 질량은?(단, 공기의 기체상수는 0.287kJ/kg·K이다)

① 118.6kg
② 128.6kg
③ 136.6kg
④ 146.6kg
⑤ 157.6kg

09 다음 중 유체에 대해 정의하는 내용으로 옳은 것은?

① 용기 안에 충만 될 때까지 항상 팽창하는 물질
② 흐르는 모든 물질
③ 흐르는 물질 중 전단 응력이 생기지 않는 물질
④ 극히 작은 전단응력이 물질 내부에 생기면 정지상태로 있을 수 없는 물질
⑤ 압력을 받고 난 후 복원력이 우수한 물질

10 M은 질량, L은 길이, T는 시간이라고 할 때, 점성계수의 차원은?

① $ML^{-1}T^{-2}$
② $ML^{-1}T^{-1}$
③ MLT^{-1}
④ $M^{-1}L^{-1}T^{-2}$
⑤ $M^{-1}L^{-1}T^{-1}$

11 유량제어 밸브를 실린더의 출구 쪽에 설치해서 유출되는 유량을 제어하여 피스톤 속도를 제어하는 회로는?

① 미터 아웃 회로
② 블리드 오프 회로
③ 미터 인 회로
④ 카운터 밸런스 회로
⑤ 언로딩 회로

안심Touch

12 길이가 L이고 스프링상수가 k인 균일한 스프링이 있다. 이 스프링 길이의 $\dfrac{2}{3}$를 잘라내고 남은 길이가 $\dfrac{1}{3}$인 스프링의 스프링상수는 얼마인가?(단, 스프링에는 길이 방향하중만 작용한다)

① $\dfrac{k}{3}$ ② $\dfrac{2k}{3}$

③ $\dfrac{3k}{2}$ ④ $2k$

⑤ $3k$

13 다음은 마이크로미터의 측정 눈금을 나타낸 것일 때, 측정값으로 옳은 것은?

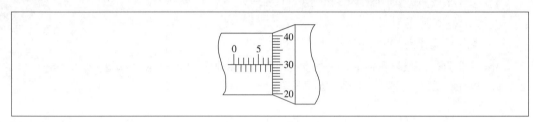

① 1.35mm   ② 1.85mm
③ 7.35mm   ④ 7.80mm
⑤ 7.95mm

14 다음 중 강의 탄소 함유량이 증가함에 따라 나타나는 특성 중 옳지 않은 것은?
① 인장강도가 증가한다.   ② 항복점이 증가한다.
③ 경도가 증가한다.   ④ 충격치가 증가한다.
⑤ 인성이 감소한다.

15 유압회로에서 회로 내 압력이 설정치 이상이 되면 그 압력에 의하여 밸브를 전개하여 압력을 일정하게 유지시키는 역할을 하는 밸브는?
① 시퀀스 밸브   ② 유량제어 밸브
③ 릴리프 밸브   ④ 감압 밸브
⑤ 체크 밸브

16 다음 중 리벳작업에서 코킹을 하는 목적으로 옳은 것은?

① 패킹재료를 삽입하기 위해

② 파손재료를 수리하기 위해

③ 부식을 방지하기 위해

④ 밀폐를 유지하기 위해

⑤ 구멍을 뚫기 위해

17 스프링상수가 같은 2개의 코일스프링을 각각 직렬과 병렬로 연결하였다. 직렬로 연결한 시스템의 상당 (등가) 스프링상수는 병렬로 연결한 시스템의 상당(등가) 스프링상수의 몇 배인가?

① $\dfrac{1}{4}$배

② $\dfrac{1}{2}$배

③ 2배

④ 4배

⑤ 6배

18 직각인 두 축 간에 운동을 전달하고, 잇수가 같은 한 쌍의 원추형 기어는?

① 스퍼기어

② 마이터기어

③ 나사기어

④ 헬리컬기어

⑤ 평기어

19 다음 중 큰 회전력을 전달할 수 있는 기계요소 순서로 나열된 것은?

① 안장키 > 경사키 > 스플라인 > 평키

② 스플라인 > 경사키 > 평키 > 안장키

③ 안장키 > 평키 > 경사키 > 스플라인

④ 스플라인 > 평키 > 경사키 > 안장키

⑤ 안장키 > 경사키 > 평키 > 스플라인

20 열역학 제2법칙에 대한 설명으로 옳은 것은?

① 물질 변화과정의 방향성을 제시한다.

② 에너지의 양을 결정한다.

③ 에너지의 종류를 판단할 수 있다.

④ 공학적 장치의 크기를 알 수 있다.

⑤ 에너지 보존 법칙을 알 수 있다.

안심Touch

21 펀치(Punch)와 다이(Die)를 이용하여 판금재료로부터 제품의 외형을 따내는 작업은?

① 블랭킹(Blanking)　　　　　　　② 피어싱(Piercing)

③ 트리밍(Trimming)　　　　　　　④ 플랜징(Flanging)

⑤ 스탬핑(Stamping)

22 철 64%와 니켈 36%의 합금으로 열팽창 계수가 작고, 내식성도 좋은 것으로 시계추, 바이메탈 등에 사용되는 것은?

① 인코넬　　　　　　　　　　　　② 인바

③ 콘스탄탄　　　　　　　　　　　④ 플래티나이트

⑤ 코바

23 그림과 같이 접시 머리 나사를 이용하여 공작물을 체결하고자 할 때, 나사 머리가 들어갈 수 있게 가공하는 방법으로 적절한 것은?

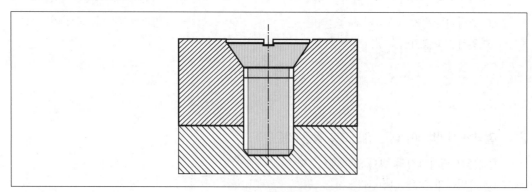

① 태핑　　　　　　　　　　　　　② 스폿 페이싱

③ 카운터 보링　　　　　　　　　　④ 카운터 싱킹

⑤ 리밍

24 다음 중 강의 열처리 방법에 대한 설명을 순서대로 나열한 것은?

| 가. 강을 표준 상태로 하기 위하여 가공조직의 균일화, 결정립의 미세화 등 기계적 성질의 향상 |
| 나. 강 속에 있는 내부응력을 완화시켜 강의 성질을 개선하는 것으로 노(爐)나 공기 중에서 서랭 |
| 다. 불안정한 조직을 재가열하여 원자들을 좀더 안정적인 위치로 이동시킴으로써 인성을 증대 |
| 라. 재료를 단단하게 하기 위해 가열된 재료를 급랭하여 경도를 증가시켜서 내마멸성을 향상 |

	가	나	다	라
①	뜨임	불림	담금질	풀림
②	불림	풀림	뜨임	담금질
③	불림	뜨임	풀림	담금질
④	뜨임	풀림	불림	담금질
⑤	불림	담금질	뜨임	풀림

25 구성인선(Build-up edge)에 관한 설명으로 옳은 것은?

① 공구 윗면 경사각이 크면 구성인선을 크게 한다.
② 칩의 흐름에 대한 저항이 클수록 구성인선은 작아진다.
③ 고속으로 절삭할수록 구성인선은 작아진다.
④ 칩의 두께를 감소시키면 구성인선의 발생이 증가한다.
⑤ 바이트 날을 무디게 하면 구성인선이 작아진다.

26 측정기에 대한 설명으로 옳은 것은?

① 버니어캘리퍼스가 마이크로미터보다 측정 정밀도가 높다.
② 사인바(Sine Bar)는 공작물의 내경을 측정한다.
③ 다이얼게이지(Dial Gage)는 각도측정기이다.
④ 스트레이트에지(Straight Edge)는 평면도의 측정에 사용된다.
⑤ 마이크로미터(Micrometer)는 0.1mm단위까지만 측정 가능하다.

27 다음 중 금형용 합금공구강의 KS규격에 해당하는 것은?

① STD 11
② SC 360
③ SM 45C
④ SS 400
⑤ SUS 304

28 탄성한도, 허용응력 및 사용응력 사이의 관계로 옳은 것은?

① 탄성한도> 허용응력 ≥ 사용응력

② 탄성한도> 사용응력 ≥ 허용응력

③ 허용응력 ≥ 사용응력> 탄성한도

④ 사용응력 ≥ 허용응력> 탄성한도

⑤ 사용응력 ≥ 허용응력 ≥ 탄성한도

29 ㉠, ㉡에 들어갈 말을 올바르게 짝지은 것은?

(㉠)은/는 금속 혹은 세라믹 분말과 폴리머나 왁스 결합제를 혼합한 후, 금형 내로 빠르게 사출하여 생형을 제작하고, 가열 혹은 용제를 사용하여 결합제를 제거한 후, 높은 온도로 (㉡)하여 최종적으로 금속 혹은 세라믹 제품을 생산하는 공정이다.

	㉠	㉡
①	인베스트먼트 주조	소결
②	분말야금	경화
③	금속사출성형	경화
④	분말사출성형	소결
⑤	압출성형	경화

30 클러치를 설계할 때 유의할 사항으로 옳지 않은 것은?

① 균형상태가 양호하도록 하여야 한다.

② 관성력을 크게 하여 회전 시 토크변동을 작게 한다.

③ 단속을 원활히 할 수 있도록 하여야 한다.

④ 마찰열에 대하여 내열성이 좋아야 한다.

⑤ 회전부분의 평형이 좋아야 한다.

31 연신율이 20%인 재료의 인장시험에서 파괴되기 직전의 시편 전체 길이가 24cm일 때 이 시편의 초기 길이는?

① 19.2cm

② 20cm

③ 28.8cm

④ 30cm

⑤ 31.2cm

32 다음 중 탄소강과 관련된 내용으로 옳지 않은 것은?

① 아공석강의 서랭조직은 페라이트(Ferrite)와 펄라이트(Pearlite)의 혼합조직이다.

② 공석강의 서랭조직은 페라이트로 변태종료 후 온도가 내려가도 조직의 변화는 거의 일어나지 않는다.

③ 과공석강의 서랭조직은 펄라이트와 시멘타이트(Ce-mentite)의 혼합조직이다.

④ 시멘타이트는 철과 탄소의 금속간 화합물이다.

⑤ 탄소강에서 Mo 또는 Ni를 첨가하면 오스테나이트 조직이 생긴다.

33 다음 중 강의 열처리 및 표면경화에 대한 설명으로 옳지 않은 것은?

① 구상화 풀림(Spheroidizing Annealing) : 과공석강에서 초석탄화물이 석출되어 기계가공성이 저하되는 문제를 해결하기 위해 행하는 열처리 공정으로, 탄화물을 구상화하여 기계가공성 및 인성을 향상시키기 위해 수행된다.

② 불림(Normalizing) : 가공의 영향을 제거하고 결정립을 조대화시켜 기계적 성질을 향상시키기 위해 수행된다.

③ 침탄법 : 표면은 내마멸성이 좋고 중심부는 인성이 있는 기계 부품을 만들기 위해 표면층만을 고탄소로 조성하는 방법이다.

④ 심랭(Subzero)처리 : 잔류 오스테나이트(Austenite)를 마텐자이트(Martensite)화 하기 위한 공정이다.

⑤ 질화법 : 질화용 강의 표면층에 질소를 확산시켜 표면층을 경화하는 방법이다.

34 실린더 내 유체가 68kJ/kg의 일을 받고 주위에 36kJ/kg의 열을 방출하였을 때, 내부에너지의 변화는 몇 kJ/kg인가?

① 32kJ/kg 증가   ② 32kJ/kg 감소

③ 36kJ/kg 증가   ④ 104kJ/kg 감소

⑤ 104kJ/kg 증가

35 숫돌을 사용하여 가공하는 방법은?

① 버니싱   ② 방전가공

③ 슈퍼 피니싱   ④ 초음파 가공

⑤ 브로칭

36 밑변이 1m인 정사각형이고, 높이가 0.5m인 나무토막을 올려놓고 물에 띄었다. 나무의 비중을 0.5라 할 때 물속에 잠긴 부분의 부피는 몇 m^3인가?

① $0.5m^3$ ② $0.45m^3$

③ $0.25m^3$ ④ $0.55m^3$

⑤ $0.35m^3$

37 다음 중 홈이 깊게 가공되어 축의 강도가 약해지는 결점이 있으나 가공하기 쉽고, 60mm 이하의 작은 축에 사용되며, 특히 테이퍼축에 사용하면 편리한 키를 뜻하는 용어로 옳은 것은?

① 평행키   ② 경사키

③ 반달키   ④ 평키

⑤ 새들키

38 철에 탄소를 함유한 탄소강(Carbon Steel)에 대한 설명으로 옳지 않은 것은?

① 탄소함유량이 높을수록 비중이 증가한다.
② 탄소함유량이 높을수록 비열과 전기저항이 증가한다.
③ 탄소함유량이 높을수록 연성이 감소한다.
④ 탄소함유량이 0.2% 이하인 탄소강은 산에 대한 내식성이 있다.
⑤ 탄소강은 탄소 함유량에 따라 강의 종류를 구분한다.

39 단면의 폭 4cm, 높이 6cm, 길이가 2m인 단순보의 중앙에 집중하중이 작용할 때 최대 처짐이 0.5cm라면 집중하중은 몇 N인가?(단, 탄성계수 E=200GPa)

① 5,520N   ② 3,300N

③ 2,530N   ④ 4,320N

⑤ 1,950N

40 다음 중 구조용 강의 인장시험에 의한 공칭응력 – 변형률선도(Stress–Strain Diagram)에 대한 설명으로 옳지 않은 것은?

① 비례한도(Proportional Limit)까지는 응력과 변형률이 정비례의 관계를 유지한다.

② 탄성한도(Elastic Limit)에 이를 때까지는 하중을 제거하면, 시험편이 최초의 변형이 없는 상태로 돌아간다.

③ 항복점(Yield Point)에서는 하중이 증가하더라도 시험편의 변형이 일어나지 않는다.

④ 극한응력(Ultimated Stress)은 선도상에서의 최대응력이다.

⑤ 네킹구간(Necking)은 극한 강도를 지나면서 재료의 단면이 줄어들어 길게 늘어나는 구간이다.

01 3,300/200V, 50kVA인 단상 변압기의 퍼센트 저항, 퍼센트 리액턴스를 각각 2.4%, 1.6%라고 할 때, 임피던스 전압은 몇 V인가?

① 95V

② 100V

③ 105V

④ 110V

⑤ 115V

02 금속관 구부리기에 있어서 관의 굴곡이 3개소가 넘거나 관의 길이가 30m를 초과하는 경우 적용하는 것은?

① 커플링

② 풀박스

③ 로크너트

④ 링 리듀서

⑤ 로크와셔

03 다음 설명 중 옳지 않은 것은?

① 정전 유도에 의하여 작용하는 힘은 반발력이다.

② 정전 용량이란 콘덴서가 전하를 축적하는 능력을 말한다.

③ 같은 부호의 전하끼리는 반발력이 생긴다.

④ 콘덴서에 전압을 가하는 순간은 콘덴서는 단락 상태가 된다.

⑤ 정전 용량을 증가시키려면 극판간 거리를 작게 하면 된다.

04 그림과 같이 3Ω, 7Ω, 10Ω의 세 개의 저항을 직렬로 접속하여 이 양단에 100V 직류 전압을 가했을 때, 세 개의 저항에 흐르는 전류는 얼마인가?

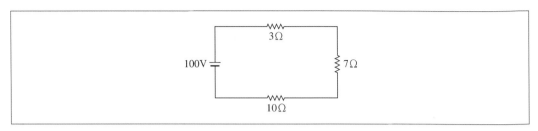

① 1A
② 5A
③ 8A
④ 15A
⑤ 18A

05 100V, 10A, 1,500rpm인 직류 분권 발전기의 정격 시의 계자 전류는 2A이다. 계자 회로에는 10Ω의 외부 저항이 삽입되어 있을 때, 계자 권선의 저항은 몇 Ω인가?

① 100Ω
② 80Ω
③ 60Ω
④ 40Ω
⑤ 20Ω

06 다음 중 저항체의 필요 조건으로 옳지 않은 것은?

① 고유 저항이 클 것
② 저항의 온도 계수가 작을 것
③ 구리에 대한 열기전력이 적을 것
④ 전압이 높을 것
⑤ 내구성이 좋을 것

07 전기력선의 성질을 설명한 것으로 옳지 않은 것은?

① 전기력선 방향은 전기장 방향과 같으며, 전기력선의 밀도는 전기장의 크기와 같다.
② 전기력선은 도체 내부에 존재한다.
③ 전기력선은 등전위면에 수직으로 출입한다.
④ 전기력선은 양전하에서 음전하로 이동한다.
⑤ 양전하의 전기력선은 무한원점에서 시작되고 음전하의 무한원점에서 끝난다.

08 다음 회로에서 $t = 0$인 순간에 스위치 SW를 ㉠에서 ㉡으로 전환하였을 때, 인덕터에 흐르는 전류의 크기는?

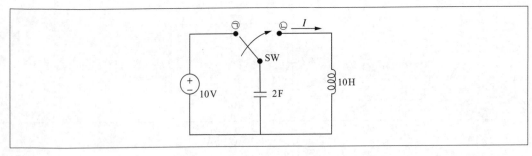

① 5

② ∞

③ 10

④ 0

⑤ 15

09 6극, 3상 유도 전동기가 있다. 회전자도 3상이며 회전자 정지 시의 1상의 전압은 200V이다. 전부하 시의 속도가 1,152rpm이면 2차 1상의 전압은 몇 V인가?(단, 1차 주파수는 60Hz이다)

① 8V

② 8.3V

③ 11.5V

④ 15V

⑤ 23V

10 다음 중 PN접합 다이오드의 대표적 응용작용은?

① 증폭작용

② 발진작용

③ 정류작용

④ 변조작용

⑤ 승압작용

11 그림과 같은 정류 회로의 지시값은 전류계의 얼마인가?(단, 전류계는 가동 코일형이고, 정류기의 저항은 무시한다)

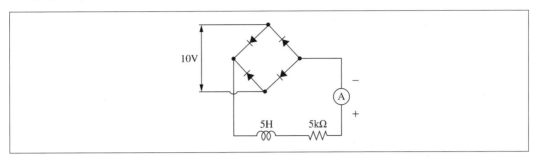

① 9mA

② 6.4mA

③ 4.5mA

④ 1.8mA

⑤ 2mA

12 단상 50kVA 1차 3,300V, 2차 210V 60Hz, 1차 권회수 550, 철심의 유효 단면적 150cm^{2}의 변압기 철심의 자속 밀도는?

① 약 2.0Wb/m^2

② 약 1.5Wb/m^2

③ 약 1.2Wb/m^2

④ 약 1.0Wb/m^2

⑤ 약 0.8Wb/m^2

13 다음 중 다이오드를 사용한 정류회로에서 다이오드를 여러 개 직렬로 연결하여 사용하는 경우에 대한 설명으로 옳은 것은?

① 다이오드를 과전류로부터 보호할 수 있다.

② 다이오드를 과전압으로부터 보호할 수 있다.

③ 다이오드를 합선으로부터 보호할 수 있다.

④ 부하 출력의 맥동률을 감소시킬 수 있다.

⑤ 낮은 전압 전류에 적합하다.

14 60Hz, 8극 15HP인 3상 유도 전동기가 855rpm으로 회전할 때, 회전자 동손과 회전자 효율은?(단, 기계손은 무시한다)

	회전자 동손	회전자 효율
①	565W	94.5%
②	589W	95%
③	560W	95%
④	558W	95.5%
⑤	593W	94.5%

15 극수 6에 회전수 1,200rpm의 교류 발전기와 병행 운전하는 극수 8의 교류 발전기의 회전수는 몇 rpm이어야 되는가?

① 800rpm
③ 1,050rpm
⑤ 1,150rpm

② 900rpm
④ 1,100rpm

16 내구의 반지름이 a[m], 외구의 반지름이 b[m]인 동심 구형 콘덴서에서 내구의 반지름과 외구의 반지름을 각각 $2a$[m], $2b$[m]로 증가시키면 구형 콘덴서의 정전용량은 몇 배가 되는가?

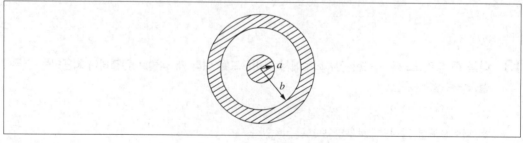

① 1배
③ 4배
⑤ 10배

② 2배
④ 8배

17 서로 다른 종류의 안티몬과 비스무트의 두 금속을 접합한 후 여기에 전류를 통하면, 그 접점에서 열의 발생 또는 흡수가 일어난다. 줄열과 달리 전류의 방향에 따라 열의 흡수와 발생이 다르게 나타나는 현상을 지칭하는 것은?

① 펠티에 효과
② 제벡 효과
③ 제3금속의 법칙
④ 열전 효과
⑤ 톰슨 효과

18 어떤 전지에서 5A의 전류가 10분간 흘렀을 때, 전지에서 나온 전기량은?

① 0.83C
② 50C
③ 250C
④ 3,000C
⑤ 5,000C

19 다음 중 자체 인덕턴스에 축적되는 에너지에 대한 설명으로 옳은 것은?

① 자체 인덕턴스 및 전류에 비례한다.
② 자체 인덕턴스 및 전류에 반비례한다.
③ 자체 인덕턴스와 전류의 제곱에 반비례한다.
④ 자체 인덕턴스에 비례하고, 전류의 제곱에 비례한다.
⑤ 자체 인덕턴스에 반비례하고, 전류의 제곱에 반비례한다.

20 매극 유효 자속 0.035Wb, 전기자 총도체수 152인 4극 중권 발전기를 매분 1,200회의 속도로 회전할 때의 기전력을 구하면?

① 약 106V
② 약 86V
③ 약 66V
④ 약 53V
⑤ 약 46V

21 그림과 같은 유도 전동기가 있다. 고정자가 매초 100회전하고 회전자가 매초 95회전하고 있을 때, 회전자의 도체에 유기되는 기전력의 주파수는?

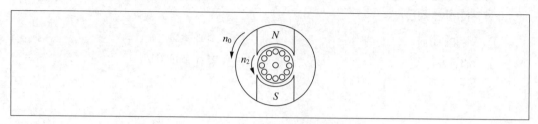

① 5Hz ② 10Hz
③ 15Hz ④ 20Hz
⑤ 25Hz

22 다음 중 저항값이 클수록 좋은 것은?

① 접지저항 ② 절연저항
③ 도체저항 ④ 접촉저항
⑤ 전해액 저항

23 다음 중 플레밍의 왼손 법칙에서 엄지손가락이 나타내는 것은?

① 자장 ② 전류
③ 힘 ④ 기전력
⑤ 전압

24 전선의 접속법에서 두 개 이상의 전선을 병렬로 사용하는 경우의 시설기준으로 옳지 않은 것은?

① 각 전선의 굵기는 구리인 경우 50mm^2 이상이어야 한다.
② 각 전선의 굵기는 알루미늄인 경우 70mm^2 이상이어야 한다.
③ 병렬로 사용하는 전선은 각각에 퓨즈를 설치하여야 한다.
④ 동극의 각 전선은 동일한 터미널러그에 완전히 접속해야 한다.
⑤ 각 전선에 흐르는 전류는 불평형을 초래하지 않도록 해야 한다.

25 도체가 운동하는 경우 유도 기전력의 방향을 알고자 할 때 유용한 법칙은?

① 렌츠의 법칙
② 플레밍의 오른손 법칙
③ 플레밍의 왼손 법칙
④ 비오 – 사바르의 법칙
⑤ 옴의 법칙

26 다음 중 직류기에 있어서 불꽃 없는 정류를 얻는 데 유효한 방법은?

① 보극과 탄소브러시
② 탄소브러시와 보상권선
③ 보극과 보상권선
④ 자기포화와 브러시 이동
⑤ 자기포와와 탄소브러시

27 합성수지관을 새들 등으로 지지하는 경우 지지점 간의 거리는 몇 m 이하인가?

① 1.5m
② 2.0m
③ 2.5m
④ 3.0m
⑤ 3.5m

28 다음 중 어미자와 아들자의 눈금을 이용하여 두께, 깊이, 안지름 및 바깥지름 측정용으로 사용하는 것은?

① 버니어 캘리퍼스
② 채널 지그
③ 스트레인 게이지
④ 스테핑 머신
⑤ 신호 처리 증폭기

29 다음 중 직류발전기의 전기자 반작용의 영향으로 옳지 않은 것은?

① 절연 내력의 저하
② 유기 기전력의 저하
③ 중성축의 이동
④ 자속의 감소
⑤ 정류자 편간의 불꽃 섬락 발생

30 그림에서 $R=10\,\Omega$, $L=0.1$H인 직렬 회로에 직류 전압 100V를 가했을 때, 0.01초 후의 전류는 몇 A인가?

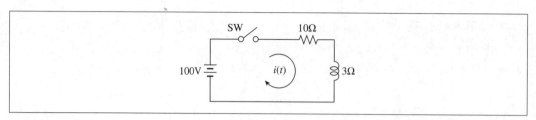

① 632A   ② 63.2A

③ 6.32A   ④ 0.632A

⑤ 0.0632A

31 다음 중 쿨롱의 법칙(Coulomb's law)에 관한 설명으로 옳지 않은 것은?

① 힘의 크기는 전하 사이의 거리에 반비례한다.

② 힘의 크기는 두 전하량의 곱에 비례한다.

③ 작용하는 힘의 방향은 두 전하를 연결하는 직선과 일치한다.

④ 작용하는 힘은 두 전하가 존재하는 매질에 따라 다르다.

⑤ 법칙이 성립하기 위해서는 상호작용하는 전하는 상대적으로 멈춰 있어야 한다.

32 간격 d인 평행판 콘덴서의 단위면적당 정전용량을 C라 할 때, 그림과 같이 극판 사이에 두께 $\dfrac{d}{3}$의 도체 평판을 넣는다면 단위 면적당 정전용량은?

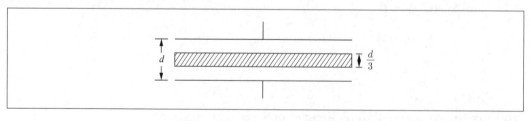

① $\dfrac{2}{3}C$ ② $\dfrac{3}{2}C$

③ $2C$ ④ $3C$

⑤ $4C$

33 단상 변압기의 2차측 110V 단자에 0.4Ω 의 저항을 접속하고 1차측 단자에 720V를 가했을 때 1차 전류가 2A였다. 이때 1차측 탭의 전압은?(단, 변압기의 임피던스와 손실은 무시한다)

① 3,450V

② 3,300V

③ 3,150V

④ 3,000V

⑤ 2,850V

34 다음 중 변압기의 정격 1차 전압이란?

① 정격 출력일 때의 1차 전압
② 무부하에 있어서의 1차 전압
③ 정격 2차 전압×권수비
④ 임피던스 전압×권수비
⑤ 정격 1차 전류×저항

35 다음 중 콘덴서 용량 0.001F과 같은 것은?

① $100\mu\mathrm{F}$

② $1{,}000\mu\mathrm{F}$

③ $10{,}000\mu\mathrm{F}$

④ $100{,}000\mu\mathrm{F}$

⑤ $1{,}000{,}000\mu\mathrm{F}$

36 다음 중 3상 유도 전동기의 회전방향을 바꾸기 위한 방법은?

① 3상의 3선 접속을 모두 바꾼다.
② 3상의 3선 중 2선의 접속을 바꾼다.
③ 3상의 3선 중 1선에 리액턴스를 연결한다.
④ 3상의 3선 중 2선에 같은 값의 리액턴스를 연결한다.
⑤ 3상의 3선 중 1선의 접속을 바꾼다.

안심Touch

37 다음 중 피시 테이프(Fish Tape)의 용도는?

① 전선을 테이핑하기 위해서 사용

② 전선관의 끝마무리를 위해서 사용

③ 전선관에 전선을 넣을 때 사용

④ 합성 수지관을 구부릴 때 사용

⑤ 전선의 접속부 절연을 위해서 사용

38 변압기에서 퍼센트 저항 강하 3%이고 리액턴스 강하 4%일 때, 역률 0.8(지상)에서의 전압 변동률은?

① 2.4%   ② 3.6%

③ 4.8%   ④ 6.0%

⑤ 8.4%

39 다음 회로에서 $V_s = 100\sin(\omega t + 30°)$일 때, 전류 i의 최댓값 A는?

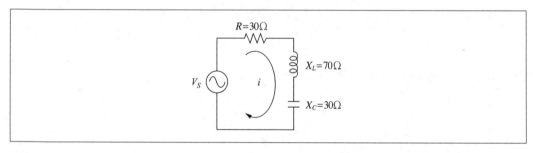

① 1   ② 2

③ 3   ④ 5

⑤ 7

40 다음 중 전주의 길이가 16m인 지지물을 건주하는 경우일 때, 땅에 묻히는 최소 깊이는 몇 m인가?(단, 설계하중이 6.8kN 이하이다)

① 1.5m   ② 2.0m

③ 2.5m   ④ 3.0m

⑤ 3.5m

01 비투자율(μ_r) 1, 비유전율(ε_r) 80인 전자파의 고유임피던스는 약 몇 Ω인가?

① 약 $160\,\Omega$
② 약 $80\,\Omega$
③ 약 $61\,\Omega$
④ 약 $42\,\Omega$
⑤ 약 $21\,\Omega$

02 2,000mH인 코일의 유도 리액턴스가 $400\,\Omega$일 경우에 주파수는 얼마인가?

① 약 320Hz
② 약 31.8Hz
③ 약 33.5Hz
④ 약 42.1Hz
⑤ 약 45.7Hz

03 RC결합 소신호 증폭기에서, 고역이득(A_H)으로 옳은 것은?(단, 중역이득은 A_m이고, 고역차단 주파수는 f_h이다)

① $\dfrac{A_m}{\sqrt{1-\left(\dfrac{f}{f_h}\right)}}$

② $\dfrac{A_m}{\sqrt{1+\left(\dfrac{f}{f_h}\right)^2}}$

③ $\dfrac{A_m}{\sqrt{1+(f\times f_h)^2}}$

④ $\dfrac{A_m}{\sqrt{1-\left(\dfrac{f}{f_h}\right)}}$

⑤ $\dfrac{A_m}{\sqrt{1-(f\times f_h)^2}}$

04 다음 중 피에조 저항(Piezo Resistance)에 대한 설명으로 옳은 것은?

① 압력에 따라 변하는 저항이다.
② 온도에 따라 변하는 저항이다.
③ 질량에 따라 변하는 저항이다.
④ 광전류에 따라 변하는 저항이다.
⑤ 자기장에 따라 변하는 저항이다.

05 다음 중 다중처리(Multi Processing) 시스템에 대한 설명으로 옳지 않은 것은?

① 하나 이상의 중앙처리장치가 있어서 기억장치와 주변장치들을 공유하는 시스템이다.
② 사용하는 목적은 신뢰성과 컴퓨터의 능력을 증대시키는 데 있다.
③ 여러 처리기의 능력을 조합하여 컴퓨터 시스템의 연산능력을 향상시킬 수 있다.
④ 하나의 처리기가 고장났을 경우 다른 처리기들도 사용할 수 없다.
⑤ 경식결합 다중처리 시스템과 연식결합 다중처리 시스템이 있다.

06 다음 중 변위전류와 가장 관계가 가까운 것은?

① 도체
② 초전도체
③ 반도체
④ 유전체
⑤ 자성체

07 다음 중 R-L-C 병렬공진회로에서 전류확대비(Q_0)로 표현한 것으로 옳은 것은?

① $R^2\sqrt{\dfrac{C}{L}}$

② $\dfrac{1}{R}\sqrt{\dfrac{C}{L}}$

③ $\dfrac{1}{R}\sqrt{\dfrac{2C}{L}}$

④ $R\sqrt{\dfrac{L}{C}}$

⑤ $R\sqrt{\dfrac{C}{L}}$

08 전력증폭기에 대한 설명으로 옳은 것은?

① C급의 효율은 70 ~ 90% 정도이다.
② 전력효율(η)은 (직류출력÷교류입력)×100%이다.
③ 최대 컬렉터 손실이란 트랜지스터의 외부에서 빛에너지로 소비되는 최대전력을 말한다.
④ A급은 입력신호 반주기($0° ~ 180°$)동안 동작한다.
⑤ B급의 동작점은 활성 영역이다.

09 다음 중 평형상태의 트랜지스터에 대한 설명으로 옳지 않은 것은?

① 세 단자가 동시에 접속된 상태이다.
② 페르미 준위는 균일한 상태이다.
③ 다수캐리어는 확산운동을 한다.
④ 소수캐리어는 드리프트 운동을 한다.
⑤ 트랜지스터가 열평형 상태에 있다.

10 다음 중 인터럽트 동작의 수행 순서를 올바르게 나열한 것은?

ㄱ. 인터럽트 요청	ㄴ. 현재의 프로그램 상태 보존
ㄷ. 상태 복구	ㄹ. 인터럽트 처리 루틴 실행
ㅁ. 중단된 프로그램 실행 재개	ㅂ. 프로그램 실행 중단
ㅅ. 인터럽트 서비스 루틴 실행	

① ㄱ - ㄴ - ㄹ - ㅅ - ㄷ - ㅂ - ㅁ
② ㄱ - ㅅ - ㄹ - ㄷ - ㄴ - ㅂ - ㅁ
③ ㄱ - ㅅ - ㅂ - ㄷ - ㄹ - ㄴ - ㅁ
④ ㄱ - ㅂ - ㄴ - ㄹ - ㅅ - ㄷ - ㅁ
⑤ ㄱ - ㄹ - ㄷ - ㄴ - ㅂ - ㅅ - ㅁ

11 자기 인덕턴스 L의 단위는 무엇인가?

① A   ② V

③ H   ④ T

⑤ Wb

12 $L_1 = 40$H이고 $L_2 = 10$H인 전자 결합회로에서 결합계수가 $K = 0.7$일 때, 상호 인덕턴스 M는 몇 H인가?

① 7.5H   ② 14H

③ 22H   ④ 28H

⑤ 56H

13 무궤환 시 전압이득(A_V)이 50이고, 고역차단 주파수(f_H)가 10kHz인 증폭기에 궤환을 걸어 전압이득(A_{V_f})이 20으로 되었을 때, 차단주파수(f_{H_f})는 몇 kHz인가?

① 5kHz   ② 10kHz

③ 15kHz   ④ 20kHz

⑤ 25kHz

14 다음 중 PN접합 양측에 불순물 함유량이 많을 경우에 일어나는 현상으로 옳지 않은 것은?

① 공핍층의 폭이 얇아진다.

② 터널현상이 발생한다.

③ 접합부분에서 P형의 가전자 대역과 N형 전도대역 사이가 줄어든다.

④ 낮은 역방향 전압에서도 역방향 전류가 증가한다.

⑤ 접촉전위차가 커진다.

15 다음 용어에 대한 설명으로 옳지 않은 것은?

① 문제분석 : 주어진 문제가 무엇인가를 분석한다.

② 알고리즘 : 분석된 문제에 대해 논리적으로 해결책을 표현한다.

③ 코딩 : 알고리즘을 기호로 나타낸다.

④ 문서화 : 프로그램을 유지 보수할 목적으로 문서화하여 보관한다.

⑤ C언어 : 시스템 기술에 적합한 프로그래밍 언어이다.

16 무한평면도체의 표면에서 수직거리 a[m] 떨어진 곳에 점전하 $+Q$[C]가 있을 경우에 영상전하와 평면도체 사이에 작용하는 힘의 크기와 방향으로 옳은 것은?(단, 공간 매질의 유전율은 ε[F/m]이다)

① $\dfrac{Q^2}{16\pi\varepsilon a^2}$[N], 흡인력

② $\dfrac{Q^2}{4\pi\varepsilon a^2}$[N], 흡인력

③ $\dfrac{Q^2}{4\pi\varepsilon a^2}$[N], 반발력

④ $\dfrac{Q^2}{16\pi\varepsilon a^2}$[N], 반발력

⑤ $\dfrac{Q^2}{8\pi\varepsilon a^2}$[N], 반발력

17 다음 회로에서 단자 a와 b에 나타나는 전압은 얼마인가?

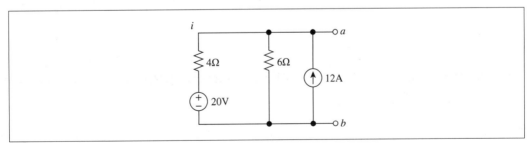

① 40.8V

② 34.2V

③ 27.4V

④ 10.6V

⑤ 8.7V

18 다음 중 발진기 회로의 발진 조건으로 옳은 것은?

① 궤환 루프의 이득이 $\frac{1}{3}$이다.

② 궤환 루프의 이득이 0이다.

③ 궤환 루프의 위상지연이 0°이다.

④ 궤환 루프의 위상지연이 180°이다.

⑤ 궤환 루프의 이득이 0.5이다.

19 다음 중 서미스터(Thermistor)에 대한 설명으로 옳지 않은 것은?

① 반도체의 일종이다.

② 온도제어 회로, 온도감지기 등에 사용된다.

③ 일반적으로 정(+)의 온도계수를 가진다.

④ NTC 서미스터와 PTC 서미스터가 있다.

⑤ 온도변화에 저항값이 변화한다.

20 다음 중 부동 소수점(Floating Point)에 대한 설명으로 옳지 않은 것은?

① 소수점의 위치를 고정시키지 않으며 가수와 지수를 사용하여 실수를 표현한다.

② 기존의 고정 소수점 방식보다 아주 크거나 작은 수를 나타낼 수 있어, 과학 분야로 응용되어 사용된다.

③ 메모리의 효율성이 높으며 음수의 표현이 간단하다.

④ 유효숫자인 가수의 자릿수가 정해져 있다.

⑤ 하드웨어의 비용이 저렴하고 고정 소수점 방식에 비해 연산 속도가 빠르다.

21 진공 상태에서 어떤 대전체의 전속이 Q[C]였다. 이 대전체를 비유전율이 5인 유전체 속에 넣었을 경우의 전속은 얼마인가?

① Q[C]

② $\frac{Q}{5}$[C]

③ $\frac{Q}{2}$[C]

④ $5Q$[C]

⑤ $5\varepsilon_0 Q$[C]

22 $Z_L = 4Z_0$인 선로의 전압 정재파비 S와 반사계수 ρ는 얼마인가?(단, Z_L는 부하 임피던스, Z_0는 선로의 특성 임피던스이다)

	S	ρ		S	ρ
①	4	0.75	②	3	0.6
③	4	0.6	④	0	0.4
⑤	3	0.75			

23 A급 전력증폭기에서 $V_{CEQ} = 60$V이고 $I_{CQ} = 120$mA일 때, 최대 신호의 출력 전력은?(단, 입력 신호가 없을 때의 트랜지스터의 전력소모일 때로 가정한다)

① 5.8W　　　　　　　　　　② 7.2W

③ 8.4W　　　　　　　　　　④ 10W

⑤ 20W

24 전기장의 세기가 $E = 400$V/m인 곳에 놓인 전자에 가해지는 가속도는 몇 m/s^{2}인가?(단, 전하량은 1.602×10^{-19}C, 전자의 질량은 9.11×10^{-31}kg이다)

① $52.1 \times 10^{12} \, \text{m/s}^2$　　　　② $60.5 \times 10^{12} \, \text{m/s}^2$

③ $67.8 \times 10^{12} \, \text{m/s}^2$　　　　④ $70.3 \times 10^{12} \, \text{m/s}^2$

⑤ $74.9 \times 10^{12} \, \text{m/s}^2$

25 다음 중 누산기(Accumulator)에 대한 설명으로 옳은 것은?

① 연산을 한 결과를 일시적으로 저장해 두는 장치이다.

② 2개 이상의 수를 입력으로 하여 이들의 합을 출력으로 하는 장치이다.

③ 출력 함수가 입력 함수의 변화율에 비례하는 장치이다.

④ 복수 개의 입력 단자와 복수 개의 출력 단자를 갖는 장치이다.

⑤ 입력 데이터로 표현되는 수의 보수를 출력 데이터로서 표현하는 장치이다.

26 8A의 전류가 흐르는 코일과 쇄교하는 자속수가 4Wb일 때, 전류회로에 축적된 자기 에너지는?

① 8J

② 12J

③ 16J

④ 24J

⑤ 32J

27 정격전압에서 2kW의 전력을 소비하는 저항에 70%인 전압을 인가할 때의 전력은?

① 1,220W

② 980W

③ 890W

④ 680W

⑤ 560W

28 f_T가 16MHz인 트랜지스터가 중간영역에서 전압이득이 30dB인 증폭기로 사용될 때, 이룰 수 있는 대역폭은?

① 300kHz

② 500kHz

③ 600kHz

④ 800kHz

⑤ 900kHz

29 다음 중 반도체의 특성에 관한 설명으로 옳지 않은 것은?

① 자기효과를 갖는다.

② 불순물 첨가에 의한 저항률이 변한다.

③ 다른 금속과 연결하면 정류작용을 한다.

④ 역기전력이 작다.

⑤ 광전효과가 잘 일어난다.

30 다음 중 데이터 버스 폭이 16비트이고 버스 클럭 주파수가 20MHz일 때, 버스 대역폭은?

① 20Mbyte/sec

② 30Mbyte/sec

③ 40Mbyte/sec

④ 50Mbyte/sec

⑤ 60Mbyte/sec

31 $0.4Wb/m^2$의 평등자계 속에 자계와 수직 방향으로 놓인 30cm 길이의 도선이 자계와 30°의 방향으로 30m/s로 이동할 때, 도체의 양단에 유기되는 기전력은 얼마인가?

① 1.2V

② 1.5V

③ 1.8V

④ 2.1V

⑤ 2.4V

32 다음 그림과 같은 L − C 회로의 구동점 임피던스로 옳은 것은?

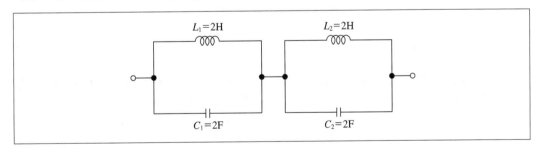

① $\dfrac{4s}{4s^2+1}\,\Omega$

② $\dfrac{4s}{4s^2-1}\,\Omega$

③ $\dfrac{s}{4s^2-1}\,\Omega$

④ $\dfrac{s}{4s^2+1}\,\Omega$

⑤ $\dfrac{1}{4s^2+1}\,\Omega$

33 다음 중 증폭기에 대한 설명으로 옳지 않은 것은?

① 직류 증폭기는 직류 및 교류 신호 모두를 증폭한다.
② 플레이트 접지 증폭기는 진공관의 양극을 접지한 증폭기이다.
③ 아날로그인 연산증폭기는 입력저항이 크다.
④ 직류 증폭기는 드리프트 현상이 일어난다.
⑤ 증폭기는 입력신호의 에너지를 감소시켜 출력측의 에너지로 변환시킨다.

34 p형 반도체의 전기적 성질로 옳지 않은 것은?

① 3족이 불순물로 도핑 되어 억셉터 준위를 형성한다.
② n형과 접촉하면 (−)로 대전된다.
③ 페르미 준위가 금지대 중앙으로부터 아래쪽에 위치한다.
④ 정공이 소수캐리어이며, 전자는 다수캐리어이다.
⑤ 3가 불순물은 Al, B, Ga, In을 사용한다.

35 다음 중 언어를 번역하는 번역기로 옳지 않은 것은?

① Assembler   ② Compiler
③ Interpreter   ④ Preprocessor
⑤ Signal Processor

36 두 개의 코일이 직렬로 연결되어 있는 다음 그림의 회로에 1A의 전류가 흐를 경우에 이 합성코일에 축적되는 에너지는 몇 J인가?(단, $L_1 = 30mH$, $L_2 = 60mH$, 결합계수(k)= 0.5이다)

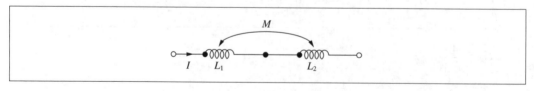

① 4.4×10^{-2} J   ② 6.6×10^{-2} J
③ 6.6×10^{-3} J   ④ 4.4×10^{-4} J
⑤ 6.6×10^{-4} J

37 열전자 방출을 용이하게 하기 위한 열음극 재료의 조건으로 옳지 않은 것은?

① 융점이 낮아야 한다.

② 일함수가 작아야 한다.

③ 가공 공작이 쉬워야한다

④ 사용온도에서 증기압이 낮아야 한다.

⑤ 방출 효율이 좋아야한다.

38 다음 중 수정발진기에 대한 설명으로 옳지 않은 것은?

① 송신기의 중심주파수를 결정하는 주발진기는 대부분 수정발진기이다.

② 수정 결정의 압전현상을 이용한 수정진동자를 발진주파수의 제어소자로 사용한다.

③ 피어스(Pierce) 수정제어발진기가 대표적인 예이다.

④ 발진주파수가 수정진동자의 고유주파수에 의해 결정되며 안정한 주파수를 가진다.

⑤ 수정발진기의 주파수 안정도는 10^{-8} 미만으로 작동한다.

39 실온에서 Si 진성반도체(전하량 : $1,602 \times 10^{-19}$)의 고유저항은 약 몇 $\Omega \cdot$ m인가?(단, 실온에서 $\mu_n = 1,000 cm^2/V \cdot sec$, $\mu_p = 800 cm^2/V \cdot sec$, $n_i = 1.6 \times 10^{10}$ 개/cm^3)

① $6.19 \times 10^3 \, \Omega \cdot$ m

② $5.25 \times 10^4 \, \Omega \cdot$ m

③ $4.21 \times 10^5 \, \Omega \cdot$ m

④ $3.13 \times 10^6 \, \Omega \cdot$ m

⑤ $2.17 \times 10^5 \, \Omega \cdot$ m

40 다음에서 설명하고 있는 용어는?

> 파이프라이닝 기법의 간단한 형태로 명령의 해독 및 실행과 예비 추출은 독립적으로 실행된다. 컴퓨터의 중앙 처리 장치(CPU)가 앞으로 실행될 명령어를 기억 장치에서 미리 불러내어 CPU 내부의 대기 행렬에 넣어둠으로써 실행 속도를 빠르게 하는 기법이다.

① 스풀링(Spooling)
② 예비 추출(Instruction Prefetch)
③ 페이징(Paging)
④ 스와핑(Swapping)
⑤ 오버레이(Overlay)

제2회
서울교통공사
승무/차량직

NCS 직업기초능력평가
+ 직무수행능력평가

www.sdedu.co.kr

〈문항 및 시험시간〉

평가영역	문항 수	시험시간	모바일 OMR 답안분석		
직업기초능력평가+ 직무수행능력평가	80문항	100분	기계일반	전기일반	전자일반

제2회 직업기초능력평가

01 다음은 디지털 콘텐츠 제작 분야의 영역별 매출 현황에 대한 자료이다. 자료에 대한 설명 중 옳지 않은 것은?

〈디지털 콘텐츠 제작 분야의 영역별 매출 현황〉

(단위 : 억 원, %)

구분	정보	출판	영상	음악	캐릭터	애니메이션	게임	기타	합계
2019년	206 (10.8)	130 (6.8)	99 (5.2)	91 (4.8)	55 (2.9)	240 (12.6)	1,069 (56.2)	13 (0.7)	1,903 (100.0)
2020년	331 (13.0)	193 (7.6)	244 (9.6)	117 (4.6)	86 (3.4)	247 (9.7)	1,308 (51.4)	18 (0.7)	2,544 (100.0)

※ (   )는 총 매출액에 대한 비율

① 2020년 총 매출액은 2019년 총 매출액보다 641억 원 더 많다.
② 2019년과 2020년 총 매출액에 대한 비율의 차이가 가장 적은 것은 음악 영역이다.
③ 애니메이션 영역과 게임 영역의 매출액 비중은 전년 대비 2020년에 감소하였다.
④ 2019년과 2020년 모두 매출액에서 게임 영역이 차지하는 비율은 50% 이상이다.
⑤ 모든 분야의 2020년 매출액은 각각 전년 대비 증가하였다.

서울교통공사는 지난해 10월 서울 지하철 7호선 12개역 에스컬레이터 100대에 IoT기술을 적용한 결과, 고장 1건 당 수리 시간이 56분에서 37분으로 34% 감소했다고 밝혔다. 장애 경보 발생 건수도 1일 평균 20.5건에서 17.4건 으로 15% 감소했다. IoT기술이 도입된 에스컬레이터에는 모터 과부하 동작센서, 스텝 처짐센서, 역회전 감지 동작 센서 등 20 ~ 40여 개의 센서가 달려 있어 고장이 발생하는 즉시 해당 부품을 확인할 수 있다. 고장 신고를 받으면 현장으로 출동해 고장 내용을 확인한 뒤 필요한 장비를 다시 준비해야 했던 이전과 달리, ＿＿＿＿＿＿＿＿＿＿ 고장 수리 시간이 대폭 줄어든 것이다.

한편, IoT기술을 통해 수집된 정보는 예방 정비에도 활용된다. 실제로 지난해 10월 5호선 광나루역에서는 에스컬 레이터 구동부의 진동 주파수 데이터를 분석해 고장 발생 전에 모터 베이스를 재고정하여 사고를 예방할 수 있었 다. 공사는 지난 2월, 이 진동 분석 시스템을 '진동센서를 이용한 에스컬레이터용 안전시스템'이란 이름으로 특허 를 출원했다. 에스컬레이터 IoT기술 장치와 진동 분석 시스템은 디지털 기술을 기반으로 기계설비 상태를 분석해 유지·보수하는 시스템인 '서울교통공사 기계설비 빅데이터 분석 시스템(SAMBA; Smart Automatic Mechanical Big Data Analysis System)'이 에스컬레이터 설비에 적용된 것이다. 공사는 SAMBA 등 정보통신기술(ICT)을 지하철 설비, 전력, 신호제어, 정보통신 영역에 적용해 지하철 디지털 혁신 프로젝트인 SCM(Smart Connected Metro)을 완성해 나갈 예정이다. 공사는 에스컬레이터 안전 강화를 위해 역주행 방지 장치도 확대 설치했다. 지 난해까지 전체 1,663대 에스컬레이터 중 1,324대에 역주행 방지 장치를 설치해 설치율을 80%로 높였다. 올해는 226대를 추가로 설치해 설치율을 93%까지 끌어올릴 예정이다. 서울교통공사 자동제어개량팀장은 "잦은 고장으 로 민원이 발생했던 에스컬레이터 유지관리 문제를 해결하기 위해 이 시스템을 도입했다."며 "IoT기술을 연내 에스컬레이터 250대에 적용하고 2022년까지 총 1,334대에 도입해 가동률을 5% 증가시키고, 유지관리 비용도 20% 낮출 수 있을 것으로 보고 있다."고 밝혔다.

02 다음 중 빈칸에 들어갈 내용으로 가장 적절한 것은?

① 고장 신고 절차가 간소화됨에 따라
② 고장이 발생한 현장의 위치를 실시간으로 파악할 수 있어
③ 다양한 센서 설치와 첨단 수리 기계의 도입으로
④ 고장 신고 접수 즉시 필요한 장비를 준비해 출동할 수 있어
⑤ 직원이 직접 출동하지 않고도 고장 부품을 수리할 수 있어

03 다음 중 기사의 내용과 일치하지 않는 것은?

① 공사는 지난해 지하철 7호선 100대의 에스컬레이터에 IoT기술을 적용하였다.
② IoT기술의 도입으로 에스컬레이터의 고장 수리 시간과 장애 경보 발생 건수 모두 감소하였다.
③ 공사는 고장 발생 시 센서를 통해 해당 부품을 파악하는 시스템에 대하여 특허를 신청했다.
④ 공사의 지하철 디지털 혁신 프로젝트인 SCM은 현재 완성되지 않았다.
⑤ 공사는 전체 에스컬레이터의 약 80%인 1,324대의 에스컬레이터에 역주행 방지 장치를 설치 완료하였다.

안심Touch

제79조(벌칙)

① 제49조 제2항을 위반하여 폭행·협박으로 철도종사자의 직무집행을 방해한 자는 5년 이하의 징역 또는 5천만 원 이하의 벌금에 처한다.

② 다음 각 호의 어느 하나에 해당하는 자는 3년 이하의 징역 또는 3천만 원 이하의 벌금에 처한다.

1. 제7조 제1항을 위반하여 안전관리체계의 승인을 받지 아니하고 철도운영을 하거나 철도시설을 관리한 자
2. 제26조의3 제1항을 위반하여 철도차량 제작자승인을 받지 아니하고 철도차량을 제작한 자
3. 제27조의2 제1항을 위반하여 철도용품 제작자승인을 받지 아니하고 철도용품을 제작한 자
4. 철도사고등 발생 시 제40조의2 제2항 제2호 또는 제5항을 위반하여 사람을 사상(死傷)에 이르게 하거나 철도차량 또는 철도시설을 파손에 이르게 한 자
5. 제41조 제1항을 위반하여 술을 마시거나 약물을 사용한 상태에서 업무를 한 사람
6. 제43조를 위반하여 탁송 및 운송 금지 위험물을 탁송하거나 운송한 자
7. 제44조 제1항을 위반하여 위험물을 운송한 자
8. 제48조 제2호부터 제4호까지의 규정에 따른 금지행위를 한 자

③ 다음 각 호의 어느 하나에 해당하는 자는 2년 이하의 징역 또는 2천만 원 이하의 벌금에 처한다.

1. 거짓이나 그 밖의 부정한 방법으로 제7조 제1항에 따른 안전관리체계의 승인을 받은 자
2. 제8조 제1항을 위반하여 철도운영이나 철도시설의 관리에 중대하고 명백한 지장을 초래한 자

(중략)

8. 거짓이나 그 밖의 부정한 방법으로 제26조의 3 제3항(제27조의 2 제4항에서 준용하는 경우를 포함한다)에 따른 제작자승인의 면제를 받은 자
9. 제26조의6 제1항을 위반하여 완성검사를 받지 아니하고 철도차량을 판매한 자
10. 제26조의7 제1항 제5호(제27조의2 제4항에서 준용하는 경우를 포함한다)에 따른 업무정지 기간 중에 철도차량 또는 철도용품을 제작한 자
11. 제27조 제3항을 위반하여 형식승인을 받지 아니한 철도용품을 철도시설 또는 철도차량 등에 사용한 자
12. 제32조 제1항에 따른 중지명령에 따르지 아니한 자
13. 제38조 제1항을 위반하여 종합시험운행을 실시하지 아니하거나 실시한 결과를 국토교통부장관에게 보고하지 아니하고 철도노선을 정상운행한 자
15. 제41조 제2항에 따른 확인 또는 검사에 불응한 자
16. 정당한 사유 없이 제42조 제1항을 위반하여 위해물품을 휴대하거나 적재한 사람
17. 제45조 제1항 및 제2항에 따른 신고를 하지 아니하거나 같은 조 제3항에 따른 명령에 따르지 아니한 자
18. 제47조 제1항 제2호를 위반하여 운행 중 비상정지버튼을 누르거나 승강용 출입문을 여는 행위를 한 사람

04 다음 중 열차 내에서 승무원에게 폭행·협박을 통해 열차의 정상 운행을 방해한 A씨에 대한 처벌로 옳은 것은?

① 1년 이하의 징역 또는 1천만 원 이하의 벌금

② 2년 이하의 징역 또는 2천만 원 이하의 벌금

③ 3년 이하의 징역 또는 3천만 원 이하의 벌금

④ 4년 이하의 징역 또는 4천만 원 이하의 벌금

⑤ 5년 이하의 징역 또는 5천만 원 이하의 벌금

05 다음 중 행위에 따른 처벌이 다른 한 사람은 누구인가?

① 위험물을 운송한 A씨

② 탁송 및 운송 금지 위험물을 탁송하거나 운송한 B씨

③ 안전관리체계의 승인을 받지 아니하고 철도시설을 관리한 C씨

④ 의도적인 직무유기로 철도시설의 관리에 중대하고 명백한 지장을 초래한 D씨

⑤ 철도용품 제작자승인을 받지 아니하고 철도용품을 무단 제작한 E씨

06 서울교통공사에 철도차량을 납품하기로 계약한 A업체는 철도차량 제작 후 완성검사를 받지 아니하고 철도차량을 판매하였다. 이 경우 A업체는 어떤 처벌을 받게 되는가?

① 1년 이하의 징역 또는 1천만 원 이하의 벌금

② 2년 이하의 징역 또는 2천만 원 이하의 벌금

③ 3년 이하의 징역 또는 3천만 원 이하의 벌금

④ 4년 이하의 징역 또는 3천만 원 이하의 벌금

⑤ 5년 이하의 징역 또는 5천만 원 이하의 벌금

※ 다음은 철도안전법 시행규칙의 일부 자료이다. 자료를 참고하여 이어지는 질문에 답하시오. [7~8]

제46조(철도차량 형식승인 신청 절차 등)
① 법 제26조 제1항에 따라 철도차량 형식승인을 받으려는 자는 별지 제26호 서식의 철도차량 형식승인신청서에 다음 각 호의 서류를 첨부하여 국토교통부장관에게 제출하여야 한다.
   1. 법 제26조 제3항에 따른 철도차량의 기술기준(이하 "철도차량기술기준"이라 한다)에 대한 적합성 입증계획서 및 입증자료
   2. 철도차량의 설계도면, 설계 명세서 및 설명서(적합성 입증을 위하여 필요한 부분에 한정한다)
   3. 법 제26조 제4항에 따른 형식승인검사의 면제 대상에 해당하는 경우 그 입증서류
   4. 제48조 제1항 제3호에 따른 차량형식 시험 절차서
   5. 그 밖에 철도차량기술기준에 적합함을 입증하기 위하여 국토교통부장관이 필요하다고 인정하여 고시하는 서류
② 법 제26조 제2항 본문에 따라 철도차량 형식승인을 받은 사항을 변경하려는 경우에는 별지 제26호의 2서식의 철도차량 형식변경승인신청서에 다음 각 호의 서류를 첨부하여 국토교통부장관에게 제출하여야 한다.
   1. 해당 철도차량의 철도차량 형식승인증명서
   2. 제1항 각 호의 서류(변경되는 부분 및 그와 연관되는 부분에 한정한다)
   3. 변경 전후의 대비표 및 해설서
③ 국토교통부장관은 제1항 및 제2항에 따라 철도차량 형식승인 또는 변경승인 신청을 받은 경우에 15일 이내에 승인 또는 변경승인에 필요한 검사 등의 계획서를 작성하여 신청인에게 통보하여야 한다.

07 다음 중 철도차량 형식승인신청서와 같이 첨부하여야 하는 서류로 옳지 않은 것은?

① 차량형식 시험 절차서
② 적합성 입증과 관계없는 철도차량의 설계도면, 설계 명세서 및 설명서
③ 형식승인검사의 면제 대상에 해당함을 입증하는 서류
④ 철도차량기술기준에 적합함을 입증하기 위하여 국토교통부장관이 필요하다고 인정하여 고시하는 서류
⑤ 철도차량기술기준에 대한 적합성 입증계획서 및 입증자료

08 다음 중 철도차량의 설계도면이 변경되어 철도차량 형식승인을 변경하려는 경우 제출하여야 하는 서류로 옳지 않은 것은?

① 해당 철도차량의 철도차량 형식승인증명서
② 변경 전후의 대비표 및 해설서
③ 철도차량 형식변경승인신청서
④ 변경되는 철도차량의 설계도면
⑤ 철도차량 완성검사 신청서

※ 다음 글을 읽고, 이어지는 질문에 답하시오. [9~10]

인간의 손가락처럼 움직이는 로봇 H가 개발되었다. 공압식 손가락 로봇인 H에는 정교한 촉각과 미끄러짐을 감지하는 감각 시스템이 내장돼 있어 물건을 적절한 압력으로 섬세하게 쥐는 인간의 능력을 모방할 수 있다. H는 크기와 모양이 불규칙하거나 작고 연약한 물체를 다루는 데 어려움을 겪는 농업 및 물류 자동화 분야에서 가치를 발휘할 것으로 예상된다.

물류 자동화에 보편적으로 사용되는 관절 로봇은 복합적인 움켜쥐기 알고리즘 및 엔드 이펙터(손가락)의 정확한 배치와 물건을 쥐기 위한 고가의 센서 기기 및 시각 센서 등을 필요로 한다. 공기압을 통해 제어되는 H의 손가락은 구부리거나 힘을 가할 수 있으며, 각 손가락의 촉각 센서에 따라 개별적으로 제어된다. 따라서 H의 손가락은 _____ 인간의 손이 물건을 쥘 때와 마찬가지로 우선 손가락이 물건에 닿을 때까지 다가가 위치를 파악하고 해당 위치에 맞게 손가락 위치를 조정하여 물건을 쥐는 것이다. 이때 물건이 떨어진다면 이를 즉각적으로 인식할 수 있으며, 물건이 미끄러지는 것을 감지하면 스스로 손가락의 힘을 더 높일 수 있다. 여기서 한걸음 더 나아가 기존 로봇이 쥐거나 포장할 수 있었던 물건의 종류와 수도 확대되었다.

실리콘 재질로 만들어진 H의 내부는 비어있으며, 새롭게 적용된 센서들이 손가락 모양의 실리콘 성형 과정에서 내장되고 공기 실(Air Chamber)이 중심을 지나간다. H의 유연한 손가락 표면은 식품을 만져도 안전하며, 쉽게 세척이 가능하다. 또한 손가락이 손상되거나 마모되더라도 저렴한 비용으로 교체할 수 있도록 개발됐다.

로봇 개발 업체 관계자는 "집품 및 포장 작업으로 인력에 크게 의존하는 물류산업은 항상 직원의 고용 및 부족 문제를 겪고 있다. 물류 체인의 집품 및 포장 자동화가 대규모 자동화보다 뒤떨어진 상황에서 H의 감각 시스템은 물체 선별 작업이나 자동화 주문을 처음부터 끝까지 이행할 수 있도록 하는 물류 산업 분야의 혁명이 될 것이다." 고 말했다.

09 다음 중 로봇 H에 대한 설명으로 적절하지 않은 것은?

① 내장된 감각 시스템을 통해 작고 연약한 물체도 섬세하게 쥘 수 있다.
② 손가락의 촉각 센서를 통해 물건의 위치를 정확히 파악한다.
③ 내부의 센서들은 물건이 미끄러지는 것을 감지하여 손가락의 힘을 높인다.
④ 손가락 표면의 교체 비용은 비교적 저렴한 편이다.
⑤ 기존 로봇보다 더 많은 물건을 포장할 수 있다.

10 다음 중 빈칸에 들어갈 내용으로 가장 적절한 것은?

① 고가의 센서 기기를 필요로 한다.
② 기존 관절 로봇보다 쉽게 구부러질 수 있다.
③ 밀리미터 단위의 정확한 위치 지정을 필요로 하지 않는다.
④ 가까운 곳에 위치한 물건을 멀리 있는 물건보다 더 쉽게 잡을 수 있다.
⑤ 무거운 물건도 간단하게 잡을 수 있다.

※ 병원에서 근무하는 귀하는 건강검진 관리 현황을 정리하고 있다. 이어지는 질문에 답하시오. [11~12]

	A	B	C	D	E	F
1			〈건강검진 관리 현황〉			
2	이름	검사구분	주민등록번호	검진일	검사항목 수	성별
3	강민희	종합검진	960809-2******	2020-11-12	18	
4	김범민	종합검진	010323-3******	2020-03-13	17	
5	조현진	기본검진	020519-3******	2020-09-07	10	
6	최진석	추가검진	871205-1******	2020-11-06	6	
7	한기욱	추가검진	980232-1******	2020-04-22	3	
8	정소희	종합검진	001015-4******	2020-02-19	17	
9	김은정	기본검진	891025-2******	2020-10-14	10	
10	박미옥	추가검진	011002-4******	2020-07-21	5	

11 2020년 하반기에 검진받은 사람의 수를 확인하려 할 때 사용해야 할 함수는?(단, 하반기는 2020년 7월 1일부터이다)

① COUNT
② COUNTA
③ SUMIF
④ MATCH
⑤ COUNTIF

12 주민등록번호를 통해 성별을 구분하려고 할 때, 각 셀에 필요한 함수식으로 옳은 것은?

① [F3] : =IF(AND(MID(C3,8,1)="2",MID(C3,8,1)="4"),"여자","남자")
② [F4] : =IF(AND(MID(C4,8,1)="2",MID(C4,8,1)="4"),"여자","남자")
③ [F7] : =IF(OR(MID(C7,8,1)="2",MID(C7,8,1)="4"),"여자","남자")
④ [F9] : =IF(OR(MID(C9,8,1)="1",MID(C9,8,1)="3"),"여자","남자")
⑤ [F6] : =IF(OR(MID(C6,8,1)="2",MID(C6,8,1)="3"),"남자","여자")

13 고객들의 주민등록번호 앞자리를 정리해 생년, 월, 일로 구분하고자 한다. 각 셀에 사용할 함수식으로 옳은 것은?

	A	B	C	D	E
1	이름	주민등록번호 앞자리	생년	월	일
2	김천국	950215			
3	김지옥	920222			
4	박세상	940218			
5	박우주	630521			
6	강주변	880522			
7	홍시요	891021			
8	조자주	910310			

① [C2] : =LEFT(B2,2)　　　　　② [D3] : =LEFT(B3,4)

③ [E7] : =RIGHT(B7,3)　　　　④ [D8] : =MID(B7,3,2)

⑤ [E4] : =MID(B4,4,2)

안심Touch

※ 다음은 S공사의 신입사원 채용시험 결과와 합격자 선발기준이다. 자료를 보고 이어지는 질문에 답하시오. [14~15]

⟨신입사원 채용시험 상위 5명 점수⟩

구분	언어	수리	정보	상식	인성
A	90	80	90	80	90
B	80	90	80	90	90
C	90	70	100	90	80
D	80	90	100	100	80
E	100	80	70	80	90

⟨합격자 선발기준⟩

언어	수리	정보	상식	인성
30%	30%	10%	10%	20%

※ 위의 선발기준의 가중치를 고려하여 채용시험 성적 총점을 산출하고 합격자를 정한다.

14 5명 중 점수가 가장 높은 상위 2명을 합격자로 선발할 때, 합격자를 올바르게 짝지은 것은?

① A, B ② A, D
③ B, C ④ C, D
⑤ D, E

15 합격자 선발기준에서 인성에 대한 가중치를 높이고자 인성 점수와 수리 점수의 가중치를 서로 바꾸었을 때, 합격자를 올바르게 짝지은 것은?

① A, B ② A, D
③ A, E ④ B, D
⑤ B, E

16 다음 글의 밑줄 친 '마케팅 기법'에 대한 타당한 설명을 〈보기〉에서 모두 고른 것은?

기업들이 신제품을 출시하면서 한정된 수량만 제작 판매하는 한정판 제품을 잇따라 내놓고 있다. 이번 기회가 아니면 더 이상 구입할 수 없다는 메시지를 끊임없이 던지며 소비자의 호기심을 자극하는 마케팅 기법이다. ○○자동차 회사는 가죽 시트와 일부 외형을 기존 제품과 다르게 한 모델을 8,000대 한정 판매 하였는데, 단기간에 매진을 기록하였다.

〈보기〉
ㄱ. 소비자의 충동 구매를 유발하기 쉽다.
ㄴ. 이윤 증대를 위한 경영 혁신의 한 사례이다.
ㄷ. 의도적으로 공급의 가격탄력성을 크게 하는 방법이다.
ㄹ. 소장 가치가 높은 상품을 대상으로 하면 더 효과적이다.

① ㄱ, ㄴ ② ㄱ, ㄷ
③ ㄴ, ㄹ ④ ㄱ, ㄴ, ㄹ
⑤ ㄴ, ㄷ, ㄹ

17 올해 목표를 금연으로 정한 L씨는 금연치료지원 프로그램에 참여했다. 그러나 L씨는 개인 사정으로 프로그램 참여 시작 후 7주(49일) 만에 그만두게 되었다. 금연치료지원 프로그램 안내문과 L씨의 참여내역이 다음과 같을 때, L씨가 7주(49일)까지 냈던 본인부담금은?(단, 부가세는 고려하지 않는다)

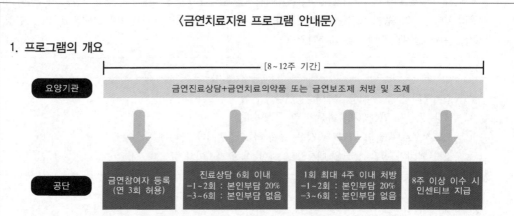

〈금연치료지원 프로그램 안내문〉

1. 프로그램의 개요

※ 8~12주 기간 동안 6회 이내의 진료상담과 금연치료의약품 또는 금연보조제(니코틴패치, 껌, 정제) 구입비용 지원

2. 제공기관 및 지원대상
- 제공기관 : 공단에 금연치료 지원사업 참여 신청한 모든 병·의원, 보건소, 보건지소 등
- 지원대상 : 금연치료 참여 의료기관에 방문하여 등록한 금연치료를 희망하는 모든 흡연자에 대해 지원(단, 1년에 3번까지 지원 가능하며 예정된 차기 진료일로부터 1주 이상 의료기관을 방문하여 진료받지 않은 경우 프로그램 탈락으로 간주하여 1회차 지원을 종료함)

3. 지원내용
- 금연진료·상담료 : '최초상담료'와 '금연유지상담료'로 구분하고, 건강보험공단에서 80% 지원(금연참여자 20% 부담)

구분	금연(단독)진료	금연(동시)진료
최초상담	22,500원	금연(단독)진료와 전체 금액은 같으나 최초상담 시 1,500원, 유지상담 시 900원을 공단이 더 부담
유지상담	13,500원	

※ 금연진료를 타 상병과 동시에 진료하는 경우 '금연(동시)진료'와 금연진료만 행하는 '금연(단독)진료'로 구분
※ 의료급여수급자 및 저소득층(건강보험료 하위 20% 이하)은 진료·상담료 전액 지원

- 약국금연관리비용 : 금연치료의약품, 금연보조제 등 사용안내 및 복약지도 관련 비용 지원

금연치료의약품			금연보조제		
합계	공단부담금	본인부담금	합계	공단부담금	본인부담금
8,100원	6,500원	1,600원	2,000원	1,600원	400원

※ 의료급여수급자 및 저소득층(건강보험료 하위 20% 이하)은 진료·상담료 전액 지원

- 금연치료의약품·금연보조제 : 1회 처방당 4주 이내의 범위(총 12주)에서 금연치료의약품 및 금연보조제(니코틴패치, 껌, 정제) 구입비용 지원
  - 금연치료의약품

구분		부프로피온정	바레니클린정	챔픽스정
약가 상한액		정당 530원	정당 1,800원	정당 2,100원
본인부담금	건강보험	정당 100원	정당 360원	정당 400원
	의료급여 / 소득층	없음		

  - 금연보조제

구분		금연보조제 (니코틴패치, 껌, 정제)	비고
지원액	건강보험	1일당 1,500원	지원액을 초과하는 비용은 본인이 부담
	의료급여 / 소득층	1일당 2,940원	

〈L씨의 7주 차까지의 참여내역〉

- 의료급여·저소득층 여부 : 해당사항 없음
- 처방받은 금연치료의약품 : 챔픽스정(1일 2정 복용)
- 타 상병과 동시진료 여부 : 고혈압으로 인해 매 진료 시 같이 진료받았음
- 금연진료·상담 방문 횟수 : 4회
- 약국방문 횟수 : 2회[1회 차 : 4주치(28일치) 처방, 2회 차 : 3주치(21일치) 처방]

① 없음   ② 43,500원

③ 47,200원   ④ 50,700원

⑤ 53,600원

18 다음은 K공사의 사무관리규칙의 일부이다. 규정에 따라 판단할 때, 〈보기〉 중 직원의 행동으로 잘못된 것을 모두 고르면?

제7조(문서의 성립 및 효력발생)

① 문서는 결재권자가 해당 문서에 서명(전자이미지서명, 전자문자서명을 포함한다. 이하 같다)의 방식으로 결재함으로써 성립한다.

② 문서는 수신자에게 도달(전자문서의 경우는 수신자가 관리하거나 지정한 전자적 시스템 등에 입력되는 것을 말한다)됨으로써 그 효력을 발생한다. 다만, 공고문서는 그 문서에서 효력발생 시기를 구체적으로 밝히고 있지 않으면 그 고시 또는 공고 등이 있은 날부터 5일이 경과한 때에 효력이 발생한다.

③ 민원문서를 정보통신망을 이용하여 접수·처리한 경우에는 민원사무처리규칙에서 정한 절차에 따라 접수·처리된 것으로 본다.

제13조(발신명의)

① 대외의 기관 등에 발신하는 문서는 이사장 명의로 발신한다. 다만 소속기관의 장이 위임전결규칙에 의하여 권한위임 받은 업무를 시행할 때에는 그 명의로 발신한다.

② 교재의 검정에 관한 문서는 제1항의 규정에 불구하고 이사장 명의로 발신한다.

③ 소속기관 및 보조기관 상호간에 수발되는 문서는 각 소속기관장 또는 보조기관장의 명의로 발신한다.

④ 내부결재문서는 발신명의를 표시하지 아니한다.

제25조(보도자료의 실명제공)

공단에서 언론기관에 보도자료를 제공하는 경우에는 당해자료의 담당부서 담당자 연락처 등을 함께 기재해야 한다.

제30조(직인날인 및 서명)

① 이사장 또는 소속기관장의 명의로 발신하는 문서의 시행문, 임용장, 상장 및 각종 증명서에 속하는 문서에는 직인을 찍거나 이사장 또는 소속기관장이 서명을 하고 보조기관 상호간에 발신하는 문서의 시행문에는 보조기관이 서명을 한다. 다만, 전신 또는 전화로 발신하는 문서나 신문 등에 게재하는 문서에는 직인을 찍거나 서명을 하지 아니하며 경미한 내용의 문서에는 직인을 찍는 것과 서명하는 것을 생략할 수 있다.

② 직인을 찍어야 할 문서로서 다수의 수신자에게 동시에 발신 또는 교부하는 문서에는 직인날인에 갈음하여 직인의 인영을 인쇄하여 사용할 수 있다.

③ 제2항의 규정에 의하여 직인의 인영을 인쇄 사용하고자 할 때에는 결재권자의 승인을 얻기 전에 문서관리부서의 장과 협의해야 한다.

ㄱ. 최 대리는 결재권자인 김 부장의 결재를 받아 8월 10일 지역사업과에 A사업의 즉시시행을 지시하는 문서를 우편으로 발송하였으며, 8월 12일 지역사업과에 해당 문서가 도달하였다. 최 대리는 8월 10일을 A사업 시작일로 보고 사업시행기간을 기산하였다.

ㄴ. 미래전략팀 이 주임 담당의 자료를 보유하고 있던 자료관리팀 김 주임은 T신문사에 해당 자료를 제공하며 미래전략팀 이 주임의 연락처를 기재하였다.

ㄷ. G공사와의 협력 업무에 있어 이사장으로부터 권한을 위임받은 최 부장은 해당 업무와 관련된 문서를 G공사에 자신의 명의로 발신하였다.

ㄹ. 이사장이 부재중이자, 비서실 김 대리는 이사장 명의로 S공사에 발신하는 문서에 대하여 보조기관의 서명을 대신 첨부하여 발신하였다.

① ㄱ, ㄴ　　　　　　　　② ㄱ, ㄹ

③ ㄴ, ㄷ　　　　　　　　④ ㄴ, ㄹ

⑤ ㄷ, ㄹ

※ 다음 자료를 읽고 이어지는 질문에 답하시오. [19~21]

<**사용 시 주의사항**>

- 운전 중에 실내기나 실외기의 흡입구를 열지 마십시오.
- 침수가 되었을 때에는 반드시 서비스 센터에 의뢰하십시오.
- 청소 시에는 전원 플러그를 뽑아 주십시오.
- 세척 시 부식을 발생시키는 세척제를 사용하지 마십시오. 특히 내부 세척은 전문가의 도움을 받으십시오.
- 필터는 반드시 끼워서 사용하고 2주에 1회 가량 필터를 청소해 주십시오.
- 운전 중에 가스레인지 등 연소기구 이용 시 수시로 환기를 시키십시오.
- 어린이가 제품 위로 올라가지 않도록 해 주십시오.

<**문제발생 시 확인사항**>

발생 문제	확인사항	조치
제품이 작동하지 않습니다.	전원 플러그가 뽑혀 있지 않습니까?	전원플러그를 꽂아 주십시오.
	전압이 너무 낮지 않습니까?	공급 전력이 정격 전압 220V인지 한국전력공사에 문의하십시오.
	리모컨에 이상이 없습니까?	건전지를 교환하거나 (+), (−)극에 맞게 다시 투입하십시오.
찬바람이 지속적으로 나오지 않습니다.	전원을 끈 후 곧바로 운전시키지 않았습니까?	실외기의 압축기 보호장치 작동으로 약 3분 후 다시 정상작동됩니다.
	희망온도가 실내온도보다 높게 설정되어있지 않습니까?	희망온도를 실내온도보다 낮게 설정하십시오.
	제습모드나 절전모드는 아닙니까?	운전모드를 냉방으로 변경하십시오.
배출구에 이슬이 맺힙니다.	실내 습도가 너무 높지 않습니까?	공기 중의 습기가 이슬로 맺히는 자연스러운 현상으로, 증상이 심한 경우 마른 수건으로 닦아 주십시오.
예약운전이 되지 않습니다.	예약시각이 올바르게 설정되었습니까?	설명서를 참고하여 올바른 방법으로 예약해 주십시오.
	현재시각이 올바르게 설정되어 있습니까?	현재시각을 다시 설정해 주십시오.

실내가 원하는 만큼 시원해지지 않습니다.	제품의 냉방가능 면적이 실내 면적보다 작지 않습니까?	냉방가능 면적이 실내 면적과 일치하는 성능의 제품을 사용하십시오.
	실내기와 실외기의 거리가 멀지 않습니까?	실내기와 실외기 사이가 5m 이상이 되면 냉방능력이 다소 떨어질 수 있습니다.
	실내에 인원이 너무 많지 않습니까?	실내에 인원이 많으면 냉방효과가 다소 떨어질 수 있습니다.
	햇빛이 실내로 직접 들어오지 않습니까?	커튼이나 블라인드 등으로 햇빛을 막아주십시오.
	문이나 창문이 열려있지 않습니까?	찬 공기가 실외로 빠져나가지 않도록 문을 닫아주십시오.
	실내기·실외기 흡입구나 배출구가 막혀있지 않습니까?	실내기·실외기 흡입구나 배출구의 장애물을 제거해 주십시오.
	필터에 먼지 등 이물질이 끼지 않았습니까?	필터를 깨끗이 청소해 주십시오.
리모컨이 작동하지 않습니다.	건전지의 수명이 다 되지 않았습니까?	새 건전지로 교체하십시오.
	주변에 너무 강한 빛이 있지 않습니까?	네온사인이나 삼파장 형광등 등, 강한 빛이 발생하는 주변에서는 간혹 리모컨이 작동하지 않을 수 있으므로 실내기 수신부 앞에서 에어컨을 작동시키십시오.
	리모컨의 수신부가 가려져 있지 않습니까?	가리고 있는 물건을 치우십시오.
냄새가 나고 눈이 따갑습니다.	냄새를 유발하는 다른 요인(조리, 새집의 인테리어 및 가구, 약품 등)이 있지 않습니까?	환풍기를 작동하거나 환기를 해 주십시오.
	곰팡이 냄새가 나지 않습니까?	제품에서 응축수가 생겨 잘 빠지지 않을 경우 냄새가 날 수 있습니다. 배수호스를 점검해 주십시오.
제품이 저절로 꺼집니다.	꺼짐 예약 또는 취침예약이 되어있지 않습니까?	꺼짐 예약이나 취침예약을 취소하십시오.
실내기에서 안개 같은 것이 발생합니다.	습도가 높은 장소에서 사용하고 있지 않습니까?	습도가 높으면 습기가 많은 바람이 나오면서 안개 같은 것이 배출될 수 있습니다.
	기름을 많이 사용하는 장소에서 사용하고 있지 않습니까?	음식점 등 기름을 많이 사용하는 장소에서 사용할 경우 기기 내부를 정기적으로 청소해 주십시오.

제2회 모의고사

안심Touch

19 제시된 자료는 어떤 제품에 대한 사용설명서인가?

① 가스레인지
② 냉장고
③ TV
④ 에어컨
⑤ 공기청정기

20 다음 중 제품에서 곰팡이 냄새가 날 때는 어떻게 해야 하는가?

① 환기를 해야 한다.
② 제품 내부를 청소해야 한다.
③ 직사광선이 심한지 확인한다.
④ 배수호스를 점검해야 한다.
⑤ 고장이므로 A/S를 맡겨야 한다.

21 귀하는 A전자 고객지원팀에서 온라인 문의에 대한 답변 업무를 하고 있다. 다음 중 답변내용이 잘못된 것은?

① Q : 제품이 더러워져서 청소를 하려고 해요. 마트에 갔더니 가전제품 전용 세제가 있어서 사왔는데, 이걸로 기기 내부 청소를 하면 괜찮을까요?
　A : 기기 내부 청소의 경우에는 반드시 전문가의 도움을 받으셔야 합니다.

② Q : 예약시간을 매번 정확히 입력하는데도 예약운전이 되지 않아요.
　A : 기기의 현재 시각이 올바르게 설정되어 있는지 확인해 주시기 바랍니다.

③ Q : 리모컨이 작동하지 않네요. 확인해보니까 건전지 약은 아직 남아 있습니다. 고장인가요?
　A : 삼파장 형광등이나 네온사인 같은 강한 빛이 나는 물건을 주변에서 치워 보시고, 이후에도 미해결 시 A/S센터로 연락 주십시오.

④ Q : 구입한 지 시간이 좀 지나서 필터 청소를 하려고 합니다. 필터 청소는 얼마마다 해야 하나요?
　A : 필터 청소는 2주에 1회가량을 권장하고 있습니다.

⑤ Q : 기기에 자꾸 물이 맺혀서 밑으로 떨어지는데요, 고장이 아닌가요?
　A : 실내 습도가 높을 때 발생하는 자연스러운 현상이므로, 심한 경우 물기를 수건으로 한 번씩 닦아주 십시오.

22 C사에 근무하는 귀하는 최근 매주 금요일 업무시간이 끝나고 한 번씩 진행해야 하는 바닥 청소 당번 문제 를 두고 동료인 A사원과 갈등 중에 있다. 둘 중 한 명은 매주 바닥 청소를 해야 하는데, 금요일에 일찍 퇴근하기를 원하는 귀하와 A사원 모두 청소 당번에서 빠지고 싶어 하기 때문이다. 이러한 상황에서 귀하 가 A사원과, 갈등의 해결방법 중 하나인 '윈 - 윈(Win - Win) 관리법'으로 갈등을 해결하고자 할 때, A사 원에게 제시할 수 있는 귀하의 제안으로 가장 적절한 것은?

① 우리 둘 다 청소 당번을 피할 수는 없으니, 그냥 공평하게 같이 하죠.
② 제가 그냥 A사원 몫까지 매주 청소를 맡아서 할게요.
③ 저와 A사원이 번갈아가면서 청소를 맡도록 하죠.
④ 우선 금요일 업무시간 전에 청소를 할 수 있는지 확인해 보도록 하죠.
⑤ 저는 절대 양보할 수 없으니, A사원이 그냥 맡아서 해 주세요.

※ 다음은 텀블러 제조 업체인 A회사의 생산 비용 절감에 관한 글이다. 글을 읽고 이어지는 질문에 답하시오. [23~25]

A회사는 텀블러 뚜껑 생산에 소비전력이 5,000W인 기계를 하루 8시간 가동하여 한 달 기준 1,200kWh의 전기를 사용한다. 텀블러 뚜껑 제작에만 전기 사용료가 84만 원, 연료비는 100만 원이 드는 것이다.

A회사는 비용 절감을 위해 다양한 제품의 생산 비용을 분석하였다. 그러자 텀블러 뚜껑을 생산하는 고정 비용의 비율이 A회사 전체 제품 생산 비용의 45%인 것으로 밝혀졌다. 이에 따라 임원진은 텀블러 뚜껑 생산 비용의 절감을 요구하였다.

텀블러 뚜껑 생산팀장인 귀하는 C회사의 설비를 설치하면 전기 사용량은 같지만 연료비가 한 달 기준 75만 원으로 줄어드는 효과가 있다는 것을 알게 되었다. C회사의 설비를 설치하는 데 드는 비용은 1,000만 원이다. 또 다른 업체인 F회사의 설비는 연료비는 같게 들지만 소비전력을 1,250W나 감소시켜 한 달 기준 전기 사용량이 900kWh로 감소한다. 한 달 기준 전기 사용료를 25% 절감할 수 있는 것이다. F회사의 설비를 설치하는 데 드는 비용은 5,000만 원이다.

23 A회사는 내부 회의를 통해 C회사의 설비를 설치하기로 결정하였다. 최소 몇 개월 이상 사용해야 손해를 보지 않는가?

① 3년 3개월
② 3년 4개월
③ 3년 5개월
④ 3년 6개월
⑤ 3년 7개월

24 C회사와 F회사의 설비를 함께 설치하여 1년을 사용한다면 몇 퍼센트의 효율(비용 절감)이 있는가?(단, 설치비는 제외한다)

① 15%
② 18%
③ 21%
④ 25%
⑤ 28%

25 A회사는 C회사와 F회사의 설비를 함께 설치하기로 결정하여 약 5년간 사용하였다. 그 후 텀블러 뚜껑 기계를 교체하게 되면서 C회사와 F회사의 설비를 다른 회사에 1,000만 원에 판매하였다면, 이익이나 손해는 얼마인가?

① 1,760만 원 손해
② 2,240만 원 이익
③ 2,240만 원 손해
④ 3,240만 원 이익
⑤ 3,240만 원 손해

※ 다음은 철도안전법의 일부 내용이다. 다음을 읽고, 이어지는 질문에 답하시오. [26~27]

〈철도안전법〉

제41조(철도종사자의 음주 제한 등)

① 다음 각 호의 어느 하나에 해당하는 철도종사자(실무수습 중인 사람을 포함한다)는 술(주세법 제3조 제1호에 따른 주류를 말한다. 이하 같다)을 마시거나 약물을 사용한 상태에서 업무를 하여서는 아니 된다.

1. 운전업무종사자
2. 관제업무종사자
3. 여객승무원
4. 작업책임자
5. 철도운행안전관리자
6. 정거장에서 철도신호기·선로전환기 및 조작판 등을 취급하거나 열차의 조성(組成 : 철도차량을 연결하거나 분리하는 작업을 말한다)업무를 수행하는 사람
7. 철도차량 및 철도시설의 점검·정비 업무에 종사하는 사람

② 국토교통부장관 또는 시·도지사(도시철도법 제3조 제2호에 따른 도시철도 및 같은 법 제24조에 따라 지방자치단체로부터 도시철도의 건설과 운영의 위탁을 받은 법인이 건설·운영하는 도시철도만 해당한다)는 철도안전과 위험방지를 위하여 필요하다고 인정하거나 제1항에 따른 철도종사자가 술을 마시거나 약물을 사용한 상태에서 업무를 하였다고 인정할 만한 상당한 이유가 있을 때에는 철도종사자에 대하여 술을 마셨거나 약물을 사용하였는지 확인 또는 검사할 수 있다. 이 경우 그 철도종사자는 국토교통부장관 또는 시·도지사의 확인 또는 검사를 거부하여서는 아니 된다.

③ 제2항에 따른 확인 또는 검사 결과 철도종사자가 술을 마시거나 약물을 사용하였다고 판단하는 기준은 다음 각 호의 구분과 같다.

1. 술 : 혈중알코올농도가 0.02퍼센트(제1항 제4호부터 제6호까지의 철도종사자는 0.03퍼센트) 이상인 경우
2. 약물 : 양성으로 판정된 경우

④ 제2항에 따른 확인 또는 검사의 방법·절차 등에 관하여 필요한 사항은 대통령령으로 정한다.

26 다음은 글과 관련된 철도안전법 시행령의 일부 내용이다. 다음을 참고할 때, 철도종사자의 음주 또는 약물 사용 검사에 대해 잘못 이해한 것은?

〈철도안전법 시행령〉

제43조의2(철도종사자의 음주 등에 대한 확인 또는 검사)

① 삭제

② 법 제41조 제2항에 따른 술을 마셨는지에 대한 확인 또는 검사는 호흡측정기 검사의 방법으로 실시하고, 검사 결과에 불복하는 사람에 대해서는 그 철도종사자의 동의를 받아 혈액 채취 등의 방법으로 다시 측정할 수 있다.

③ 법 제41조 제2항에 따른 약물을 사용하였는지에 대한 확인 또는 검사는 소변 검사 또는 모발 채취 등의 방법으로 실시한다.

---

① 법인이 운영하는 도시철도의 경우 시·도지사가 철도종사자에 대하여 음주 또는 약물 사용 검사를 할 수 있다.

② 철도종사자는 국토교통부장관이 음주 또는 약물 사용 검사를 요청할 경우 이를 거부할 수 없다.

③ 호흡측정기를 통해 음주 검사를 받은 철도종사자가 검사 결과에 불복할 경우 혈액 채취 방법을 통해 재측정할 수 있다.

④ 철도종사자에 대한 약물 사용 검사는 소변 검사 또는 모발 채취의 방법으로 실시한다.

⑤ 음주 검사는 철도종사자가 술을 마신 상태에서 업무를 하였다고 인정할 만한 상당한 이유가 있을 때에만 가능하다.

27 다음은 철도안전법 제41조 제2항에 따라 음주 또는 약물 사용 검사를 받은 A ~ D의 검사 결과이다. 다음 중 철도안전법을 위반한 사람을 모두 고른 것은?

• A : 철도시설 점검 업무 담당. 혈중알코올농도 0.021%
• B : 실무수습 직원. 약물 양성 판정
• C : 철도차량 운전자. 혈중알코올농도 0.029%
• D : 여객승무원. 혈중알코올농도 0.015%

---

① A   ② B
③ A, B   ④ A, B, C
⑤ A, B, C, D

28 다음은 초등학생·중학생·고등학생 스마트폰 중독 현황에 대한 자료이다. 자료에 대한 〈보기〉의 설명으로 옳지 않은 것을 모두 고르면?

〈초등학생·중학생·고등학생 스마트폰 중독 비율〉

(단위 : %)

구분		전체	초등학생 (9 ~ 11세)	중학생·고등학생 (12 ~ 17세)
전체		32.38	31.51	32.71
아동성별	남성	32.88	33.35	32.71
	여성	31.83	29.58	32.72
가구소득별	기초수급	30.91	30.35	31.05
	차상위	30.53	24.21	30.82
	일반	32.46	31.56	32.81
거주지역별	대도시	31.95	30.80	32.40
	중소도시	32.49	32.00	32.64
	농어촌	34.50	32.84	35.07
가족유형별	양부모	32.58	31.75	32.90
	한부모·조손	31.16	28.83	31.79

※ 각 항목의 전체 인원은 그 항목에 해당하는 초등학생 수와 중학생·고등학생 수의 합을 말한다.

───〈보기〉───

ㄱ. 초등학생과 중학생·고등학생 모두 남성의 스마트폰 중독비율이 여성의 스마트폰 중독비율보다 높다.

ㄴ. 한부모·조손 가족의 스마트폰 중독 비율은 초등학생의 경우가 중학생·고등학생 중독 비율의 70% 이상이다.

ㄷ. 조사대상 중 대도시에 거주하는 초등학생 수는 중학생·고등학생 수보다 많다.

ㄹ. 초등학생과 중학생·고등학생 모두 기초수급가구의 경우가 일반가구의 경우보다 스마트폰 중독 비율이 높다.

① ㄴ
② ㄱ, ㄷ
③ ㄱ, ㄹ
④ ㄱ, ㄷ, ㄹ
⑤ ㄴ, ㄷ, ㄹ

29 다음은 철도안전법 시행령의 일부 자료이다. 다음 중 철도안전업무에 종사하는 전문인력 중 철도안전전문기술자가 아닌 사람은?

제59조(철도안전 전문인력의 구분)

① 법 제69조 제2항에서 "대통령령으로 정하는 철도안전업무에 종사하는 전문인력"이란 다음 각 호의 어느 하나에 해당하는 인력을 말한다.

 1. 철도운행안전관리자

 2. 철도안전전문기술자

  가. 전기철도 분야 철도안전전문기술자

  나. 철도신호 분야 철도안전전문기술자

  다. 철도궤도 분야 철도안전전문기술자

  라. 철도차량 분야 철도안전전문기술자

② 제1항에 따른 철도안전 전문인력(이하 "철도안전 전문인력"이라 한다)의 업무 범위는 다음 각 호와 같다.

 1. 철도운행안전관리자의 업무

  가. 철도차량의 운행선로나 그 인근에서 철도시설의 건설 또는 관리와 관련한 작업을 수행하는 경우에 작업일정의 조정 또는 작업에 필요한 안전장비·안전시설 등의 점검

  나. 가목에 따른 작업이 수행되는 선로를 운행하는 열차가 있는 경우 해당 열차의 운행일정 조정

  다. 열차접근경보시설이나 열차접근감시인의 배치에 관한 계획 수립·시행과 확인

  라. 철도차량 운전자나 관제업무종사자와 연락체계 구축 등

 2. 철도안전전문기술자의 업무

  가. 제1항 제2호 가목부터 다목까지의 철도안전전문기술자 : 해당 철도시설의 건설이나 관리와 관련된 설계·시공·감리·안전점검 업무나 레일용접 등의 업무

  나. 제1항 제2호 라목의 철도안전전문기술자 : 철도차량의 설계·제작·개조·시험검사·정밀안전진단·안전점검 등에 관한 품질관리 및 감리 등의 업무

---

① 철도의 신호장치, 건널목 보안장치를 관리, 취급하는 A씨

② 슬래브 궤도와 무도상 궤도를 부설하는 B씨

③ 매일 서울교통공사 3호선 전기철도의 안전점검을 하는 C씨

④ 철도의 쓰레기를 수거 및 청소하는 D씨

⑤ 철도차량의 개조업무를 하고 있는 E씨

30 S공사 인사팀에는 팀장 1명, 과장 2명과 A대리가 있다. 팀장과 과장 2명은 4월 안에 휴가를 다녀와야 하고, 팀장이나 과장이 한 명이라도 없는 경우, A대리는 자리를 비울 수 없다. 다음 〈조건〉을 고려했을 때, A대리의 연수 마지막 날짜는?

〈조건〉
- 4월 1일은 월요일이며, S공사는 주5일제이다.
- 마지막 주 금요일에는 중요한 세미나가 있어 그 주에는 모든 팀원이 자리를 비울 수 없다.
- 팀장은 첫째 주 화요일부터 3일 동안 휴가를 신청했다.
- B과장은 둘째 주 수요일부터 5일 동안 휴가를 신청했다.
- C과장은 셋째 주에 2일간의 휴가를 마치고 금요일부터 출근할 것이다.
- A대리는 주말 없이 진행되는 연수에 5일 연속 참여해야 한다.
---

① 8일
② 9일
③ 23일
④ 24일
⑤ 30일

31 다음은 갈등의 유형 중 하나인 '불필요한 갈등'에 대한 설명이다. 다음 중 불필요한 갈등에 대한 이해로 적절하지 않은 것은?

개개인이 저마다의 문제를 다르게 인식하거나 정보가 부족한 경우, 또한 편견 때문에 발생한 의견 불일치로 적대적 감정이 생길 때 '불필요한 갈등'이 일어난다.

① 근심, 걱정, 스트레스, 분노 등의 부정적인 감정으로 나타날 수 있다.
② 두 사람의 정반대되는 욕구나 목표, 가치, 이해를 통해 발생할 수 있다.
③ 잘못 이해하거나 부족한 정보 등 전달이 불분명한 커뮤니케이션으로 나타날 수 있다.
④ 변화에 대한 저항, 항상 해오던 방식에 대한 거부감 등에서 나오는 의견 불일치가 원인이 될 수 있다.
⑤ 관리자의 신중하지 못한 태도로 인해 불필요한 갈등은 더 심각해질 수 있다.

32 S사에 근무하는 사원 A씨는 최근 자신의 상사인 B대리 때문에 스트레스를 받고 있다. A씨가 공들여 작성한 기획서를 제출하면 B대리가 중간에서 매번 퇴짜를 놓기 때문이다. 이와 동시에 A씨는 자신에 대한 B대리의 감정이 좋지 않은 것 같아 마음이 더 불편하다. A씨가 직장 동료인 C씨에게 이러한 어려움을 토로했을 때, C씨가 A씨에게 해줄 수 있는 조언으로 적절하지 않은 것은?

① 무엇보다 관계 갈등의 원인을 찾는 것이 중요해.
② B대리님의 입장을 충분히 고려해 볼 필요가 있어.
③ B대리님과 마음을 열고 대화해 보는 것은 어때?
④ B대리님과 누가 옳고 그른지 확실히 논쟁해 볼 필요가 있어.
⑤ 걱정되더라도 갈등 해결을 위해 피하지 말고 맞서야 해.

33 인천공항에서 A ~ D비행기가 이륙 준비를 하고 있다. 다음 〈조건〉을 만족할 때, 출발시각이 가장 빠른 비행기는 무엇인가?

〈비행 정보〉				
구분	A비행기	B비행기	C비행기	D비행기
도착지	도하	나리타	로스앤젤레스	밴쿠버
GMT	+3	+9	−8	−8
비행시간	9시간	2시간 10분	13시간	11시간 15분

〈조건〉

• 각 비행기의 도착지는 도하, 나리타, 로스앤젤레스, 밴쿠버 중 하나이며 모두 직항이다.
• C비행기는 A비행기와 도착 시 현지 시간이 같다.
• B비행기는 C비행기보다 1시간 빨리 출발한다.
• D비행기는 C비행기보다 한국 시간으로 2시간 빨리 도착한다.
• 한국의 시차는 GMT+9이다.

① A   ② B
③ C   ④ D
⑤ A, D

34 다음은 철도안전법 시행령의 일부 자료이다. 다음 중 자료에서 유추할 수 있는 것은?

제31조(영상기록장치 설치 안내)

철도운영자는 법 제39조의3 제2항에 따라 운전실 출입문 등 운전업무종사자 등 개인정보보호법 제2조 제3호에 따른 정보주체가 쉽게 인식할 수 있는 곳에 다음 각 호의 사항이 표시된 안내판을 설치하여야 한다.

1. 영상기록장치의 설치 목적
2. 영상기록장치의 설치 위치, 촬영 범위 및 촬영 시간
3. 영상기록장치 관리책임 부서, 관리책임자의 성명 및 연락처
4. 그 밖에 철도운영자가 필요하다고 인정하는 사항

제32조(영상기록장치의 운영 · 관리 지침)

철도운영자는 법 제39조의3 제5항에 따라 영상기록장치에 기록된 영상이 분실 · 도난 · 유출 · 변조 또는 훼손되지 아니하도록 다음 각 호의 사항이 포함된 영상기록장치 운영 · 관리 지침을 마련하여야 한다.

1. 영상기록장치의 설치 근거 및 설치 목적
2. 영상기록장치의 설치 대수, 설치 위치 및 촬영 범위
3. 관리책임자, 담당 부서 및 영상기록에 대한 접근 권한이 있는 사람
4. 영상기록의 촬영 시간, 보관기간, 보관장소 및 처리방법
5. 철도운영자의 영상기록 확인 방법 및 장소
6. 정보주체의 영상기록 열람 등 요구에 대한 조치
7. 영상기록에 대한 접근 통제 및 접근 권한의 제한 조치
8. 영상기록을 안전하게 저장 · 전송할 수 있는 암호화 기술의 적용 또는 이에 상응하는 조치
9. 영상기록 침해사고 발생에 대응하기 위한 접속기록의 보관 및 위조 · 변조 방지를 위한 조치
10. 영상기록에 대한 보안프로그램의 설치 및 갱신
11. 영상기록의 안전한 보관을 위한 보관시설의 마련 또는 잠금장치의 설치 등 물리적 조치
12. 그 밖에 영상기록장치의 설치 · 운영 및 관리에 필요한 사항

---

① 영상기록장치의 촬영 범위 및 촬영 시간은 안내판에 표시하되, 설치 위치를 표시할 필요는 없다.
② 영상기록장치 관리책임 부서는 관리책임자의 성명만을 표시하면 된다.
③ 영상기록의 촬영 시간, 보관기간, 보관장소 및 처리방법에 관한 운영 · 관리 지침이 마련되지 않는다면, 기록된 영상이 분실되거나 훼손되었을 때, 문제가 발생할 수 있다.
④ 철도운영자의 영상기록 확인 방법은 중요한 사항이 아니다.
⑤ 영상기록의 안전한 보관을 위해서 물리적 조치까지 할 필요는 없다.

35 다음의 교통수단별 특징을 고려할 때, 다음 보기 중 오전 9시에 회사에서 출발해 전주역까지 가장 먼저 도착하는 방법은 무엇인가?(단, 도보는 고려하지 않는다)

〈회사 · 서울역 간 교통 현황〉

구분	소요시간	출발 시간
A버스	24분	매시 20분, 40분
B버스	40분	매시 정각, 20분, 40분
지하철	20분	매시 30분

〈서울역 · 전주역 간 교통 현황〉

구분	소요시간	출발 시간
새마을호	3시간	매시 정각부터 5분 간격
KTX	1시간 32분	9시 정각부터 45분 간격

① A버스 – 새마을호
② B버스 – KTX
③ 지하철 – KTX
④ B버스 – 새마을호
⑤ 지하철 – 새마을호

36 다음은 2009 ~ 2018년 전국 풍수해 규모에 관한 자료이다. 이에 대한 설명으로 옳은 것은?

〈전국 풍수해 규모〉

(단위 : 억 원)

구분	2009년	2010년	2011년	2012년	2013년	2014년	2015년	2016년	2017년	2018년
태풍	118	1,609	8	–	1,725	2,183	10,037	17	53	134
호우	19,063	435	581	2,549	1,808	5,276	384	1,581	1,422	12
대설	52	74	36	128	663	480	204	113	324	130
강풍	140	69	11	70	2	–	267	9	1	39
풍랑	57	331	–	241	70	3	–	–	–	3
전체	19,430	2,518	636	2,988	4,268	7,942	10,892	1,720	1,800	318

① 2010 ~ 2018년간 발생한 전체 풍수해 규모의 증감추이는 태풍으로 인한 풍수해 규모의 증감추이와 비례한다.
② 풍랑으로 인한 풍수해 규모는 매년 가장 낮았다.
③ 2018년 호우로 인한 풍수해 규모의 전년 대비 감소율은 97% 미만이다.
④ 전체 풍수해 규모에서 대설로 인한 풍수해 규모가 차지하는 비중은 2016년이 2014년보다 크다.
⑤ 대설로 인한 풍수해 규모가 가장 높았던 해에는 전체 풍수해 규모도 가장 높았다.

37 A사원과 B사원은 U공단에서 국가자격시험 문제 출제 및 관리에 관한 업무를 한다. 다음 대화를 읽고 밑줄 친 법과 관련한 A사원의 대답으로 적절한 것은?

> A사원 : 아, 이번에도 김○○ 출제위원님께서 커피를 가져오시려나?
> B사원 : 무슨 커피요?
> A사원 : 김 위원님께서 항상 시험문제 출제 기간이 되면 커피를 직접 내려오시거든요. 그게 얼마나 맛있는지 저도 모르게 기다려진다니까요.
> B사원 : 그렇구나. 그런데 그거 김영란법에 걸리지 않나요?

① 한 잔에 5,000원 정도 밖에 안하는 커피니까 괜찮을 거예요.
② 커피 한 잔쯤이야 그냥 마실 수도 있죠.
③ 앞으로 제가 마실 건 제가 직접 챙겨야겠네요.
④ 저만 마시는 게 아니라 다 같이 마시는 거니까 상관없어요.
⑤ 앞으로는 카페에서 사오시라고 해야겠네요.

38 다음 정의에 따른 경력개발 방법으로 적절하지 않은 것을 〈보기〉에서 고르면?

〈정의〉

경력개발은 개인이 경력목표와 전략을 수립하고 실행하며 피드백하는 과정으로 직업인은 한 조직의 구성원으로서 조직과 함께 상호작용하며, 자신의 경력을 개발해 나간다.

─〈보기〉─

㉠ 영업직에 필요한 것은 사교성일 수도 있지만, 무엇보다 사람에 대한 믿음과 성실함이 기본이어야 한다고 생각한다. 영업팀에서 10년째 근무 중인 나는 인맥을 쌓기 위해 오랜 기간 인연을 지속한 사람들을 놓치지 않으려고 노력하였다. 또한 시대에 뒤떨어지지 않기 위해 최신 IT 기기 및 기술을 습득하고 있다.
㉡ 전략기획팀에서 근무하고 있는 나는 앞으로 회사의 나아갈 방향을 설정하는 업무를 주로 하고 있다. 따라서 시대의 흐름을 놓쳐서는 안 된다. 나의 이러한 감각을 배양하기 위해 전문 서적을 탐독하고, 경영환경 변화에 대한 공부를 끊임없이 하고 있다.
㉢ 나는 지난달부터 체력단련을 위해 헬스를 하고 있다. 자동차 동호회 활동을 통해 취미활동도 게을리 하지 않는다.
㉣ 직장 생활도 중요하지만, 개인적인 삶을 풍요롭게 할 필요가 있다. 회사는 내가 필요한 것과 내 삶을 윤택하게 하는 데 도움을 주는 요소이다. 그러므로 회사 내의 활동이나 모임 등에 집중하기보다는 나를 위한 투자(운동, 개인학습 등)에 소홀하지 않아야 한다.

① ㉠, ㉡
② ㉠, ㉢
③ ㉡, ㉢
④ ㉡, ㉣
⑤ ㉢, ㉣

39 다음은 사내 비즈니스 예절 교육에 참여한 신입사원들의 대화 내용이다. 다음 중 명함 교환 예절에 대해 잘못 설명하고 있는 사람은?

> A사원 : 앞으로 바지 주머니가 아닌 상의 주머니에 명함을 넣어야겠어.
> B사원 : 명함을 줄 때에는 일어선 상태에서 건네는 것이 좋겠어.
> C사원 : 타 업체를 방문할 때는 그 업체의 직원에게 먼저 명함을 건네야 해.
> D사원 : 상대에게 명함을 받는다면 반드시 나도 명함을 줘야 하는군.
> E사원 : 앉은 상태에서는 명함을 테이블 위에 놓고 손으로 밀어 건네는 것이 예의이군.

① A사원
② B사원
③ C사원
④ D사원
⑤ E사원

40 다음은 A ~ C지역의 가구 구성비를 나타낸 자료이다. 이에 대한 분석으로 옳은 것은?

〈가구 구성비〉

(단위 : %)

구분	부부 가구	2세대 가구		3세대 이상 가구	기타 가구	소계
		부모+미혼자녀	부모+기혼자녀			
A지역	5	65	16	2	12	100
B지역	16	55	10	6	13	100
C지역	12	40	25	20	3	100

※ 기타 가구 : 1인 가구, 형제 가구, 비친족 가구
※ 핵가족 : 부부 또는 (한)부모와 그들의 미혼 자녀로 이루어진 가족
※ 확대가족 : (한)부모와 그들의 기혼 자녀로 이루어진 2세대 이상의 가족

① 핵가족 가구의 비중이 가장 높은 지역은 A이다.
② 1인 가구의 비중이 가장 높은 지역은 B이다.
③ 확대가족 가구 수가 가장 많은 지역은 C이다.
④ A, B, C지역 모두 핵가족 가구 수가 확대가족 가구 수보다 많다.
⑤ 부부 가구의 구성비는 C지역이 가장 높다.

제2회 직무수행능력평가

개별문항 **1** 기계일반

01 다음은 어떤 주조법의 특징을 설명한 것인가?

- 영구주형을 사용한다.
- 비철금속의 주조에 적용한다.
- 고온 체임버식과 저온 체임버식으로 나뉜다.
- 용융금속이 응고될 때까지 압력을 가한다.

① 스퀴즈캐스팅(Squeeze Casting)
② 원심 주조법(Centrifugal Casting)
③ 다이캐스팅(Die Casting)
④ 인베스트먼트 주조법(Investment Casting)
⑤ 일렉트로 슬래그 주조법(Electro Slag Casting)

02 기계요소를 설계할 때 응력집중 및 응력집중계수에 대한 설명으로 옳지 않은 것은?

① 응력집중이란 단면이 급격히 변화하는 부위에서 힘의 흐름이 심하게 변화함으로 인해 발생하는 현상이다.
② 응력집중계수는 단면부의 평균응력에 대한 최대응력의 비율이다.
③ 응력집중계수는 탄성영역 내에서 부품의 형상효과와 재질이 모두 고려된 것으로 형상이 같더라도 재질이 다르면 그 값이 다르다.
④ 응력집중을 완화하려면 단이 진 부분의 곡률반지름을 크게 하거나 단면이 완만하게 변화하도록 한다.
⑤ 응력집중은 일반적으로 구조요소의 파손·파괴의 원인이 되기 쉬우므로 설계할 때에는 탄소성 계산이나 광탄소성 해석, 스트레인미터에 의한 실험적 해석을 하여 충분히 검토해야 한다.

03 하중을 들어 올릴 때 효율이 30%이고 피치가 4mm인 1줄 나사를 40N×mm의 토크로 회전시킬 때, 나사에 작용하는 축방향의 하중은?(단, π 는 3으로 계산한다)

① 18N

② 19N

③ 20N

④ 21N

⑤ 22N

04 다음 중 마그네슘의 특징으로 옳지 않은 것은?

① 비중이 알루미늄보다 크다.

② 조밀육방격자이며 고온에서 발화하기 쉽다.

③ 대기 중에서 내식성이 양호하나 산 및 바닷물에 침식되기 쉽다.

④ 알칼리성에 거의 부식되지 않는다.

⑤ 비강도가 우수하여 항공기나 자동차부품으로 사용된다.

05 풀리(원판) 주위에 감겨 있는 줄에 질량 m 의 블록이 연결되어 있다. 블록이 아래쪽으로 운동할 때 풀리의 각가속도 α 는?(단, 줄은 늘어나지 않으며 줄의 질량은 무시한다. 점 O에 대한 풀리의 회전 관성모멘트는 I, 반지름은 r, 중력가속도는 g 로 가정한다)

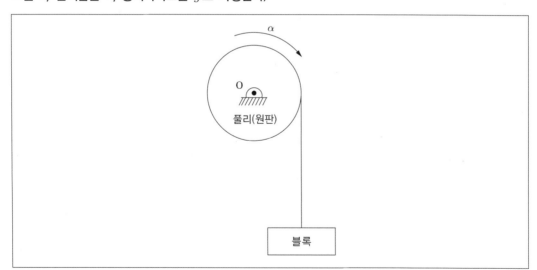

① $\alpha = \dfrac{mgr}{I}$

② $\alpha = \dfrac{mgr}{(I + mr^2)}$

③ $\alpha = \dfrac{mg}{(I + mr^2)}$

④ $\alpha = \dfrac{mgr^2}{(I + mgr)}$

⑤ $\alpha = \dfrac{mgr^2}{I^2}$

06 탄소강(SM30C)을 냉간가공하면 일반적으로 감소되는 기계적 성질은?

① 연신율
② 경도
③ 항복점
④ 인장강도
⑤ 잔류응력

07 펌프의 송출유량이 $Q(\text{m}^3/\text{s})$, 양정이 $H(\text{m})$, 액체의 밀도가 1,000kg/m^{3}일 때 펌프의 이론동력 L을 구하는 식으로 옳은 것은?(단, 중력가속도는 9.8m/s^{2}이다)

① $L = 9,800\,QH(\text{kW})$
② $L = 980\,QH(\text{kW})$
③ $L = 98\,QH(\text{kW})$
④ $L = 9.8\,QH(\text{kW})$
⑤ $L = 0.98\,QH(\text{kW})$

08 다음 중 주철의 장점으로 옳지 않은 것은?

① 주조성이 우수하다.
② 고온에서 쉽게 소성변형 되지 않는다.
③ 값이 싸므로 널리 이용된다.
④ 복잡한 형상으로도 쉽게 주조된다.
⑤ 압축강도가 크다.

09 주조에서 라이저(Riser)의 설치 목적으로 옳은 것은?

① 주물의 변형을 방지한다.
② 주형 내의 쇳물에 압력을 준다.
③ 주형 내에 공기를 넣어준다
④ 주형의 파괴를 방지한다.
⑤ 주형에 쇳물 주입을 원활히 해준다.

10 보일러 효율을 향상시키는 부속장치인 절탄기(Econo-mizer)에 대한 설명으로 옳은 것은?

① 연도에 흐르는 연소가스의 열을 이용하여 급수를 예열하는 장치이다.
② 석탄을 잘게 부수는 장치이다.
③ 연도에 흐르는 연소가스의 열을 이용하여 연소실에 들어가는 공기를 예열하는 장치이다.
④ 연도에 흐르는 연소가스의 열을 이용하여 고온의 증기를 만드는 장치이다.
⑤ 절탄기를 이용하여 굴뚝에서 배출되는 열량의 대부분을 회수할 수 있다.

11 1kg의 기체로 구성되는 밀폐계가 50kJ/kg의 열을 받아 15kJ/kg의 일을 했을 때, 내부에너지 변화는? (단, 운동에너지의 변화는 무시한다)

① 15kJ
② 20kJ
③ 25kJ
④ 35kJ
⑤ 65kJ

12 기체 1kg이 압력 0.5bar, 부피 $2.0m^3$의 상태에서 압력 10bar, 부피 $0.2m^3$의 상태로 변화하였다면 내부에너지가 일정할 때, 엔탈피의 변화량은 얼마인가?(단, 1bar＝100kPa)

① 57kJ
② 79kJ
③ 91kJ
④ 100kJ
⑤ 112kJ

13 다음 용접의 방법 중 고상용접으로 옳지 않은 것은?

① 확산용접(Diffusion Welding)
② 초음파용접(Ultrasonic Welding)
③ 일렉트로 슬래그용접(Electro Slag Welding)
④ 마찰용접(Friction Welding)
⑤ 폭발용접(Explosive Welding)

14 길이가 3m, 단면적이 $0.01m^2$인 원형봉이 인장하중 100kN을 받을 때 봉이 늘어난 길이는?[단, 봉의 영계수(Young's Modulus) $E＝300GPa$이다]

① $1 \times 10^{-7}m$
② 0.001m
③ 0.002m
④ 0.0001m
⑤ 0.0002m

15 다음 중 표준 대기압의 값으로 옳지 않은 것은?

① 14.7psi
② 760mmHg
③ 1.033mAq
④ 1.013bar
⑤ 1,013hPa

16 다음 그림의 마이크로미터 측정값에 가장 가까운 것은?

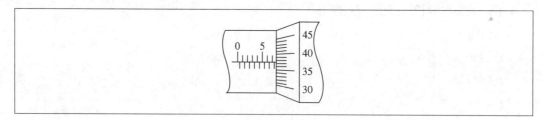

① 약 7.87mm ② 약 7.97mm
③ 약 37.87mm ④ 약 37.97mm
⑤ 약 37.98mm

17 다음 중 냉간가공과 열간가공에 대한 설명으로 옳지 않은 것은?

① 냉간가공을 하면 가공면이 깨끗하고 정확한 치수가공이 가능하다.
② 재결정온도 이상에서의 가공을 열간가공이라 한다.
③ 열간가공은 소재의 변형저항이 적어 소성가공이 용이하다.
④ 냉간가공은 열간가공보다 표면산화물의 발생이 많다.
⑤ 열간가공은 불순물이나 편석이 없어지고 재질이 균일하게 된다.

18 이상적인 역 카르노 냉동사이클에서 응축온도가 330K, 증발온도가 270K이면 성능계수는 얼마인가?

① 2.7 ② 3.3
③ 4.5 ④ 5.4
⑤ 6.3

19 2개 이상의 유압 회로에서 어느 압력에 상관없이 일정 비율로 유량이 각각 흐르게 하는 밸브는?

① 브레이크 밸브 ② 카운터 밸런스 밸브
③ 감압 밸브 ④ 분류 밸브
⑤ 체크 밸브

20 다음 중 증기압축식 냉동기에서 냉매가 움직이는 경로를 바르게 나열한 것은?

① 압축기 → 응축기 → 팽창밸브 → 증발기 → 압축기
② 압축기 → 팽창밸브 → 증발기 → 응축기 → 압축기
③ 압축기 → 증발기 → 팽창밸브 → 응축기 → 압축기
④ 압축기 → 응축기 → 증발기 → 팽창밸브 → 압축기
⑤ 압축기 → 증발기 → 응축기 → 팽창밸브 → 압축기

21 다음 중 내경 측정에만 이용되는 측정기는?

① 실린더 게이지
② 버니어캘리퍼스
③ 측장기
④ 블록 게이지
⑤ 센터 게이지

22 외경 선삭에서 가공 전과 후의 평균 지름이 100mm인 황동봉을 절삭깊이 1mm, 이송속도 0.3mm/rev, 주축 회전속도 1,000rpm으로 가공하였을 때, 재료 제거율은?(단, π는 3.14로 하고 가공 전과 후의 평균 지름, 평균 절삭속도를 이용하여 재료 제거율을 계산한다)

① $30\text{cm}^3/\text{min}$
② $300\text{cm}^3/\text{min}$
③ $9.42\text{cm}^3/\text{min}$
④ $94.2\text{cm}^3/\text{min}$
⑤ $942\text{cm}^3/\text{min}$

23 다음 중 유압기기에 대한 설명으로 옳지 않은 것은?

① 유압기기는 큰 출력을 낼 수 있다.
② 비용적형 유압펌프로는 베인 펌프, 피스톤 펌프 등이 있다.
③ 유압기기에서 사용되는 작동유의 종류에는 석유 계통의 오일, 합성유 등이 있다.
④ 유압실린더는 작동유의 압력 에너지를 직선 왕복운동을 하는 기계적인 일로 변환시키는 기기이다.
⑤ 터보형 유압펌프로는 벌루트 펌프와 터빈 펌프 등이 있다.

24 폭 30cm에 높이 10cm이고 길이는 1.5m의 외팔보의 자유단에 8kN의 집중하중을 작용시킬 때, 최대처짐은 몇 mm인가?(단, 탄성계수 E=200GPa이다.)

① 2.5mm

② 2.0mm

③ 1.5mm

④ 1.8mm

⑤ 1.2mm

25 다음 중 유체의 흐름에 대한 저항이 작고 압력에도 강하여 발전소의 도입관 또는 상수도의 주관 등과 같이 지름이 큰 관이나 밸브를 자주 개폐할 필요가 없는 관에 주로 사용하는 밸브는?

① 스톱 밸브(Stop Valve)

② 체크 밸브(Check Valve)

③ 슬루스 밸브(Sluice Valve)

④ 스로틀 밸브(Throttle Valve)

⑤ 플러시 밸브(Flush Valve)

26 층류 유동하는 원관에서 레이놀즈 수가 1,000인 경우 관마찰계수(f)의 값은?

① 0.064

② 0.056

③ 0.036

④ 0.024

⑤ 0.016

27 압연가공에 대한 설명으로 옳은 것은?

① 윤활유는 압연하중과 압연토크를 증가시킨다.

② 마찰계수는 냉간가공보다 열간가공에서 작아진다.

③ 압연롤러와 공작물 사이의 마찰력은 중립점을 경계로 반대방향으로 작용한다.

④ 공작물이 자력으로 압입되기 위해서는 롤러의 마찰각이 접촉각보다 작아야 한다.

⑤ 냉간압연은 압연동력이 작아도 되고, 큰 변형을 쉽게 할 수 있는 장점이 있다.

28 이상기체의 등온과정에서 압력이 증가할 때, 엔탈피의 변화로 알맞은 것은?

① 증가하다가 감소한다.

② 증가한다.

③ 변화 없다.

④ 감소한다.

⑤ 감소하다가 증가한다.

29 다음 중 공장자동화의 구성요소로 옳은 것을 〈보기〉에서 모두 고르면?

〈보기〉

ㄱ. CAD / CAM	ㄴ. CNC 공작기계
ㄷ. 무인 반송차	ㄹ. 산업용 로봇
ㅁ. 자동창고	

① ㄱ, ㄴ, ㄹ　　　　　　　　② ㄷ, ㄹ, ㅁ
③ ㄱ, ㄴ, ㄷ, ㅁ　　　　　　④ ㄱ, ㄴ, ㄷ, ㄹ, ㅁ
⑤ ㄴ, ㄷ, ㄹ, ㅁ

30 다음 중 칠드주조에 대한 설명으로 옳은 것은?

① 강철을 담금질하여 경화한 것
② 주철의 조직을 마르텐사이트로 한 것
③ 용융주철을 급냉하여 표면을 시멘타이트 조직으로 만든 것
④ 미세한 펄라이트 조직의 주물
⑤ 흑연을 구상화하여 점성이 강한 주물

31 두 열원으로 구성되는 사이클 중에서 열효율이 최대인 카르노 사이클로 작동되는 열기관이 고온체에서 200kJ의 열을 받아들인다. 이 기관의 열효율이 30%라면 방출되는 열량은?

① 30kJ　　　　　　　　　② 60kJ
③ 70kJ　　　　　　　　　④ 140kJ
⑤ 160kJ

32 탄성계수가 200GPa인 강의 전단탄성계수는 약 몇 GPa인가?(단, 푸아송 비는 0.3이다)

① 약 66.7GPa　　　　　　② 약 76.9GPa
③ 약 100GPa　　　　　　　④ 약 267GPa
⑤ 약 350GPa

33 다음 중 가운데가 갈라져 나사의 풀림 방지나 부품을 축에 결부하는 데 사용하는 핀은?

① 분할 핀(Split Pin) ② 테이퍼 핀(Taper Pin)
③ 너클 핀(Knuckle Pin) ④ 앵커 핀(Anchor Pin)
⑤ 빼기 핀(Lifting Pin)

34 원형 단면봉에 $8N/mm^2$의 인장응력과 $3N/mm^2$의 전단응력이 동시에 작용하고 있을 때, 최대 주응력과 최대 전단응력으로 옳은 것은?

	최대 주응력	최대 전단응력
①	$4N/mm^2$	$3N/mm^2$
②	$9N/mm^2$	$5N/mm^2$
③	$8N/mm^2$	$6N/mm^2$
④	$11N/mm^2$	$9N/mm^2$
⑤	$13N/mm^2$	$11N/mm^2$

35 밸브의 전환 도중에서 과도적으로 생긴 밸브 포트간의 흐름을 의미하는 것은?

① 자유 흐름 ② 인터플로
③ 제어 흐름 ④ 아음속 흐름
⑤ 초음속 흐름

36 인벌루트치형을 갖는 평기어의 백래시(Backlash)에 대한 설명으로 옳은 것은?

① 피치원 둘레상에서 측정된 치면 사이의 틈새이다.
② 피치원상에서 측정한 이와 이 사이의 거리이다.
③ 피치원으로부터 이끝원까지의 거리이다.
④ 맞물린 한 쌍의 기어에서 한 기어의 이끝원에서 상대편 기어의 이뿌리원까지의 중심선상 거리이다.
⑤ 백래시가 너무 적으면 윤활이 충분해지면서 치면끼리의 마찰이 줄어든다.

37 다음과 같이 지름이 D_1인 A피스톤에 F_1의 힘이 작용하였을 때, 지름이 D_2인 B실린더에 작용하는 유압은?(단, $D_2 = 4D_1$이다)

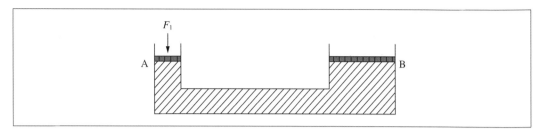

① $\dfrac{4F_1}{\pi D_1{}^2}$

② $\dfrac{F_1}{\pi D_1{}^2}$

③ $\dfrac{F_1}{2\pi D_1{}^2}$

④ $\dfrac{F_1}{3\pi D_1{}^2}$

⑤ $\dfrac{F_1}{4\pi D_1{}^2}$

38 철판에 전류를 통전하며 외력을 이용하여 용접하는 방법은?

① 마찰 용접

② 플래시 용접

③ 서브머지드 아크 용접

④ 전자빔 용접

⑤ 테르밋 용접

39 선반을 이용하여 지름이 50mm인 공작물을 절삭속도 196m/min로 절삭할 때 필요한 주축의 회전수는?
(단, π는 3.14로 계산하고, 회전수는 일의 자리에서 반올림한다)

① 약 1,000rpm

② 약 1,250rpm

③ 약 3,120rpm

④ 약 3,920rpm

⑤ 약 4,320rpm

40 강의 열처리에서 생기는 조직 중 가장 경도가 높은 것은?

① 펄라이트(Pearlite)

② 소르바이트(Sorbite)

③ 마텐자이트(Martensite)

④ 트루스타이트(Troostite)

⑤ 페라이트(Ferrite)

01 유도 전동기의 1차 접속을 $\triangle$에서 Y로 바꾸면 기동 시의 1차 전류는?

① $\dfrac{1}{3}$로 감소

② $\dfrac{1}{\sqrt{3}}$로 감소

③ $\sqrt{3}$배로 증가

④ 3배로 증가

⑤ 4배로 증가

02 다음 기전력에 대한 설명으로 옳은 것은?

① 전기 저항의 역수

② 전류를 흐르게 하는 원동력

③ 도체에 흐르는 전류의 세기

④ 전기의 흐름

⑤ 전위의 차

03 다음 중 무한히 긴 직선 도선에 전류가 흐를 때 도선 주위에 생기는 자기장의 세기는?

① 도선으로부터의 수직 거리의 제곱에 반비례한다.

② 도선으로부터의 수직 거리에 반비례한다.

③ 도선으로부터의 수직 거리의 제곱에 비례한다.

④ 도선으로부터의 수직 거리에 비례한다.

⑤ 도선으로부터의 수직 거리와 무관하다.

04 그림과 같은 동기 발전기의 동기 리액턴스는 $3\,\Omega$이고, 무부하 시의 선간 전압이 220V이다. 이와 같이 3상 단락되었을 때 단락 전류는?

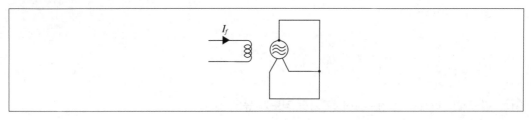

① 약 24A

② 약 42.3A

③ 약 73.3A

④ 약 127A

⑤ 약 134A

05 역률이 60%인 부하에 전압 90V를 가해서 전류 5A가 흘렀을 때, 부하의 유효 전력은 얼마인가?

① 150W

② 220W

③ 270W

④ 310W

⑤ 400W

06 다음 중 물질 중의 자유전자가 과잉된 상태를 의미하는 말로 옳은 것은?

① (−) 대전상태

② 발열상태

③ 중성상태

④ (+) 대전상태

⑤ 전이상태

07 전류와 자속에 관한 설명 중 옳은 것은?

① 전류와 자속은 항상 폐회로를 이룬다.

② 전류와 자속은 항상 폐회로를 이루지 않는다.

③ 전류는 폐회로이나 자속은 아니다.

④ 자속은 폐회로이나 전류는 아니다.

⑤ 자속은 어떤 표면을 통과하는 자기력선의 수에 비례하는 양이다.

08 변압기의 2차측 부하 임피던스 Z가 20Ω일 때 1차측에서 보아 18kΩ이 되었다면 변압기의 권수비는 얼마인가?(단, 변압기의 임피던스는 무시한다)

① 3

② 30

③ $\dfrac{1}{3}$

④ $\dfrac{1}{30}$

⑤ $\dfrac{1}{300}$

09 그림과 같은 단상 전파 정류에서 직류 전압 100V를 얻는 데 필요한 변압기 2차 한상의 전압은 약 얼마인가?(단, 부하는 순저항으로 하고 변압기 내의 전압 강하는 무시하고 정류기의 전압 강하는 10V로 한다)

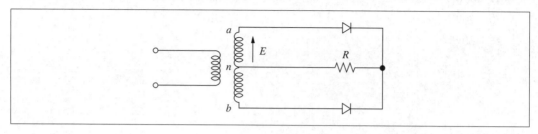

① 약 156V

② 약 144V

③ 약 122V

④ 약 100V

⑤ 약 80V

10 다음 중 전류에 의한 자계의 세기와 관계가 있는 법칙은?

① 옴의 법칙

② 렌츠의 법칙

③ 키르히호프의 법칙

④ 비오 – 사바르의 법칙

⑤ 플레밍의 왼손 법칙

11 동기 발전기의 전기자 반작용에 대한 설명으로 옳지 않은 것은?

① 전기자 반작용은 부하 역률에 따라 크게 변화된다.

② 전기자 전류에 의한 자속의 영향으로 감자 및 자화현상과 편자현상이 발생된다.

③ 전기자 반작용의 결과 감자현상이 발생될 때 리액턴스의 값은 감소된다.

④ 계자 자극의 중심축과 전기자 전류에 의한 자속이 전기적으로 90°를 이룰 때 편자현상이 발생된다.

⑤ 발전기의 전압 변동률에 영향을 미친다.

12 다음 중 3로 스위치를 나타내는 그림 기호는?

① ●$_{EX}$

② ●$_3$

③ ●$_{2P}$

④ ●$_{3A}$

⑤ ●$_{15A}$

13 어떤 콘덴서에 1,000V의 전압을 가하였더니 5×10^{-3}C의 전하가 축적되었을 때, 콘덴서의 용량은?

① $2.5\mu\mathrm{F}$
② $5\mu\mathrm{F}$
③ $25\mu\mathrm{F}$
④ $50\mu\mathrm{F}$
⑤ $75\mu\mathrm{F}$

14 다음 중 직류 발전기의 철심을 규소 강판으로 성층하여 사용하는 주된 이유로 옳은 것은?

① 브러시에서의 불꽃방지 및 정류개선
② 맴돌이전류손과 히스테리시스손의 감소
③ 전기자 반작용의 감소
④ 기계적 강도 개선
⑤ 회전저항의 감소

15 200V에 2kW의 전열선 2개를 같은 전압에서 직렬로 접속한 경우의 전력은 병렬로 접속한 경우의 전력보다 어떻게 되는가?

① $\dfrac{1}{2}$로 줄어든다.
② $\dfrac{1}{4}$로 줄어든다.
③ $\dfrac{1}{8}$로 줄어든다.
④ 2배로 증가된다.
⑤ 4배로 증가된다.

16 균일 자기장(z축 방향) 내에 길이가 0.5m인 도선을 y축 방향으로 놓고 2A의 전류를 흘렸더니 6N의 힘이 작용하였다. 이 도선을 그림과 같이 z축에 대해 수직이며 x축에 대해 30° 방향으로 $v=10$m/s의 속도로 움직일 때, 발생하는 유도기전력의 크기는?

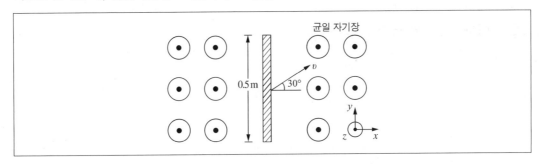

① 15V
② $15\sqrt{3}$ V
③ 30V
④ $30\sqrt{3}$ V
⑤ 45V

17 다음 중 변압기의 부하와 전압이 일정하고, 주파수만 높아질 때 발생할 수 있는 현상으로 옳은 것은?

① 철손 감소 　　　　　　② 철손 증가

③ 동손 증가 　　　　　　④ 동손 감소

⑤ 마찰손 증가

18 다음 중 밑줄 친 ㉠과 ㉡에 들어갈 값으로 옳은 것은?

> 권수비 2, 2차 전압 100V, 2차 전류 5A, 2차 임피던스 20Ω인 변압기의 ㉠ 1차 환산 전압 및 ㉡ 1차 환산 임피던스

	㉠	㉡		㉠	㉡
①	200V	80Ω	②	200V	40Ω
③	50V	20Ω	④	50V	10Ω
⑤	50V	5Ω			

19 플로어 덕트 공사의 설명 중 옳지 않은 것은?

① 덕트의 끝부분은 막는다.

② 플로어 덕트는 특별 제3종 접지공사로 하여야 한다.

③ 덕트 상호 간 접속은 견고하고 전기적으로 완전하게 접속하여야 한다.

④ 덕트 및 박스 기타 부속품은 물이 고이는 부분이 없도록 시설하여야 한다.

⑤ 전선은 연선 또는 단면적 10mm² 이하인 경우 단선을 사용한다.

20 다음과 같은 주기함수의 실효치 전압은?

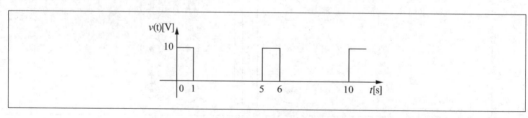

① 1V 　　　　　　　　② $\sqrt{2}$ V

③ 2V 　　　　　　　　④ $2\sqrt{5}$ V

⑤ $4\sqrt{2}$ V

21 단상 반파 정류 회로의 전원 전압이 200V이고 부하 저항이 10Ω일 때, 부하 전류는 몇 A인가?

① 4A
② 9A
③ 13A
④ 18A
⑤ 20A

22 다음 중 교류회로에 대한 설명으로 옳지 않은 것은?

① 저항 부하만의 회로는 역률이 1이 된다.
② RLC 직렬 교류회로에서 유효전력은 전류의 제곱과 전체 임피던스에 비례한다.
③ RLC 직렬 교류회로에서 L을 제거하면 전류가 진상이 된다.
④ R과 L의 직렬 교류회로의 역률을 보상하기 위해서는 C를 추가하면 된다.
⑤ 교류회로에서 전류와 전압은 실효값의 개념을 사용한다.

23 다음 중 3상 유도 전압 조정기의 동작 원리의 설명으로 옳은 것은?

① 두 전류 사이에 작용하는 힘을 이용한다.
② 교번 자계의 전자 유도 작용을 이용한다.
③ 충전된 두 물체 사이에 작용하는 힘을 이용한다.
④ 회전 자계에 의한 유도 작용을 이용하여 2차 전압의 위상 전압의 조정에 따라 변화한다.
⑤ 누설 자계의 전자 유도 작용을 이용한다.

24 다음 중 가로등, 경기장, 공장, 아파트 단지 등의 일반 조명을 위하여 시설하는 고압 방전등의 효율은 몇 lm/W 이상이어야 하는가?

① 3lm/W
② 5lm/W
③ 70lm/W
④ 90lm/W
⑤ 120lm/W

25 다음 중 전기 회로의 과도 현상과 시상수와의 관계로 옳은 것은?

① 시상수가 클수록 과도 현상은 오래 지속된다.
② 시상수가 클수록 과도 현상은 매우 느리다.
③ 시상수와 과도 지속 시간은 관계가 없다.
④ 시상수는 전압의 크기에 비례한다.
⑤ 시상수는 전력량에 비례한다.

안심Touch

26 2μF의 평행판 공기콘덴서가 있다. 다음 그림과 같이 전극사이에 그 간격의 절반 두께의 유리판을 넣을 때 콘덴서의 정전용량은?(단, 유리판의 유전율은 공기의 유전율의 9배라 가정한다)

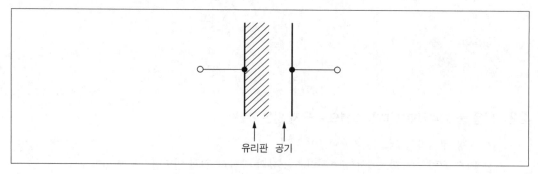

유리판 공기

① 1.0μF ② 3.6μF

③ 4.0μF ④ 5.4μF

⑤ 5.6μF

27 다음 중 플레밍의 왼손 법칙에서 전류의 방향을 나타내는 손가락은?

① 약지 ② 중지

③ 검지 ④ 엄지

⑤ 새끼손가락

28 일정한 속도로 운동하던 어떤 대전 입자가 균일한 자기장 속에 자기장의 방향과 수직으로 입사하였을 때, 자기장 안에서 입자가 하는 운동으로 옳은 것은?

① 직선 운동을 한다. ② 나선 운동을 한다.

③ 포물선 운동을 한다. ④ 힘을 받지 않는다.

⑤ 일정한 운동 에너지를 갖는다.

29 다음 중 3상 동기 발전기의 상간 접속을 Y결선으로 하는 이유로 옳지 않은 것은?

① 중성점을 이용할 수 있다.

② 선간전압이 상전압의 $\sqrt{3}$ 배가 된다.

③ 선간전압에 제3고조파가 나타나지 않는다.

④ 같은 선간전압의 결선에 비하여 절연이 어렵다.

⑤ 지락이나 단락 발생 시 보호계전기가 즉각 동작될 수 있도록 접지할 수 있다.

30 다음 중 정크션 박스 내에서 절연 전선을 쥐꼬리 접속한 후 접속과 절연을 위해 사용되는 재료는?

① 링형 슬리브
② S형 슬리브
③ 와이어 커넥터
④ 터미널 러그
⑤ 열수축 튜브

31 권수가 600회인 코일에 3A의 전류를 흘렸을 때, 10^{-3}Wb의 자속이 코일과 쇄교하였다면 인덕턴스는?

① 200mH
② 300mH
③ 400mH
④ 500mH
⑤ 600mH

32 직류전원[V], $R=20\text{k}\Omega$, $C=2\mu$F의 값을 갖고 스위치가 열린 상태의 RC 직렬회로에서 $t=0$일 때 스위치가 닫힌다. 이때 시정수 τ[s]는?

① 1×10^{-2}
② 1×10^{4}
③ 4×10^{-2}
④ 4×10^{4}
⑤ 4×10^{-4}

33 기전력 1.5V에 전류 용량 1A인 건전지 6개가 있다. 이것을 직 · 병렬로 연결하여 3V에 3A의 출력을 얻으려면 어떻게 접속하여야 하는가?

① 2개 직렬 연결한 것을 3조 병렬 연결
② 3개 직렬 연결한 것을 2조 병렬 연결
③ 3개 병렬 연결한 것을 2조 직렬 연결
④ 6개 모두 직렬 연결
⑤ 6개 모두 병렬 연결

34 다음 중 동기전동기의 특징으로 옳지 않은 것은?

① 속도가 일정하다.
② 역률과 효율이 좋다.
③ 직류전원 설비가 필요하다.
④ 난조가 발생하지 않는다.
⑤ 기동 시 토크를 얻기 어렵다.

35 다음 중 단락비가 큰 동기 발전기에 대한 설명으로 옳지 않은 것은?

① 단락전류가 크다.　　　　　　　　② 동기 임피던스가 작다.

③ 전기자 반작용이 크다.　　　　　　④ 공극이 크다.

⑤ 전압변동률이 작다.

36 다음 그림은 내부가 빈 동심구 형태의 콘덴서이다. 내구와 외구의 반지름 a, b를 각각 2배 증가시키고 내부를 비유전율 $\varepsilon_r = 2$인 유전체로 채웠을 때, 정전용량은 몇 배로 증가하는가?

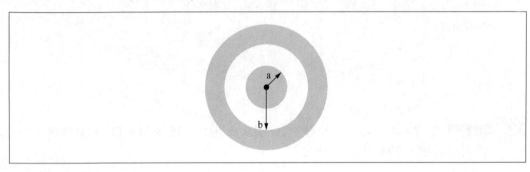

① 변화 없음　　　　　　　　　　　② 2배

③ 3배　　　　　　　　　　　　　　④ 4배

⑤ 5배

37 다음 중 (A) ~ (C)가 각각 설명하고 있는 법칙들을 바르게 연결한 것은?

> (A) 전자유도에 의한 기전력은 자속변화를 방해하는 전류가 흐르도록 그 방향이 결정된다.
> (B) 전류가 흐르고 있는 도선에 대해 자기장이 미치는 힘의 방향을 정하는 법칙으로, 전동기의 회전방향을 결정하는 데 유용하다.
> (C) 코일에 발생하는 유도기전력의 크기는 쇄교자속의 시간적 변화율과 같다.

	(A)	(B)	(C)
①	렌츠의 법칙	플레밍의 왼손 법칙	페러데이의 유도 법칙
②	쿨롱의 법칙	플레밍의 왼손 법칙	암페어의 주회 법칙
③	렌츠의 법칙	플레밍의 오른손 법칙	암페어의 주회 법칙
④	쿨롱의 법칙	플레밍의 오른손 법칙	페러데이의 유도 법칙
⑤	플레밍의 왼손 법칙	쿨롱의 법칙	렌츠의 법칙

38 다음 중 자성체의 성질에 대한 설명으로 옳지 않은 것은?

① 강자성체의 온도가 높아져서 상자성체와 같은 동작을 하게 되는 온도를 큐리 온도라 한다.

② 강자성체에 외부자계가 인가되면 자성체 내부의 자속밀도는 증가한다.

③ 발전기, 모터, 변압기 등에 사용되는 강자성체는 매우 작은 인가자계에도 큰 자화를 가져야 한다.

④ 페라이트는 매우 높은 도전율을 가지므로 고주파수 응용 분야에 널리 사용된다.

⑤ 자기를 띠는 원인은 물질을 이루고 있는 기본 구성 입자들의 자기모멘트들이 한 방향으로 정렬하고 있기 때문이다.

39 Δ-Y 결선을 한 특성이 같은 변압기에 의하여 2,300V, 3상에서 3상 6,600V, 400kW 역률 0.7(뒤짐)의 부하에 전력을 공급할 때 이 변압기의 용량은?

① 약 150kVA   ② 약 160kVA

③ 약 180kVA   ④ 약 190kVA

⑤ 약 200kVA

40 다음 중 전압을 일정하게 유지하기 위해서 이용되는 다이오드는?

① 발광 다이오드   ② 포토 다이오드

③ 제너 다이오드   ④ 바리스터 다이오드

⑤ 쇼트키 다이오드

01 환상철심에 감은 코일에 10A의 전류를 흘려서 1,000AT의 기자력을 발생시킬 때, 코일의 권수는 몇 회인가?

① 50회
② 100회
③ 200회
④ 250회
⑤ 500회

02 $e(t) = 220\sqrt{2}\sin 140\pi t$[V]인 정현파 전압의 실효치와 주파수는 얼마인가?

	실효치(V)	주파수(Hz)		실효치(V)	주파수(Hz)
①	$220\sqrt{2}$	140	②	$220\sqrt{2}$	70
③	220	70	④	220	140
⑤	110	70			

03 다음 중 궤환 발진기의 발진 조건으로 옳은 것은?(단, A는 증폭도, β 는 궤환율이다)

① $\beta A = \infty$
② $\beta A = 0$
③ $\beta A = 10$
④ $\beta A = 100$
⑤ $\beta A = 1$

04 상온에서 계단형 PN접합 다이오드에서 P영역과 N영역에서의 불순물 농도가 각각 $10^{13}\,\mathrm{cm}^{-3}$, $10^{17}\,\mathrm{cm}^{-3}$일 때 접속 전위차는 약 몇 V인가?(단, 진성캐리어 농도 $n_i = 1.5 \times 10^{10}\,\mathrm{cm}^{-3}$, $\dfrac{kT}{q} = 0.0259\mathrm{V}$이다)

① 약 0.325V
② 약 0.425V
③ 약 0.575V
④ 약 0.685V
⑤ 약 0.785V

05 다음 중 전류에 의한 자계의 방향을 결정하는 법칙은?

① 렌츠의 법칙   ② 비오 사바르의 법칙

③ 키르히호프의 법칙   ④ 플레밍의 오른손 법칙

⑤ 암페어의 오른나사 법칙

06 다음 그림과 같은 공진곡선에서 선택도 Q_o는 얼마인가?

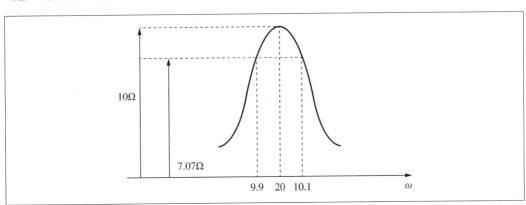

① 25   ② 30

③ 50   ④ 100

⑤ 125

07 다음 중 객체 지향 프로그래밍 언어로 옳지 않은 것은?

① C++   ② C#

③ JAVA   ④ FORTRAN

⑤ PYTHON

08 30V/m인 전계 내의 60V인 점에서 1C의 전하를 전계 방향으로 90cm 이동시켰을 때, 전위는 몇 V인가?

① 87V   ② 69V

③ 51V   ④ 33V

⑤ 15V

09 다음 중 저항체 내에서 불규칙한 운동으로 생기는 잡음은?

① 열잡음

② 백색잡음

③ 산탄잡음

④ 분배잡음

⑤ 충격잡음

10 다음 중 기억장치에 대한 설명으로 옳지 않은 것은?

① 주기억장치는 프로그램 영역과 입력자료를 기억하는 영역, 출력자료를 기억하는 영역, 작업영역으로 구성된다.

② 주기억장치로는 기억장소로 전원이 끊어져도 기억된 내용이 보존되는 롬(ROM)과 전원이 꺼지면 모든 내용이 지워지는 휘발성 메모리 타입의 램(RAM)이 있다.

③ 보조기억장치는 주기억장치보다 속도가 빠르지만, 많은 자료를 영구적으로 보관할 수 없다.

④ 보조기억장치에는 자기테이프, 자기 디스크, 자기드럼, 플로피 디스크 등이 있다.

⑤ 주기억장치의 기억매체는 과거의 경우 자기코어를 사용하였으나, 현재는 대부분 반도체 기억장치를 사용하고 있다.

11 다음 중 정상전류계에서 옴의 법칙에 대한 미분형은?(단, $i=$전류밀도, $k=$도전율, $E=$전계의 세기, $\rho=$고유저항)

① $i=k\rho[\mathrm{A/m^2}]$

② $i=\rho E[\mathrm{A/m^2}]$

③ $i=-kE[\mathrm{A/m^2}]$

④ $i=kE[\mathrm{A/m^2}]$

⑤ $i=\dfrac{E}{k}[\mathrm{A/m^2}]$

12 다음 중 광전자 방출에 관한 특징에 대한 설명으로 옳지 않은 것은?

① 방출전자의 흐름은 빛의 세기에 비례한다.

② 금속 표면에 빛을 조사하면 전자가 방출되는 현상을 말한다.

③ 빛을 조사한 즉시 전자가 방출한다.

④ 방출전자의 흐름 및 속도는 온도에 비례한다.

⑤ 방출전자 에너지는 빛의 파장에 반비례한다.

13 R-C 직렬회로에 직류전압 15V를 인가하고 $t=0$에서 스위치를 켰을 때 커패시터(C) 양단에 걸리는 전압 $V_c(t)$는 몇 V인가?(단, $V_c(0)=0$, $C=2\text{F}$, $R=0.5\Omega$)

① $15e^{-t}\text{V}$

② $-15e^{-t}\text{V}$

③ $1-e^{-t}\text{V}$

④ $15(1-e^t)\text{V}$

⑤ $15(1-e^{-t})\text{V}$

14 다음 중 전가산기를 구성하는 게이트로 바르게 나열한 것은?

① X-OR 1개, AND 2개, OR 1개

② X-OR 1개, AND 1개, OR 2개

③ X-OR 2개, AND 1개, OR 1개

④ X-OR 2개, AND 2개, OR 1개

⑤ X-OR 2개, AND 3개, OR 2개

15 다음 중 16진수 C2A$_{(16)}$을 10진수로 변환한 것은?

① 3,068

② 3,114

③ 3,168

④ 3,214

⑤ 3,268

16 다음 중 슈미트 트리거 회로에 대한 설명으로 옳지 않은 것은?

① 히스테리시스 특성을 가지고 있어 어떤 입력 파형이라도 깨끗한 구형파로 만들 수 있다.

② 입력진폭이 소정의 값을 넘으면 출력값을 얻을 수 없다.

③ 비교기, 파형 정형, 펄스폭 변조, 펄스증폭 등에 쓰인다.

④ 입력진폭이 소정의 값 이하가 되면 즉시 복구하는 동작을 한다.

⑤ 쌍안정 멀티바이브레이터에 속한다.

17 다음 중 파울리의 베타원리에 대한 설명으로 옳지 않은 것은?

① 원자 내 전자 배열의 법칙이다.

② 원자 내에서 2개의 전자가 동일한 양자상태에 있을 수 있다.

③ 하나의 양자 궤도에 Spin이 다른 2개의 전자가 존재할 수 있다.

④ 원자 내 존재하는 어떠한 전자도 4개의 양자수가 전부 같을 수 없다.

⑤ 주양자수는 0이 아닌 양의 정수이다.

18 다음 중 직접 메모리 접근(DMA; Direct Memory Access)에 대한 설명으로 옳지 않은 것은?

① 하드디스크, 그래픽 카드, 네트워크 카드 등과 같은 주변 장치들이 메모리에 직접 접근하여 읽거나 쓸 수 있도록 하는 방식이다.

② 멀티코어 프로세서 내에서 칩 내부 데이터를 전송 시에 사용된다.

③ 메모리 내에서 데이터를 복사·이동하는 메모리 간 이동 시에 사용된다.

④ DMA 방식 중 버스트 모드(Burst Mode)는 메모리에 액세스하고 있지 않을 때 DMA를 수행하는 방식이다.

⑤ 데이터 전송 시 CPU가 다른 작업을 수행할 수 있다.

19 투자율 μ, 길이 l, 단면적 S인 자성체의 자기회로에 권선을 N회 감고 I의 전류를 통하게 할 때, 자속은 얼마인가?

① $\dfrac{\mu NI}{Sl}$ Wb

② $\dfrac{\mu SI}{Nl}$ Wb

③ $\dfrac{\mu SNI}{l}$ Wb

④ $\dfrac{\mu SNI}{2l}$ Wb

⑤ $\dfrac{NIl}{\mu S}$ Wb

20 다음 중 빈칸에 들어갈 원소로 옳지 않은 것은?

> P형 반도체는 전하 운반자 역할을 하는 양공의 수가 전자의 수에 비해서 훨씬 많이 있는 반도체로 순수한 반도체에서 양공을 증가시키기 위해서는 불순물인 _____, _____, _____, _____ 등의 3가인 원소를 첨가해야 한다.

① Al
② Si
③ B
④ Ga
⑤ In

21 다음 중 $4+j3$을 극좌표 형식으로 표현하면?

① $4\angle 89.4°$
② $5\angle 36.9°$
③ $6\angle 153.4°$
④ $7\angle 78.6°$
⑤ $8\angle 36.9°$

22 다음 중 드리프트(Drift)가 일어나는 원인으로 옳지 않은 것은?

① 전원 전압의 변동
② 트랜지스터 특성 변화
③ 저항기의 특성 변화
④ 부품의 경년 변화
⑤ 대역폭의 변화

23 다음 중 바리스터(Varistor)에 대한 설명으로 옳은 것은?

① 인가전압이 증가해도 전류의 크기는 변함없다.
② 인가전압이 높아지면 절연파괴가 일어난다.
③ 인가전압에 따라 정전용량이 달라져서 충격전류를 흡수한다.
④ 인가전압이 높을수록 저항이 감소하여 과잉전류를 흡수한다.
⑤ 인가전압이 높을수록 저항이 커져서 전류의 크기를 제한할 수 있다.

24 평행판 콘덴서에 어떤 유전체를 넣었을 경우, 단위체적 중의 에너지가 $6.3 \times 10^{-3}[\text{J/m}^2]$, 전속밀도는 $3.1 \times 10^{-7}[\text{C/m}^2]$이라면, 이 유전체의 유전율은 약 몇 F/m인가?

① 약 $3.81 \times 10^{-12}\,\text{F/m}$　　　　② 약 $4.13 \times 10^{-11}\,\text{F/m}$

③ 약 $4.13 \times 10^{-12}\,\text{F/m}$　　　　④ 약 $7.62 \times 10^{-11}\,\text{F/m}$

⑤ 약 $7.62 \times 10^{-12}\,\text{F/m}$

25 다음 중 프로그램 카운터가 명령의 주소 부분과 더해져서 유효 주소가 결정되는 방법으로, 명령의 주소 부분은 보통 부호를 포함한 수이며, 음수(2의 보수 표현)나 양수 둘 다 될 수 있는 것은?

① 상대 주소 지정 방식　　　　② 절대 주소 지정 방식

③ 간접 주소 지정 방식　　　　④ 직접 주소 지정 방식

⑤ 색인 주소 지정 방식

26 다음 그림의 4단자 회로망의 4단자 정수(또는 $ABCD$ 파라미터) 중 정수 A와 C의 정의로 옳은 것은?

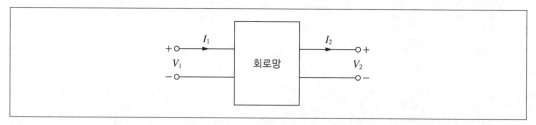

　　A　　　　　　C　　　　　　　　　　A　　　　　　C

① $\left.\dfrac{V_1}{V_2}\right|_{I_2=0}$　　$\left.\dfrac{V_2}{I_1}\right|_{I_2=0}$　　　　② $\left.\dfrac{V_1}{V_2}\right|_{I_2=0}$　　$\left.\dfrac{I_1}{V_2}\right|_{I_2=0}$

③ $\left.\dfrac{I_1}{I_2}\right|_{I_2=0}$　　$\left.\dfrac{V_1}{I_2}\right|_{I_2=0}$　　　　④ $\left.\dfrac{V_2}{V_1}\right|_{I_2=0}$　　$\left.\dfrac{I_1}{V_2}\right|_{I_2=0}$

⑤ $\left.\dfrac{V_1}{I_2}\right|_{I_2=0}$　　$\left.\dfrac{I_1}{I_2}\right|_{I_2=0}$

27 다음 중 소프트웨어의 분류에 대한 설명으로 옳지 않은 것은?

① 미들웨어 : 응용프로그램과 그 프로그램이 운영될 경우 통신이 원만하게 이루어지도록 하는 소프트웨어이다.
② 프리웨어 : 무료로 복제하고 계속 사용할 수 있는 공개 소프트웨어이다.
③ 셰어웨어 : 자유롭게 사용하거나 복사할 수 있도록 시장에 공개하고 있는 소프트웨어이다.
④ 라이트웨어 : 상용 소프트웨어 버전에서 몇 가지 핵심기능을 제거한 채 유료로 배포되는 소프트웨어이다.
⑤ 애드웨어 : 광고와 소프트웨어의 합성어로, 특정 소프트웨어를 실행할 때 또는 자동으로 활성화되는 광고프로그램을 말한다.

28 단면적 $5cm^2$의 철심에 8×10^{-4}Wb의 자속을 통하게 하려면 2,000AT/m의 자계가 필요할 경우, 이때 철심의 비투자율은 약 얼마인가?(단, 소수점 이하 첫째 자리에서 반올림 한다)

① 약 637
② 약 685
③ 약 712
④ 약 771
⑤ 약 788

29 다음 설명에 해당하는 용어로 옳은 것은?

> 1개의 회로나 장치의 출력 단자에 접속해서 신호를 추출할 수 있는 최대 허용 출력선의 수이다. 이것이 많을수록 논리 회로 구성상 제약이 적어서 고속 회로를 꾸미기 쉽고, 안정성이 커서 취급하기가 쉽지만, 실제로는 구성 소자나 비용 등 기타 요소와의 균형을 고려해야 하는 점이 있다. 1개의 출력으로 구동할 수 있는 장치의 수량은 그 출력으로부터 얻을 수 있는 전력과 다음 단 입력의 소요 전력에 의해 결정된다.

① 버퍼(Buffer)
② 팬 아웃(Fan Out)
③ 팬 인(Fan In)
④ 드라이브(Drive)
⑤ 마운트(Mount)

30 다음 중 연관기억장치(Associative Memory)에 대한 설명으로 옳지 않은 것은?

① 기억된 내용의 일부를 이용하여 원하는 정보가 기억된 위치를 찾아내서 접근하는 기억장치이다.
② 보통 한 CPU에 2개 이상의 연관기억장치가 사용된다.
③ 연관기억장치를 이용하면 검색 시간을 단축할 수 있다.
④ 임의접근기억장치(DRAM)보다 가격이 비싼 것이 단점이다.
⑤ 주기억장치보다 속도가 빨라 많은 양의 정보를 검색할 때나 데이터베이스에 주로 사용한다.

31 일정한 전기장 내에서 6C의 전하를 60cm 이동시키는 데 180J의 에너지가 쓰였을 경우, 전기장의 세기는 얼마인가?

① 30V/m   ② 40V/m

③ 50V/m   ④ 60V/m

⑤ 70V/m

32 다음 중 컴퓨터의 감시 프로그램 쪽에서 단말 장치로 신호를 보내어, 정보의 유무를 주기적으로 검사하는 방법은?

① 폴링 방법   ② 벡터 방식

③ 슈퍼바이저 모드   ④ 데이지 체인 방법

⑤ 사이클 스틸링

33 다음 중 회로가 정저항 회로가 되기 위한 C의 값은 얼마인가?(단, $L=500$mH, $R=1,000\,\Omega$ 이다)

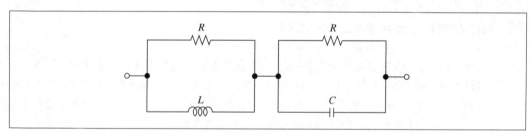

① 0.1μF   ② 0.2μF

③ 0.5μF   ④ 1μF

⑤ 2μF

34 다음 중 열전자를 방출하기 위한 재료의 조건으로 옳지 않은 것은?

① 융점이 낮아야 한다.

② 일함수가 작아야 한다.

③ 방출 효율이 좋아야 한다.

④ 진공 상태에서 쉽게 증발되지 않아야 한다.

⑤ 가공 공작이 용이해야 한다.

35 진공 상태에서 한 변의 길이가 a[m]인 정사각형의 단일코일에 I[A]의 전류가 흐를 경우에 정사각형의 중심에서 자계의 세기는 얼마인가?

① $\dfrac{\sqrt{2}}{\pi a}$ AT/m

② $\dfrac{I}{\sqrt{2a}}$ AT/m

③ $\dfrac{4I}{a}$ AT/m

④ $\dfrac{I}{2\pi a}$ AT/m

⑤ $\dfrac{2\sqrt{2}\,I}{\pi a}$ AT/m

36 정전압 전원 회로에서 무부하 시의 단자 전압이 15V, 전부하인 경우에 단자 전압이 10V일 때, 전압 변동률은 몇 %인가?

① 30%

② 40%

③ 50%

④ 60%

⑤ 70%

37 전자의 수가 17개인 원자에서 원자가 전자(Valence Electron)는 몇 개인가?

① 3개

② 4개

③ 5개

④ 6개

⑤ 7개

38 다음 중 QAM(직교 진폭 변조)에 대한 설명으로 옳지 않은 것은?

① 반송파의 진폭과 위상을 동시에 변조하는 것이다.

② ASK(Amplitude Shift Keying)와 PSK(Phase Shift Keying)가 결합된 방식이다.

③ 비트 전송 속도가 다소 떨어지지만, 많은 정보를 전달할 수 있다.

④ 16 - QAM의 경우, 피변조파 1파당 4값의 진폭, 4값의 위상을 각각 판별할 수 있다.

⑤ 최근에는 자동 등화 기술이 발달되어 64 - QAM, 256 - QAM 등이 있다.

안심Touch

39 다음 그림의 회로에서 독립적인 전류방정식 N과 독립적인 전압방정식 B는 각각 몇 개인가?

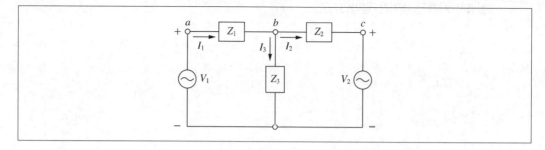

	N	B		N	B
①	3개	4개	②	2개	3개
③	2개	2개	④	1개	2개
⑤	1개	1개			

40 다음 중 A급 증폭과 B급 증폭에 대한 설명으로 옳지 않은 것은?

① A급 증폭은 입력과 출력이 비례하고, 파형의 변형이 적다.

② A급 증폭은 B급 증폭과 C급 증폭에 비해 전력의 효율이 크다.

③ B급 증폭은 입력이 없을 때는 컬렉터 전류가 흐르지 않는다.

④ B급 증폭은 입력이 있으면 그 반주기 기간만 컬렉터 전류가 흐르도록 동작한다.

⑤ B급 증폭은 일그러짐이 많으므로 저주파 증폭의 경우는 푸시풀 증폭기로 사용한다.

제3회
서울교통공사
승무/차량직

NCS 직업기초능력평가
+ 직무수행능력평가

〈문항 및 시험시간〉

평가영역	문항 수	시험시간	모바일 OMR 답안분석		
직업기초능력평가+ 직무수행능력평가	80문항	100분	기계일반	전기일반	전자일반

01 다음은 철도안전법의 일부 내용이다. 다음을 읽고, 이해한 내용으로 옳지 않은 것은?

〈철도안전법〉

제7조(안전관리체계의 승인)

① 철도운영자 등(전용철도의 운영자는 제외한다. 이하 이 조 및 제8조에서 같다)은 철도운영을 하거나 철도시설을 관리하려는 경우에는 인력, 시설, 차량, 장비, 운영절차, 교육훈련 및 비상대응계획 등 철도 및 철도시설의 안전관리에 관한 유기적 체계(이하 안전관리체계라 한다)를 갖추어 국토교통부장관의 승인을 받아야 한다.

② 전용철도의 운영자는 자체적으로 안전관리체계를 갖추고 지속적으로 유지하여야 한다.

③ 철도운영자 등은 제1항에 따라 승인받은 안전관리체계를 변경(제5항에 따른 안전관리기준의 변경에 따른 안전관리체계의 변경을 포함한다. 이하 이 조에서 같다)하려는 경우에는 국토교통부장관의 변경승인을 받아야 한다. 다만, 국토교통부령으로 정하는 경미한 사항을 변경하려는 경우에는 국토교통부장관에게 신고하여야 한다.

④ 국토교통부장관은 제1항 또는 제3항 본문에 따른 안전관리체계의 승인 또는 변경승인의 신청을 받은 경우에는 해당 안전관리체계가 제5항에 따른 안전관리기준에 적합한지를 검사한 후 승인 여부를 결정하여야 한다.

⑤ 국토교통부장관은 철도안전경영, 위험관리, 사고 조사 및 보고, 내부점검, 비상대응계획, 비상대응훈련, 교육훈련, 안전정보관리, 운행안전관리, 차량·시설의 유지관리(차량의 기대수명에 관한 사항을 포함한다) 등 철도운영 및 철도시설의 안전관리에 필요한 기술기준을 정하여 고시하여야 한다.

⑥ 제1항부터 제5항까지의 규정에 따른 승인절차, 승인방법, 검사기준, 검사방법, 신고절차 및 고시방법 등에 관하여 필요한 사항은 국토교통부령으로 정한다.

제8조(안전관리체계의 유지 등)

① 철도운영자 등은 철도운영을 하거나 철도시설을 관리하는 경우에는 제7조에 따라 승인받은 안전관리체계를 지속적으로 유지하여야 한다.

② 국토교통부장관은 안전관리체계 위반 여부 확인 및 철도사고 예방 등을 위하여 철도운영자 등이 제1항에 따른 안전관리체계를 지속적으로 유지하는지 다음 각 호의 검사를 통해 국토교통부령으로 정하는 바에 따라 점검·확인할 수 있다.

　1. 정기검사 : 철도운영자 등이 국토교통부장관으로부터 승인 또는 변경승인 받은 안전관리체계를 지속적으로 유지하는지를 점검·확인하기 위하여 정기적으로 실시하는 검사

　2. 수시검사 : 철도운영자 등이 철도사고 및 운행장애 등을 발생시키거나 발생시킬 우려가 있는 경우에 안전관리체계 위반사항 확인 및 안전관리체계 위해요인 사전예방을 위해 수행하는 검사

③ 국토교통부장관은 제2항에 따른 검사 결과 안전관리체계가 지속적으로 유지되지 아니하거나 그 밖에 철도안전을 위하여 긴급히 필요하다고 인정하는 경우에는 국토교통부령으로 정하는 바에 따라 시정조치를 명할 수 있다.

① 안전관리체계에 있어 국토교통부장관은 비상대응계획, 비상대응훈련 등을 고시하여야 한다.
② 국토교통부장관은 대통령령으로 정하는 바에 따라 정기적으로 안전관리체계를 검사할 수 있다.
③ 국토교통부장관은 철도의 안전을 위해 안전관리체계의 시정조치를 명할 수 있다.
④ 전용철도의 운영자는 자체적으로 안전관리체계를 갖출 수 있다.
⑤ 안전관리체계의 승인절차, 검사기준 등에 관해 필요한 사항은 국토교통부령으로 정한다.

※ 다음은 철도안전법의 일부 내용이다. 다음을 읽고, 이어지는 질문에 답하시오. [2~3]

<철도안전법>

제38조의12(철도차량 정밀안전진단)

① 소유자 등은 철도차량이 제작된 시점부터 국토교통부령으로 정하는 일정 기간 또는 일정주행거리가 지나 노후된 철도차량을 운행하려는 경우 일정 기간마다 물리적 사용 가능 여부 및 안전성능 등에 대한 진단(이하 "정밀안전진단"이라 한다)을 받아야 한다.

② 국토교통부장관은 철도사고 및 중대한 운행장애 등이 발생된 철도차량에 대하여는 소유자 등에게 정밀안전진단을 받을 것을 명할 수 있다. 이 경우 소유자 등은 특별한 사유가 없으면 이에 따라야 한다.

③ 국토교통부장관은 제1항 및 제2항에 따른 정밀안전진단 대상이 특정 시기에 집중되는 경우나 그 밖의 부득이한 사유로 소유자 등이 정밀안전진단을 받을 수 없다고 인정될 때에는 그 기간을 연장하거나 유예(猶豫)할 수 있다.

④ 소유자 등은 정밀안전진단 대상이 제1항 및 제2항에 따른 정밀안전진단을 받지 아니하거나 정밀안전진단 결과 계속 사용이 적합하지 아니하다고 인정되는 경우에는 해당 철도차량을 운행해서는 아니 된다.

⑤ 소유자 등은 제38조의13 제1항에 따라 국토교통부장관이 지정한 전문기관(이하 "정밀안전진단기관"이라 한다)으로부터 정밀안전진단을 받아야 한다.

⑥ 제1항부터 제3항까지의 정밀안전진단 등의 기준·방법·절차 등에 필요한 사항은 국토교통부령으로 정한다.

제38조의13(정밀안전진단기관의 지정 등)

① 국토교통부장관은 원활한 정밀안전진단 업무 수행을 위하여 정밀안전진단기관을 지정하여야 한다.

② 정밀안전진단기관의 지정기준, 지정절차 등에 필요한 사항은 국토교통부령으로 정한다.

③ 국토교통부장관은 정밀안전진단기관이 다음 각 호의 어느 하나에 해당하는 경우에 그 지정을 취소하거나 6개월 이내의 기간을 정하여 그 업무의 전부 또는 일부의 정지를 명할 수 있다. 다만, 제1호부터 제3호까지의 어느 하나에 해당하는 경우에는 그 지정을 취소하여야 한다.

1. 거짓이나 그 밖의 부정한 방법으로 지정을 받은 경우

2. 이 조에 따른 업무정지명령을 위반하여 업무정지 기간 중에 정밀안전진단 업무를 한 경우

3. 정밀안전진단 업무와 관련하여 부정한 금품을 수수하거나 그 밖의 부정한 행위를 한 경우

4. 정밀안전진단 결과를 조작한 경우

5. 정밀안전진단 결과를 거짓으로 기록하거나 고의로 결과를 기록하지 아니한 경우

6. 성능검사 등을 받지 아니한 검사용 기계·기구를 사용하여 정밀안전진단을 한 경우

02 국토교통부에서 근무하는 귀하는 철도차량 정밀안전진단기관 지정 안내에 관하여 서울교통공사에 협조를 요청하고자 다음과 같이 협조문을 작성하였다. 다음 중 철도안전법의 관련 조항과 일치하지 않는 내용은?

〈철도차량 정밀안전진단기관 지정 안내에 관한 협조 요청〉

귀사의 무궁한 발전을 기원합니다.

① 철도안전법에 따라 철도차량 소유자 등은 철도차량을 운행한 지 일정 기간이 경과하는 경우 물리적 사용 가능 여부 및 안전성능 등에 대하여 정밀안전진단을 받아야 합니다.

② 특히 국토교통부장관이 철도사고가 발생했던 철도차량에 대해 진단을 받을 것을 요청한 경우 특별한 사유가 없는 한 반드시 정밀안전진단을 받아야 합니다.

③ 이러한 정밀안전진단은 되도록 국토교통부장관이 지정한 전문기관으로부터 받는 것이 좋습니다.

④ 따라서 국토교통부장관은 원활한 정밀안전진단 업무 수행을 위하여 정밀안전진단기관을 지정하여야 합니다.

⑤ 이에 따라 우리부에서는 국토교통부령으로 정해진 지정기준과 지정절차를 준수하여 기관의 신청을 받아 정밀안전진단기관을 지정할 계획입니다.

이와 관련하여 철도차량 정밀안전진단기관으로 지정을 받고자 하는 기업(기관)에게 지정 신청에 관한 사항을 안내하고자 귀사의 홈페이지에 게시에 관한 협조를 요청합니다.

… (하략) …

---

03 국토교통부는 2021년 6월 1일부터 정밀안전진단기관 지정 신청을 받을 예정이다. 철도안전법 시행규칙을 참고할 때, 다음 중 정밀안전진단기관으로 지정될 수 없는 기관은?

〈철도안전법 시행규칙〉

제75조의17(정밀안전진단기관의 지정기준 및 지정절차 등)
② 철도안전법 제38조의13 제1항에 따른 정밀안전진단기관의 지정기준은 다음 각 호와 같다.
  1. 정밀안전진단업무를 수행할 수 있는 상설 전담조직을 갖출 것
  2. 정밀안전진단업무를 수행할 수 있는 기술인력을 확보할 것
  3. 정밀안전진단업무를 수행하기 위한 설비와 장비를 갖출 것
  4. 정밀안전진단기관의 운영 등에 관한 업무규정을 갖출 것
  5. 지정신청일 1년 이내에 철도안전법 제38조의13 제3항에 따라 정밀안전진단기관 지정취소 또는 업무정지를 받은 사실이 없을 것
  6. 정밀안전진단 외의 업무를 수행하고 있는 경우 그 업무를 수행함으로 인하여 정밀안전진단업무가 불공정하게 수행될 우려가 없을 것
  7. 철도차량을 제조 또는 판매하는 자가 아닐 것
  8. 그 밖에 국토교통부장관이 정하여 고시하는 정밀안전진단기관의 지정 세부기준에 맞을 것

---

① 정밀안전진단업무를 수행하는 기술인력을 확보하고 상설 전담조직을 갖춘 기업 A
② 성능 검사를 받지 않은 장비를 사용하여 2019년 5월에 업무정지명령을 받았으나, 올해 초 적합한 설비와 장비로 교체한 기관 B
③ 2019년 3월에 6개월간 업무정지명령을 받았으나, 이를 위반하여 2020년 1월에 정밀안전진단기관 지정취소를 받았던 기관 C
④ 정밀안전진단업무 수행에 필요한 설비와 장비뿐만 아니라 관련 업무규정을 모두 갖춘 철도차량 제조기업 D
⑤ 정밀안전진단업무 수행에 어떠한 영향도 주지 않는 업무를 수행하고 있는 기업 E

04 다음 중 갈등에 대한 설명으로 옳은 것은?

① 갈등이 발생하면 의사소통의 폭을 줄이면서, 서로 접촉하는 것을 꺼리게 된다.
② 갈등이 없으면 항상 의욕이 상승하고, 조직성과가 높아진다.
③ 승리하기보다는 문제를 해결하는 것을 중시한다.
④ 목표달성을 위해 노력하는 팀은 갈등이 없다.
⑤ 갈등은 부정적인 요소만 만든다.

※ 다음 자료를 참고하여 이어지는 질문에 답하시오. [5~6]

	A	B	C	D	E	F	G
1							
2		구분	매입처수	매수	공급가액(원)	세액(원)	합계
3		전자세금계산서	12	8	11,096,174	1,109,617	12,205,791
4		수기종이계산서	1	0	69,180		76,098
5		합계	13	8	11,165,354	1,116,535	

05 귀하는 VAT(부가가치세) 신고를 준비하기 위해 엑셀 파일을 정리하고 있다. 세액은 공급가액의 10%이다. 수기종이계산서의 '세액(원)'인 [F4] 셀에 필요한 수식은?

① =E3*0.1

② =E3*0.001

③ =E4+0.1

④ =E3*10%

⑤ =E4*0.1

06 총 합계인 [G5] 셀에 입력해야 할 함수식과 그 결괏값으로 올바르게 짝지어진 것은?

① =AVERAGE(G3:G4) / 12,281,890

② =SUM(G3:G4) / 12,281,889

③ =AVERAGE(E5:F5) / 12,281,890

④ =SUM(E3:F5) / 12,281,889

⑤ =SUM(E5:F5) / 12,281,888

※ J베이비 페어는 사전신청을 한 고객들만 입장이 가능하다. 이를 위해 다음과 같은 신청번호를 부여하는데, 이에 이어지는 질문에 답하시오. [7~8]

- 사전신청기간 : 8월 1일 09:00 ~ 9월 30일 18:00(24시간 가능, 시작·마감일은 제외)
- J베이비 페어 관람기간 : 10월 1일 월요일 ~ 10월 21일 일요일
- J베이비 페어 관람시간 : 1차 10:00 ~ 13:00, 2차 14:00 ~ 17:00, 3차 17:00 ~ 20:00
  (평일은 3차 시간대에 운영하지 않음)
- 신청자의 신청번호는 14자리로 이루어져 있다.

사전신청일	관람인원	유모차	날짜	요일	시간
AA	BBBBBB	CC	DD	E	F

사전신청일	관람인원	유모차대여유무 및 대여 시 개수 (최대 3개)
8월 전기(1 ~ 15일) : AG 8월 후기(16 ~ 31일) : AU 9월 전기(1 ~ 15일) : SE 9월 후기(16 ~ 30일) : SP	A__ C__ B__ : __에 다음에 해당하는 인원 수 기입 A__ : 만 19세 이상 C__ : 만 4 ~ 18세 B__ : 만 3세 이하 예 성인 2명, 유아 1명 입장 시 → A2C0B1 ※ 반드시 성인 1명 이상 동행해야 신청가능	V0 : 미대여 V1 : 1대 대여 V2 : 2대 대여 V3 : 3대 대여

관람일		
날짜	요일	시간
10월 1일 : 01 10월 2일 : 02 10월 3일 : 03 … 10월 20일 : 20 10월 21일 : 21	평일 : W 주말 : H	1차 : B 2차 : M 3차 : L

07 신청번호가 다음과 같을 때 신청번호에 대한 설명으로 옳지 않은 것은?

AUA2C0B1V019WM

① 시간제약 없이 신청 가능했을 것이다.
② 총 관람인원은 세 명이었을 것이다.
③ 유아가 동행하므로 유모차는 대여했을 것이다.
④ 신청자는 평일 중 마지막 날 관람하였을 것이다.
⑤ 가장 늦은 차시에 관람했을 것이다.

08 다음 신청내용을 보고 입력해야 할 신청번호로 옳은 것은?

〈신청내용〉

09월 01일 15:30 통화내용
김ㅁㅁ : 10월 둘째 주 토요일 오전시간대에 신청을 원해요. 저와 제 아이 둘이서만 갈 겁니다. 아이가
6살인데 가능하겠죠? 유모차는 필요 없어요.

① SEA1C0B1V013HB
② SEA1C1B0V013HB
③ SEA1C0B0V014HB
④ SEA1C0B1V014HB
⑤ SEA1C1B0V014HB

안심Touch

09 다음은 우리나라의 보건 수준을 가늠하게 하는 신생아 사망률에 관한 자료이다. 이에 대한 설명으로 옳은 것은?

〈생후 1주일 이내 성별·생존기간별 신생아 사망률〉

(단위 : 명, %)

생존기간	남아		여아	
1시간 이내	31	2.7	35	3.8
1 ~ 12시간	308	26.5	249	27.4
13 ~ 24시간	97	8.3	78	8.6
25 ~ 48시간	135	11.6	102	11.2
49 ~ 72시간	166	14.3	114	12.5
73 ~ 168시간	272	23.4	219	24.1
미상	153	13.2	113	12.4
전체	1,162	100.0	910	100.0

〈생후 1주일 이내 산모연령별 신생아 사망률〉

(단위 : 명, %)

산모연령	출생아 수	신생아 사망률
19세 미만	6,356	8.8
20 ~ 24세	124,956	6.3
25 ~ 29세	379,209	6.8
30 ~ 34세	149,760	9.4
35 ~ 39세	32,560	13.5
40세 이상	3,977	21.9
전체	696,818	7.7

① 생후 첫날 여아 사망률은 남아 사망률보다 낮다.
② 생후 1주일 내 신생아 사망자 수가 가장 많은 산모연령대는 40세 이상이다.
③ 생후 첫날의 신생아 사망률은 약 50%이다.
④ 생후 1주일 내 신생아 사망률 중 셋째 날 신생아 사망률은 약 13.5%이다.
⑤ 산모연령 25 ~ 29세가 출생아 수가 가장 많고 신생아 사망률이 가장 낮다.

10 다음 중 그래프를 해석한 것으로 올바른 것은?

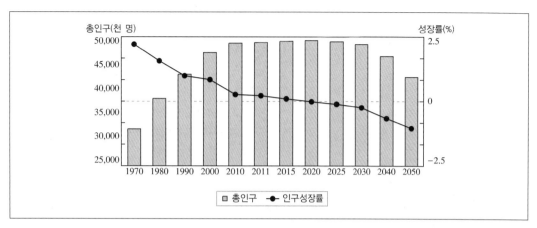

① 인구성장률은 2025년에 잠시 성장하다가 다시 감소할 것이다.

② 2011년부터 총인구는 감소할 것이다.

③ 2000 ~ 2010년 기간보다 2025 ~ 2030년 기간의 인구증가가 덜할 것이다.

④ 2040년에 총인구는 1990년 인구보다 적을 것이다.

⑤ 총인구는 2000년부터 계속해서 감소하는 모습을 보이고 있다.

※ 다음은 철도안전법과 철도안전법 시행규칙의 일부 내용이다. 다음을 읽고, 이어지는 질문에 답하시오.
  [11~12]

<철도안전법>

제19조(운전면허의 갱신)

① 운전면허의 유효기간은 10년으로 한다.

② 운전면허 취득자로서 제1항에 따른 유효기간 이후에도 그 운전면허의 효력을 유지하려는 사람은 운전면허의 유효기간 만료일 전 6개월 이내에 한국교통안전공단에 철도차량 운전면허 갱신신청서를 제출하여 운전면허의 갱신을 받아야 한다.

③ 국토교통부장관은 제2항 및 제5항에 따라 운전면허의 갱신을 신청한 사람이 다음 각 호의 어느 하나에 해당하는 경우에는 운전면허증을 갱신하여 발급하여야 한다.

　1. 운전면허의 갱신을 신청하는 날 전 10년 이내에 국토교통부령으로 정하는 철도차량의 운전업무에 종사한 경력이 있거나 국토교통부령으로 정하는 바에 따라 이와 같은 수준 이상의 경력이 있다고 인정되는 경우

　2. 국토교통부령으로 정하는 교육훈련을 받은 경우

④ 운전면허 취득자가 제2항에 따른 운전면허의 갱신을 받지 아니하면 그 운전면허의 유효기간이 만료되는 날의 다음 날부터 그 운전면허의 효력이 정지된다.

⑤ 제4항에 따라 운전면허의 효력이 정지된 사람이 6개월의 범위에서 6개월 내에 운전면허의 갱신을 신청하여 운전면허의 갱신을 받지 아니하면 그 기간이 만료되는 날의 다음 날부터 그 운전면허는 효력을 잃는다.

⑥ 국토교통부장관은 운전면허 취득자에게 그 운전면허의 유효기간이 만료되기 전에 국토교통부령으로 정하는 바에 따라 운전면허의 갱신에 관한 내용을 통지하여야 한다.

⑦ 국토교통부장관은 제5항에 따라 운전면허의 효력이 실효된 사람이 운전면허를 다시 받으려는 경우 대통령령으로 정하는 바에 따라 그 절차의 일부를 면제할 수 있다.

<철도안전법 시행규칙>

제32조(운전면허 갱신에 필요한 경력 등)

① 법 제19조 제3항 제1호에서 국토교통부령으로 정하는 철도차량의 운전업무에 종사한 경력이란 운전면허의 유효기간 내에 6개월 이상 해당 철도차량을 운전한 경력을 말한다.

② 법 제19조 제3항 제1호에서 이와 같은 수준 이상의 경력이란 다음 각 호의 어느 하나에 해당하는 업무에 2년 이상 종사한 경력을 말한다.

　1. 관제업무

　2. 운전교육훈련기관에서의 운전교육훈련업무

　3. 철도운영자 등에게 소속되어 철도차량 운전자를 지도·교육·관리하거나 감독하는 업무

③ 법 제19조 제3항 제2호에서 국토교통부령으로 정하는 교육훈련을 받은 경우란 운전교육훈련기관이나 철도운영자 등이 실시한 철도차량 운전에 필요한 교육훈련을 운전면허 갱신신청일 전까지 20시간 이상 받은 경우를 말한다.

④ 제1항 및 제2항에 따른 경력의 인정, 제3항에 따른 교육훈련의 내용 등 운전면허 갱신에 필요한 세부사항은 국토교통부장관이 정하여 고시한다.

11 다음 중 철도차량 운전면허의 갱신에 대한 설명으로 적절한 것은?

① 철도차량 운전면허의 효력은 최대 10년까지만 유지될 수 있다.

② 유효기간 만료일 전 6개월 이내에 운전면허 갱신을 받지 않으면 만료일 다음 날부터 그 운전면허의 효력이 사라진다.

③ 국토교통부장관은 운전면허 취득자의 운전면허 유효기간이 만료되었을 경우 운전면허 갱신에 관한 내용을 통지해야 한다.

④ 운전면허 갱신을 받으려면 갱신 신청일 전까지 철도차량 운전에 필요한 10시간의 교육훈련을 받아야 한다.

⑤ 운전면허의 효력이 상실되어 다시 운전면허를 취득하려는 사람의 경우 취득 절차의 일부가 면제될 수 있다.

12 다음은 서울교통공사 인재개발원에서 실시하는 제2종 전기차량 운전면허 갱신교육에 관한 공고문이다. 다음 중 해당 교육을 신청할 수 있는 사람은?(단, A ∼ E 모두 제2종 전기차량 운전면허를 소지하고 있으며, 이들의 운전면허 유효기간 만료일은 2021년 7월 1일이다)

〈제2종 전기차량 운전면허 갱신교육 교육생 모집 공고〉

철도안전법에 의거 철도차량 운전면허에 관한 전문교육훈련기관으로 지정받은 서울교통공사 인재개발원에서 다음과 같이 제2종 전기차량 운전면허 갱신교육을 실시하오니 희망자는 신청바랍니다.

■ 교육과정
　1. 교육대상 : 제2종 전기차량 운전면허 소지자 중 갱신교육이 필요한 자
　2. 선발인원 : 00명
　3. 교육기간 : 2021. 06. 02. ∼ 2021. 06. 04.

■ 교육신청자격 : 철도안전법 시행규칙 제32조 제1항 및 제2항에 해당되지 않는 자

■ 교육신청 및 등록방법
　1. 교육 등록기간 : 2021. 05. 27. ∼ 06. 29. 18:00까지
　2. 교육 등록방법 : 담당자와 유선확인 후 교육비 입금
　3. 교육비 : 220,000원

■ 제출서류 : 제2종 전기차량 운전면허증 사본

---

① A는 지난해부터 철도차량을 운전하여 현재 8개월째 철도차량 운전업무에 종사하고 있다.

② B는 지난해부터 운전관제사로 근무하여 이제 막 1년 차에 접어들었다.

③ C는 서울교통공사 인재개발원에서 4년간 운전교육훈련업무를 담당해 왔다.

④ D는 서울교통공사 직원으로 3년 동안 철도차량 운전자 교육업무를 담당하고 있다.

⑤ E는 지난 5년 동안 철도교통관제사로 근무해왔으나, 두 달 전 퇴직하였다.

13 프랑스 해외지부에 있는 K부장은 국내 본사로 인사발령을 받아 2일 9시 30분에 파리에서 인천으로 가는 비행기를 예약했다. 파리에서 인천까지 비행시간은 총 13시간이 걸리며, 한국은 프랑스보다 7시간이 더 빠르다. K부장이 인천에 도착했을 때, 현지 시각은 몇 시인가?

① 3일 2시 30분 ② 3일 3시 30분

③ 3일 4시 30분 ④ 3일 5시 30분

⑤ 3일 6시 30분

14 귀하는 고객의 지출성향을 파악하기 위하여 다음과 같은 내역을 조사하여 파일을 작성하였다. 다음 중 외식비로 지출된 금액의 총액을 구하고자 할 때, [G5] 셀에 들어갈 함수식으로 올바른 것은?

	A	B	C	D	E	F	G
1							
2		날짜	항목	지출금액			
3		01월 02일	외식비	35,000			
4		01월 05일	교육비	150,000			
5		01월 10일	월세	500,000		외식비 합계	
6		01월 14일	외식비	40,000			
7		01월 19일	기부	1,000,000			
8		01월 21일	교통비	8,000			
9		01월 25일	외식비	20,000			
10		01월 30일	외식비	15,000			
11		01월 31일	교통비	2,000			
12		02월 05일	외식비	22,000			
13		02월 07일	교통비	6,000			
14		02월 09일	교육비	120,000			
15		02월 10일	월세	500,000			
16		02월 13일	외식비	38,000			
17		02월 15일	외식비	32,000			
18		02월 16일	교통비	4,000			
19		02월 20일	외식비	42,000			
20		02월 21일	교통비	6,000			
21		02월 23일	외식비	18,000			
22		02월 24일	교통비	8,000			
23							
24							

① =SUMIF(C4:C23, "외식비", D4:D23)

② =SUMIF(C3:C22, "외식비", D3:D22)

③ =SUMIF(C3:C22, "C3", D3:D22)

④ =SUMIF("외식비", C3:C22, D3:D22)

⑤ =SUMIF(C3:C22, D3:D22, "외식비")

15 다음 대화를 참고했을 때, K사원이 P과장에게 안내할 엑셀의 함수로 가장 적절한 것은?

> P과장 : K씨, 제품 일련번호가 짝수인 것과 홀수인 것을 구분하고 싶은데, 일일이 찾아 분류하자니 데이터가 너무 많아 번거로울 것 같아. 엑셀로 분류할 수 있는 방법이 없을까?
> K사원 : 네, 과장님. (　　　) 함수를 사용하면 편하게 분류할 수 있습니다. 이 함수는 지정한 숫자를 특정 숫자로 나눈 나머지를 알려줍니다. 만약 제품 일련번호를 2로 나누면 나머지가 0 또는 1이 나오는데, 여기서 나머지가 0이 나오는 것은 짝수이고 나머지가 1이 나오는 것은 홀수이기 때문에 분류가 쉽고 빠르게 됩니다. 분류하실 때는 필터기능을 함께 사용하면 더욱 간단해집니다.
> P과장 : 그렇게 하면 간단히 처리할 수 있겠어. 정말 큰 도움이 되었네.

① SUMIF
② MOD
③ INT
④ NOW
⑤ VLOOKUP

16 서울교통공사는 출근 시스템 단말기에 직원들이 카드로 출근 체크를 하면 엑셀 워크시트에 실제 출근시간(B4:B10) 데이터가 자동으로 전송되어 입력된다. 총무부에서 근무하는 귀하는 데이터에 따라 직원들의 근태상황을 체크하려고 할 때, [C8] 셀에 입력할 함수식은?(단, 9시 정각까지는 출근으로 인정한다)

〈출근시간 워크시트〉

	A	B	C	D
1			날짜	2019. 06. 11
2		〈직원별 출근 현황〉		
3	이름	체크시간	근태상황	비고
4	이청용	7:55		
5	이하이	8:15		
6	구자철	8:38		
7	박지민	8:59		
8	손흥민	9:00		
9	박지성	9:01		
10	홍정호	9:07		

① =IF(B8>=TIME(9,1,0), "지각", "출근")
② =IF(B8>=TIME(9,1,0), "출근", "지각")
③ =IF(HOUR(B8)>=9, "지각", "출근")
④ =IF(HOUR(B8)>9, "출근", "지각")
⑤ =IF(B8>=TIME(9,0,0), "지각", "출근")

※ 다음은 한 기관의 조직도이다. 주어진 조직도와 부서별 수행 업무를 참고하여 이어지는 질문에 답하시오. [17~19]

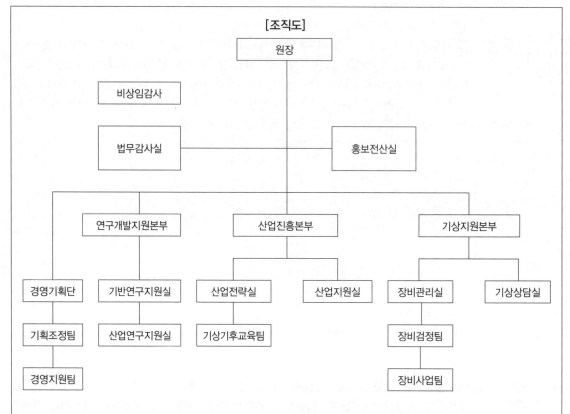

[조직도]

[부서별 수행 업무]

부서명	수행 업무
기반연구지원실	R&D 규정 및 지침 등 제도관리, 평가위원 및 심의위원 운영 관리 등
산업연구지원실	기상산업 R&D 사업관리 총괄, 도농사업 운영 관리 제도개선 등
산업전략실	날씨경영 지원사업, 기상산업 통계 관리 및 분석, 날씨경영우수기업 선정제도 운영 등
기상기후교육팀	교육사업 기획 및 사업비 관리, 기상산업 전문인력 양성사업, 교육 현장 관리 등
산업지원실	부서 중장기 기획 및 사업운영, 산업육상 사업 기획 및 운영, 개도국 기상기후 공적사업 운영, 국제협력 사업 운영 및 관리 등
장비검정팀	지상기상관측장비 유지보수 관리, 기상장비 실내검정, 비교 관측 및 개발&관리, 지역별 현장검정 및 유지 보수 관리 등
장비사업팀	기상관측장비 구매&유지보수 관리, 기상관측선 및 해양기상기지 유지보수지원, 항공 업무보조 등
기상상담실	기상예보해설 및 상담업무 지원, 기상상담실 상담품질관리, 대국민 기상상담 등

17 다음은 이 기관에서 제공하고 있는 교육훈련과정 안내 중 일부 내용이다. 해당 교육 내용과 가장 관련 높은 부서는?

- 주요내용 : 기상산업 R&D 정책 및 사업화 추진 전략
- 교육대상 : 국가 R&D 지원 사업 종사자 및 참여 예정자 등
- 모집인원 : ○○명
- 교육일수 / 시간 : 2일, 총 16시간

일자	시간	교육 내용
1일 차	09:00 ~ 09:50 10:00 ~ 13:50 14:00 ~ 17:50	• 기상산업 R&D 정책 및 추진현황 • R&D 기술수요조사 활용 전략 • R&D 사업 제안서 작성
2일 차	09:00 ~ 11:50 13:00 ~ 17:50	• R&D 지식재산권 확보, 활용 전략 • R&D 성과 사업화 추진 전략

① 기상기후교육팀
② 기반연구지원실
③ 기상상담실
④ 산업연구지원실
⑤ 경영기획단

18 다음 자료 중 기상상담실과 가장 밀접한 관련이 있는 자료는?

① 기상산업 지원 및 활용기술 개발사업 사업설명회 발표자료
② 기상기후산업 민관 합동 해외시장 개척단 ADB 방문 결과보고
③ 기상예보해설 PPT 및 보도 자료 결과보고
④ 기상업무 연구개발사업 평가지침 및 보완관리지침 개정
⑤ 개도국 기상기후에 대한 공적사업 운영에 대한 발표자료

19 다음은 한 입찰공고 중 일부 내용이다. 다음 공고문과 가장 관련이 높은 부서는?

---

1. 입찰에 부치는 사항

구 매 관 리 번 호 : 12162-0194-00
수 요 기 관 : 한국기상산업진흥원
계 약 방 법 : 제한경쟁(총액)
품   명 : 기타수리서비스
수 량 및 단 위 : 1식
인 도 조 건 : 과업내역에 따름
분 할 납 품 : 가능
입 찰 방 법 : 제한(총액) / 협상에 의한 계약
납 품 기 한 : 2020. 11. 31.
추 정 가 격 : 36,363,636원(부가세 별도)
입 찰 건 명 : 2020년 항만기상관측장비 유지보수·관리 용역
입 찰 방 식 : 전자입찰
※ 가격개찰은 수요기관의 제안서 평가 후 진행합니다.

----

① 장비검정팀   ② 산업전략실
③ 산업지원실   ④ 장비사업팀
⑤ 법무감사실

20 〈보기〉에서 직업인에게 요구되는 기본자세를 모두 고른 것은?

┌─────────────────────〈보기〉─────────────────────┐

㉠ 소명의식   ㉡ 천직의식   ㉢ 특권의식   ㉣ 봉사정신
㉤ 협동정신   ㉥ 지배정신   ㉦ 책임의식   ㉧ 회피의식
㉨ 전문의식   ㉩ 공평무사한 자세

└───┘

① ㉠, ㉡, ㉢, ㉣, ㉤, ㉥, ㉩
② ㉠, ㉢, ㉤, ㉥, ㉦, ㉧, ㉨
③ ㉠, ㉡, ㉣, ㉤, ㉦, ㉨, ㉩
④ ㉠, ㉢, ㉤, ㉥, ㉧, ㉨, ㉩
⑤ ㉠, ㉢, ㉥, ㉦, ㉧, ㉨, ㉩

21 서울교통공사 직원 A ~ E가 다음 〈조건〉에 따라 상여금을 받았다고 할 때, 다음 설명 중 옳지 않은 것은?

〈조건〉

- 지급된 상여금은 25만 원, 50만 원, 75만 원, 100만 원, 125만 원이다.
- A ~ E는 서로 다른 상여금을 받았다.
- A의 상여금은 다섯 사람 상여금의 평균이다.
- B의 상여금은 C, D보다 적다.
- C의 상여금은 어떤 이 상여금의 두 배이다.
- D의 상여금은 E보다 적다.

① A의 상여금은 A를 제외한 나머지 네 명의 평균과 같다.
② A의 상여금은 반드시 B보다 많다.
③ C의 상여금은 두 번째로 많거나 두 번째로 적다.
④ C의 상여금이 A보다 많다면, B의 상여금은 C의 50%일 것이다.
⑤ C의 상여금이 D보다 적다면, D의 상여금은 E의 80%일 것이다.

22 다음 그림은 세계적 기업인 맥킨지(McKinsey)에 의해서 개발된 7S 모형이다. 빈칸에 들어갈 요소로 올바른 것은?

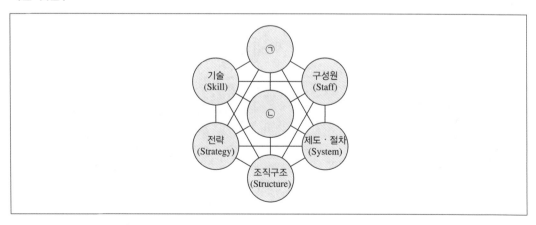

	㉠	㉡			㉠	㉡
①	리더십 스타일	공유가치		②	최고경영자	기술혁신
③	최고경영자	공유가치		④	기술혁신	리더십 스타일
⑤	공유가치	기술혁신				

※ 다음은 강사를 모집하는 회사에서 작성한 면접 계획안이다. 면접 계획안을 참고하여 이어지는 질문에 답하시오. [23~24]

〈2021년 강사 면접 계획안〉

1. 기본 계획
   1) 2021년 강사 신규 지원자를 대상으로 서류심사(2021년 3월 말 예정)
   2) 면접계획

구분	서울 / 경기권
면접 인원	36명(모집인원의 4배수)
면접 날짜	2021년 ○월 ○일 목요일
면접 시간	(1부) 10:00 ~ 12:00 / (2부) 13:00 ~ 15:00
심사위원	외부면접위원 2명 / 관리이사 등 본사 2명 / 교육팀 책임자급 2명
담당자	A과장 010-2222-3333
면접 장소	본사 광화문 사옥 면접장 : 10층 접견실 1, 접견실 3 대기실 : 10층 접견실 6

2. 심사 계획
   1) 면접자 기본사항 확인
      • 수혜자의 눈높이에 맞춰 수업하는 자세
      • 강의 내용을 이해하기 쉽게 잘 전달하는 자세(아동센터 및 정보소외계층 대상 강의 포함)
      • 강의 내용에 대한 충실도
      • 바른 태도와 깨끗한 용모 등
   2) 샘플 강의 및 전문 분야 검증
      • 해당 분야 강의 경력 여부
      • 해당 분야 자격증 소지 여부
   3) 마인드
      • 자신의 업무에 대해 갖고 있는 만족도와 자부심
      • 사회공헌에 대한 참여 의지 등
   4) 행정업무처리 능력
      • 돌발 상황 발생 시 대응 방법
      • 활동보고서와 사진 및 동영상 등의 자료 작성 능력

3. 면접문항 제작을 위한 외부업체 섭외
… (하략) …

23 A과장이 지원자들의 서류심사를 마치고 해야 할 일로 가장 적절하지 않은 것은?

① 서류심사 배점 및 가점 기준 확정
② 점수 취합 및 서류합격자 선발
③ 서류전형 합격자 안내(문자 또는 전화)
④ 본사 예약시스템을 통한 접견실 예약
⑤ 심사위원 일정 재확인 및 연락

24 면접 계획안을 보고, 면접계획을 진행하기 위해 준비할 사항으로 적절하지 않은 것은?

① 면접문항 제작 일정표 작성 및 문항 개발
② 일정이 맞는 외부 심사위원 섭외
③ 면접 당일 접견실 사용 제한 건에 대한 사내 공지
④ 면접문항 제작 업체의 전문성 심사를 위한 자료 준비
⑤ 면접 점수 계획에 대해 심사위원에게 전달

25 다음 중 올바른 갈등해결방법의 내용을 〈보기〉에서 모두 고른 것은?

─────〈보기〉─────
㉠ 사람들이 당황하는 모습을 보는 것은 되도록 피한다.
㉡ 사람들과 눈을 자주 마주친다.
㉢ 어려운 문제는 피하지 말고 맞선다.
㉣ 논쟁을 통해 해결한다.
㉤ 어느 한쪽으로 치우치지 않는다.

① ㉠, ㉡, ㉣
② ㉠, ㉢, ㉤
③ ㉡, ㉢, ㉣
④ ㉡, ㉢, ㉤
⑤ ㉢, ㉣, ㉤

26 다음은 스마트시티에 대한 기사 내용이다. 다음 기사를 읽고 스마트시티 전략의 사례로 적절하지 않은 것은?

> 건설·정보통신기술 등을 융·복합하여 건설한 도시기반시설을 바탕으로 다양한 도시서비스를 제공하는 지속가능한 도시를 스마트시티라 한다.
>
> 최근 스마트시티에 대한 관심은 사물인터넷이나 만물인터넷 등 기술의 경이적 발달이 제4차 산업혁명을 촉발하고 있는 것과 같은 선상에서, 정보통신기술의 발달이 도시의 혁신을 이끌고 도시 문제를 현명하게 해결할 수 있을 것이라는 기대로 볼 수 있다. 이처럼 정보통신기술을 적극적으로 활용하고자 하는 스마트시티 전략은 중국, 인도를 비롯하여 동남아시아, 남미, 중동 국가 등 전 세계 많은 국가와 도시들이 도시발전을 위한 전략적 수단으로 표방하고 추진 중이다.
>
> 국내에서도 스마트시티 사업으로 대전 도안, 화성 동탄 등 26개 도시가 준공되었고, 의정부 민락, 양주 옥정 등 39개 도시가 진행 중에 있다. 스마트시티 관리의 일환으로 공공행정, 기상 및 환경감시 서비스, 도시 시설물 관리, 교통정보 및 대중교통 관리 등이 제공되고, 스마트홈의 일환으로 단지 관리, 통신 인프라, 홈 네트워크 시스템이 제공되며, 시민체감형 서비스의 일환으로 스마트 라이프 기반을 구현한다.

① 거리별 쓰레기통에 센서 장치를 활용하여 쓰레기 배출량 감소 효과

② 방범 CCTV 및 범죄 관련 스마트 앱 사용으로 범죄 발생률 감소 효과

③ 상하수도 및 지질정보 통합 시스템을 이용하여 시설 노후로 인한 누수예방 효과

④ 교통이 혼잡한 도로의 확장 및 주차장 확대로 교통난 해결 효과

⑤ 거리마다 전자민원시스템을 설치하여 도시 문제의 문제해결력 상승 효과

27 귀하는 자동차도로 고유번호 부여 규정을 근거로 하여 도로에 노선번호를 부여할 계획이다. 다음 그림에서 점선은 '영토'를, 실선은 '고속국도'를 표시한 것이며, (가) ~ (라)는 '간선노선'을, (마), (바)는 '보조간선노선'을 나타낸 것이다. 다음 중 노선번호를 올바르게 부여한 것은?

〈자동차도로 고유번호 부여 규정〉

자동차도로는 관리상 고속국도, 일반국도, 특별광역시도, 지방도, 시도, 군도, 구도의 일곱 가지로 구분된다. 이들 각 도로에는 고유번호가 부여되어 있고, 이는 지형도 상의 특정 표지판 모양 안에 표시되어 있다. 그러나 군도와 구도는 구간이 짧고 노선 수가 많아 노선번호가 중복될 우려가 있어 표지 상에 번호를 표기하지 않는다.

고속국도 가운데 간선노선의 경우 두 자리 숫자를 사용하며, 남북을 연결하는 경우는 서에서 동으로 가면서 숫자가 증가하는데 끝자리에 5를 부여하고, 동서를 연결하는 경우는 남에서 북으로 가면서 숫자가 증가하는데 끝자리에 0을 부여한다.

보조간선노선은 간선노선 사이를 연결하는 고속국도로서 이 역시 두 자리 숫자로 표기한다. 그런데 보조간선노선이 남북을 연결하는 모양에 가까우면 첫자리는 남쪽 시작점의 간선노선 첫자리를 부여하고 끝자리는 5를 제외한 홀수를 부여한다. 한편 동서를 연결하는 모양에 가까우면 첫자리는 동서를 연결하는 간선노선 가운데 해당 보조간선노선의 바로 아래쪽에 있는 간선노선의 첫자리를 부여하며, 끝자리는 0을 제외한 짝수를 부여한다.

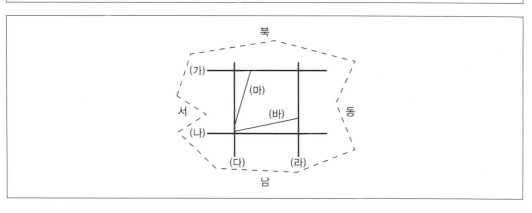

	(가)	(나)	(다)	(라)	(마)	(바)
①	25	15	10	20	19	12
②	20	10	15	25	18	14
③	25	15	20	10	17	12
④	20	10	15	25	17	12
⑤	20	15	15	25	17	14

28 다음은 인터넷 공유활동 참여 현황을 정리한 자료이다. 다음의 자료를 올바르게 이해하지 못한 사람은 누구인가?

〈인터넷 공유활동 참여율(복수응답)〉

(단위 : %)

구분		커뮤니티 이용	퍼나르기	블로그 운영	댓글달기	UCC 게시
성별	남성	79.1	64.1	49.9	52.2	46.1
	여성	76.4	59.6	55.1	38.4	40.1
연령	10대	75.1	63.9	54.7	44.3	51.3
	20대	88.8	74.4	76.3	47.3	54.4
	30대	77.3	58.5	46.3	44.0	37.5
	40대	66.0	48.6	27.0	48.2	29.6

※ 성별, 연령별 조사인원은 동일함

① A사원 : 자료에 의하면 20대가 다른 연령대에 비해 인터넷상에서 공유활동을 활발히 참여하고 있네요.
② B주임 : 대체로 남성이 여성에 비해 상대적으로 활발한 활동을 하고 있는 것 같아요. 그런데 블로그 운영 활동은 여성이 더 많네요.
③ C대리 : 남녀 간의 참여율 격차가 가장 큰 영역은 댓글달기이네요. 반면에 커뮤니티 이용은 남녀 간의 참여율 격차가 가장 적네요.
④ D사원 : 10대와 30대의 공유활동 참여율을 크기순으로 나열하면 재미있게도 두 연령대의 활동 순위가 동일하네요.
⑤ E사원 : 40대는 대부분의 공유활동에서 모든 연령대의 참여율보다 낮지만, 댓글달기에서는 가장 높은 참여율을 보이고 있네요.

※ 다음은 서울교통공사의 프로젝트 목록이다. 자료를 보고 이어지는 질문에 답하시오. [29~31]

〈프로젝트별 진행 세부사항〉

프로젝트명	필요인원 (명)	소요기간 (개월)	기간	1인당 인건비 (만 원)	진행비 (만 원)
A	46	1	2월	130	20,000
B	42	4	2~5월	550	3,000
C	24	2	3~4월	290	15,000
D	50	3	5~7월	430	2,800
E	15	3	7~9월	400	16,200

※ 1인당 인건비는 프로젝트가 끝날 때까지의 1인당 총 인건비를 말한다.

29 모든 프로젝트를 완료하기 위해 필요한 최소 인원은 몇 명인가?(단, 프로젝트 참여자는 하나의 프로젝트를 끝내면 다른 프로젝트에 참여한다)

① 50명
② 65명
③ 92명
④ 107명
⑤ 117명

30 다음 중 서울교통공사의 A ~ E프로젝트를 인건비가 가장 적게 드는 것부터 순서대로 나열한 것은?

① A − E − C − D − B
② A − E − C − B − D
③ A − C − E − D − B
④ E − A − C − B − D
⑤ E − C − A − D − B

31 서울교통공사는 인건비와 진행비를 합산하여 프로젝트 비용을 산정하려고 한다. A ~ E프로젝트 중 총비용이 가장 적게 드는 것은 무엇인가?

① A프로젝트
② B프로젝트
③ C프로젝트
④ D프로젝트
⑤ E프로젝트

32 개인윤리와 직업윤리의 조화로운 상황으로 옳지 않은 것은?

① 업무상 개인의 판단과 행동이 사회적 영향력이 큰 기업시스템을 통하여 다수의 이해관계자와 관련되게 된다.
② 수많은 사람이 관련되어 고도화된 공동의 협력을 요구하므로 맡은 역할에 대한 책임완수가 필요하고, 정확하고 투명한 일 처리가 필요하다.
③ 규모가 큰 공동의 재산, 정보 등을 개인의 권한하에 위임·관리하므로 높은 윤리 의식이 요구된다.
④ 팔은 안으로 굽는다는 속담은 직장 내에서도 활용된다.
⑤ 각각의 직무에서 오는 특수한 상황에서는 개인적 덕목차원의 일반적인 상식과 기준으로는 규제할 수 없는 경우가 많다.

안심Touch

33 다음 중 업무수행 성과를 높이기 위한 행동전략을 잘못 사용하고 있는 사람은?

- A사원 : 저는 해야 할 일이 생기면 미루지 않고, 그 즉시 바로 처리하려고 노력합니다.
- B사원 : 저는 여러 가지 일이 생기면 비슷한 업무끼리 묶어서 한 번에 처리하곤 합니다.
- C대리 : 저는 다른 사람이 일하는 방식과 다른 방식으로 생각하여 더 좋은 해결책을 발견하기도 합니다.
- D대리 : 저도 C대리의 의견과 비슷합니다. 저는 저희 팀의 업무 지침이 마음에 들지 않아 저만의 방식을 찾고자 합니다.
- E인턴 : 저는 저희 팀에서 가장 일을 잘한다고 평가받는 김 부장님을 제 역할모델로 삼았습니다.

① A사원　　　　　　　　　② B사원
③ C대리　　　　　　　　　④ D대리
⑤ E인턴

34 다음 중 직장생활에서 자기개발이 필요한 이유로 적절하지 않은 것은?

① 직장에서 자신의 업무를 효과적으로 처리하기 위하여
② 성공적인 직장생활을 위해 도움이 되는 인간관계를 선별하기 위하여
③ 변화하는 직장 환경에 신속하게 적응하기 위하여
④ 직장에서 달성하고자 하는 목표를 원활하게 성취하기 위하여
⑤ 현재 보유하고 있는 지식이나 기술이 과거의 것이 되지 않도록

35 다음에 해당하는 자기개발의 구성요소는?

- 나의 업무에서 생산성을 높이기 위해서는 어떻게 해야 할까?
- 다른 사람과의 대인관계를 향상시키기 위한 방법은?
- 나의 장점을 살리기 위해 어떤 비전과 목표를 수립해야 할까?

① 자아인식　　　　　　　　② 자기관리
③ 자기비판　　　　　　　　④ 경력개발
⑤ 자기반성

36 어느 날 A사원은 상사인 B부장에게서 업무와는 관련이 없는 심부름을 부탁받았다. B부장이 부탁한 물건을 사기 위해 A사원은 가게를 몇 군데나 돌아다녀야 했다. 회사에서 한참이나 떨어진 가게에서 비로소 물건을 발견했지만, B부장이 말했던 가격보다 훨씬 비싸서 B부장이 준 돈 이외에도 자신의 돈을 보태서 물건을 사야 할 상황이다. 당신이 A사원이라면 어떻게 할 것인가?

① B부장에게 불만을 토로하며 다시는 잔심부름을 시키지 않을 것임을 약속하도록 한다.
② B부장의 책상 위에 영수증과 물건을 덩그러니 놓아둔다.
③ 있었던 일을 사실대로 말하고, 자신이 보탠 만큼의 돈을 다시 받도록 한다.
④ 물건을 사지 말고 그대로 돌아와 B부장에게 물건이 없었다고 거짓말한다.
⑤ 물건을 사지 않고 돌아와 말씀하신 가격과 달라 사지 않았으니 퇴근 후 가보시라고 말한다.

37 다음은 OECD 32개국의 고용률과 인구증가율을 4분면으로 나타낸 그래프일 때, 〈보기〉를 올바르게 짝지은 것은?

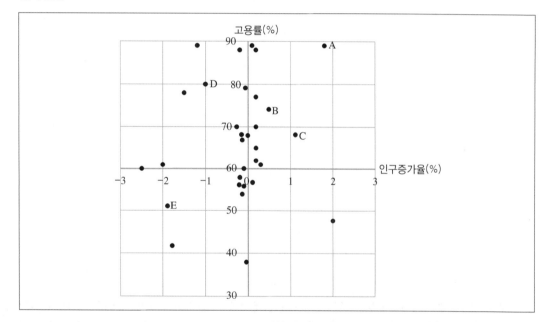

구분	호주	벨기에	헝가리	멕시코	일본	캐나다	독일	덴마크	한국	프랑스
고용률(%)	89	62	80	68	51	74	88	79	42	68
인구증가율(%)	1.8	0.2	−1.0	−0.03	−1.9	0.5	0.18	−0.05	−1.8	1.1

① A – 캐나다
② B – 독일
③ C – 멕시코
④ D – 헝가리
⑤ E – 한국

38 다음은 서울교통공사의 10개 정책 가 ~ 차에 대한 평가결과이다. 정책별로 A ~ D의 점수를 합산하여 총점이 낮은 정책부터 순서대로 4개의 정책을 폐기할 계획이라고 할 때, 폐기할 정책을 모두 고르면?

〈정책에 대한 평가결과〉

정책 \ 심사위원	A	B	C	D
가	●	●	◑	○
나	●	●	◑	●
다	◑	○	●	◑
라	( )	●	●	( )
마	●	( )	●	◑
바	◑	◑	◑	●
사	◑	◑	◑	●
아	◑	◑	●	( )
자	◑	◑	( )	●
차	( )	●	◑	○
평균(점)	0.55	0.70	0.70	0.50

※ 정책은 ○(0점), ◑(0.5점), ●(1.0점)으로만 평가됨

① 가, 다, 바, 사 ② 나, 마, 아, 자
③ 다, 라, 바, 사 ④ 다, 라, 아, 차
⑤ 라, 아, 자, 차

39 W사원은 팀에서 아이디어 뱅크로 불릴 정도로 팀 업무와 직결된 아이디어를 많이 제안하는 편이다. 그러나 상사인 B팀장은 C부장에게 팀 업무를 보고하는 과정에 있어 W사원을 포함한 다른 사원들이 낸 아이디어를 자신이 낸 아이디어처럼 보고하는 경향이 있다. 이런 일이 반복되자 B팀장을 제외한 팀 내의 사원들은 불만이 쌓인 상황이다. 이런 상황에서 당신이 W사원이라면 어떻게 하겠는가?

① 다른 사원들과 따로 자리를 만들어 B팀장의 욕을 한다.
② B팀장이 보는 앞에서 C부장에게 B팀장에 대해 이야기한다.
③ 다른 사원들과 이야기한 뒤에 B팀장에게 조심스레 이야기를 꺼내본다.
④ 회식 자리를 빌려 C부장에게 B팀장에 대해 속상한 점을 고백한다.
⑤ B팀장이 스스로 불만 사항을 알아차릴 때까지 기다린다.

40 다음 사례에서 유추할 수 있는 갈등처리 의도에 대해 옳게 설명하고 있는 사람을 〈보기〉에서 모두 고른 것은?

일반적으로 호텔에 예약을 하지 않고 오는 손님들의 경우 예약을 한 손님보다 훨씬 더 많은 비용을 지불해야 하는데, Mandy씨의 호텔의 경우 그 예약을 받은 리셉션 직원에게 인센티브를 주는 제도가 있다고 한다. 따라서 리셉션에서 근무하는 직원들 간에 그 경쟁이 치열했는데, 특히 한국인 직원들과 중국인 직원들 간에 갈등이 생긴 상태에서 중국인 직원이 한국인 직원의 고객을 빼앗는 일이 여러 번 발생한 것이다. 한국인 직원들은 더 이상 참기 어렵다며 관련된 명확한 규정을 만들어 달라고 요구했지만, 상사로부터 돌아온 대답은 '알아서 하라.'는 것뿐이었다.

그러던 중 4년 이상 호텔을 이용해 온 한국인 고객이 아침 뷔페 메뉴에 대해 컴플레인 하는 일이 발생하였다. 그 호텔은 이미 몇 년 째 아침 뷔페 메뉴가 단 한 번도 바뀐 적이 없었던 것이다. 더욱이 그 질이 매우 떨어진다는 것도 문제였다. 빵 종류에는 아예 유통기한이라는 게 없었고, 전날 제공되었던 과일이 다음날 샐러드로 다시 제공되는 일도 빈번했다. 리셉션 부서 직원들은 직접 고객을 담당하고 상대하는 업무를 다루기에 이 문제에 대해 고객만큼 그 심각함을 인지하고 있었다.

이미 최근 1년간 리셉션 부서의 직원들은 그들의 상사인 GM에게 수차례 보고해왔지만, 시정의 기미조차 보이지 않았다. 우선 그가 문제 해결의 의지를 가지고 있지 않았고, 부서 직원들과 최상의 가치도 달랐기에 대면해결법이 전혀 효과가 없었던 것이다. GM은 매번 고려해 보겠다고는 했지만, 알고 보니 그것은 그 순간을 회피하기 위한 말일 뿐이었지 사실은 전혀 문제를 해결할 생각이 없었다고 한다. 왜냐하면 GM은 그의 최고 가치를 경제적 이익 창출에 두고 있었기 때문이다. 즉, 지금까지의 상태를 유지하고도 고객 수는 계속 증가하는 추세이고, 식사부와의 대립은 물론 관련 규정을 새로이 하는 데는 아주 많은 비용이 들기 때문에 할 수 없다는 것이었다.

그러던 중 한 중국인 직원이 Mandy씨에게 '당신이 오너에게 직접 말해보는 것은 어떻겠냐.'고 제안했다. 그녀와 같은 한국인 직원이라면, 오너와도 소통할 수 있었기 때문이다. 결국 모든 부서 사람들이 지지하는 가운데 Mandy씨를 비롯한 한국인 동료들은 리셉션 직원들의 뜻을 직접 오너에게 전했고, 결과는 성공적이었다. 적정한 수준에서 식사부에 변화가 일어났고, 과도하지 않은 요구와 오너의 적극적인 지원으로 예상했던 부서 간의 갈등이나 또 다른 문제가 발생하지 않고도 잘 해결될 수 있었던 것이다.

이 사건 이후로 그간 한국인과 중국인 직원끼리 갈등을 빚어왔던 리셉션 부서에도 변화가 생겼다. 더 이상 서로의 고객을 빼앗는 일도 없어졌고, 식사 또한 함께하게 된 것이다. 중국인 직원들은 한국인 직원들이 가진 특수성을 인정하게 되었고, 자신들에게 해로울 줄만 알았던 상황이 모두에게 어떻게 긍정적인 영향을 미칠 수 있는지를 아침 뷔페 사건을 통해 확인함으로써 그들 사이의 갈등은 자연스럽게 해결양상에 접어들었다.

─〈보기〉─

은영 : 갈등 당사자가 서로 상대방의 관심사를 만족시키기를 원하고 있어.
혜민 : 상대방이 받을 충격에 상관없이 자기 자신의 이익만을 만족시키려고 하고 있어.
권철 : 갈등의 당사자들이 서로 적당한 수준의 타협을 추구하고 있는 것 같아.
주하 : 상대방의 관심사를 자신의 관심사보다 우선시하고 있어.
승후 : 갈등으로부터 철회하거나 갈등을 억누르려고 하는 경우인 것 같아.

① 은영, 혜민
② 주하, 승후
③ 혜민, 주하
④ 은영, 권철
⑤ 주하, 권철

제3회 직무수행능력평가

개별문항 1 기계일반

01 일반적으로 베어링은 내륜, 외륜, 볼(롤러), 리테이너의 4가지 주요 요소로 구성될 때, 다음 중 볼 또는 롤러를 사용하지 않는 베어링은?

① 공기정압 베어링
② 레이디얼 베어링
③ 스러스트 롤러베어링
④ 레이디얼 롤러베어링
⑤ 구면 롤러베어링

02 다음 중 연성파괴에 대한 설명으로 옳지 않은 것은?

① 컵 - 원뿔 파괴(Cup and Cone Fracture)가 된다.
② 소성변형이 상당히 일어난 후에 파괴된다.
③ 취성파괴보다 큰 변형에너지가 필요하다.
④ 취성파괴에 비해 덜 위험하다.
⑤ 균열이 매우 빠르게 진전하여 일어난다.

03 3줄 나사에서 수나사를 고정하고 암나사를 1회전시켰을 때, 암나사가 이동한 거리는?

① 나사피치의 1/3배
② 나사리드의 1/3배
③ 나사피치의 3배
④ 나사리드의 3배
⑤ 나사리드의 4배

04 다음 중 2행정 사이클기관과 비교할 때 4행정 사이클기관의 장점으로 옳은 것은?

① 매회전마다 폭발하므로 동일배기량일 경우 출력이 2사이클기관보다 크다.

② 마력당 기관중량이 가볍고 밸브기구가 필요 없어 구조가 간단하다.

③ 회전력이 균일하다.

④ 체적효율이 높다.

⑤ 윤활유 소비가 적다.

05 나사산의 각도가 55°인 나사는?

① 인치계(TW) 사다리꼴나사

② 미터계(TM) 사다리꼴나사

③ 아메리카 나사

④ 미터보통나사

⑤ 관용나사

06 변형이 일어나지 않는 튼튼한 벽 사이에 길이 L은 50mm이고 지름 d는 20mm인 강철봉이 고정되어 있다. 온도를 10℃에서 60℃로 가열하는 경우 봉에 발생하는 열응력은?(단, 선팽창계수는 12×10^{-6} ℃, 봉재료의 항복응력은 500MPa이고, 탄성계수 E는 200GPa이다)

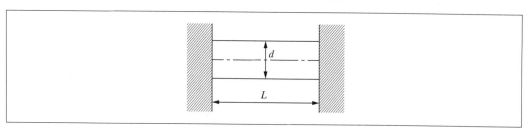

① -60MPa

② -120MPa

③ -240MPa

④ -480MPa

⑤ -960MPa

07 다음 중 황 성분이 적은 선철을 용해로, 전기로에서 용해한 후 주형에 주입 전 마그네슘, 세륨, 칼슘 등을 첨가시켜 흑연을 구상화 한 주철은?

① 합금주철

② 구상흑연주철

③ 칠드주철

④ 가단주철

⑤ 백주철

08 강철표면에 규소를 확산 침투시키는 방법으로 산류에 대한 내부식성, 내마멸성이 큰 표면 경화법은?

① 질화법
② 청화법
③ 실리코나이징
④ 크로마이징
⑤ 하드 페이싱

09 절삭가공의 기본운동에는 주절삭운동, 이송운동, 위치 조정운동이 있다. 다음 중 주로 공작물에 의해 이송운동이 이루어지는 공작기계끼리 짝지어진 것은?

① 선반, 밀링머신
② 밀링머신, 평면연삭기
③ 드릴링머신, 평면연삭기
④ 선반, 드릴링머신
⑤ 밀링머신, 드릴링머신

10 다음 중 지름이 50mm인 공작물을 절삭속도 314m/min으로 선반에서 절삭할 때, 필요한 주축의 회전수는?(단, 원주율은 3.14로 계산하고, 결괏값은 일의 자리에서 반올림한다)

① 1,000rpm
② 2,000rpm
③ 3,000rpm
④ 4,000rpm
⑤ 5,000rpm

11 삼각형 단면의 밑변과 높이가 b×h= 20cm×30cm 일 때 밑변에 평행하고 도심을 지나는 축의 단면 2차 모멘트는?

① $22,500cm^4$
② $45,000cm^4$
③ $25,000cm^4$
④ $15,000cm^4$
⑤ $5,000cm^4$

12 다음 중 주물에 사용하는 주물사가 갖추어야 할 조건으로 옳지 않은 것은?

① 열전도도가 낮아 용탕이 빨리 응고되지 않도록 한다.
② 주물표면과의 접합력이 좋아야 한다.
③ 열에 의한 화학적 변화가 일어나지 않도록 한다.
④ 통기성이 좋아야 한다.
⑤ 성형성이 있어야 한다.

13 다음 중 탄소강에 함유된 성분으로서 헤어크랙의 원인으로 내부 균열을 일으키는 원소는?

① 망간

② 규소

③ 인

④ 수소

⑤ 황

14 대기압력이 100kPa이고 압력용기 내의 게이지 압력이 30kPa로 측정될 때, 압력용기 내의 절대압력은?

① 130kPa

② 70kPa

③ 30kPa

④ 15kPa

⑤ 10kPa

15 다음 중 허용할 수 있는 부품의 오차 정도를 결정한 후 각각 최대 및 최소 치수를 설정하여 부품의 치수가 그 범위 내에 드는지를 검사하는 게이지는?

① 블록게이지

② 한계게이지

③ 간극게이지

④ 다이얼게이지

⑤ 센터게이지

16 다음 중 내연기관에 사용되는 윤활유의 점도에 대한 설명으로 옳지 않은 것은?

① SAE 번호가 높을수록 윤활유의 점도가 높다.

② SAE 번호는 윤활유의 사용가능한 외기온도를 나타내는 지표가 된다.

③ 점도지수(Viscosity Index)가 높은 것일수록 온도변화에 대한 점도변화가 크다.

④ 절대점도의 단위로 Pa · s 또는 Poise를 사용한다.

⑤ 점도는 일반적으로 온도가 상승하면 현저하게 낮아지고, 압력이 상승하면 현저하게 높아진다.

17 탁상스탠드의 구조를 단순화하여 다음과 같은 평면기구를 얻었다. 이 기구의 자유도는?(단, 그림에서 ○는 핀절점이다)

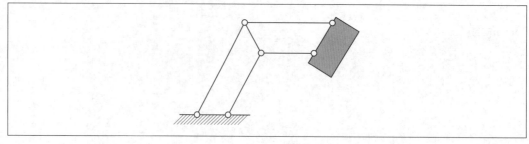

① 0개
② 1개
③ 2개
④ 3개
⑤ 4개

18 다음 중 컴퓨터에 의한 통합 제조라는 의미로 제조부문, 기술부문 등의 제조 시스템과 경영 시스템을 통합 운영하는 생산 시스템의 용어로 옳은 것은?

① CAM(Computer Aided Manufacturing)
② FMS(Flexible Manufacturing System)
③ CIM(Computer Integrated Manufacturing)
④ FA(Factory Automation)
⑤ TQM(Total Quality Management)

19 바다에 비중이 0.88인 얼음이 떠 있고 수면 위로 나와 있는 체적은 30m³일 때, 얼음의 전체 중량은 약 몇 N인가?(단, 바닷물의 비중은 1.025이다)

① 약 2,077.6N
② 약 2,012.5N
③ 약 1,828.3N
④ 약 1,744.4N
⑤ 약 1,556.8N

20 탄성계수 E, 전단탄성계수 G, 푸와송 비 μ, 사이의 관계식으로 옳은 것은?

① $G = \dfrac{E}{(1+2\mu)}$

② $G = \dfrac{3E}{2(1+\mu)}$

③ $G = \dfrac{2E}{(1+\mu)}$

④ $G = \dfrac{E}{2(1+\mu)}$

⑤ $G = \dfrac{2(1+\mu)}{E}$

21 발전용량이 100MW이고 천연가스를 연료로 사용하는 발전소에서 보일러는 527℃에서 운전되고 응축기에서는 27℃로 폐열을 배출한다. 다음 중 카르노 효율개념으로 계산한 보일러의 초당 연료 소비량은? (단, 천연가스의 연소열은 20MJ/kg이다)

① 8kg/s

② 16kg/s

③ 48kg/s

④ 60kg/s

⑤ 72kg/s

22 다음 중 키(Key)의 전달 동력 크기가 큰 순서대로 바르게 나열한 것은?

① 스플라인> 접선 키> 묻힘 키> 안장 키

② 스플라인> 묻힘 키> 접선 키> 안장 키

③ 접선 키> 스플라인> 묻힘 키> 안장 키

④ 접선 키> 묻힘 키> 스플라인> 안장 키

⑤ 접선 키> 안장 키> 스플라인> 묻힘 키

23 다음 중 벤투리 미터(Venturi-Meter)에 대한 설명으로 옳은 것은?

① 하부가 뾰족하고 상부가 넓은 유리관 속에 부표가 장치되어 액체의 유량의 대소에 따라 액체통 속에서 부표가 정지하는 위치가 달라지는 성질을 이용하여 유량을 측정하는 유량계

② 압력에 의해 밀려 올라간 액체 기둥의 높이를 측정하여 그에 상응하는 압력을 측정하는 장치

③ 나사의 이동과 회전을 이용하여 철사의 지름, 정밀기계 등의 미소(微小)한 치수를 측정하는 기구

④ 관수로 도중에 단면이 좁은 관을 설치하고 유속을 증가시켜 수축부에서 압력이 저하할 때, 이 압력 차에 의하여 유량을 구하는 장치

⑤ 가스관 속을 통하는 가스량을 적산 표시하는 계량기로, 일정 체적에 대한 가스를 측정하면서 그 횟수를 합하는 방식

24 다음 중 심냉처리의 목적으로 옳은 것은?

① 자경강에 인성을 부여하기 위함

② 담금질 후 시효변형을 방지하기 위해 잔류 오스테나이트를 마텐자이트 조직으로 얻기 위함

③ 항온 담금질하여 베이나이트 조직을 얻기 위함

④ 급열, 급냉 시 온도 이력현상을 관찰하기 위함

⑤ 담금질 후 일정한 시간동안 온도를 유지하기 위함

제3회 모의고사

25 다음 중 ㉠, ㉡에 들어갈 말을 올바르게 짝지은 것은?

> 강에서 (㉠)이라 함은 변태점 이상의 온도로 가열한 후 물 또는 기름과 같은 냉각제 속에 넣어 급랭시키는 열처리를 말하며, 일반적으로 강은 급랭시키면 (㉡)조직이 된다.

	㉠	㉡
①	어닐링(Annealing)	마텐자이트(Martensite)
②	퀜칭(Quenching)	마텐자이트(Martensite)
③	어닐링(Annealing)	오스테나이트(Austenite)
④	퀜칭(Quenching)	오스테나이트(Austenite)
⑤	어닐링(Annealing)	트루스타이트(Troostite)

26 CAD에 의한 형상 모델링 방법 중 솔리드 모델링에 대한 설명으로 옳지 않은 것은?

① 숨은선 제거가 가능하다.　　　　　② 정확한 형상을 파악하기 쉽다.
③ 복잡한 형상의 표현이 가능하다.　　④ 부피, 무게 등을 계산할 수 없다.
⑤ 단면도의 작성이 가능하다.

27 금속결정 중 체심입방격자(BCC)의 단위격자에 속하는 원자의 수는?

① 1개　　　　　　　　　　　　　② 2개
③ 4개　　　　　　　　　　　　　④ 8개
⑤ 10개

28 유압회로에서 캐비테이션이 발생하지 않도록 하기 위한 방지대책으로 옳은 것은?

① 흡입관에 급속 차단장치를 설치한다.
② 흡입 유체의 유온을 높게 하여 흡입한다.
③ 과부하시는 패킹부에서 공기가 흡입되도록 한다.
④ 흡입관 내의 평균유속이 3.5m/s 이하가 되도록 한다.
⑤ 흡입관에 릴리프밸브를 설치한다.

29 다음 중 드릴링머신가공에서 접시머리나사의 머리가 들어갈 부분을 원추형으로 가공하는 작업으로 옳은 것은?

① 리밍(Reaming)　　　　　　　　② 카운터보링(Counterboring)
③ 카운터싱킹(Countersinking)　　　④ 스폿페이싱(Spotfacing)
⑤ 밀링(Milling)

30 길이 2m의 강체 OE는 그림에서 보여지는 순간에 시계방향의 각속도 $\omega = 10\text{rad/sec}$와 반시계방향 각가속도 $\alpha = 1,000\text{rad/sec}^2$으로 점 O에 대하여 평면 회전운동한다. 이때 점 E의 가속도에 대한 설명으로 옳은 것은?

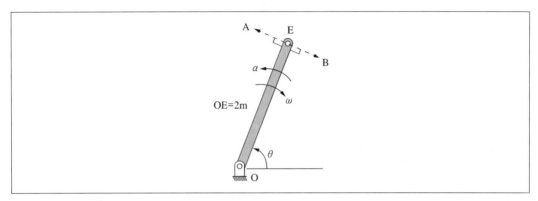

	접선가속도		법선가속도	
	방향	크기	방향	크기
①	$\overrightarrow{EA}$	200m/sec^2	$\overrightarrow{OE}$	$2,000\text{m/sec}^2$
②	$\overrightarrow{EA}$	$2,000\text{m/sec}^2$	$\overrightarrow{EO}$	200m/sec^2
③	$\overrightarrow{EA}$	$2,000\text{m/sec}^2$	$\overrightarrow{OE}$	200m/sec^2
④	$\overrightarrow{EB}$	$2,000\text{m/sec}^2$	$\overrightarrow{EO}$	200m/sec^2
⑤	$\overrightarrow{EB}$	200m/sec^2	$\overrightarrow{OE}$	$2,000\text{m/sec}^2$

31 다음 중 펌프(Pump)에 대한 설명으로 옳지 않은 것은?

① 송출량 및 송출압력이 주기적으로 변화하는 현상을 수격현상(Water Hammering)이라 한다.
② 왕복펌프는 회전수에 제한을 받지 않아 고양정에 적합하다.
③ 원심펌프는 회전차가 케이싱 내에서 회전할 때 발생하는 원심력을 이용한다.
④ 축류 펌프는 유량이 크고 저양정인 경우에 적합하다.
⑤ 공동현상이 계속 발생하면 펌프의 효율이 저하된다.

32 단면이 직사각형이고 길이가 ℓ인 외팔보형 단판스프링에서 최대처짐이 δ_0이고, 스프링의 두께를 2배로 하였을 때 최대처짐이 δ일 경우 $\dfrac{\delta}{\delta_0}$는?(단, 다른 조건은 동일하다)

① 1/16
② 1/8
③ 1/4
④ 1/2
⑤ 1

33 관통하는 구멍을 뚫을 수 없는 경우에 사용하는 것으로 볼트의 양쪽 모두 수나사로 가공되어 있는 머리 없는 볼트는?

① 스터드볼트 ② 관통볼트

③ 아이볼트 ④ 나비볼트

⑤ 탭볼트

34 수차의 유효낙차가 15m이고 유량이 $6m^3$/min일 때 수차의 최대 출력은 몇 마력인가?(단, 물의 비중량은 $1,000kgf/m^3$ 이다)

① 20PS ② 50PS

③ 88PS ④ 100PS

⑤ 120PS

35 다음 중 전해가공(Electrochemical Machining)과 화학적가공(Chemical Machining)에 대한 설명으로 옳지 않은 것은?

① 광화학블랭킹(Photochemical Blanking)은 버(Burr)의 발생 없이 블랭킹(Blanking)이 가능하다.

② 화학적가공에서는 부식액(Etchant)을 이용해 공작물 표면에 화학적 용해를 일으켜 소재를 제거한다.

③ 전해가공은 경도가 높은 전도성 재료에 적용할 수 있다.

④ 전해가공으로 가공된 공작물에서는 열 손상이 발생한다.

⑤ 전해가공으로 복잡한 3차원 가공도 쉽게 할 수 있다.

36 다음 중 웜 기어에 대한 설명으로 옳은 것을 모두 고르면?

ㄱ. 역전 방지를 할 수 없다.

ㄴ. 웜에 축방향 하중이 생긴다.

ㄷ. 부하용량이 크다.

ㄹ. 진입각(Lead Angle)의 증가에 따라 효율이 증가한다.

① ㄱ, ㄹ ② ㄴ, ㄷ

③ ㄱ, ㄴ, ㄷ ④ ㄴ, ㄷ, ㄹ

⑤ ㄷ, ㄹ

37 주조할 때 주물표면에 금속형을 대서 백선화 시켜서 경도를 높이고 내마모성 및 내충격성을 크게 한 주철은?

① 구상흑연주철   ② 칠드주철

③ 가단주철   ④ 규소주철

⑤ 회주철

38 다음 중 연강에서 청열 취성이 일어나기 쉬운 온도는?

① 200℃ ~ 300℃   ② 500℃ ~ 550℃

③ 700℃ ~ 723℃   ④ 900℃ ~ 950℃

⑤ 1,000℃ ~ 1,500℃

39 다음 중 소모성 전극을 사용하지 않는 용접법을 모두 고르면?

ㄱ. 일렉트로가스 용접(Electrogas Welding)
ㄴ. 플라스마 아크 용접(Plasma Arc Welding)
ㄷ. 원자 수소 용접(Atomic Hydrogen Welding)
ㄹ. 플래시 용접(Flash Welding)

① ㄱ, ㄴ   ② ㄴ, ㄷ

③ ㄱ, ㄷ, ㄹ   ④ ㄴ, ㄷ, ㄹ

⑤ ㄷ, ㄹ

40 다음 중 재료의 안전율(Safety Factor)에 대한 설명으로 옳은 것은?

① 안전율은 일반적으로 마이너스(−)값을 취한다.

② 기준강도가 100MPa이고, 허용응력이 1,000MPa 이면 안전율은 10이다.

③ 안전율이 너무 크면 안전성은 좋지만 경제성이 떨어진다.

④ 안전율이 1보다 작아질 때 안전성이 좋아진다.

⑤ 일반적인 강재 안전율은 1.5 ~ 2 정도이다.

01 5분 동안에 600C의 전기량이 이동했다면 전류의 크기는 얼마인가?

① 2A

② 5A

③ 10A

④ 15A

⑤ 20A

02 다음 중 비사인파를 많은 사인파의 합성으로 표시하는 전개식은?

① 푸리에(Fourier)

② 헤르츠(Hertz)

③ 노튼(Norton)

④ 페러데이(Faraday)

⑤ 라플라스(Laplace)

03 다음 중 특이함수(스위칭 함수)에 대한 설명으로 옳은 것을 모두 고르면?

───────〈보기〉───────

ㄱ. 특이함수는 그 함수가 불연속이거나 그 도함수가 불연속인 함수이다.

ㄴ. 단위계단함수 $u(t)$는 t가 음수일 때 -1, t가 양수일 때 1의 값을 갖는다.

ㄷ. 단위임펄스함수 $\delta(t)$는 $t=0$ 외에는 모두 0이다.

ㄹ. 단위램프함수 $r(t)$는 t의 값에 상관없이 단위 기울기를 갖는다.

① ㄱ, ㄴ

② ㄱ, ㄷ

③ ㄴ, ㄷ

④ ㄷ, ㄹ

⑤ ㄴ, ㄹ

04 전기자 저항이 각각 $R_A=0.1\,\Omega$, $R_B=0.2\,\Omega$ 인 100V, 10kW의 두 분권 발전기 유기 기전력을 같게 병렬 운전하여 정격 전압으로 135A의 부하 전류를 공급할 때 각기의 분담 전류는?

① $I_A=90A$, $I_B=45A$

② $I_A=100A$, $I_B=35A$

③ $I_A=80A$, $I_B=55A$

④ $I_A=110A$, $I_B=25A$

⑤ $I_A=70A$, $I_B=65A$

05 다음 중 전류의 발열작용에 대한 법칙으로 옳은 것은?

① 옴의 법칙　　　　　　　　② 패러데이의 법칙
③ 줄의 법칙　　　　　　　　④ 키르히호프의 법칙
⑤ 렌츠의 법칙

06 다음 중 옥내 배선에서 전선 접속에 대한 사항으로 옳지 않은 것은?

① 접속 부위의 전기 저항을 증가시킨다.
② 전선의 강도를 20% 이상 감소시키지 않는다.
③ 접속 슬리브를 사용하여 접속한다.
④ 전선 접속기를 사용하여 접속한다.
⑤ 접속부분의 온도상승값이 접속부 이외의 온도상승값을 넘지 않도록 한다.

07 $300\,\Omega$ 과 $100\,\Omega$ 의 저항성 임피던스를 그림과 같이 회로에 연결하고 대칭 3상 전압 $V_L = 200\sqrt{3}$ V를 인가하였을 때, 회로에 흐르는 전류 I는?

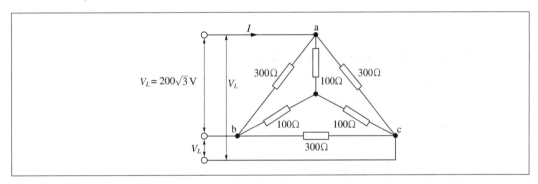

① 1A　　　　　　　　② 2A
③ 3A　　　　　　　　④ 4A
⑤ 5A

08 2,000/100V, 10kVA 변압기의 1차 환산 등가 임피던스가 $6.2 + j7[\,\Omega\,]$이라면 임피던스 강하는 약 몇 % 인가?(단, 소수점 이하 셋째 자리에서 반올림한다)

① 2.34%　　　　　　　② 2.44%
③ 7.24%　　　　　　　④ 7.44%
⑤ 9.24%

09 다음 중 변압기에서 자속과 비례하는 것은?

① 권수　　　　　　　　② 주파수

③ 전압　　　　　　　　④ 전류

⑤ 저항

10 다음 중 제3종 접지공사를 시설하는 주된 목적은?

① 기기의 효율을 좋게 한다.　　　　② 기기의 절연을 좋게 한다.

③ 기기의 누전에 의한 감전을 방지한다.　　④ 기기의 누전에 의한 역률을 좋게 한다.

⑤ 기기의 저항을 좋게 한다.

11 10Ω 의 전구에 $v=141\sin\omega t$[V]의 교류 전압을 가했을 때 흐르는 전류의 실효값은?

① 약 15A　　　　　　　② 약 12A

③ 약 10A　　　　　　　④ 약 8A

⑤ 약 6A

12 다음 중 녹아웃 펀치(Knockout Punch)와 같은 용도의 것은?

① 리머(Reamer)　　　　　② 벤더(Bender)

③ 클리퍼(Clipper)　　　　④ 홀소(Hole Saw)

⑤ 오스터(Oster)

13 다음 그림과 같은 회로에서 점 A와 점 B 사이의 전위차는?

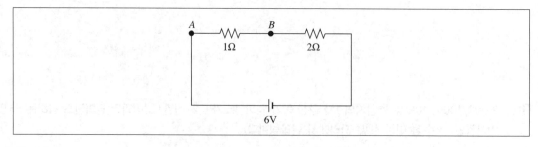

① 1V　　　　　　　　　② 2V

③ 4V　　　　　　　　　④ 6V

⑤ 7V

14 전원 100V에 $R_1 = 5\,\Omega$ 과 $R_2 = 15\,\Omega$ 의 두 전열선을 직렬로 접속한 경우에 대한 설명으로 옳은 것은?

① R_1 에는 R_2 보다 3배의 전류가 흐른다.

② R_2 는 R_1 보다 3배의 열을 발생시킨다.

③ R_1 과 R_2 에 걸리는 전압은 같다.

④ R_1 은 R_2 보다 3배의 전력을 소비한다.

⑤ R_2 는 R_1 보다 3배의 전력을 소비한다.

15 포화하고 있지 않은 직류 발전기의 회전수가 $\frac{1}{2}$ 로 감소되었을 때 기전력을 전과 같은 값으로 하려면 여자를 속도 변화 전에 비해 얼마로 해야 하는가?

① $\frac{1}{2}$ 배

② 1배

③ 2배

④ 3배

⑤ 4배

16 다음 중 분전반 및 배전반을 설치하는 장소로 옳은 것은?

① 전기회로를 쉽게 조작할 수 있는 장소

② 개폐기를 쉽게 개폐할 수 없는 장소

③ 은폐된 장소

④ 이동이 심한 장소

⑤ 전기 사용이 적은 장소

17 단상 유도 전동기의 정회전 슬립이 s 일 때, 역회전 슬립은?

① $1 - s$

② $1 + s$

③ $2 - s$

④ $2 + s$

⑤ $3 - s$

18 변압기의 철심에서 실제 철의 단면적과 철심의 유효면적과의 비는 무엇인가?

① 권수비

② 변류비

③ 변동률

④ 점적률

⑤ 변성비

19 다음 회로와 같이 평형 3상 RL부하에 커패시터 C를 설치하여 역률을 100%로 개선할 때, 커패시터의 리액턴스는?(단, 선간전압은 200V, 한 상의 부하는 $12+j9[\Omega]$이다)

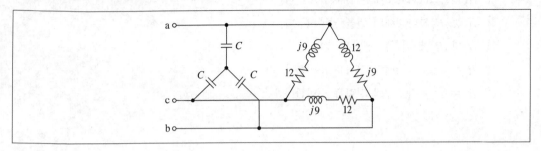

① $\dfrac{20}{4}\,\Omega$

② $\dfrac{20}{3}\,\Omega$

③ $\dfrac{25}{4}\,\Omega$

④ $\dfrac{25}{3}\,\Omega$

⑤ $\dfrac{27}{4}\,\Omega$

20 평형 3상 Y결선의 전원에서 상전압의 크기가 220V일 때, 선간전압의 크기는?

① $\dfrac{220}{\sqrt{3}}\,\text{V}$

② $\dfrac{220}{\sqrt{2}}\,\text{V}$

③ $220\sqrt{2}\,\text{V}$

④ $220\sqrt{3}\,\text{V}$

⑤ $\dfrac{220}{\sqrt{2}+\sqrt{3}}$

21 다음 중 농사용 저압 가공전선로의 시설기준으로 옳지 않은 것은?

① 사용전압이 저압일 것
② 저압 가공전선의 인장강도는 1.38kN 이상일 것
③ 저압 가공전선의 지표상 높이는 3.5m 이상일 것
④ 전선로의 경간은 40m 이하일 것
⑤ 저압 가공전선은 지름이 2mm 이상의 경동선일 것

22 다음 중 전기력선의 성질에 대한 설명으로 옳은 것을 모두 고르면?

> ㄱ. 전기력선은 양(+)전하에서 시작하여 음(−)전하에서 끝난다.
> ㄴ. 전기장 내에 도체를 넣으면 도체 내부의 전기장이 외부의 전기장을 상쇄하나 도체 내부에 전기력선은 존재한다.
> ㄷ. 전기장 내 임의의 점에서 전기력선의 접선방향은 그 점에서의 전기장의 방향을 나타낸다.
> ㄹ. 전기장 내 임의의 점에서 전기력선의 밀도는 그 점에서의 전기장의 세기와 비례하지 않는다.

① ㄱ, ㄴ
② ㄱ, ㄷ
③ ㄱ, ㄹ
④ ㄴ, ㄹ
⑤ ㄷ, ㄹ

23 지름 10cm의 솔레노이드 코일에 5A의 전류가 흐를 때, 코일 내 자기장의 세기는 얼마인가?(단, 1cm당 권수는 20회이다)

① $10^5 \, \text{AT/m}$
② $10^4 \, \text{AT/m}$
③ $10^3 \, \text{AT/m}$
④ $10^2 \, \text{AT/m}$
⑤ $10^1 \, \text{AT/m}$

24 RLC 병렬회로에서 저항 $10\,\Omega$, 인덕턴스 100H, 정전용량 $10^4 \mu\text{F}$ 일 때, 공진 현상이 발생하였다. 이때, 공진 주파수는?

① $\dfrac{1}{2\pi} \times 10^{-3} \, \text{Hz}$
② $\dfrac{1}{2\pi} \, \text{Hz}$
③ $\dfrac{1}{\pi} \, \text{Hz}$
④ $\dfrac{10}{\pi} \, \text{Hz}$
⑤ $\pi \, \text{Hz}$

25 다음 중 부흐홀츠 계전기의 설치 위치로 옳은 곳은?

① 콘서베이터 내부
② 변압기 고압측 부싱
③ 변압기 주 탱크 내부
④ 변압기 주 탱크와 콘서베이터 사이
⑤ 변압기 저압측 부싱

26 다음 RLC 직렬회로에서 회로에 흐르는 전류 I는 전원의 주파수에 따라 크기가 변한다. 임의의 주파수에서 회로에 흐르는 전류가 최대가 되었다고 할 때, 전류 I[A]는?

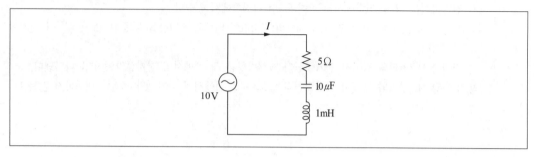

① 0A
② 0.5A
③ 1A
④ 2A
⑤ 2.5A

27 다음 중 코일에 발생하는 유기 기전력의 크기에 대한 설명으로 옳은 것은?

① 코일에 쇄교하는 자속수의 변화에 비례한다.
② 시간의 변화에 비례한다.
③ 시간의 변화에 반비례한다.
④ 코일에 쇄교하는 자속수에 비례한다.
⑤ 코일에 쇄교하는 자속수에 반비례한다.

28 구리전선과 전기 기계기구 단지를 접속하는 경우에 진동 등으로 인하여 헐거워질 염려가 있는 곳에는 다음 중 어떤 것을 사용하여 접속하여야 하는가?

① 정 슬리브를 끼운다.
② 평 와셔 2개를 끼운다.
③ 코드 패스너를 끼운다.
④ 스프링 와셔를 끼운다.
⑤ 로크볼트를 끼운다.

29 450kVA에 역률은 0.85이고 효율이 0.9가 되는 동기 발전기 운전용 원동기의 입력은?(단, 원동기의 효율은 0.85이다)

① 450kW
② 500kW
③ 550kW
④ 600kW
⑤ 650kW

30 비스무트(Bi)와 안티몬(Sb)을 접합하여 전류를 흘리면 접촉점에서 흡열 또는 발열 현상이 일어난다. 다음 중 이와 관계있는 효과는?

① 줄 효과(Joule Effect)
② 톰슨 효과(Thomson Effect)
③ 핀치 효과(Pinch Effect)
④ 펠티어 효과(Peltier Effect)
⑤ 제벡 효과(Seebeck Effect)

31 다음 중 전류에 의한 자기장과 직접적으로 관련이 없는 것은?

① 줄의 법칙
② 플레밍의 왼손 법칙
③ 비오 – 사바르 법칙
④ 앙페르의 오른나사 법칙
⑤ 플레밍의 오른손 법칙

32 다음 중 전기 쌍극자 능률에 대한 설명으로 옳지 않은 것은?

① 일정한 거리만큼 떨어진 두 지점에 크기가 같고 부호가 다른 전하가 놓여 있는 상태이다.
② 크기는 전하량과 거리의 곱이다.
③ 방향은 양전하에서 음전하로 향한다.
④ 전하로 이루어진 계의 극성을 재는 척도이다.
⑤ 원자에 외부 전계가 작용하면 전자의 분포가 치우쳐 전기 쌍극자 모멘트가 유발된다.

33 비돌극형 동기 발전기의 단자 전압(1상)을 V, 유도기전력(1상)을 E, 동기 리액턴스는 X_S, 부하각을 δ 라고 하면, 1상의 출력은?(단, 전기자 저항 등은 무시한다)

① $\dfrac{EV}{X_S}\sin\delta[\mathrm{W}]$
② $\dfrac{E^2}{2X_S}\cos\delta[\mathrm{W}]$
③ $\dfrac{EV}{X_S}\cos\delta[\mathrm{W}]$
④ $\dfrac{E^2}{2X_S}\sin\delta[\mathrm{W}]$
⑤ $\dfrac{EV}{X_S}\cos\delta[\mathrm{W}]$

34 다음 중 동력 배선에서 경보를 표시하는 램프의 일반적인 색깔은 무엇인가?

① 백색
② 황색
③ 적색
④ 녹색
⑤ 청색

35 다음 그림에서 자속밀도 $B=10\text{Wb/m}^2$에 수직으로 길이 20cm인 도체가 속도 $v=10\text{m/sec}$로 화살표 방향(도체와 직각 방향)을 따라 레일과 같은 도체 위를 움직이고 있다. 이때 단자 a, b에 연결된 저항 2Ω에서 소비되는 전력 P는?

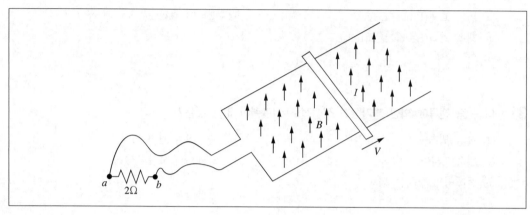

① 50W

② 100W

③ 200W

④ 300W

④ 400W

36 다음 중 가공전선로의 지지물에 시설하는 지선에 대한 설명으로 옳은 것은?

① 연선을 사용할 경우 소선 3가닥 이상의 연선이어야 한다.

② 안전율은 1.2 이상이어야 한다.

③ 허용 인장 하중의 최저는 5.26kN으로 해야 한다.

④ 철근콘크리트주는 지선을 사용한다.

⑤ 아연도금철봉은 지중 부분 및 지표상 20cm까지 사용한다.

37 황산구리 용액에 10A의 전류를 30분간 흘렸을 때, 석출되는 구리의 양은 약 몇 g인가?

① 약 4.53g

② 약 4.68g

③ 약 5.03g

④ 약 5.34g

⑤ 약 5.93g

38 다음 중 $e = 141\sin(120\pi t - \dfrac{\pi}{3})$인 파형의 주파수는 몇 Hz인가?

① 10Hz   ② 15Hz

③ 30Hz   ④ 60Hz

⑤ 75Hz

39 다음 중 동전선의 종단접속 방법으로 옳지 않은 것은?

① 동선압착단자에 의한 접속

② 종단 겹침용 슬리브에 의한 접속

③ C형 전선접속기 등에 의한 접속

④ 비틀어 꽂는 형의 전선접속기에 의한 접속

⑤ S형 슬리브에 의한 직접접속

40 다음 중 빈칸에 들어갈 내용으로 옳은 것은?

유입변압기에 많이 사용되는 목면, 명주, 종이 등의 절연재료는 내열등급 _____ ㉠ _____ 으로 분류되고, 장기 간 지속하여 최고 허용온도 _____ ㉡ _____ ℃를 넘어서는 안 된다.

	㉠	㉡			㉠	㉡
①	Y종	90		②	A종	105
③	E종	120		④	B종	130
⑤	H종	140				

01 물속에서 전자파의 속도는 몇 m/s인가?(단, $\mu_r=1$, $\varepsilon_r=80$이다)

① 약 $9.0\times10^9\,\mathrm{m/s}$　　　　　　　② 약 $5.3\times10^8\,\mathrm{m/s}$

③ 약 $3.35\times10^7\,\mathrm{m/s}$　　　　　　　④ 약 $3.30\times10^9\,\mathrm{m/s}$

⑤ 약 $2.67\times10^8\,\mathrm{m/s}$

02 반파 정현파에서 평균치가 I_{av}, 실효치가 I일 때 평균치와 실효치 사이의 관계식으로 옳은 것은?

① $I=\dfrac{2\sqrt{2}}{\pi}\times I_{av}$　　　　　　② $I=\dfrac{\pi}{2}\times I_{av}$

③ $I=\dfrac{\pi}{2\sqrt{2}}\times I_{av}$　　　　　　④ $I=\dfrac{\pi}{\sqrt{2}}\times I_{av}$

⑤ $I=\dfrac{2}{\pi}\times I_{av}$

03 다음 중 플립플롭과 래치 회로의 트리거에 대한 설명으로 옳은 것은?

① 플립플롭은 레벨 트리거, 래치는 에지 트리거

② 플립플롭은 레벨 트리거, 래치는 슈미트 트리거

③ 플립플롭은 슈미트 트리거, 래치는 레벨 트리거

④ 플립플롭은 에지 트리거, 래치는 레벨 트리거

⑤ 플립플롭은 에지 트리거, 래치는 에지 트리거

04 다음 중 광도전 효과를 이용한 도전체로 옳지 않은 것은?

① 태양전지　　　　　　　　② 화재경보기

③ 광다이오드　　　　　　　④ Cds도전셀

⑤ 자동점멸장치

05 다음은 1비트를 비교하는 진리표이다. ㉠ ~ ㉢에 들어갈 값으로 옳은 것은?

A	B	A>B	A=B	A<B
0	0	0	1	0
0	1	0	0	㉠
1	0	1	㉡	0
1	1	㉢	1	0

	㉠	㉡	㉢			㉠	㉡	㉢
①	0	0	0		②	1	0	0
③	1	0	1		④	0	0	1
⑤	1	1	1					

06 2개의 자극판이 놓여 있을 경우에 투자율 μ[H/m], 자속밀도 B[Wb/m^2], 자계의 세기 H[AT/m]인 곳의 자계의 에너지밀도는 얼마인가?

① $\dfrac{1}{2}\mu^2 H[\text{J/m}^3]$

② $\dfrac{1}{2}B^2 H[\text{J/m}^3]$

③ $\dfrac{\mu H}{2}[\text{J/m}^3]$

④ $\dfrac{1}{2}\mu H^2[\text{J/m}^3]$

⑤ $\dfrac{H^2}{2\mu}[\text{J/m}^3]$

07 다음 중 어셈블러 언어와 이를 번역하는 프로그램인 어셈블러에 대한 설명으로 옳지 않은 것은?

① 어셈블러 언어는 기호화되어 있기 때문에 기계어로 직접 프로그래밍하는 것보다 프로그램의 작성이 용이하다.

② 어셈블러 언어는 고급언어(COBOL, FORTRAN 등)로 기술하는 것보다 프로그램이 단순하게 된다.

③ 어셈블러는 어셈블러 언어로 작성된 프로그램을 입력으로서 받아들이며, 실행에 적합한 형태의 목적 프로그램으로 변환하는 프로그램이다.

④ 어셈블러 언어는 기계어와 거의 1대 1로 대응하고 있기 때문에 실행 효율이 좋은 프로그램을 기술할 수 있다.

⑤ 어셈블러는 보통 어셈블 결과의 주소에 어떤 값을 더해서 다른 기억 장소로 로드할 수 있는 형태의 재배치가 가능하게 되어 있는 것이 많다.

08 다음 중 초전도 현상에 대한 설명으로 옳은 것은?

① 물질의 격자 진동에 의해 파괴된다.
② 저항이 커짐에 따라 전류가 흐르지 않는다.
③ 특정 임계 온도 이하로 냉각되면 저항이 0이 된다.
④ 전자의 이동도가 전계 강도의 평방근에 비례한다.
⑤ 임계 자기장은 온도 상승과 비례한다.

09 시정수 τ를 갖는 RL직렬 회로에 직류 전압을 인가하고, 시간 $t=3\tau$일 때의 회로에 흐르는 전류는 최종 값 전류의 약 몇 %인가?

① 약 65%
② 약 73%
③ 약 86%
④ 약 95%
⑤ 약 100%

10 광전자 방출 현상에서 방출된 전자의 운동에너지(E_k)는 다음과 같다. 방출된 전자의 운동에너지 공식에서 E_w는 무엇인가?(단, ν는 광자의 주파수, h는 플랑크 상수이다)

$$E_k = h\nu - E_w$$

① 광전물질의 일함수
② 광자의 탄성 에너지
③ 광전물질 내부의 전자 에너지
④ 광전물질의 열에너지
⑤ 광자의 충돌 에너지

11 정전용량이 $20\mu F$인 콘덴서에 $3\times10^{-3}C$의 전하가 축적되었을 경우에 콘덴서에 가해진 전압은 얼마인가?

① 150V
② 200V
③ 225V
④ 250V
⑤ 300V

12 8비트 연속근사 A/D 변환기가 4MHz의 클럭 주파수를 통해 동작할 때 총 변환시간은?

① $2\mu s$
② $4\mu s$
③ $8\mu s$
④ $12\mu s$
⑤ $16\mu s$

13 다음 중 분산처리시스템의 특징으로 옳지 않은 것은?

① 중앙집중형시스템에 비해 소프트웨어 개발이 어렵다.
② 다른 시스템에 비해 보안 강화에 효율적이다.
③ 작업을 병렬로 처리하므로 전체적인 처리율을 향상시킬 수 있다.
④ 시분할시스템보다 신뢰성과 가용성이 높다.
⑤ 하드 디스크, 프린터 등 비싼 하드웨어를 공유할 수 있다.

14 다음 함수에 대한 $f(t)$의 최종치는?

$$F(s) = \frac{12(s+3)}{2s^3 + s^2 + 6s}$$

① 3
② 6
③ 9
④ 12
⑤ 18

15 다음 중 컴퓨터 내부에서 디지털로 코드화된 데이터를 해독하여 그에 대응되는 아날로그 신호로 바꿔주는 컴퓨터 회로는?

① 플립플롭(Flip Flop)
② 인코더(Encoder)
③ 디코더(Decoder)
④ 멀티플렉서(Multiplexer)
⑤ 디멀티플렉서(Demultiplexer)

16 다음 중 페르미 에너지(Fermi Energy)에 대한 설명으로 옳지 않은 것은?

① 페르미온 전자는 파울리 배타원리를 따른다.
② 캐리어 농도에 따라 그 크기가 변한다.
③ 절대온도 0K에서 전자는 가장 높은 에너지 준위부터 차례로 자리한다.
④ 절대온도 0K에서 전자가 점유할 수 있는 최고 에너지이다.
⑤ 온도에 따라 페르미 에너지의 크기는 변한다.

17 다음 중 진공 중에서 전자파의 전파속도가 광속도와 일치하게 하기 위한 조건으로 옳은 것은?(단, μ_r은 비투자율이며, ε_r은 비유전율이다)

① $\mu_r = 0$, $\varepsilon_r = 0$ 　　　　　② $\mu_r = 0$, $\varepsilon_r = 1$

③ $\mu_r = 1$, $\varepsilon_r = 0$ 　　　　　④ $\mu_r = 1$, $\varepsilon_r = 1$

⑤ $\mu_r = \dfrac{1}{2}$, $\varepsilon_r = \dfrac{1}{4}$

18 다음 중 레이저에 대한 설명으로 옳지 않은 것은?

① 레이저는 코히런트 성을 가진다.
② 기체 레이저는 연속적으로 광파를 방출할 수 있다.
③ 레이저는 지향성을 가진다.
④ 레이저는 자연 방출을 이용한다.
⑤ 반도체 레이저는 활성 매질의 상태가 고체이다.

19 다음 중 FET(전계효과 트랜지스터)에 대한 설명으로 옳지 않은 것은?

① 전압이 아닌 전류를 증폭시킨다.
② 트랜지스터의 병렬연결이 가능하다.
③ 제어전류가 거의 흐르지 않는다.
④ 입력저항이 $10^{14}\,\Omega$ 정도까지 높다.
⑤ 출력 손실이 거의 없다.

20 다음 중 I/O 제어기의 주요 기능에 대한 설명으로 옳지 않은 것은?

① CPU와의 통신을 담당한다.
② I/O 장치의 제어와 타이밍을 조정한다.
③ 오류를 검출한다.
④ I/O 장치와의 통신을 담당한다.
⑤ 데이터 구성 기능을 수행한다.

21 다음 중 코일과 콘덴서에서 급격히 변화하지 않는 요소는 무엇인가?

	코일	콘덴서			코일	콘덴서
①	전류	전류		②	전압	전압
③	저항	전류		④	전류	전압
⑤	전압	저항				

22 다음 중 반도체의 에너지대에 대한 설명으로 옳지 않은 것은?

① 자유 전자의 에너지는 가전자대에 속한다.
② 페르미 준위는 금지대에 있다.
③ 전도대는 전자가 존재할 수 있다.
④ 도체에는 금지대가 없다.
⑤ 반도체의 에너지대는 전도대, 금지대, 가전자대로 구성된다.

23 다음 중 진성 반도체에 대한 설명으로 옳지 않은 것은?

① 불순물이 매우 적게 포함된 반도체이다.
② 불순물의 전기적 성질을 무시할 수 있다.
③ 페르미 준위는 항상 금지대 중앙에 위치한다.
④ 트랜지스터, 다이오드로 많이 사용되고 있다.
⑤ 절대온도 0K에서 절연체가 된다.

24 다음 중 부울 대수에 대한 법칙으로 옳은 것은?

① $X+0=0$

② $X+YZ=XY+Z$

③ $(X+Y)'=X'+Y'$

④ $X+XY=X$

⑤ $X(X+Y)=Y$

25 행의 수가 50이고 열의 수가 4인 5×4 이차원 배열(Array)의 자료 a의 위치는 a[행][열]로 표시한다. 행주도 순서(Row Major Order)를 사용하고, a[1][1]이 1번지일 때, a[4][3]은 몇 번지인가?

① 12번지

② 13번지

③ 14번지

④ 15번지

⑤ 16번지

26 길이가 4cm이고, 자극의 세기가 6×10^{-6}Wb인 막대자석을 100AT/m의 평등자계 안에 30°의 각도로 놓았을 경우에 이 막대자석이 받는 회전력은 얼마인가?

① 3.2×10^{-4}N·m

② 2.4×10^{-4}N·m

③ 2.4×10^{-5}N·m

④ 1.2×10^{-4}N·m

⑤ 1.2×10^{-5}N·m

27 다음 중 대칭좌표법에 대한 설명으로 옳지 않은 것은?

① 대칭 3상 전압에서 영상분은 0이 된다.

② 대칭 3상 전압은 정상분만 존재한다.

③ 불평형 3상 회로의 접지식 회로에서는 영상분이 존재한다.

④ 불평형 3상 회로의 비접지식 회로에서는 영상분이 존재한다.

⑤ 비대칭인 기전력이나 전류 등을 대칭인 성분으로 분해하여 각 성분마다 계산한다.

28 다음 중 플라즈마와 같은 기체 상태의 경우 적용될 수 있는 방정식은?

① 아인슈타인 방정식　　　　　② 맥스웰 – 볼츠만 방정식
③ 슈뢰딩거 방정식　　　　　　④ 푸아송 방정식
⑤ 베르누이 방정식

29 일반적으로 명령 중에 오퍼랜드(Operand)가 들어 있는 장소를 표시하기 위해서 어드레스를 지정하지만, 이 어드레스 대신에 데이터 그 자체를 지정하는 것은?

① 직접번지　　　　　　　　　② 간접번지
③ 절대번지　　　　　　　　　④ 상대번지
⑤ 참조번지

30 다음 중 유전체의 경계면 조건에 대한 설명으로 옳지 않은 것은?

① 완전유전체 내에서는 자유전하가 존재하지 않는다.
② 유전율이 서로 다른 두 유전체의 경계면에서 전계의 수평(접선) 성분이 같다.
③ 유전체의 경계면에서 전속밀도의 수직(법선) 성분은 서로 다르고 불연속이다.
④ 유전체의 표면전하 밀도는 유전체 내의 구속전하의 변위 현상에 의해 발생한다.
⑤ 경계면에 외부 전하가 있으면 유전체의 외부와 내부의 전하는 평형을 이루지 않는다.

31 다음 중 정궤환과 부궤환에 대한 설명으로 옳지 않은 것은?

① 정궤환은 증폭 회로의 이득이 궤환을 걸지 않을 때보다 커진다.
② 정궤환은 재생 궤환이라고도 하며, 재생 검파기 등에 응용된다.
③ 부궤환은 출력의 일부를 입력측으로 위상을 반대로 하여 되돌리는 것이다.
④ 부궤환은 증폭기에 있어 일그러짐 발생의 원인이 될 수 있다.
⑤ 증폭기에서 부궤환을 하면 이득이 감소된다.

32 결합계수 $k=0.25$인 전자 결합회로에서 상호인덕턴스 $M=10\text{mH}$이고, 자체 리액턴스 $L_1=80\text{mH}$일 때, 자체 인덕턴스 L_2는 몇인가?

① 5mH
② 10mH
③ 20mH
④ 30mH
⑤ 45mH

33 어느 금속 단면에 3A의 전류가 흐른다면 이 단면을 1초 동안에 통과하는 전자수는 몇 개인가?

① 약 1.87×10^{17}개
② 약 1.87×10^{19}개
③ 약 2.05×10^{17}개
④ 약 2.05×10^{19}개
⑤ 약 3.46×10^{19}개

34 동심구형 콘덴서의 안쪽과 바깥 반지름이 각각 5배로 증가되면 정전용량은 처음의 몇 배가 되는가?

① 2배
② 5배
③ 10배
④ 20배
⑤ 100배

35 부호화된 2의 보수에서 8비트로 표현할 수 있는 수의 표현 범위는?

① $-128\sim128$
② $-127\sim128$
③ $-128\sim127$
④ $-127\sim127$
⑤ $-126\sim127$

36 다음에서 설명하는 변조방식으로 옳은 것은?

> 일정진폭의 반송파 위상을 2등분, 4등분, 8등분 등으로 나누어 각각 다른 위상에 0 또는 1을 할당하거나 2비트 또는 3비트를 한꺼번에 할당하여 상대방에 보내고, 수신측에서는 이를 약속된 원래의 데이터 신호의 상태로 만들어주는 변조방식이다. 즉, 신호파의 파형에 따라 반송파의 위상을 변조시키는 방법이다.

① PSK(Phase Shift Keying)
② ASK(Amplitude Shift Keying)
③ FSK(Frequency Shift Keying)
④ PCM(Pulse Code Modulation)
⑤ FDM(Frequency Division Multiplex)

37 R－L직렬회로에서 $t=0$일 때 직류전압 100V를 인가할 경우 흐르는 전류 $i(t)$로 다음 중 옳은 것은?(단, $R=20\,\Omega$, $L=100\mathrm{H}$, $i(0)=0$이다)

① $5(1+e^{5t})$

② $10(1-e^{-5t})$

③ $5(1-e^{\frac{1}{5}t})$

④ $5(1-e^{-\frac{1}{5}t})$

⑤ $10(1+e^{-\frac{1}{5}t})$

38 다음 중 외부의 자계 H_0를 자성체에 가했을 경우에 자화의 세기 J와의 관계식으로 옳은 것은?(단, μ는 투자율, N은 감자율이다)

① $J=\dfrac{H_0\mu_0(\mu_r-1)}{1+N(\mu_r-1)}\,[\mathrm{Wb/m^2}]$

② $J=\dfrac{H_0(\mu_r-1)}{1+N\mu_0(\mu_0-1)}\,[\mathrm{Wb/m^2}]$

③ $J=\dfrac{H_0(\mu_r-1)}{1+N}\,[\mathrm{Wb/m^2}]$

④ $J=\dfrac{H_0}{1+N(\mu_r-1)}\,[\mathrm{Wb/m^2}]$

⑤ $J=\dfrac{H_0\mu_0(\mu_r-1)}{1-N(\mu_r+1)}\,[\mathrm{Wb/m^2}]$

39 다음 그림의 회로에서 저항 $7\,\Omega$에 걸리는 전압은 얼마인가?

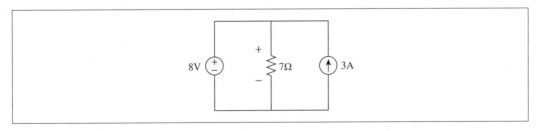

① 5V

② 6V

③ 7V

④ 8V

⑤ 9V

40 다음 중 페르미 – 디락 분포함수 $f(E)$에 대한 설명으로 옳지 않은 것은?(단, E_f는 페르미준위이다)

① 절대온도 0K일 때 $E > E_f$이면 $f(E)=0$이다.

② 절대온도 0K일 때 $E < E_f$이면 $f(E)=1$이다.

③ 절대온도 0K일 때 $E = E_f$이면 $f(E)=\infty$이다.

④ 자유전자 밀도가 높은 금속에 적용된다.

⑤ 고체 내 전자는 파울리 배타원리를 따른다.

명쾌한 해설

서울교통공사
승무/차량직

NCS 직업기초능력평가
+ 직무수행능력평가
정답 및 해설

합격의 공식
시대에듀

잠깐!

도서 관련 최신 정보 및 정오사항이 있는지
우측 QR을 통해 확인해 보세요!

제1회 직업기초능력평가 정답 및 해설

직업기초능력평가

01	02	03	04	05	06	07	08	09	10
⑤	①	⑤	③	④	②	②	③	②	②
11	12	13	14	15	16	17	18	19	20
③	⑤	②	①	②	②	④	④	⑤	④
21	22	23	24	25	26	27	28	29	30
②	③	①	①	③	②	④	④	②	②
31	32	33	34	35	36	37	38	39	40
④	③	④	⑤	④	③	⑤	①	③	④

01　　　　정답 ⑤

검사 시작 이후 검사 계획을 변경할 사유가 발생한 경우에는 철도운영자 등과 협의하여 검사 계획을 조정할 수 있다(제6조 제2항).

오답분석

① 제6조 제2항
② 제6조 제1항
③ 제6조 제3항 제3호
④ 제6조 제6항

02　　　　정답 ①

제시문의 '열리다.'는 '열다'의 피동사로 '새로운 기틀이 마련되다.'의 의미로 쓰였으며, 이와 같은 의미로 사용된 것은 ①이다.

오답분석

② 자기의 마음이 다른 사람에게 터놓아지거나 다른 사람의 마음이 받아들여지다.
③ 모임이나 회의 따위가 시작되다.
④ 하루의 영업이 시작되다.
⑤ 닫히거나 잠긴 것이 트이거나 벗겨지다.

03　　　　정답 ⑤

서류는 반드시 한글 또는 워드 파일로 작성하여 1개 파일로 제출해야 하며, 이메일로 우선 접수 후 우편으로 원본을 보내야 한다.

04　　　　정답 ③

경기 양평 수미마을과 산머루마을 모두 기존상품에 해당하고, 모두 1인 최대 금액(3만 / 5만)을 넘지 않으므로 체험, 숙소, 식사비의 50%를 운영비로 지원받는다.

- 싱가폴 : $120,000+150,000+750,000=1,020,000$
  → $1,020,000×0.5=510,000$원
- 중국 : $189,000+810,000+890,000=1,889,000$
  → $1,889,000×0.5=944,500$원

05　　　　정답 ④

ㄴ. 대구의 순환계통 질환 전체 사망자 수는 남성 사망자 수와 여성 사망자 수의 합과 같으므로 대구의 순환계통 질환 남성 사망자 수를 a명, 여자 사망자 수를 b명이라고 하면, 순환계통 질환으로 사망한 전체 인원 $(a+b)$명에 대한 방정식은 다음과 같다.

$23.08a+29.43b=26.65(a+b)$ → $2.78b=3.57a$
→ $b≒1.28a$

따라서 대구의 순환계통 질환 여자 사망자 수는 순환계통 질환 남자의 사망자 수의 약 1.28배이다.

ㄹ. 인천의 외부적 요인으로 인한 남성의 증가기대여명 1.79년은 여성의 증가기대여명의 1.5배인 $0.78×1.5=1.17$년보다 크다.

오답분석

ㄱ. 악성 신생물로 인한 사망확률은 남성의 경우 부산이 27.96%로 가장 높으나, 여성의 경우 제주가 18.04%로 가장 높다.
ㄷ. 외부적 요인으로 인한 전체 사망확률이 가장 높은 지역은 제주(7.34%)이나, 순환계통 질환으로 인한 전체 사망확률이 가장 높은 지역은 대구(26.65%)이다. 따라서 옳지 않은 설명이다.

06　　　　정답 ②

용존산소 탈기, 한외여과의 공정과정을 거쳐 생산된 초순수는 반도체 생산에 사용된다.

오답분석

① RO수를 생산하기 위해서 다중여과탑, 활성탄흡착, RO막 공정이 필요하다.
③ 이온교환, CO_2 탈기 공정을 통해 CO_2와 미량이온까지 제거해 순수를 생산한다.

④ 침전수는 10^{-6}m 크기의 물질까지 제거한다.

⑤ 석유화학에는 RO수를 제공하지만, RO수는 미량이온까지 제거하지 않은 산업용수이다.

07
정답 ②

데이터 계열은 3개(국어, 영어, 수학)로 구성되어 있다.

08
정답 ③

• 직원 D가 진실을 말했을 경우

뉴질랜드	대만	덴마크	미국	핀란드
C ~D	~A B ~D	~A ~D	~E	~A ~B

B가 대만, C가 뉴질랜드로 출장을 가고 덴마크와 핀란드는 A가 출장을 가지 않으므로 A는 미국에 출장을 간다. D는 덴마크에 출장을 가지 않으므로 핀란드에 출장을 가고 덴마크에는 E가 출장을 간다.

오답분석

• 직원 A가 진실을 말했을 경우

뉴질랜드	대만	덴마크	미국	핀란드
~C ~D	~B ~D A	A ~D	~E	~B ~A

A가 대만과 덴마크 두 곳으로 출장을 간다는 모순이 생긴다.

• 직원 B가 진실을 말했을 경우

뉴질랜드	대만	덴마크	미국	핀란드
~C ~D	D B A	~A ~D	~E	B ~A

대만으로 3명이 출장을 가고 B가 두 곳으로 출장을 간다는 모순이 생긴다.

• 직원 C가 진실을 말했을 경우

뉴질랜드	대만	덴마크	미국	핀란드
~C ~D	B ~D A	D ~A	E	~B ~A

대만으로 A와 B 2명이 출장을 간다는 모순이 생긴다.

• 직원 E가 진실을 말했을 경우

뉴질랜드	대만	덴마크	미국	핀란드
D ~C	B A ~D	~A ~D	~E	A ~B

대만으로 A와 B 2명이 출장을 가고 A가 두 곳으로 출장을 간다는 모순이 생긴다.

09
정답 ②

합계를 구할 범위는 [D2:D6]이며, [A2:A6]에서 "연필"인 데이터와 [B2:B6]에서 "서울"인 데이터는 [D4] 셀과 [D6] 셀이다. 이들의 판매 실적은 $300+200=500$이다.

10
정답 ②

고객은 대출이자가 잘못 나갔다고 생각하고 일처리를 잘못한다고 의심하는 상황이기 때문에 의심형 불만고객이다.

불만 표현 유형

• 거만형 : 자신의 과시욕을 드러내고 싶어 하는 사람으로, 보통 제품을 폄하하는 고객
• 트집형 : 사소한 것으로 트집을 잡는 까다로운 고객
• 빨리빨리형 : 성격이 급하고, 확신 있는 말이 아니면 잘 믿지 않는 고객
• 우유부단형 : 생각이나 행동이 분명하지 못하여 의사결정 시 오랜시간이 필요한 고객

11
정답 ③

ⓒ 빠른 해결을 약속하지 않으면 다른 불만을 야기하거나 불만이 더 커질 수 있다.
ⓓ 고객의 불만이 대출과 관련된 내용이기 때문에 이 부분에 대해 답변을 해야 한다.

오답분석

ⓐ 해결 방안은 고객이 아닌 S기관에서 제시하는 것이 적절하다.
ⓑ 불만을 동료에게 전달하는 것은 고객의 입장에서는 알 필요가 없는 정보이기 때문에 굳이 말할 필요가 없다.

12
정답 ⑤

• (가) : 여름과 겨울에 일정하게 매출이 증가함으로써 일정 주기를 타고 성장, 쇠퇴를 거듭하는 패션형이 적절하다.
• (나) : 매출이 계속 성장하는 모습을 보여줌으로써 연속성장형이 적절하다.
• (다) : 광고 전략과 같은 촉진활동을 통해 매출이 상승함으로써 주기·재주기형이 적절하다.
• (라) : 짧은 시간에 큰 매출 효과를 가졌으나, 며칠이 지나지 않아 매출이 급감함을 볼 때, 패드형이 적절하다.

13
정답 ②

제20조 제1항 제1호에 따르면 운전면허 취득자가 부정한 방법으로 운전면허를 받은 경우 국토교통부장관은 해당 운전면허 취득자의 운전면허를 취소해야 한다.

오답분석

① 철도안전법 제20조 제6항
③ 철도안전법 제20조 제4항
④ 철도안전법 제20조 제2항
⑤ 철도안전법 제20조 제5항

14
정답 ①

INT 함수는 소수점 이하를 버리고 가장 가까운 정수로 내림하는 함수이다. 따라서 결괏값으로 100이 표시된다.

15
정답 ②

문맥상 ⓒ에는 '하늘과 땅 사이의 빈 곳'을 의미하는 '공중(空中)'이 아닌 '사회의 대부분의 사람들'을 의미하는 '공중(公衆)'이 적절하다.

오답분석

㉠ 인화성(引火性) : 불이 잘 붙는 성질
ⓒ 휴대(携帶) : 손에 들거나 몸에 지니고 다님
㉣ 적재(積載) : 물건이나 짐을 선박, 차량 따위의 운송 수단에 실음
㉤ 호송(護送) : 목적지까지 보호하여 운반함

16
정답 ②

경력개발능력이 필요한 이유
• 환경의 변화
  – 지식정보의 빠른 변화
  – 인력난 심화
  – 삶의 질 추구
  – 중견 사원의 이직 증가
• 조직의 요구
  – 경영전략 변화
  – 승진적체
  – 직무환경 변화
  – 능력주의 문화
• 개인의 요구
  – 발달단계에 따른 가치관, 신념 변화
  – 전문성 축적 및 성장 요구 증가
  – 개인의 고용시장 가치 증대

17
정답 ④

지역가입자 A ~ E씨의 생활수준 및 경제활동 참가율 구간별 점수표를 정리하면 다음과 같다.

구분	성별	연령	연령 점수	재산 정도	재산 정도 점수	연간 자동차 세액	연간 자동차 세액 점수
A씨	남성	32세	6.6점	2,500 만 원	7.2점	12.5만 원	9.1점
B씨	여성	56세	4.3점	5,700 만 원	9점	35만 원	12.2점
C씨	남성	55세	5.7점	20,000 만 원	12.7점	43만 원	15.2점
D씨	여성	23세	5.2점	1,400 만 원	5.4점	6만 원	3점
E씨	남성	47세	6.6점	13,000 만 원	10.9점	37만 원	12.2점

이에 따른 지역보험료를 계산하면 다음과 같다.
• A씨 : $(6.6+7.2+9.1+200+100) \times 183 ≒ 59,090$원
• B씨 : $(4.3+9+12.2+200+100) \times 183 ≒ 59,560$원
• C씨 : $(5.7+12.7+15.2+200+100) \times 183 ≒ 61,040$원
• D씨 : $(5.2+5.4+3+200+100) \times 183 ≒ 57,380$원
• E씨 : $(6.6+10.9+12.2+200+100) \times 183 ≒ 60,330$원

18
정답 ④

홈페이지 운영 등은 정보사업팀에서 한다.

오답분석

① 감사실(1개)와 11개의 팀으로 되어 있다.
② 예산기획과 경영평가는 전략기획팀에서 관리한다.
③ 경영평가(전략기획팀), 성과평가(인재개발팀), 품질평가(평가관리팀) 등 다른 팀에서 담당한다.
⑤ 감사실을 두어 감사, 부패방지 및 지도점검을 하게 하였다.

19
정답 ⑤

품질평가 관련 민원은 평가관리팀이 담당하고 있다.

20
정답 ④

각 지점에 (이동경로, 거리의 합)을 표시해 문제를 해결한다. 이때, 다음 그림과 같이 여러 경로가 생기는 경우 거리의 합이 최소가 되는 (이동경로, 거리의 합)을 표시한다.

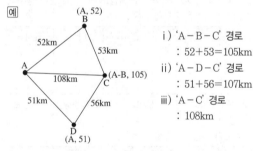

예

i) 'A – B – C' 경로
  : $52+53=105$km
ii) 'A – D – C' 경로
  : $51+56=107$km
iii) 'A – C' 경로
  : 108km

각 지점에 (이동경로, 거리의 합)을 표시하면 다음과 같다.

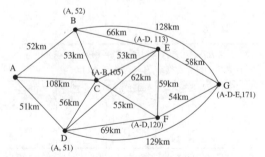

따라서 A지점에서 G지점으로 가는 최단경로는 D지점, E지점을 거쳐 G지점으로 가는 경로이고 이때의 거리는 171km이다.

21
정답 ②

C지점을 거쳐야 하므로, C지점을 거치지 않는 경로를 제외한 후 각 지점에 (이동경로, 거리의 합)을 표시하면 다음과 같다.

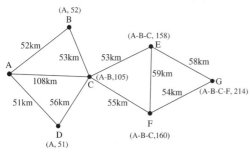

즉, C지점을 거쳐 갈 때의 최단경로는 'A − B − C − F − G' 경로이고, 최단거리는 52+53+55+54=214km이다.
A지점에서 G지점으로 가는 최단거리는 171km이므로 C지점을 거치지 않았을 때의 최단거리와 C지점을 거쳐 갈 때의 최단거리의 차는 214−171=43km이다.

22
정답 ③

각 조건을 종합해 보면 D는 1시부터 6시까지 연습실 2에서 플루트를 연주하고, B는 연습실 3에서 첼로를 연습하며, 연습실 2에서 처음 연습하는 사람은 9시부터 1시까지, 연습실 3에서 처음 연습하는 사람은 9시부터 3시까지 연습한다. 따라서 연습실 1에서는 나머지 3명이 각각 3시간씩 연습해야 한다.
따라서 ③이 조건으로 추가되면 A와 E가 3시에 연습실 1과 연습실 3에서 끝나는 것이 되는데, A는 연습실 1을 이용할 수 없으므로 9시부터 3시까지 연습실 3에서 바이올린을 연습하고 E는 연습실 1에서 12시부터 3시까지 클라리넷을 연습한다. C도 연습실 1을 이용할 수 없으므로 연습실 2에서 9시부터 1시까지 콘트라베이스를 연습하고, 마지막 조건에 따라 G는 9시부터 12시까지 연습실 1에서, F는 3시부터 6시까지 연습실 1에서 바순을 연습하므로 모든 사람의 연습 장소와 연습 시간이 확정된다.

23
정답 ①

사내 봉사 동아리이기 때문에 공식이 아닌 비공식조직에 해당한다. 비공식조직의 특징에는 인간관계에 따라 형성된 자발적인 조직, 내면적·비가시적, 비제도적, 감정적, 사적 목적 추구, 부분적 질서를 위한 활동 등이 있다.

오답분석
② 영리조직
③ 공식조직
④ 공식조직
⑤ 비영리조직

24
정답 ①

경제적 의사결정을 위해 상품별 만족도 총합을 계산하면

(단위 : 점)

상품 \ 만족도 / 가격	광고의 호감도 (5)	디자인 (12)	카메라 기능 (8)	단말기 크기 (9)	A/S (6)	만족도 총합
A	35만 원 / 5	10	6	8	5	34
B	28만 원 / 4	9	6	7	5	31
C	25만 원 / 3	7	5	6	4	25

이때, 각 상품의 가격대비 만족도를 계산하면, 단위 금액당 만족도가 가장 높은 상품 B($=\dfrac{31}{28}$)를 구입하는 것이 가장 합리적이다.

오답분석
② 단말기 크기의 만족도 만점 점수는 9점으로 카메라 기능보다 높기 때문에 단말기 크기를 더 중시하고 있음을 알 수 있다.
③ 세 상품 중 상품 A의 만족도가 가장 크지만, 비용을 함께 고려한다면 상품 A를 구입하는 것을 합리적인 선택으로 볼 수 없다.
④ 예산을 25만 원으로 제한할 경우 상품 C를 선택할 것이다.
⑤ 만족도 점수 항목 중 휴대전화의 성능과 관련된 항목은 카메라 기능뿐이므로 지나치게 중시하고 있다고 볼 수 없다.

25
정답 ③

주위 온도가 높으면 냉각력이 떨어지고 전기료가 많이 나오게 된다. 따라서 냉장고 설치 주변의 온도가 높지 않은지 확인할 필요가 있다.

오답분석
① 접지단자가 없으면 구리판에 접지선을 연결한 후 땅속에 묻어야 하므로 누전차단기가 아닌 구리판과 접지선을 준비해야 한다.
② 접지할 수 없는 장소일 경우 누전차단기를 콘센트에 연결해야 하므로 구리판이 아닌 누전차단기를 준비해야 한다.
④ 냉장고가 주위와의 간격이 좁으면 냉각력이 떨어지고 전기료가 많이 나오므로 주위에 적당한 간격을 두어 설치해야 한다.
⑤ 냉장고는 바람이 완전히 차단되는 곳이 아닌 통풍이 잘되는 곳에 설치해야 한다.

26
정답 ②

소음이 심하고 이상한 소리가 날 때는 냉장고 뒷면이 벽에 닿는지 확인하고, 주위와 적당한 간격을 둘 수 있도록 한다.

오답분석
①·③·④는 냉동, 냉장이 잘 되지 않을 때, ⑤는 냉장실 식품이 얼 때 확인할 사항이다.

27 정답 ④

소음이 심하고 이상한 소리가 날 때는 냉장고 설치장소의 바닥이 약하거나, 불안정하게 설치되어 있는지 확인할 필요가 있다.

오답분석

① 냉동, 냉장이 전혀 되지 않을 때의 해결방법이다.
② 냉장실 식품이 얼 때의 해결방법이다.
③·⑤ 냉동, 냉장이 잘 되지 않을 때의 해결방법이다.

28 정답 ④

갈등을 발견하고도 즉각적으로 다루지 않는다면 나중에는 팀 성공을 저해하는 장애물이 될 것이다. 그러나 갈등이 존재한다는 사실을 인정하고 해결을 위한 조치를 취한다면, 갈등을 성공을 위한 하나의 기회로 전환할 수 있다.

29 정답 ②

과장은 아랫사람에게 인사를 먼저 건네며 즐겁게 하루를 시작하는 공경심이 있는 예도를 행하였다.

오답분석

① 비상금을 털어 무리하게 고급 생일선물을 사는 것은 자신이 감당할 수 있는 능력을 벗어나므로 적절하지 않다.
③ 선행이나 호의를 베풀 때도 받는 자에게 피해가 되지 않도록 주의해야 하므로 적절하지 않다.
④ 아랫사람의 실수를 너그럽게 관용하는 태도에 부합하지 않으므로 적절하지 않다.
⑤ 장례를 치루는 문상자리에서 애도할 줄 모르는 것이므로 올바르지 않다.

30 정답 ②

(B빌라 월세)+(한 달 교통비)=250,000+2.1×2×20×1,000=334,000원

따라서 B빌라에 거주할 경우 회사와 집만 왕복한다면, 고정지출비용은 한 달에 334,000원이다.

오답분석

① • A빌라의 고정지출비용
  : 280,000+2.8×2×20×1,000=392,000원
 • B빌라의 고정지출비용
  : 250,000+2.1×2×20×1,000=334,000원
 • C빌라의 고정지출비용
  : 300,000+1.82×2×20×1,000=372,800원
 따라서 월 예산이 40만 원일 때, 세 거주지의 고정지출비용은 모두 예산을 초과하지 않는다.
③ C아파트에서 회사까지의 거리(편도)는 1.82km이므로 교통비가 가장 적게 지출된다.
④ C아파트에 거주한다면, A빌라에 거주했을 때보다 한 달 고정지출비용이 392,000−372,800=19,200원 적게 지출된다.
⑤ B빌라에서 두 달 거주할 경우의 고정지출비용은 334,000×2=668,000원이고, A빌라와 C아파트에서의 한 달 고정지출비용을 각각 합한 비용은 392,000+372,800=764,800원이므로 옳지 않은 설명이다.

31 정답 ④

생산이 증가한 2016년, 2019년, 2020년에는 수출과 내수도 모두 증가했으므로 옳지 않은 설명이다.

오답분석

① 2016년에는 전년 대비 생산, 내수, 수출이 모두 증가한 것을 확인할 수 있다.
② 내수가 가장 큰 폭으로 증가한 2018년에는 생산과 수출은 모두 감소했으므로 옳은 설명이다.
③ 수출이 증가한 2016년, 2019년, 2020년에는 내수와 생산도 증가했으므로 옳은 설명이다.
⑤ 수출이 가장 큰 폭으로 증가한 2019년에는 생산도 가장 큰 폭으로 증가한 것을 확인할 수 있다.

32 정답 ③

일반 내용의 스팸문자는 2019년 하반기 0.12통에서 2020년 상반기에 0.05통으로 감소하였다.

오답분석

① 제시된 자료에 따르면 2020년부터 성인 스팸문자 수신이 시작되었다.
② 2019년 하반기에는 일반 스팸문자가, 2020년 상반기에는 대출 스팸문자가 가장 높은 비중을 차지했다.
④ 해당 기간 동안 대출 관련 스팸문자가 가장 큰 폭(0.05)으로 증가하였다.
⑤ 전년 동분기 대비 2020년 하반기의 1인당 스팸문자의 내용별 수신 수의 증가율은 $\frac{0.17-0.15}{0.15}\times 100 ≒ 13.33\%$이므로 옳은 설명이다.

33 정답 ④

근면하기 위해서는 업무에 임할 때 능동적이고 적극적인 자세가 필요하다.

34 정답 ⑤

양성평등기본법 제3조 제2호에 따르면, 성희롱의 법적 정의는 지위를 이용하거나 업무 등과 관련하여 성적 언동 등으로 상대방에게 성적 굴욕감 및 혐오감을 느끼게 하는 행위나 상대방이 성적 언동이나 그 밖의 요구 등에 따르지 아니하였다는 이유로 고용상의 불이익을 주는 행위이다. 그러므로 상대방에게 성적 수치심을 일으킨 ⑤가 성희롱 예방 수칙에 어긋난다고 볼 수 있다.

35　정답 ④

직업의 특성
- 계속성 : 직업은 일정 기간 계속 수행되어야 한다.
- 사회성 : 직업을 통하여 사회에 봉사하게 된다.
- 경제성 : 직업을 통하여 일정한 수입을 얻고, 경제발전에 기여하여야 한다.

36　정답 ③

소설을 대여한 남자의 수는 690건이고, 소설을 대여한 여자의 수는 1,060건이므로 $\frac{690}{1,060} \times 100 ≒ 65.1\%$이다. 따라서 옳지 않은 설명이다.

오답분석
① 소설의 전체 대여건수는 450+600+240+460=1,750건이고, 비소설의 전체 대여건수는 520+380+320+400=1,620건이므로 옳은 설명이다.
② 40세 미만 대여건수는 520+380+450+600=1,950건, 40세 이상 대여건수는 320+400+240+460=1,420건이므로 옳은 설명이다.
④ 전체 40세 미만 대여 수는 1,950건이고, 그중 비소설 대여는 900건이므로 $\frac{900}{1,950} \times 100 ≒ 46.2\%$이므로 옳은 설명이다.
⑤ 전체 40세 이상 대여 수는 1,420건이고, 그중 소설 대여는 700건이므로 $\frac{700}{1,420} \times 100 ≒ 49.3\%$이므로 옳은 설명이다.

37　정답 ⑤

경력개발을 위해서 먼저 관심을 가지는 직무에 대해 정보를 탐색하고, 자신과 주변 환경에 대한 탐색과 분석을 통해 경력목표를 설정하고, 이를 달성하기 위한 활동계획을 수립한다. 마지막으로 전략에 따라 실행하고 이 과정을 통해 도출된 결과를 평가한다.

자기관리 단계
- 1단계 : 직무정보 탐색
  - 관심 직무에서 요구하는 능력
  - 고용이나 승진전망, 직무 만족도 등
- 2단계 : 자신과 환경 이해
  - 자신의 능력, 흥미, 적성, 가치관
  - 직무관련 환경의 기회와 장애요인
- 3단계 : 경력목표 설정
  - 장기목표 수립 : 5 ~ 7년
  - 단기목표 수립 : 2 ~ 3년
- 4단계 : 경력개발 전략수립
  - 현재 직무와 성공적 수행
  - 역량 및 인적 네트워크 강화
- 5단계 : 실행 및 평가
  - 실행
  - 경력목표, 전략의 수정

38　정답 ①

자기개발능력의 구성
- 자아인식능력 : 직업인으로서 자신의 흥미·적성·특성 등의 이해에 기초하여 자기정체감을 형성하는 능력
- 자기관리능력 : 자신의 행동 및 업무수행을 통제하고 관리하며 조정하는 능력
- 경력개발능력 : 자신의 진로에 대한 단계적 목표를 설정하고 목표성취에 필요한 역량을 개발해 나가는 능력

39　정답 ③

일과 관련된 경험을 관리하는 것은 자아인식이 아닌 경력관리에 해당하는 것으로, 경력계획을 준비하고 실행하며 피드백하는 과정을 의미한다.

40　정답 ④

자기개발은 개별적인 과정으로 자신에 대한 이해를 바탕으로 환경변화를 예측하고, 자신에게 적합한 목표를 설정하며, 자신에게 알맞은 자기개발 전략이나 방법을 선정하여야 한다.

오답분석
① 자기개발은 일과 관련하여 이루어지는 활동으로, 생활 속에서 이루어져야 한다.
② 자기개발에서 개발의 주체는 타인이 아니라 자기 자신으로 자기개발은 스스로 계획하고 실행하는 것이다.
③ 자기개발은 보다 보람되고 나은 삶을 영위하고자 노력하는 사람이라면 누구나 해야 하는 것이다.
⑤ 자기개발은 평생에 걸쳐서 이루어지는 과정으로 변화하는 환경에 적응하기 위해서는 지속적인 자기개발이 필요하다.

직무수행능력평가

개별문항 **1** 기계일반

01	02	03	04	05	06	07	08	09	10
②	②	④	③	⑤	④	①	④	④	②
11	12	13	14	15	16	17	18	19	20
①	⑤	④	④	③	④	④	②	②	①
21	22	23	24	25	26	27	28	29	30
①	②	④	②	③	④	①	①	④	②
31	32	33	34	35	36	37	38	39	40
②	②	②	①	③	③	③	①	④	③

01　정답 ②

GC300의 GC는 회주철의 약자이며, 300은 최저인장강도를 나타낸다.

02　정답 ②

상자의 속도(v)를 구하기 위하여 운동량보존법칙을 이용한다. $Ft=mv$에서 우선 상자를 실제 움직이게 한 힘(F)을 구하면

- $F=$(잡아당긴 힘)$-$[마찰력(f)]
　$=400-150=250$N
※ 마찰력(f)$=\mu N=0.3\times(50\times10)=150$N
- $Ft=mv$

$v=\dfrac{Ft}{m}=\dfrac{250\text{kg}\times\text{m/s}^2\times5\text{s}}{50\text{kg}}=25$m/s

※ $1\text{N}=1\text{kg}\cdot\text{m/s}^2$

운동량 보존법칙

$Ft=mv$

F : 상자를 실제 움직이게 하는 힘

t : 상자가 움직이는 시간

m : 상자의 질량

v : 상자의 속도

03　정답 ④

디젤기관은 공기를 실린더에 넣고 발화점 이상이 되도록 단열압축하여 온도가 올라가면 연료분사펌프를 통해 디젤을 분출시켜 기체가 점화되면서 폭발하여 피스톤운동을 하는 기관이다. 이 기관은 소음과 진동이 커서 정숙한 운전이 힘들다.

04　정답 ③

나사를 푸는 힘 $P'=Q\tan(p-\alpha)$에서

- P'가 0보다 크면, 나사를 풀 때 힘이 든다. 따라서 나사는 풀리지 않는다.
- P'가 0이면, 나사가 풀리다가 정지한다. 따라서 나사는 풀리지 않는다.
- P'가 0보다 작으면, 나사를 풀 때 힘이 안 든다. 따라서 나사는 스스로 풀린다.

05　정답 ⑤

기계재료의 구비조건
- 고온에서 경도가 감소되지 않을 것
- 내마모성, 인성강도, 내식성, 내열성이 클 것
- 가공재료보다 경도가 클 것
- 마찰계수가 작을 것
- 재료 공급이 원활하고, 경제적일 것

06　정답 ④

플래시(Flash)현상이 나타난 성형불량에 대한 대책이다.

오답분석
① 플로마크(Flow Mark)현상 : 딥드로잉가공에서 나타나는 외관 결함으로 제품표면에 성형재료의 줄무늬가 생기는 현상이다.
② 싱크마크(Sink Mark)현상 : 냉각속도가 큰 부분의 표면에 오목한 형상이 발생하는 불량이다. 이 결함을 제거하려면 성형품의 두께와 러너와 게이트를 크게 하여 금형 내의 압력을 균일하게 한다.
③ 웰드마크(Weld Mark)현상 : 플라스틱 성형 시 흐르는 재료들의 합류점에서 재료의 융착이 불완전하여 나타나는 줄무늬 불량이다.
⑤ 스프링백(Spring Back)현상 : 소성(塑性) 재료의 굽힘 가공에서 재료를 굽힌 다음 압력을 제거하면 원상으로 회복되려는 탄력 작용으로 굽힘량이 감소되는 현상을 말한다.

07　정답 ①

오답분석
② 나사 피치 게이지 : 피치 나사산의 형상을 한 홈을 만드는 게이지
③ 반지름 게이지 : 둥근 모양의 측정에 사용하는 게이지
④ 센터 게이지 : 선반으로 나사를 절삭할 때
⑤ 플러그 게이지 : 직접 공작품의 구멍이나 지름을 검사하는 게이지

08

정답 ④

- 이상기체 상태방정식 : $PV=mRT$, (P : 압력, V : 부피, m : 질량, R : 기체상수, T : 절대온도)

[상태방정식에서 질량(m)]$=\dfrac{PV}{RT}$ 임을 알 수 있다. 따라서 공기의 질량은 $m=\dfrac{PV}{RT}=\dfrac{101\times5^3}{0.287\times(273+27)}\fallingdotseq146.6\text{kg}$이다.

※ (절대온도)=(섭씨온도)+273

09

정답 ④

유체는 전단 응력 또는 외부 힘이 작용하면 정지상태로 있을 수 없는 물질을 말한다.

10

정답 ②

점성계수(μ)

유체유동에 대한 저항력의 척도로 점도라고도 간단히 부른다.

$$\mu=\dfrac{N\times\sec}{m^2}=\dfrac{(kg\times m/s^2)\times s}{m^2}=\dfrac{kg\times m\times s}{m^2\times s^2}=\dfrac{kg}{m\times s}$$

MLT 차원은 질량(M), 길이(L), 시간(T) 순서로 표시되므로 $\dfrac{kg}{m\times s}$ 을 구분하면

$M=\text{kg}$, $L^{-1}=\left(\dfrac{1}{m}\right)$, $T^{-1}=\left(\dfrac{1}{s}\right)$이므로 표시는 $ML^{-1}T^{-1}$ 가 된다.

11

정답 ①

미터 아웃 회로는 유압 회로에서 속도제어를 하며, 실린더 출구 쪽에서 유출되는 유량을 제어한다.

오답분석

② 블리드 오프 회로 : 유압 회로에서 속도제어를 하며, 실린더로 유입되는 유량을 바이패스로 제어한다.

③ 미터 인 회로 : 유압 회로에서 속도제어를 하며, 실린더 입구 쪽에서 유입되는 유량을 제어한다.

④ 카운터 밸런스 회로 : 부하가 급격히 제거되었을 때 관성력에 의해 소정의 제어를 못할 경우 감입된다.

⑤ 언로딩 회로 : 유압 회로에서 조작의 안정성을 위해 작업을 하지 않을 때 펌프를 무부하 상태로 유지한다.

12

정답 ⑤

- δ(변형량)$=1$일 때 스프링상수 k : $\dfrac{P}{\delta}$ (P : 응력)

- $\delta=\dfrac{1}{3}$ 일 때 스프링상수 k : $\dfrac{P}{\dfrac{1}{3}\delta}=\dfrac{3P}{\delta}=3k$

13

정답 ④

마이크로미터 측정값 계산

$7.5+0.30=7.80\text{mm}$

14

정답 ④

강(Steel)은 철과 탄소를 기반으로 하는 합금으로 탄소 함유량이 증가함에 따라 성질이 달라진다. 탄소 함유량이 증가하면 경도, 항복점, 인장강도는 증가하고, 충격치와 인성은 감소한다.

15

정답 ③

유압회로에서 회로 내 압력이 설정치 이상이 되면 그 압력에 의해 밸브가 열려 압력을 일정하게 유지시키는 역할을 하는 밸브는 릴리프 밸브로 안전 밸브 같은 역할을 한다.

오답분석

① 시퀀스 밸브(Sequence Valve) : 정해진 순서에 따라 작동시키는 밸브로 기계의 정해진 순서를 조정하는 밸브이다.

② 유량제어 밸브(Flow Control Valve) : 유압회로 내에서 단면적의 변화를 통해서 유체가 흐르는 양을 제어하는 밸브이다.

④ 감압 밸브(Pressure Reducing Valve) : 액체의 압력이 사용 목적보다 높으면 사용하는 밸브로 압력을 낮춘 후 일정하게 유지시켜주는 밸브이다.

⑤ 체크 밸브(Check Valve) : 액체의 역류를 방지하기 위해 한쪽 방향으로만 흐르게 하는 밸브이다.

16

정답 ④

코킹(Caulking)은 물이나 가스 저장용 탱크를 리벳팅한 후 밀폐를 유지하기 위해 날 끝이 뭉뚝한 정(코킹용 정)을 사용하여 리벳 머리 등을 쪼아서 틈새를 없애는 작업이다.

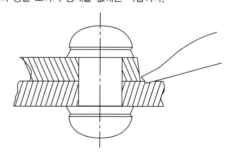

17

정답 ①

코일스프링 하나의 스프링상수를 1로 가정하고, 직렬 또는 병렬로 연결할 때 각각의 전체 스프링상수를 구하면 다음과 같다.

- 직렬연결

$$k = \cfrac{1}{\cfrac{1}{k_1} + \cfrac{1}{k_2}} = \frac{1}{1+1} = \frac{1}{2} = 0.5$$

- 병렬연결

$$k = k_1 + k_2 = 1 + 1 = 2$$

따라서 직렬 스프링상수는 병렬 스프링상수의 $\dfrac{0.5}{2} = \dfrac{1}{4}$ 배가 된다.

18

정답 ②

직각인 두 축 간에 운동을 전달하고, 잇수가 같은 한 쌍의 베벨기어의 일종은 '마이터기어'라고 한다.

오답분석

① 스퍼기어 : 평행을 이루는 두 축을 연결하는 기어 장치
③ 나사기어 : 나사형으로 톱니를 절삭한 기어
④ 헬리컬기어 : 기어 축의 중심선에 대해 각을 형성하고 있는 기어
⑤ 평기어 : 가장 대표적인 기어이며, 축과 나란히 톱니가 절삭되어 있는 기어

19

정답 ②

키의 전달강도가 큰 순서는 '스플라인>경사키>평키>안장키(새들키)'이다.

20

정답 ①

열역학 제2법칙 : 엔트로피(최소 0, 무질서의 정도)가 항상 증가하는 방향으로 물질 시스템이 움직인다.

21

정답 ①

프레스가공의 일종으로 펀치와 다이를 이용해서 판금할 재료로부터 제품의 외형을 따내는 작업은 블랭킹(Blanking)이라 한다.

오답분석

② 피어싱(Piercing) : 재료에 펀치로 구멍을 뚫거나 작은 구멍에 펀치를 이용하여 구멍을 넓히는 가공법이다.
③ 트리밍(Trimming) : 제품치수보다 크게 만드는 드로잉 가공 후 기존의 제품치수에 맞게 재료를 절단하는 작업으로 트리밍용 별도의 다이가 필요하다.
④ 플랜징(Flanging) : 금속판재의 모서리를 굽혀 테두리를 만드는 가공법이다.
⑤ 스탬핑(Stamping) : 요철이 가공된 상형과 하형 사이에 판금을 넣고 충격적인 압력을 가하여 판금 표면에 요철의 형상을 찍어내는 가공법이다.

22

정답 ②

인바는 철 64%, 니켈 36%의 합금으로 열팽창 계수가 작고, 내식성도 좋은 것으로 시계추, 바이메탈 등에 사용된다.

오답분석

① 인코넬 : 니켈 80%, 크롬 14%, 철 6%의 합금으로 내산성이 강하고, 전열기, 항공기의 배기밸브에 이용한다.
③ 콘스탄탄 : 니켈 45%, 구리 55%의 합금으로 전기저항이 높고 온도계수가 작아 온도 측정기에 이용한다.
④ 플래티나이트 : 니켈 46%를 함유한 합금으로 평행계수가 유리와 같으며, 금속의 봉착용에 이용한다.
⑤ 코바 : 유리의 열팽창 계수와 같고, 철 53%, 니켈 28%, 코발트 18%의 합금이다.

23

정답 ④

카운터 싱킹은 접시머리 나사의 머리가 완전히 묻힐 수 있도록 원뿔 자리를 만드는 작업이다.

24

정답 ②

기본 열처리 4단계

- 불림(Normalizing, 노멀라이징) : 주조나 소성가공에 의해 거칠고 불균일한 조직을 표준화조직으로 만드는 열처리법이다.
- 풀림(Annealing, 어닐링) : 강 속에 있는 내부응력을 제거하고 재료를 연하게 만들기 위해 일정 변태점 이상의 온도로 가열한 후 가열 노나 공기 중에서 천천히 냉각시키는 열처리법이다.
- 뜨임(Tempering, 템퍼링) : 잔류응력으로 불안정한 조직을 변태점 이하의 온도로 재가열하여 잔류응력을 제거하고 인성을 증가시키기 위한 열처리법이다.
- 담금질(Quenching, 퀜칭) : 변태점 이상의 온도로 가열한 후 물이나 기름 같은 냉각제 속에 집어넣어 급랭시킴으로써 강도와 경도가 큰 재료를 만들기 위한 열처리법이다.

25

정답 ③

절삭 속도를 빠르게 하면 구성인선이 작아진다.

26

정답 ④

스트레이트에지(Straight Edge)는 평면도를 측정하는 기기이다.

오답분석

① 마이크로미터가 버니어캘리퍼스보다 측정할 때 더 정밀하다.
② 사인바(Sine Bar)는 삼각법을 이용하여 공작물의 각도를 측정한다.
③ 다이얼게이지(Dial Gage)는 변화 변위를 톱니바퀴로 정밀하게 측정하는 비교측정기이다.
⑤ 마이크로미터(Micrometer)는 0.01mm 단위까지 측정 가능하다.

27
정답 ①

STD 11 : 합금공구강(냉간금형)

오답분석

② 탄소강 주강품(SC), 인장강도 360MPa 이상(360)
③ 기계 구조용 탄소강재(SM), 평균탄소함유량 0.42 ~ 0.48%(45C)
④ 일반 구조용 압연강재(SS), 최저인장강도 400N/mm² (400)
⑤ 대표적인 오스테나이트계 스테인리스강으로 내약품성, 내열성이 뛰어나기 때문에 처리수조 등에 사용된다. SUS 304는 Ni 8 ~ 11%, Cr 18 ~ 20%를 함유한 강이다.

28
정답 ①

강도의 크기
극한강도 > 항복응력 > 탄성한도 > 허용응력 ≥ 사용응력

29
정답 ④

오답분석

① 제품과 동일한 형상의 모형을 왁스(양초)나 파라핀(합성수지)으로 만든 후 그 주변을 슬러리 상태의 내화 재료로 도포한 다음 가열하면 주형은 경화되면서 왁스로 만들어진 내부 모형이 용융되어 밖으로 빼내어짐으로써 주형이 완성되는 주조법이다. 다른 말로는 로스트 왁스법, 치수 정밀도가 좋아서 정밀주조법으로도 불린다.
② 분말과 야금의 합성어로 금속 분말을 압축 성형하여 가열하면 입자 사이에 확산이 일어나는데 이때 분말이 서로 응착하는 소결현상이 일어나면서 원하는 형상으로 성형시키는 제조 기술이다.
③ 사출 실린더 안에 지름이 약 $10\mu m$의 금속 분말을 넣고 사출기로 성형하여 제품을 만드는 제조 기술이다.
⑤ 원료를 압출기에 공급하고 금형에서 밀어내어 일정한 모양의 단면을 가진 연속체로 변환하는 성형법으로 열가소성 수지 특히 폴리에틸렌이나 염화비닐 수지 등의 주요한 성형법이다.

30
정답 ②

클러치 설계 시 유의사항은 균형상태가 양호해야 하고, 관성력이 작고 과열되지 않아야 하며, 마찰열에 대한 내열성도 좋아야 한다. 그리고 단속을 원활히 할 수 있도록 하여야 한다.

31
정답 ②

$$\varepsilon = \frac{\triangle l}{l} \times 100$$

$$0.2 = \frac{l'-l}{l}$$

$$0.2 = \frac{24-x}{x}$$

$$0.2x = 24-x$$

$$1.2x = 24$$

$x = 20$, 따라서 처음 길이는 20cm이다.

※ ε(연신율)=(연신거리)÷(원 표점거리)×100

32
정답 ②

순철에 0.8%의 C가 합금된 공석강을 서랭(서서히 냉각)시키면 페라이트가 아닌 펄라이트 조직이 나온다.

오답분석

① 아공석강은 순철에 0.02 ~ 0.8%의 C가 합금된 강이다.
③ 과공석강은 순철에 0.8 ~ 2%의 C가 합금된 강이다.
④ 시멘타이트는 순철에 6.67%의 C가 합금(금속간 화합물)된 재료로 표시는 Fe_3C로 한다.
⑤ 탄소강에서는 어떤 방법이든 급속하게 냉각시켜도 오스테나이트만의 조직은 이룰 수가 없으나 Mo 또는 Ni를 첨가하면 쉽게 오스테나이트 조직이 생긴다.

33
정답 ②

불림처리는 결정립을 조대화시키지 않는다.

불림(Normalizing : 노멀라이징)
주조나 소성가공에 의해 거칠고 불균일한 조직을 표준화 조직으로 만드는 열처리법으로, A_3변태점보다 $30 \sim 50℃$ 높게 가열한 후 공랭시킴으로써 만들 수 있다.

34
정답 ①

Q(열량)=U(내부에너지)+W(일) → U(내부에너지)
      =Q(열량)−W(일)
열을 방출한 열량과 외부에서 일을 받은 일의 양은 (−)값이므로 내부에너지는 (−36)−(−68)=32kJ/kg이고, (+)값이므로 증가했다.

35
정답 ③

슈퍼 피니싱은 공작물 표면에 숫돌을 낮은 압력으로 누르고, 진동을 주면서 공작물을 회전시켜 표면을 마무리하는 가공법이다.

오답분석

① 버니싱 : 다듬질 면을 파괴하지 않고 다듬질하는 방법
② 방전가공 : 가공 전극과 같은 단면의 형상을 공작물에 가공하는 방법
④ 초음파 가공 : 공구에 초음파 진동을 주어 숫돌립과 물 또는 기름의 혼합액을 이용한 공작물의 구멍을 뚫는 가공법
⑤ 브로칭 : 복잡한 모양의 가공물의 표면을 절삭하는 가공법

안심Touch

36

부력은 물체를 액체에 넣었을 때 중력의 반대방향으로 물체를 들어 올리는 힘이다.

$F = \gamma_a V = \gamma_b V_b$, ($\gamma_a$: 물의 비중, V : 물체가 잠긴 부피, γ_b : 물체의 비중, V_b : 물체의 전체부피)

따라서 물속에 잠긴 나무토막의 부피는

$V = \dfrac{\gamma_b V_b}{\gamma_a} = \dfrac{0.5 \times (1 \times 1 \times 0.5)}{1} = 0.25 \text{m}^3$ 이다.

37

정답 ③

반달키는 홈이 깊게 가공되어 축의 강도가 약해지는 결점이 있으나 가공하기 쉽고, 60mm 이하의 작은 축에 사용되며, 특히 테이퍼축에 사용하기 편리하다.

오답분석

① 평행키 : 상하의 면이 평행인 묻힘키이다.

② 경사키 : 보통 $\dfrac{1}{100}$ 기울기를 가진 키이다.

④ 평키 : 축에 키의 폭만큼 편평하게 만들어 보스에 만든 홈에 사용한다.

⑤ 새들키 : 보스에만 홈을 파고 축에는 홈을 파지 않고 끼울 수 있는 단면의 키를 말한다.

38

정답 ①

다음 표를 참고하면 철의 밀도가 탄소의 밀도보다 2~3배가 더 크기 때문에 동일 체적인 경우 철이 탄소보다 무거운 것을 알 수 있다. 따라서 순수한 철에 탄소의 함유량이 높아질수록 합금되는 탄소강의 비중은 낮아진다.

철과 탄소의 비교

구분	밀도(p)	원자량
철(Fe)	7.87g/cm^3	55.8g/mol
탄소(C)	$1.8 \sim 3.5 \text{g/cm}^3$	12g/mol

39

정답 ④

• 단순보 최대 처짐 : $\delta = \dfrac{PL^3}{48EI}$, [$P$: 하중, L : 길이, E : 탄성계수, $I\left(= \dfrac{bh^3}{12}\right)$: 관성모멘트]

따라서 집중하중은 $P = \dfrac{48EI}{L^3} \times \delta$임을 유도할 수 있고, 하중은 4,320N이다.

$P = \dfrac{48EI}{L^3} \times \delta = \dfrac{48 \times 200 \times 10^9 \times (10^{-2})^2}{(200)^3} \times \dfrac{4 \times 6^3}{12} \times 0.5$

$\quad = 4,320\text{N}$

40

정답 ③

응력 – 변형률선도에서 재료에 작용한 응력이 항복점에 이르게 되면 하중을 제거해도 재료는 변형된다.

강(Steel)재료를 인장시험하면 다음과 같은 응력 – 변형률선도를 얻을 수 있다. 응력 – 변형률 곡선은 작용 힘에 대한 단면적의 적용방식에 따라 공칭응력과 진응력으로 나뉘는데 일반적으로는 시험편의 최초 단면적을 적용하는 것을 공칭응력 혹은 응력이라고 하며 다음 선도로 표현한다.

※ 공칭응력(Tominal Stress) : 시험편의 최초단면적에 대한 하중의 비

진응력(True Stress) : 시험 중 변화된 단면적에 대한 하중의 비

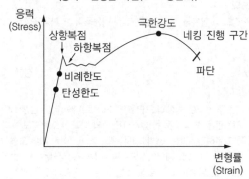

〈응력 – 변형률 곡선($\sigma - \varepsilon$ 경선도)〉

• 탄성한도(Elastic Limit) : 하중을 제거하면 시험편의 원래 치수로 돌아가는 구간으로 후크의 법칙이 적용된다.

• 비례한도(Proportional Limit) : 응력과 변형률 사이에 정비례 관계가 성립하는 구간 중 응력이 최대인 점이다.

• 항복점(Yield Point, σ_y) : 인장시험에서 하중이 증가하여 어느 한도에 도달하면 하중을 제거해도 원위치로 돌아가지 않고 변형이 남게 되는 그 순간의 하중이다.

• 극한강도(Ultimate Strength, σ_u) : 재료가 파단되기 전에 외력에 버틸 수 있는 최대의 응력이다.

• 네킹구간(Necking) : 극한 강도를 지나면서 재료의 단면이 줄어들면서 길게 늘어나는 구간이다.

• 파단점 : 재료가 파괴되는 점이다.

개별문항 **2** 전기일반

01	02	03	04	05	06	07	08	09	10
①	②	①	②	④	④	②	④	①	③
11	12	13	14	15	16	17	18	19	20
④	②	②	②	②	②	①	④	④	①
21	22	23	24	25	26	27	28	29	30
①	②	③	③	②	①	①	①	①	③
31	32	33	34	35	36	37	38	39	40
①	②	②	③	②	②	③	③	②	③

01
정답 ①

$Z = \dfrac{V_s}{V_{1n}} \times 100$에서

$V_s = \dfrac{V_{1n}Z}{100}$ 일 때, $Z^2 = R^2 + X^2$ 공식을 이용하여

$Z = \sqrt{p^2 + q^2} = \sqrt{(2.4)^2 + (1.6)^2} \fallingdotseq 2.88$

$\therefore V_s = \dfrac{3,300 \times 2.88}{100} \fallingdotseq 95V$

02
정답 ②

금속관 공사에서 배관이 긴 경우 전선을 끌어들이는 것을 쉽게 하기 위해 '풀박스'를 이용하며, 관의 굴곡이 3개소가 넘거나 관의 길이가 30m를 초과하는 경우 적용한다.

03
정답 ①

정전 유도에 의해 작용되는 힘은 흡인력이다.

04
정답 ②

$I = \dfrac{V}{R} = \dfrac{100}{3+7+10} = 5A$

05
정답 ④

식 $V = I_f(R_f + R)$에서 $R_f = \dfrac{V}{I_f} - R = \dfrac{100}{2} - 10 = 40\Omega$이다.

06
정답 ④

저항체의 필요 조건
- 저항의 온도 계수가 작을 것
- 구리에 대한 열기전력이 적을 것
- 고유 저항이 클 것
- 내구성이 좋을 것
- 값이 쌀 것

07
정답 ②

전기력선은 도체표면에 수직이고, 도체 내부에는 존재하지 않는다.

> **오답분석**

전기력선의 밀도는 전기장의 크기와 같고, 전기력선 방향도 전기장 방향과 같다. 또한 양전하에서 음전하로 이동하며, 전위가 높은 곳에서 낮은 곳으로 향한다.

08
정답 ④

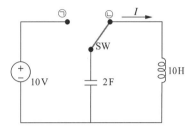

스위치 ⓛ 전환 시 인덕턴스 L(단락상태)

∴ 회로 단락상태(전류 $I = 0$)

즉, L 단락상태이므로 초기전류는 항상 0이다.

09
정답 ①

$s = \dfrac{N_s - N}{N_s}$, $N_s = \dfrac{120f}{p} = \dfrac{120 \times 60}{6} = 1,200$

$\therefore s = \dfrac{1,200 - 1,152}{1,200} = 0.04$

따라서 $E_{2s} = sE_2 = 0.04 \times 200 = 8V$이다.

10
정답 ③

다이오드는 전류를 한쪽 방향으로만 흐르게 하는 역할을 한다. 이를 이용하여 교류를 직류로 바꾸는 작용을 다이오드의 정류작용이라고 한다.

> **오답분석**

① 증폭작용 : 전류 또는 전압의 진폭을 증가시키는 작용
② 발진작용 : 직류에너지를 교류에너지로 변환시키는 작용
④ 변조작용 : 파동 형태의 신호 정보의 주파수, 진폭, 위상 등을 변화시키는 작용
⑤ 승압작용 : 회로의 증폭 작용 없이 일정 비율로 전압을 높여주는 작용

11
정답 ④

그림은 단상 전파 정류 회로 이므로, $E_d = 0.9E = 9$,

$\therefore I_d = \dfrac{E_d}{R} = \dfrac{9}{5,000} = 1.8mA$

안심Touch

12
정답 ②

$B=\dfrac{\varPhi_m}{A}$ 에서 $\varPhi_m=\dfrac{E_1}{4.44fN_1}$ 이고,

$E_1=3,300,\ f=60,\ N_1=550$이므로,

$\varPhi_m=\dfrac{3,300}{4.44\times60\times550}\fallingdotseq0.023$

$\therefore\ B=\dfrac{0.023}{150\times10^{-4}}\fallingdotseq1.5\mathrm{Wb/m^2}$

13
정답 ②

정류회로에서 다이오드를 여러 개 접속하는 경우 직렬 시 과전압으로부터의 보호이며, 병렬 시 과전류로부터의 보호이다.

14
정답 ②

$P_2=\dfrac{P}{1-s}$, $N_s=\dfrac{120f}{p}=\dfrac{120\times60}{8}=900$, $s=\dfrac{N_s-N}{N_s}=$

$\dfrac{900-855}{900}=0.05$

$P_2=\dfrac{15\times746}{1-0.05}\ (\because1HP=746w)=\dfrac{11,190}{0.95}\fallingdotseq11,779\mathrm{W}$

$\eta_2=\dfrac{P}{P_2}=\dfrac{11,190}{11,779}\times100\fallingdotseq95\%$

$P_{c2}=sP_2=0.05\times11,779\fallingdotseq589\mathrm{W}$

15
정답 ②

$N_s=\dfrac{120f}{p}$

$f=\dfrac{N_sp}{120}=\dfrac{1,200\times6}{120}=60\mathrm{Hz}$

$N=\dfrac{120f}{p}=\dfrac{120\times60}{8}=900\mathrm{rpm}$

16
정답 ②

$a=2a,\ b=2b$를 대입하면

$C'=\dfrac{4\pi\varepsilon_0\times2a2b}{2b-2a}=\dfrac{4\pi\varepsilon_0\times4ab}{2(b-a)}=\dfrac{4\pi\varepsilon_0\times2ab}{(b-a)}=2C$

$\therefore$ 2배가 된다.

17
정답 ①

펠티에 효과는 서로 다른 두 종류의 금속을 접합한 후, 두 금속의 접합 부분에 전류를 흘려 보내면 양쪽 접합점 사이에 온도 차가 발생하는 현상이다.

② 제벡 효과 : 서로 다른 두 종류의 금속을 접합하고 두 금속의 양쪽 접점 부분에 온도 차이를 주면 열기전력이 발생하여 전류가 흐르는 현상

③ 제3금속의 법칙 : 서로 다른 두 금속으로 만든 접점에 임의의 다른 금속을 연결해도 온도를 유지하면 기전력이 변하지 않는다는 법칙

④ 열전 효과 : 이중의 금속을 연결하여 한쪽은 고온, 다른 쪽은 저온으로 했을 때 기전력이 발생한다.

⑤ 톰슨 효과 : 단일한 도체로 된 막대기의 양 끝에 전위차가 가해지면 이 도체의 양 끝에서 열의 흡수나 방출이 일어나 온도 차가 생기는 현상을 말한다.

18
정답 ④

어떤 도체에 1A의 전류가 1초간 흐를 때 도체를 통과하는 전기량은 1C이다. 그러므로 1분간 흐를 때 도체에 통과하는 전기량은 60C이다. 따라서 5A가 10분간 흘렀다면 전지에서 나온 전기량은 $5\mathrm{C/s}\times60\mathrm{s/min}\times10\mathrm{min}=3,000\mathrm{C}$이다.

19
정답 ④

자체 인덕턴스에 축적되는 에너지의 공식은 $W=\dfrac{1}{2}LI^2[\mathrm{J}]$로 자체 인덕턴스(L)에 비례하고, 전류(I)의 제곱에 비례한다.

20
정답 ①

중권의 병렬회로수 a=P(극수)이므로, a=4, p=4이다.

$\therefore\ E=\dfrac{pZ}{a}\varPhi\dfrac{N}{60}=\dfrac{4\times152}{4}\times0.035\times\dfrac{1,200}{60}\fallingdotseq106\mathrm{V}$

21
정답 ①

$f_s=sf_1$ 이고,

$s=\dfrac{n_0-n_2}{n_0}=\dfrac{100-95}{100}=0.05$

$\therefore\ f_2=0.05\times100=5\mathrm{Hz}$

22
정답 ②

절연저항은 절연물에 전압을 가하면 매우 작은 전류가 흐르며 절연체가 나타내는 전기 저항이다. 즉 절연저항은 전기를 통하지 않도록 하는 저항이라고 할 수 있으므로 클수록 절연 효과가 좋아져 누전될 확률이 줄어든다.

23
정답 ③

전동기 원리와 관련있는 법칙으로 엄지는 힘(F), 검지는 자속밀도(B), 중지는 전류(I)를 나타낸다.

24 　　　　　　　　　　　　　　　　정답 ③

병렬로 사용하는 전선에는 각각에 퓨즈를 설치하지 말아야 하며, 전류의 불평형이 발생하지 않도록 한다.

25 　　　　　　　　　　　　　　　　정답 ②

발전기의 원리와 관련있는 법칙으로 운동방향과 자속밀도의 방향을 알면 유도 기전력의 방향을 알 수 있는 것으로 '플레밍의 오른손 법칙'이다.

오답분석

① 유도 전류의 자속은 원래 자속의 증가 또는 감소를 방해하는 방향으로 나타난다.

③ 전동기 원리와 관련있는 법칙으로 자기장과 전류의 방향을 알고 있을 때 힘의 방향을 알 수 있다.

④ 일정한 크기와 방향의 정상전류가 흐르는 도선 주위의 자기장 세기를 구할 수 있다.

⑤ 전류의 세기는 두 점 사이의 전위차에 비례하고 전기저항에 반비례한다는, 전기회로 내의 전류, 전압, 저항의 관계를 나타낸다.

26 　　　　　　　　　　　　　　　　정답 ①

리액턴스 전압은 불꽃 발생의 원인이 되는데, 리액턴스 전압을 감소시키기 위한 방법에는 정류주기 증가, 인덕턴스 감소, 보극설치가 있다. 또한 브러시 접촉 저항 확대를 위해 접촉 저항이 큰 탄소브러시를 사용하는 것이 불꽃 없는 정류를 얻는 데 유효한 방법이다.

27 　　　　　　　　　　　　　　　　정답 ①

지지점 간격

• 1m 이하 : 가요전선관, 캡타이어 케이블

• 1.5m 이하 : 금속몰드, 합성수지관

• 2m 이하 : 금속관, 라이딩덕트, 애자, 케이블

• 3m 이하 : 금속덕트

28 　　　　　　　　　　　　　　　　정답 ①

버니어 캘리퍼스는 주로 원형으로 된 물체의 지름을 재는 데 사용하는 도구이다. 길이를 재는 쇠로 된 자에, 간격 조정이 가능한 버니어가 설치된 형태로 되어 있다. 버니어에는 본체의 자(어미자)와 별도로 눈금자(아들자)가 그려져 있으며, 어미자의 측정면과 아들자의 측정면을 통해 제품의 안지름 및 바깥지름을 측정할 수 있다.

오답분석

② 채널 지그 : 지그는 기계가공에서 가공위치를 쉽고 정확하게 정하기 위한 보조용 기구이며, 채널 지그는 지그의 한 종류이다.

③ 스트레인 게이지 : 구조체의 변형되는 상태와 정도를 측정하는 측정기이다.

④ 스테핑 머신 : 주어진 펄스 수에 비례한 각도만큼 회전하는 모터이다.

⑤ 신호 처리 증폭기 : 출력 신호를 증폭하고 귀선 소거 신호나 동기 신호 등을 첨가시켜 복합 영상 신호를 만드는 기구이다.

29 　　　　　　　　　　　　　　　　정답 ①

전기자 반작용의 영향

• 기하학적 중성축 이동

• 주자속 감소 → 기전력 감소

• 주자속 일그러짐 → 정류 불안정

• 정류자 편간의 불꽃 섬락 발생

30 　　　　　　　　　　　　　　　　정답 ③

$$i = \frac{V}{R}\left(1 - e^{-\frac{R}{L}t}\right) = \frac{100}{10}\left(1 - e^{-\frac{10}{0.1} \times 0.01}\right) = 10(1 - e^{-1})$$

$$\fallingdotseq 6.32A(\because e \fallingdotseq 2.718)$$

31 　　　　　　　　　　　　　　　　정답 ①

쿨롱의 법칙 : 정지해 있는 두 개의 점전하 사이에 작용하는 힘은 거리의 제곱에 반비례하고 두 전하량 곱의 비례한다. 또한 두 물체 사이에 작용하는 힘은 거리의 제곱에 반비례한다.

32 　　　　　　　　　　　　　　　　정답 ②

등가회로(직렬연결 상태)

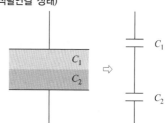

평행판 콘덴서 정전용량 $C = \dfrac{\varepsilon S}{d}$ [F]

$d = \dfrac{d}{3}$ 을 대입하면

$$C' = \frac{\varepsilon S}{\frac{1}{3}d} = \frac{\varepsilon S}{d} \times 3$$

$$\therefore \ C' = 3C$$

등가회로에서 콘덴서는 직렬연결 상태이므로

$$C_{tot} = \frac{3C \times 3C}{3C + 3C} = \frac{9C^2}{6C} = \frac{3}{2}C$$

33 　　　　　　　　　　　　　　　　정답 ②

$$R_1 = a^2 R_2 = a^2 \times 0.4 (a = 권수비)$$

$$I_1 = \frac{V_1}{R_1} = \frac{720}{a^2 \times 0.4} = 2$$

$$\therefore a = 30$$

따라서 1차측 탭의 전압 $V_1 = aV_2 = 30 \times 110 = 3,300V$

34 정답 ③

1차 전압의 식은 $V_1 = \dfrac{N_1}{N_2} V_2$ 이므로 정격 2차 전압×권수비임을 알 수 있다.

35 정답 ②

μ(마이크로)는 10^{-6} 으로 $1F = 1,000,000\mu F$이다. 따라서 $0.001F = 1,000\mu F$이다.

36 정답 ②

3상 유도 전동기의 회전방향을 바꾸기 위해서는 전원을 공급하는 3선 중 2선을 서로 바꾸어 연결하면 된다.

37 정답 ③

피시 테이프는 배관에 전선을 삽입하기 위해 사용하는 공구이다.

38 정답 ③

전압 변동률은 $\varepsilon = p\cos\theta + q\sin\theta$이다. (p : 저항 강하, q : 리액턴스 강하, $\cos\theta$: 역률)

또 $\cos^2\theta + \sin^2\theta = 1$ 이므로, $\sin^2\theta = 1 - \cos^2\theta$,
$\sin\theta = \sqrt{1 - \cos^2\theta} = \sqrt{1 - 0.64} = 0.6$, 즉 $\sin\theta = 0.60$이다.
따라서 전압 변동률은 $\varepsilon = p\cos\theta + q\sin\theta = 3 \times 0.8 + 4 \times 0.6 = 4.8\%$이다.

39 정답 ②

• 임피던스
$$Z = 30 + j70 - j30 = 30 + j40$$
$$|Z| = \sqrt{(30)^2 + (40)^2} = 50$$

• 실효전류
$$I = \frac{V}{|Z|} = \frac{\dfrac{100}{\sqrt{2}}}{50} = \frac{100}{50\sqrt{2}} = \frac{2}{\sqrt{2}}$$

• 최대전류
$$I_m = \sqrt{2}\,I = \sqrt{2} \times \left(\frac{2}{\sqrt{2}}\right) = 2$$

40 정답 ③

전체 길이가 16m 이하이고, 설계하중이 6.8kN 이하의 철근콘크리트주와 강관주, 목주는 다음 각 호의 기준에 따라 시설할 수 있다.
• 전체의 길이가 15m 이하인 경우는 땅에 묻히는 깊이를 전체 길이의 6분의 1 이상으로 한다.
• 전체의 길이가 15m를 초과하는 경우는 땅에 묻히는 깊이를 2.5m 이상으로 한다.

개별문항 **3** 전자일반

01	02	03	04	05	06	07	08	09	10
④	②	②	①	④	④	⑤	①	①	④
11	12	13	14	15	16	17	18	19	20
③	②	⑤	①	③	①	①	③	③	⑤
21	22	23	24	25	26	27	28	29	30
①	③	②	④	①	③	②	②	④	③
31	32	33	34	35	36	37	38	39	40
③	①	⑤	④	⑤	②	⑤	⑤	⑤	②

01 정답 ④

전자계 고유임피던스 $Z_0 = \dfrac{E}{H} = \sqrt{\dfrac{\mu}{\varepsilon}} = \sqrt{\dfrac{\mu_o \mu_r}{\varepsilon_o \varepsilon_r}}$ 이며, $\sqrt{\dfrac{\mu_o \mu_r}{\varepsilon_o}}$

$\fallingdotseq 377$을 고유임피던스에 대입하면 $Z_0 = \sqrt{\dfrac{\mu_o \mu_r}{\varepsilon_o \varepsilon_r}} = \dfrac{377}{\sqrt{\varepsilon_r}} \fallingdotseq$

$\dfrac{377}{\sqrt{80}} \fallingdotseq 42\,\Omega$ 이다.

02 정답 ②

전기각속도 $\omega = 2\pi f[\text{rad/s}]$, 코일의 유도 리액턴스 $X_L = \omega L = 400$
$= 2\pi f L[\Omega]$이므로 주파수 $f = \dfrac{X_L}{2\pi L} \fallingdotseq \dfrac{400}{2 \times 3.14 \times 2,000 \times 10^{-3}}$
$= \dfrac{400}{12.56} \fallingdotseq 31.8\text{Hz}$가 된다.

03 정답 ②

고역이득(A_H)과 중역이득(A_m)의 비는 $\dfrac{A_H}{A_m} = \dfrac{1}{\sqrt{1 + \left(\dfrac{f}{f_h}\right)^2}}$

이므로 A_H(고역이득)$= \dfrac{A_m}{\sqrt{1 + \left(\dfrac{f}{f_h}\right)^2}}$ 이다.

04 정답 ①

피에조 저항은 압력(외력)에 따라 변하는 저항이다.

05 정답 ④

다중처리 시스템은 하나의 처리기가 고장났을 경우 다른 처리기들이 계속 그 기능을 유지할 수 있다.

06 정답 ④

유전체는 부도체이므로 내부를 통해 흐르는 전도전류가 아니라 교류전압이 인가되었을 경우에 변위전류가 흐른다. 변위전류(i_d)는 전속밀도(D)의 시간적 변화에 의한 전류, 유전체 내에 존재하는 구속전지의 변위에 의해 나타나는 전류 등을 뜻한다.

07 정답 ⑤

$R-L-C$ 병렬공진회로의 전류확대비 $Q_0 = \dfrac{I_C}{I} = \dfrac{I_L}{I} = \dfrac{R}{\omega_0 L}$ $= \omega_0 CR$이다. w_0(공진각속도)를 제거하기 위해 전류확대비를 제곱하면 $Q_0^2 = Q_0 \times Q_0 = \dfrac{R}{\omega_0 L} \times \omega_0 CR = \dfrac{CR^2}{L}$ 이다. 따라서 $Q_0 = R\sqrt{\dfrac{C}{L}}$ 이 된다.

08 정답 ①

C급의 전력증폭기의 실재 능률은 $70 \sim 90\%$ 정도이며, 동작점은 역활성 영역이고, 입력신호 반주기에서 동작한다.

오답분석

② 전력효율(η)은 (교류출력)÷(직류입력)×100이다.
③ 최대 컬렉터 손실은 트랜지스터의 최대 정격으로 동작 시에 컬렉터에 소비되는 전력이며, 트랜지스터 내부에서 열에너지로 소비되어 접합부의 온도가 상승한다.
④ A급 전력증폭기는 입력신호는 전주기($0° \sim 360°$)동안 동작한다.
⑤ B급의 동작점은 차단 영역이다.

09 정답 ①

평형상태의 트랜지스터는 세 단자가 접속되지 않은 상태이며, 페르미 준위가 균일한 상태이다. 다수 캐리어는 확산운동, 소수캐리어는 드리프트 운동을 하며 균형을 유지하고 있으며, 트랜지스터가 열평형 상태에 있는 것을 말한다.

10 정답 ④

인터럽트는 컴퓨터 작동 중에 예기치 않은 문제가 발생한 경우라도 업무 처리가 계속될 수 있도록 하는 컴퓨터 운영체계의 기능이며, 동작순서는 아래와 같다.

인터럽트 동작순서
1. 인터럽트를 요청한다.
2. 프로그램 실행을 중단한다(현재 실행 중이던 Micro Operation 까지 수행).
3. 현재의 프로그램 상태를 보존한다.
4. 인터럽트 처리 루틴을 실행한다(인터럽트를 요청한 장치를 식별).

5. 인터럽트 서비스 루틴을 실행한다.
   - 인터럽트 원인을 파악하고 실질적인 작업을 수행하고, 처리 시 레지스터 상태를 보존한다.
   - 서비스 루틴 수행 중 우선순위가 더 높은 인터럽트가 발생하면 또 재귀적으로 ①~⑤의 과정을 수행한다.
   - 인터럽트 서비스 루틴을 실행할 때 인터럽트 플리그(IF)를 0으로 하면 인터럽트 발생을 방지할 수 있다.
6. 상태를 복구한다[인터럽트 발생 시 저장해둔 PC(Program Counter)를 다시 복구].
7. 중단된 프로그램의 실행을 재개한다(PC의 값을 이용하여 이전에 수행 중이던 프로그램을 재개).

11 정답 ③

렌츠의 법칙의 기전력 $e = L\dfrac{di}{dt}$ [V]에서 자기 인덕턴스 유도하면 $L = e\dfrac{dt}{di}$ 이다. 따라서 자기 인덕턴스 L의 단위는 $\text{V} \cdot \text{sec/A} = \Omega \cdot \text{sec} = \text{H}$이다.

오답분석

① 전류(I)의 단위이다.
② 전압(V)의 단위이다.
④ 자기장(B)의 단위이다.
⑤ 자속(ϕ)의 단위이다.

12 정답 ②

상호 인덕턴스 $M = K\sqrt{L_1 L_2}$ 에 자체 인덕턴스와 결합계수를 대입하면 $M = K\sqrt{L_1 L_2} = 0.7\sqrt{40 \times 10} = 0.7\sqrt{400} = 14\text{H}$가 된다.

13 정답 ⑤

무궤환 전압이득(A_V)은 50, 고역차단 주파수(f_H)는 10kHz이며, 궤환을 걸어 전압이득(A_{V_f})이 20이 되었다.

$A_{V_f} = \dfrac{A_V}{1+\beta A_V} \rightarrow 1+\beta A_V = \dfrac{A_V}{A_{V_f}} = \dfrac{50}{20} \rightarrow 1+\beta A_V = \dfrac{5}{2}$

궤환 고역차단주파수(f_{H_f})는 $f_{H_f} = (1+\beta A_V) \times f_H = \dfrac{5}{2} \times 10 = 25$kHz가 된다.

14 정답 ①

PN접합 양측에 불순물 함유량이 많을 경우 공핍층 폭이 넓어지고, 접촉전위 차(전위 장벽)가 높아진다.

안심Touch

15 정답 ③

코딩은 알고리즘을 기호가 아닌 컴퓨터가 이해할 수 있는 언어로 바꾸어 컴퓨터에 입력하는 작업이다.

16 정답 ①

무한평면도체와 점전하 $+Q$[C] 사이에 작용하는 전기력은 영상전하 $-Q$[C]과의 작용력이다. 따라서 쿨롱의 힘 $F=k\dfrac{Q_1 Q_2}{r^2}=\dfrac{-Q^2}{4\pi\varepsilon(2a)^2}=\dfrac{-Q^2}{16\pi\varepsilon a^2}$[N]이고, 힘의 방향은 음의 부호로 서로 끌어당기는 흡인력이 작용한다. 또한, 힘의 크기는 $\dfrac{Q^2}{16\pi\varepsilon a^2}$[H]이다.

17 정답 ①

내부 임피던스를 갖는 전압원들이 병렬로 접속된 때에는 그 병렬 접속점에서 나타나는 합성 전압은 개개의 전원이 단락된 경우의 전류 대수합을 개개의 전원의 내부 어드미턴스 대수합으로 나눈 것과 같다는 밀만의 정리를 이용한다. 정전압원이 단락되었을 때 a, b단자에 걸리는 전압 $V_1=I\times\dfrac{4\times6}{4+6}=12\times2.4=28.8$V이다. 또한 정전류원이 개방되었을 때 a, b단자에 걸리는 전압 $V_2=I\times R=\dfrac{20}{4+6}\times6=12$V이다. 따라서 정전압원이 단락되고 정전류원이 개방되었을 때 a, b단자에 나타나는 전압 $V_{ab}=V_1+V_2=28.8+12=40.8$V이다.

18 정답 ③

발진기 회로의 발진조건은 $\beta A_v=1$이며, 이때 궤환 루프의 위상 지연이 $0°$이다.

19 정답 ③

서미스터는 반도체의 일종이며, 일반적으로 부($-$)의 온도계수를 가진다. NTC 서미스터(Negative Temperature Coefficient Thermistor)는 온도가 높아지면 저항이 감소하는 것으로 온도 측정, 전류 제한 등의 용도로 사용되며, PTC 서미스터(Positive Temperature Coefficient Thermistor)는 온도가 높아지면 저항이 증가하는 것으로 가열방지용 온도 제어 등에 사용된다.

20 정답 ⑤

부동 소수점은 하드웨어의 비용이 증가하고 고정 소수점 방식에 비해 연산 속도가 느리다.

21 정답 ①

유전체나 진공 중의 전속밀도(D)는 전하밀도(σ)와 같으므로 대전체의 전속은 같다. 전속은 매질에 관계없이 Q[C]로 일정하다.

22 정답 ③

반사계수 $\rho=\dfrac{Z_L-Z_0}{Z_L+Z_0}$이므로 $\rho=\dfrac{4Z_0-Z_0}{4Z_0+Z_0}=\dfrac{3Z_0}{5Z_0}=\dfrac{3}{5}=0.6$이다. 또한 정재파비 $S=\dfrac{1+|\rho|}{1-|\rho|}=\dfrac{1+0.6}{1-0.6}=\dfrac{1.6}{0.4}=4$이다.

23 정답 ②

전력은 $P=V\times I$, 전압과 전류의 곱이므로 최대 신호의 출력 전력은 $P_{\max}=V_{CEQ}\times I_{CQ}=60\times120\times10^{-3}=7.2$W이다.

24 정답 ④

전기장의 세기가 $E=400$V/m인 곳에 놓인 전자는 쿨롱의 법칙에 의해 쿨롱의 힘(F)을 받는다. 쿨롱의 법칙에서 힘은 전하량(e)과 전기장(E)의 곱으로 $F=eE$이며, 가속도의 법칙$\left(a=\dfrac{F}{m}\right)$에 대입하여 가속도를 구한다($m$은 전자의 질량이다).

$F=eE=ma$

$\to a=\dfrac{eE}{m}=\dfrac{1.602\times10^{-19}\times400}{9.11\times10^{-31}}=\dfrac{640.8\times10^{12}}{9.11}$

$\quad \fallingdotseq 70.3\times10^{12}$

따라서 전자에 가해지는 가속도는 70.3×10^{12}m/s^{2}이다.

25 정답 ①

컴퓨터의 중앙처리장치에서 더하기, 빼기, 곱하기, 나누기 등의 연산을 한 결과 등을 일시적으로 저장해 두는 레지스터를 누산기라고 한다.

오답분석
② 가산기에 대한 설명이다.
③ 미분기에 대한 설명이다.
④ 부호기에 대한 설명이다.
⑤ 보수기에 대한 설명이다.

26 정답 ③

코일과 쇄교하는 자속수 $N\phi=LI$이고, 여기서 자기 인덕턴스 $L=\dfrac{N\phi}{I}$이므로 $L=\dfrac{4}{8}=0.5$H이다. 따라서 코일에 축적되는 자기 에너지 $W=\dfrac{1}{2}LI^2$이므로 $W=\dfrac{1}{2}\times0.5\times8^2=16$J이다.

27

정답 ②

전력 $P = V \times I = I^2 \times R = \dfrac{V^2}{R}$ [W]이며(V : 전압, I : 전류,

R : 저항), 제시된 문제에서 소비전력 $P \fallingdotseq V^2 = 2{,}000\mathrm{W}$이고

$V' = 0.7V$[V]일 경우의 소비전력이므로, $P' = (V')^2 = (0.7V)^2$

$= 0.49V^2 = 0.49 \times 2{,}000 = 980\mathrm{W}$이다.

28

정답 ②

전압이득 30dB을 일반 수치로 변환하면 다음과 같다.

$30\mathrm{dB} = 20\log(\text{전압이득}) \rightarrow (\text{전압이득}) = 10^{\frac{30}{20}} \fallingdotseq 32$

전압이득과 대역폭의 곱은 f_T 값으로 일정하므로 대역폭을 구하면

$(\text{전압이득}) \times (\text{대역폭}) = f_T \rightarrow (\text{대역폭}) = \dfrac{f_T}{(\text{전압이득})} = \dfrac{16 \times 10^6}{32}$

$= 500 \times 10^3 = 500\mathrm{kHz}$이다.

29

정답 ④

반도체는 역기전력이 크다.

오답분석

반도체는 자기효과를 가지고 있고, 광전효과와 홀효과가 좋다. 다른 금속과 연결되면 정류작용이 일어나고, 불순물량에 따라 저항률이 변한다. 또한 종류에는 진성 반도체, P형 반도체, N형 반도체가 있다.

30

정답 ③

1바이트(byte)는 8비트(bit)이므로 16비트는 2바이트임을 알 수 있다. 따라서 데이터 버스 폭이 2바이트이고 버스 클럭 주파수가 20MHz이므로, 버스 대역폭은 2바이트×20MHz=40Mbyte/sec가 된다.

31

정답 ③

플레밍의 오른손 법칙(직류발전기의 원리)에 따르면 도체의 양단에 유기되는 기전력 $e = Blv\sin\theta$이다.

따라서 기전력 $e = Blv\sin\theta = 0.4 \times 0.3 \times 30 \times \sin 30° = 3.6 \times \dfrac{1}{2}$

$= 1.8\mathrm{V}$이다.

32

정답 ①

• $\displaystyle\int dt = \dfrac{1}{j\omega} = \dfrac{1}{s}$, $\dfrac{d}{dt} = j\omega = s$

구동점 임피던스 $Z(s) = \dfrac{sL_1 \times \dfrac{1}{sC_1}}{sL_1 + \dfrac{1}{sC_1}} + \dfrac{sL_2 \times \dfrac{1}{sC_2}}{sL_2 + \dfrac{1}{sC_2}}$

$= \dfrac{sL_1}{s^2 L_1 C_1 + 1} + \dfrac{sL_2}{s^2 L_2 C_2 + 1}$ 이며, 공식에 회로에 나와있는 자

체인덕턴스(L)와 캐패시터(C)를 대입하면

$Z(s) = \dfrac{sL_1}{s^2 L_1 C_1 + 1} + \dfrac{sL_2}{s^2 L_2 C_2 + 1} = \dfrac{2s}{4s^2 + 1} + \dfrac{2s}{4s^2 + 1}$

$= \dfrac{4s}{4s^2 + 1}\ \Omega$ 이 된다.

33

정답 ⑤

증폭기는 입력신호의 에너지를 증가시켜 출력측에 큰 에너지의 변화로 출력하는 장치로 앰프라고도 부른다.

34

정답 ④

p형 반도체는 정공이 다수캐리어이며, 전자는 소수캐리어이다.

35

정답 ⑤

신호처리장치(Signal Processor)는 FFT 등을 실행하는 신호 처리 전용의 대규모 집적 회로로 가입자선 신호, 중계선 신호 등의 신호 처리 및 원격계의 처리를 하는 프로세서이다.

오답분석

① 어셈블러(Assembler) : 인간이 이해하기 쉽도록 기계어와 거의 일대일로 대응하는 기호로 표현된 언어로 어셈블러 언어가 있으며, 어셈블러 언어를 기계어로 번역하는 프로그램이다.

② 컴파일러(Compiler) : FORTRAN, COBOL, ALGOL 등의 컴파일러 언어로 쓰여진 소스 프로그램을 번역해서 각각 목적의 기계가 해독할 수 있는 기계어로 고치기 위한 프로그램이다.

③ 인터프리터(Interpreter) : 소스 프로그램을 한 번에 기계어로 변환시키는 컴파일러와는 달리 프로그램을 한 단계씩 기계어로 해석하여 실행하는 언어처리 프로그램이다.

④ 프리프로세서(Preprocessor) : 원시 언어가 FORTRAN이나 PASCAL과 같은 고수준 언어의 확장된 형태이고, 목적 언어가 동일한 언어의 표준 형태인 번역기를 말한다.

36

정답 ②

제시된 그림의 회로는 전류와 자속의 방향이 같은 가극성($+M$)이다.

- 합성인덕턴스

$$L = L_1 + L_2 + 2M = L_1 + L_2 + 2 \times k \sqrt{L_1 L_2}$$
$$= 30 + 60 + 2 \times 0.5 \times \sqrt{30 \times 60} = 90 + \sqrt{1,800}$$
$$\fallingdotseq 132.4 \times 10^{-3} \mathrm{H}$$

- 합성코일에 축적되는 에너지

$$W = \frac{1}{2} L I^2 = \frac{1}{2} \times 132.4 \times 10^{-3} \times 1^2 = 66.2 \times 10^{-3}$$
$$\fallingdotseq 6.6 \times 10^{-2} \mathrm{J}$$

37

정답 ①

열전자 방출을 용이하게 하기 위한 재료의 조건은 다음과 같다.
- 일함수가 작아야 한다.
- 융점이 높아야 한다.
- 가공 공작이 쉬워야 한다.
- 사용온도에서 증기압이 낮고 진공중에 증발되지 않아야 한다.
- 방출 효율이 좋아야 한다.

38

정답 ⑤

수정발진기의 주파수 안정도는 10^{-6} 이상에 달하고 있다.

39

정답 ⑤

실온에서 규소 진성반도체의 고유저항(ρ)은 도전율(σ)의 역수로 공식을 유도하면 다음과 같다.

$$\sigma = \frac{1}{\rho} = e n_i (\mu_n + \mu_p) \rightarrow \rho = \frac{1}{e n_i (\mu_n + \mu_p)}$$

(μ_n : 전자 이동도, μ_p : 정공 이동도, n_i : 자유전자, e : 전자 전하량)

따라서 고유저항은

$$\rho = \frac{1}{e n_i \mu_n \mu_p} = \frac{1}{1.602 \times 10^{-19} \times 1.6 \times 10^{10} \times (1,000 + 800)}$$
$$= \frac{1}{4,613.76 \times 10^{-9}} \fallingdotseq 2.17 \times 10^5 \ \Omega \cdot \mathrm{m}$$이다.

40

정답 ②

해당 지문은 명령어 예비 추출(Instruction Prefetch)에 대한 설명이다.

오답분석

① 스풀링(Spooling) : 주변 장치와 컴퓨터 처리 장치 간에 데이터를 전송할 때 처리 지연을 단축하기 위해 보조 기억 장치를 완충 기억 장치로서 사용하는 것을 말한다.
③ 페이징(Paging) : 한정된 기억 용량으로 될 수 있는 대로 다수의 프로그램을 넣고, 동시에 처리할 수 있도록 하기 위해 프로그램을 한 번에 처리할 수 있는 적당한 크기(페이지)로 분할하여 페이지 단위로 처리하는 것을 말한다.
④ 스와핑(Swapping) : 가상 기억 방식에서, 주기억 장치와 보조 기억 장치 사이에서 데이터를 주고받는 방식의 하나로, 페이징 방식이 페이지 단위라면 스와핑 방식은 프로그램 단위이다.
⑤ 오버레이(Overlay) : 프로그램 실행 중에 그 시점에서 불필요해진 프로그램의 세그먼트(Segment)가 로드(Load)되어 온 기억 영역에 그 프로그램의 다른 구분을 로드하는 것을 말한다.

제2회 직업기초능력평가 정답 및 해설

직업기초능력평가

01	02	03	04	05	06	07	08	09	10
②	④	③	⑤	④	②	②	⑤	③	③
11	12	13	14	15	16	17	18	19	20
⑤	③	①	⑤	③	④	③	②	④	④
21	22	23	24	25	26	27	28	29	30
③	④	②	④	③	⑤	④	④	④	②
31	32	33	34	35	36	37	38	39	40
②	④	①	③	②	④	③	⑤	⑤	④

01
정답 ②

기타 영역은 2019년과 2020년 총 매출액에 대한 비율이 동일하므로 차이가 가장 적다.

오답분석
① 2020년 총 매출액은 2019년 총 매출액보다 2,544−1,903 =641억 원 더 많다.
③ 애니메이션 영역의 매출액 비중은 전년 대비 2020년에 12.6− 9.7=2.9%p 감소하였고, 게임 영역의 매출액 비중은 전년 대 비 2020년에 56.2−51.4=4.8%p 감소하였으므로 옳은 설명 이다.
④ 2019년과 2020년 모두 매출액에서 게임 영역이 차지하는 비 율은 각각 56.2%, 51.4%이므로 옳은 설명이다.
⑤ 모든 분야의 2020년 매출액은 각각 전년 대비 증가한 것을 확 인할 수 있다.

02
정답 ④

빈칸 앞의 내용에 따르면 이전에는 현장으로 출동하여 고장 내용 을 직접 확인한 뒤 다시 돌아와 필요한 장비를 준비해야 했다. 그 러나 IoT기술이 도입된 후에는 설치된 센서를 통해 고장이 발생한 부품을 바로 확인할 수 있으므로 출동 전 필요한 장비를 미리 준비 할 수 있게 된 것이다. 따라서 빈칸에 들어갈 내용으로는 ④가 가 장 적절하다.

오답분석
① 고장 신고 절차의 간소화와 관련된 내용은 기사에서 찾아볼 수 없다.

② 고장이 발생한 현장의 위치가 아닌 고장이 발생한 부품을 바로 파악할 수 있어 고장 수리 시간이 줄어들었다.
③ IoT기술이 도입됨에 따라 다양한 센서를 설치하였지만, 첨단 수리 기계를 도입한 것은 아니다.
⑤ 직원이 필요한 장비를 미리 준비하여 출동할 수 있게 된 것일 뿐, 직원이 직접 출동하지 않고도 부품을 수리할 수 있는 것은 아니다.

03
정답 ③

공사가 특허를 출원한 것은 고장 발생 시 부품을 파악하는 시스템 이 아닌 고장 발생 전 센서를 이용하여 진동을 분석함으로써 미리 사고를 예방하는 '진동센서를 이용한 에스컬레이터용 안전시스템' 이다.

오답분석
① 공사는 지난해 10월 지하철 7호선 12개역 에스컬레이터 100 대에 IoT기술을 적용하였다.
② IoT기술 도입으로 에스컬레이터의 고장 1건당 수리 시간이 34% 감소하였으며, 장애 경보 발생 건수도 15% 감소하였다.
④ 공사는 앞으로 SAMBA 등의 정보통신기술을 다양한 영역에 적용해 지하철 디지털 혁신 프로젝트인 SCM을 완성해나갈 예 정이므로 현재는 완성되지 않았음을 알 수 있다.
⑤ 공사는 지난해까지 전체 1,663대의 에스컬레이터 중 1,324대 에 역주행 방지 장치를 설치해 설치율을 80%까지 높였다.

04
정답 ⑤

제1항에 따르면 폭행·협박으로 철도종사자의 직무집행을 방해한 자는 5년 이하의 징역 또는 5천만 원 이하의 벌금에 처한다.

05
정답 ④

제3항 제2호에 따르면 철도운영이나 철도시설의 관리에 중대하고 명백한 지장을 초래한 자는 2년 이하의 징역 또는 2천만 원 이하의 벌금에 처한다.

오답분석
①·②·③·⑤ 제2항 3년 이하의 징역 또는 3천만 원 이하의 벌 금에 해당한다.

06
정답 ②

완성검사를 받지 아니하고 철도차량을 판매한 자는 2년 이하의 징역 또는 2천만 원 이하의 벌금에 처한다.

07
정답 ②

철도안전법 시행규칙 제46조 제1항 제2호

08
정답 ⑤

① 철도안전법 시행규칙 제46조 제2항 제1호
② 철도안전법 시행규칙 제46조 제2항 제3호
③ 철도안전법 시행규칙 제46조 제2항
④ 철도안전법 시행규칙 제46조 제2항 제2호

09
정답 ③

실리콘 재질로 만들어진 H의 내부는 비어있으며, 센서들은 실리콘 성형 과정에서 손가락에 내장되었다. 따라서 H는 내부가 아닌 손가락에 내장된 센서를 통해 물건이 미끄러지는 것을 감지한다.

10
정답 ③

빈칸 앞의 내용을 보면 보편적으로 사용되는 관절 로봇은 손가락의 정확한 배치와 시각 센서 등을 필요로 한다. 그러나 빈칸 뒤에서 H의 경우 손가락이 물건에 닿을 때까지 다가가 촉각 센서를 통해 물건의 위치를 파악한 뒤 손가락 위치를 조정한다고 하였다. 즉, H의 손가락은 관절 로봇의 손가락과 달리 정확한 위치 지정을 필요로 하지 않는다. 따라서 빈칸에 들어갈 내용으로 ③이 가장 적절하다.

① 물건을 쥐기 위한 고가의 센서 기기 및 시각 센서를 필요로 하는 관절 로봇과 달리 H는 손가락의 촉각 센서로 손가락 힘을 조절하여 사물을 쥔다.
② H의 손가락은 공기압을 통해 손가락을 구부리지만, 기존 관절 로봇보다 쉽게 구부러지는지는 알 수 없다.
④·⑤ 물건과의 거리와 물건의 무게는 H의 손가락 촉각 센서와 관계가 없다.

11
정답 ⑤

• COUNTIF : 지정한 범위 내에서 조건에 맞는 셀의 개수를 구한다.
• 함수식 : =COUNTIF(D3:D10, ">=2020-07-01")

① COUNT : 범위에서 숫자가 포함된 셀의 개수를 구한다.
② COUNTA : 범위가 비어 있지 않은 셀의 개수를 구한다.
③ SUMIF : 주어진 조건에 의해 지정된 셀들의 합을 구한다.
④ MATCH : 배열에서 지정된 순서상의 지정된 값에 일치하는 항목의 상대 위치 값을 찾는다.

12
정답 ③

①·② AND 함수는 인수의 모든 조건이 참(TRUE)일 경우에 성별을 구분하여 표시할 수 있으므로 적절하지 않다.
④ 함수식에서 "남자"와 "여자"가 바뀌었다.
⑤ 함수식에서 "2"와 "3"이 아니라, "1"과 "3"이 입력되어야 한다.

13
정답 ①

② [D3] : =MID(B3,3,2)
③ [E7] : =RIGHT(B7,2)
④ [D8] : =MID(B8,3,2)
⑤ [E4] : =MID(B4,5,2)

14
정답 ⑤

신입사원 채용시험 영역별 점수를 가중치를 적용하여 총점을 계산하면 다음과 같다.

구분	언어	수리	정보	상식	인성	총점
A	27(=90 ×0.3)	24(=80 ×0.3)	9(=90 ×0.1)	8(=80 ×0.1)	18(=90 ×0.2)	86
B	24(=80 ×0.3)	27(=90 ×0.3)	8(=80 ×0.1)	9(=90 ×0.1)	18(=90 ×0.2)	86
C	27(=90 ×0.3)	21(=70 ×0.3)	10(=100 ×0.1)	9(=90 ×0.1)	16(=80 ×0.2)	83
D	24(=80 ×0.3)	27(=90 ×0.3)	10(=100 ×0.1)	10(=100 ×0.1)	16(=80 ×0.2)	87
E	30(=100 ×0.3)	24(=80 ×0.3)	7(=70 ×0.1)	8(=80 ×0.1)	18(=90 ×0.2)	87

따라서 D와 E가 합격자로 선발된다.

15
정답 ③

변화된 선발기준의 가중치를 적용하여 총점을 계산하면 다음과 같다.

구분	언어	수리	정보	상식	인성	총점
A	27(=90 ×0.3)	16(=80 ×0.2)	9(=90 ×0.1)	8(=80 ×0.1)	27(=90 ×0.3)	87
B	24(=80 ×0.3)	18(=90 ×0.2)	8(=80 ×0.1)	9(=90 ×0.1)	27(=90 ×0.3)	86
C	27(=90 ×0.3)	14(=70 ×0.2)	10(=100 ×0.1)	9(=90 ×0.1)	24(=80 ×0.3)	84
D	24(=80 ×0.3)	18(=90 ×0.2)	10(=100 ×0.1)	10(=100 ×0.1)	24(=80 ×0.3)	86
E	30(=100 ×0.3)	16(=80 ×0.2)	7(=70 ×0.1)	8(=80 ×0.1)	27(=90 ×0.3)	88

따라서 A와 E가 합격자로 선발된다.

16

'한정 판매 마케팅 기법'은 한정판 제품의 공급을 통해 의도적으로 공급의 가격탄력성을 0에 가깝게 조정한 것이다. 이 기법은 판매 기업의 입장에서는 이윤 증대를 위한 경영 혁신이지만 소비자의 합리적 소비를 저해할 수 있다.

17

정답 ③

- 금연진료 · 상담료

  L씨는 고혈압진료를 병행하였으므로 금연(동시)진료 비용으로 책정해야 한다.

  – 최초상담료 : $22,500 \times 0.2 - 1,500 = 3,000$원

  – 유지상담료 : $13,500 \times 0.2 - 900 = 1,800$원

  3회 차부터 금연진료 · 본인부담금은 없으므로 L씨의 금연진료 · 상담료의 본인부담금은 $3,000 + 1,800 = 4,800$원이다.

- 약국금연관리비용

  약국을 2회 방문하였고 금연치료의약품을 처방받았으므로 약국 금연관리비용 본인부담금은 $1,600 \times 2 = 3,200$원이다.

- 금연치료의약품비용

  L씨가 처방받은 금연치료의약품은 챔픽스정이다.

  챔픽스정의 1정당 본인부담금은 400원이고 7주간 처방받은 챔픽스정은 $2 \times (28 + 21) = 98$정이다.

  즉, 금연치료의약품 본인부담금은 $400 \times 98 = 39,200$원이다.

따라서 L씨가 낸 본인부담금은 $4,800 + 3,200 + 39,200 = 47,200$원이다.

18

정답 ②

ㄱ. 사무관리규칙 제7조 제2항에 따르면, 문서는 수신자에게 도달됨으로써 그 효력이 발생한다. 따라서 A사업의 즉시시행을 지시하는 문서는 8월 12일부터 유효하므로, 8월 10일이 사업 시작시점이 될 수 없다. 해당사업의 시행은 빨라도 문서 수신일인 8월 12일부터이므로 사업기간은 8월 12일 혹은 그 이후 실제 사업이 시작된 날부터 기산해야 한다. 제7조 제1항에 따르면 김 부장의 결재는 문서 자체가 성립하도록 하는 효력은 갖지만, 문서내용상의 효력은 발생하지 않는다.

ㄹ. 사무관리규칙 제30조 제1항에 따르면 보조기관이 서명하여 발신할 수 있는 문서는 보조기관 상호간에 발신하는 문서의 시행문이다. 그러나 김 대리가 보내는 문서는 대외기관인 S공사에 발신하는 문서이므로 보조기관이 아닌 이사장의 서명을 첨부하여 발신해야 한다.

오답분석

ㄴ. 사무관리규칙 제25조에 따르면 언론기관에 보도자료를 제공하는 경우, 담당부서 담당자 연락처를 기재해야 한다. 따라서 해당 자료의 담당자인 미래전략팀 이 주임의 연락처를 기재한 김 주임의 행동은 올바른 행동이다.

ㄷ. 사무관리규칙 제13조 제1항에 따르면 대외기관인 G공사에 발신하는 문서는 이사장 명의로 발신해야 하지만, 단서조항에 따라 권한을 위임받은 최 부장은 자신의 명의로 문서를 발신한다.

19

정답 ④

문제발생 시 확인사항의 '찬바람이 지속적으로 나오지 않습니다.', '실내기', '실외기' 등의 단서를 통해 에어컨 사용설명서라는 것을 알 수 있다.

20

정답 ④

에어컨 응축수가 잘 빠지지 않을 경우 냄새가 나므로, 배수호스를 점검해야 한다.

21

정답 ③

A/S 센터로 연락하기 전에 리모컨 수신부가 가려져 있는지 확인해야 한다.

22

정답 ④

'윈 – 윈(Win – Win) 관리법'은 갈등을 피하거나 타협하는 것이 아닌 모두에게 유리할 수 있도록 문제를 근본적으로 해결하는 방법이다. 귀하와 A사원이 공통적으로 가지는 근본적인 문제는 금요일에 일찍 퇴근할 수 없다는 것이므로, 금요일 업무시간 전에 청소를 할 수 있다면 귀하와 A사원 모두에게 유리할 수 있는 갈등 해결방법이 되는 것이다.

오답분석

① '나도 지고 너도 지는 방법'인 회피형에 대한 방법이다.

② '나는 지고 너는 이기는 방법'인 수용형에 대한 방법이다.

③ '서로가 타협적으로 주고받는 방법'인 타협형에 대한 방법이다.

⑤ '나는 이기고 너는 지는 방법'인 경쟁형(지배형)에 대한 방법이다.

23

정답 ②

C회사와 F회사의 설비를 설치했을 때 변동 금액을 정리하면, 다음과 같다.

구분	소비전력	전기 사용량	전기 사용료	연료비	설치비
A회사 기계	5,000W	1,200kWh	84만 원	100만 원	–
C회사 설비	–	–	–	75만 원	1,000만 원
F회사 설비	3,500W	840kWh	63만 원	–	5,000만 원

C회사의 설비를 설치하면, 전기 사용료는 변화가 없으므로 연료비만 비교한다. 사용 기간을 x개월이라고 하면, 100만$\times x \geq (75$만$\times x) + 1,000$만 $\rightarrow$ 25만$\times x \geq 1,000$만 $\rightarrow x \geq 40$

따라서 A회사는 C회사의 설비를 최소 3년 4개월(40개월) 이상 사용해야 손해를 보지 않는다.

24

- C회사 설비 한 달 연료비 : 75만 원
- F회사 설비 한 달 전기 사용료 : 84만×0.75=63만 원

이를 토대로 설비 설치 전, 후의 사용 비용을 계산하면 다음과 같다.

- 설비 설치 전 한 달 사용 비용
  : (전기 사용료)+(연료비)=84만+100만=184만 원
- 설비 설치 후 한 달 사용 비용
  : (전기 사용료)+(연료비)=63만+75만=138만 원

1년 기준으로 비용 절감율은 $\frac{(184-138)\times12}{184\times12}\times100=25\%$

따라서 설치 전후로 25%의 효율(비용 절감)이 있다.

25

- C회사 설비 1년 사용 비용 : 138만×12=1,656만 원
- F회사 설비 1년 사용 비용 : 184만×12=2,208만 원

5년간 설비를 사용하였으므로, 설치 전과 비교하여 절감한 비용은 (2,208만-1,656만)×5=2,760만 원이다.

또한 C회사와 F회사 설비를 설치하는데 드는 비용은 총 6,000만 원(1,000만+5,000만)이고, 다른 회사에 판매한 금액은 1,000만 원이다. 따라서 6,000만-2,760만-1,000만=2,240만 원 손해이다.

26

철도안전법 제41조 제2항에 따르면 음주 검사는 국토교통부장관 또는 시·도지사가 철도안전과 위험방지를 위하여 필요하다고 인정할 경우에도 실시할 수 있다.

오답분석

① · ② 철도안전법 제41조 제2항
③ 철도안전법 시행령 제43조의2 제2항
④ 철도안전법 시행령 제43조의2 제3항

27

- A · C : 제3항 제1호에 따라 혈중알코올농도가 0.02퍼센트 이상일 경우 술을 마셨다고 판단된다. 따라서 혈중알코올농도 0.021퍼센트인 A와 0.029퍼센트인 C는 철도안전법을 위반하였다.
- B : 제1항에 따르면 실무수습 중인 사람도 철도종사자에 포함된다. 따라서 제3항 제2호에 따라 약물 양성 판정을 받은 B는 약물을 사용한 상태에서 업무를 한 것이므로 철도안전법을 위반하였다.

오답분석

- D : 제1항 제3호에 해당하는 철도종사자로 제3항 제1호에 따라 혈중알코올농도가 0.02퍼센트 이상일 경우 술을 마셨다고 판단된다. 따라서 혈중알코올농도 0.015퍼센트의 D는 이에 해당하지 않는다.

28

ㄱ. 초등학생의 경우 남성의 스마트폰 중독비율이 33.35%로 29.58%인 여성보다 높은 것을 알 수 있지만, 중·고생의 경우 남성의 스마트폰 중독비율이 32.71%로 32.72%인 여성보다 0.01%p가 낮다.

ㄷ. 대도시에 사는 초등학생 수를 a명, 중·고생 수를 b명, 전체 인원을 $(a+b)$명이라고 하면, 대도시에 사는 학생 중 스마트폰 중독 인원에 관한 방정식은 다음과 같다.

$30.80\times a+32.40\times b=31.95\times(a+b)$
$\rightarrow 1.15\times a=0.45\times b \rightarrow b \fallingdotseq 2.6a$

따라서 대도시에 사는 중·고생 수가 초등학생 수보다 2.6배 많다.

ㄹ. 초등학생의 경우 기초수급가구의 경우 스마트폰 중독비율이 30.35%로, 31.56%인 일반 가구의 경우보다 스마트폰 중독 비율이 낮다. 중·고생의 경우에도 기초수급가구의 경우 스마트폰 중독비율이 31.05%로, 32.81%인 일반가구의 경우보다 스마트폰 중독 비율이 낮다.

오답분석

ㄴ. 한부모·조손 가족의 스마트폰 중독 비율은 초등학생의 경우가 28.83%로, 중고생의 70%인 31.79×0.7≒22.3% 이상이므로 옳은 설명이다.

29

철도의 쓰레기를 수거 및 청소하는 D씨는 철도안전전문기술자가 아니다.

오답분석

① 철도안전법 시행령 제1항 제2호 나목
② 철도안전법 시행령 제1항 제2호 다목
③ 철도안전법 시행령 제1항 제2호 가목
⑤ 철도안전법 시행령 제1항 제2호 라목

30

정답 ②

팀장과 과장의 휴가일정과 세미나가 포함된 주를 제외하면 A대리가 연수에 참석할 수 있는 날짜는 첫째 주 금요일부터 둘째 주 화요일까지로 정해진다. 4월은 30일까지 있으므로 주어진 일정을 달력에 표시를 하면 다음과 같다.

일요일	월요일	화요일	수요일	목요일	금요일	토요일
	1	2 팀장 휴가	3 팀장 휴가	4 팀장 휴가	5 A대리 연수	6 A대리 연수
7 A대리 연수	8 A대리 연수	9 A대리 연수	10 B과장 휴가	11 B과장 휴가	12 B과장 휴가	13
14	15 B과장 휴가	16 B과장 휴가	17 C과장 휴가	18 C과장 휴가	19	20
21	22	23	24	25	26 세미나	27
28	29	30				

따라서 5일 동안 연속으로 참석할 수 있는 날은 4월 5일부터 9일까지이므로 A대리의 연수 마지막 날짜는 9일이다.

31

정답 ②

②는 '해결할 수 있는 갈등'에 대한 설명이다. 해결할 수 있는 갈등은 목표와 욕망, 가치, 문제를 바라보는 시각과 이해하는 시각이 다를 경우에 일어날 수 있는 갈등이다.

32

정답 ④

갈등을 성공적으로 해결하기 위해서는 누가 옳고 그른지 논쟁하는 일은 피하는 것이 좋으며, 상대방의 양 측면을 모두 이해하고 배려하는 것이 중요하다.

33

정답 ①

구분	A비행기	B비행기	C비행기	D비행기
한국과의 시차	3-9 =-6	0	-8-9 =-17	-8-9 =-17
비행시간	9시간	2시간 10분	13시간	11시간 15분
출발시각 기준 현지 도착시각	+3시간	+2시간 10분	-4시간	-5시간 45분

C비행기와 A비행기는 출발시각 기준으로 현지 도착시각이 7시간 차이가 난다. 그러나 두 번째 조건에서 두 비행기가 도착 시 현지 시각이 같다고 했으므로, A비행기는 C비행기보다 7시간 빨리 출발한다. 또한 세 번째 조건에 의해서, B비행기는 A비행기보다 6시간 늦게 출발한다. 네 번째 조건에 의해서, D비행기는 C비행기보다 15분 빨리 출발한다. 즉, A비행기보다 6시간 45분 늦게 출발한다. 따라서 'A-B-D-C' 순서로 비행기는 출발한다.

34

정답 ③

철도안전법 시행령 제32조 제4호

35

정답 ②

B버스(9시 출발, 소요시간 40분) → KTX(9시 45분 출발, 소요시간 1시간 32분) → 도착 오전 11시 17분으로 가장 먼저 도착한다.

오답분석

① A버스(9시 20분 출발, 소요시간 24분) → 새마을호(9시 45분 출발, 소요시간 3시간) → 도착시간 오후 12시 45분
③ 지하철(9시 30분 출발, 소요시간 20분) → KTX(10시 30분 출발, 소요시간 1시간 32분) → 도착시간 오후 12시 2분
④ B버스(9시 출발, 소요시간 40분) → 새마을호(9시 40분 출발, 소요시간 3시간) → 도착시간 오후 12시 40분
⑤ 지하철(9시 30분 출발, 소요시간 20분) → 새마을호(9시 50분 출발, 소요시간 3시간) → 도착시간 오후 12시 50분

36

정답 ④

전체 풍수해 규모에서 대설로 인한 풍수해 규모가 차지하는 비중은 2014년에 $\frac{480}{7,942} \times 100 = 6.04\%$, 2016년에 $\frac{113}{1,720} \times 100 = 6.57\%$이므로 전체 풍수해 규모에서 대설로 인한 풍수해 규모가 차지하는 비중은 2016년이 2014년보다 크다.

오답분석

① 2010년과 2018년의 태풍으로 인한 풍수해 규모는 전년보다 증가했지만, 전체 풍수해 규모는 전년보다 감소했다. 그리고 2012년 태풍으로 인한 풍수해 규모는 전년보다 감소했지만, 전체 풍수해 규모는 전년보다 증가했으므로 옳지 않은 설명이다.
② 풍랑으로 인한 풍수해 규모가 가장 낮은 것은 2011년, 2015~2018년이다.
③ 2018년 호우로 인한 풍수해 규모의 전년 대비 감소율은 $\frac{1,422-12}{1,422} \times 100 = 99.16\%$이므로 97% 이상이다.
⑤ 대설로 인한 풍수해 규모가 가장 높았던 해는 2014년이지만, 전체 풍수해 규모가 가장 높았던 해는 2009년이므로 옳지 않은 설명이다.

37

정답 ③

원활한 직무수행, 사교·의례의 목적으로 제공하는 경우는 가능하지만 가액 기준 이하인 경우에도 직무관련성과 대가성이 있는 경우에는 형법상 뇌물죄에 해당하여 형사처벌 대상이 될 수 있다. A사원의 업무가 국가자격시험 문제 출제 및 관리이므로 출제위원인 김〇〇 씨와 직무관련성이 인정된다. 따라서 김영란법(부정청탁 및 금품 등 수수의 금지에 관한 법률)에 의한 처벌의 대상이 될 수 있다. 김영란법에 위배되지 않기 위해서는 본인이 마실 것은 직접 챙겨야겠다고 대답하는 것이 적절하다.

38

정답 ⑤

ⓒ의 체력단련이나 취미활동은 정의에서 언급하는 개인의 경력목표로 볼 수 없다. ⓔ의 경우 직장 생활보다 개인적 삶을 중요시하고 있으므로 조직과 함께 상호작용하며 경력을 개발해 나가야 한다는 경력개발의 정의와 일치하지 않는다. 따라서 ⓒ과 ⓔ은 정의에 따른 경력개발 방법으로 적절하지 않다.

39

정답 ⑤

명함은 선 자세로 교환하는 것이 예의이고, 테이블 위에 놓고서 손으로 밀거나 서류봉투 위에 놓아서 건네는 것은 좋지 않다. 명함을 받을 때는 건넬 때와 마찬가지로 일어선 채로 두 손으로 받아야 한다.

40

정답 ④

세 지역 모두 핵가족 가구 비중이 확대가족 가구 비중보다 더 높으므로, 핵가족 수가 더 많다는 것을 유추할 수 있다.

오답분석

① 핵가족 가구의 비중이 가장 높은 곳은 71%인 B지역이다.
② 1인 가구는 기타 가구의 일부이므로, 1인 가구만의 비중은 알 수 없다.
③ 확대가족 가구의 비중이 가장 높은 곳은 C지역이지만 이 수치는 어디까지나 비중이므로 가구 수는 알 수가 없다.
⑤ 부부 가구의 구성비는 B지역이 가장 높다.

직무수행능력평가

개별문항 1 기계일반

01	02	03	04	05	06	07	08	09	10
③	③	①	①	②	①	④	②	②	①
11	12	13	14	15	16	17	18	19	20
④	④	④	③	④	⑤	④	③	④	①
21	22	23	24	25	26	27	28	29	30
①	④	②	④	③	①	③	③	④	③
31	32	33	34	35	36	37	38	39	40
④	②	①	④	②	①	①	⑤	②	③

01

정답 ③

다이캐스팅(Die Casting)이란 용융금속을 금형(다이)에 고속으로 충진한 뒤 응고 시까지 고압을 계속 가해 주어 주물을 얻는 주조법이다.

다이캐스팅 주조법의 특징

• 영구주형을 사용한다.
• 비철금속의 주조에 적용한다.
• 고온 체임버식과 저온 체임버식으로 나뉜다.
• 냉각속도가 빨라서 생산속도가 빠르다.
• 용융금속이 응고될 때까지 압력을 가한다.

오답분석

① 스퀴즈캐스팅(Squeeze Casting) : 단조가공과 주조를 혼합한 주조법으로 먼저 용탕을 주형에 주입한 후 금형으로 압력을 가하여 제품에 기공이 없애고 기계적 성질을 좋게 한다.
② 원심 주조법(Centrifugal Casting) : 고속 회전하는 사형이나 금형주형에 용탕을 주입한 후 약 $300 \sim 3,000$rpm으로 회전시키면 원심력에 의해 주형의 내벽에 용탕이 압착된 상태에서 응고시켜 주물을 얻는 주조법이다.
④ 인베스트먼트 주조법(Investment Casting) : 제품과 동일한 형상의 모형을 왁스(양초)나 파라핀으로 만든 다음 그 주변을 슬러리상태의 내화재료로 도포한다. 그리고 가열하면 주형은 경화되면서 왁스로 만들어진 내부 모형이 용융되어 밖으로 빠지고 주형이 완성되는 주조법이다.
⑤ 일렉트로 슬래그 주조법(Electro Slag Casting) : 일렉트로 슬래그 용접(ESW)의 용해 현상을 이용한 용융 금속 생성과 주조 현상을 이용한 국부적 금속 응고 현상을 차례로 연속하는 성형 방법이다.

02

정답 ③

응력집중이란 단면이 급격히 변화하는 부분에서 힘의 흐름이 심하게 변화할 때 발생하는 현상을 말하며, 이를 완화하려면 단이 진 부분의 곡률반지름을 크게 하거나 단면을 완만하게 변화시킨다. 응력집중계수(k)는 단면부의 평균응력에 대한 최대응력 비율로 구할 수 있으며, 계수 값은 재질을 고려하지 않고 노치부의 존재여부나 급격한 단면변화와 같이 재료의 형상변화에 큰 영향을 받는다.

03

정답 ①

나사의 효율(η) 구하는 식

$\eta = \dfrac{pQ}{2\pi T}$($Q$: 축방향하중, p : 나사의 피치, T : 토크)

$Q = \dfrac{2\pi T\eta}{p} = \dfrac{2\pi \times 40 \times 0.3}{4} = 18\text{N}$

따라서 축방향하중(Q)=18N이다.

04

정답 ①

마그네슘의 비중은 1.74로 비중이 2.7인 알루미늄보다 작고, 열전도성과 전기전도율도 더 낮다. 또한 조밀육방격자이며 고온에서 발화하기 쉽고, 대기 중에서 내식성이 양호하다. 산 및 바닷물에 침식이 잘 되지만 비강도가 우수하여 항공기나 자동차 부품에도 사용되고 있다.

05

정답 ②

풀리의 각가속도(α)

$\alpha = \dfrac{m(\text{블록의 질량}) \times g(\text{중력가속도}) \times r(\text{풀리의 반지름})}{[I(\text{풀리의 회전 관성모멘트}) + mr^2]}$

06

정답 ①

철과 탄소의 합금인 탄소강(SM30C)은 냉간가공할 경우 인성, 연성 연신율이 감소한다. 냉간가공한 재료는 수축에 의한 변형이 없고, 가공온도와 상온과의 온도차가 적으며, 가공경화로 강도, 경도, 항복점은 증가한다.

07

정답 ④

펌프의 이론동력(L)을 구하면(P : 유체의 압력, Q : 유량)

$L = PQ$

$P = rH$를 대입하면

$L = rHQ$가 되고, $r = pq$를 대입하면

$L = pqHQ$

$\quad = 1,000 \times 9.8 HQ$

$\quad = 9,800\,QH\text{(W)}$

$\quad = 9.8\,QH\text{(kW)}$

$\therefore\ L = 9.8\,QH\text{(kW)}$

08

정답 ②

주철의 장점

- 주조성 및 마찰저항 우수
- 인장 및 굽힘 강도는 적으나 압축강도는 큼
- 금속 중 가격이 제일 저렴함
- 복잡한 물체 제작이 가능

09

정답 ②

라이저(Riser)의 설치 목적

- 쇳물 주입 시 쇳물에 압력을 줌
- 주형 내 공기를 제거
- 주형 내의 불순물과 용재 배출

10

정답 ①

절탄기는 폐열을 회수하여 보일러의 연도에 흐르는 연소가스의 열을 이용하여 급수를 예열하는 장치로 보일러의 효율을 향상시킨다.

11

정답 ④

- Q(열량)=U(내부에너지)+W(일)
  - → U(내부에너지)=Q(열량)−W(일)

열을 흡수한 열량과 외부에 일을 한 일의 양은 (+) 값이므로 내부에너지는 50−15=35kJ이다.

12

정답 ④

- 엔탈피(H) : 내부에너지(U)와 일(W)의 합으로 나타낸 값으로 열의 이동과 상태변화로 인한 물질의 에너지 변화를 설명한다.

내부에너지가 일정할 때는 일의 변화량이 엔탈피 변화량이 된다. 따라서 엔탈피 변화량은 $P_2 V_2 - P_1 V_1 = 10 \times 100 \times 0.2 - 0.5 \times 100 \times 2 = 200 - 100 = 100\text{kJ}$이다.

13

정답 ③

일렉트로 슬래그용접(Electro Slag Welding)은 용융관 슬래그와 용융 금속이 용접부에서 흘러나오지 않게 둘러싸고, 주로 용융 슬래그의 저항 열로 용접봉과 모재를 용융시켜 용접하는 방법이다.

오답분석

고상용접은 모재를 용융시키지 않고 기계적으로 접합면에 열과 압력을 동시에 가하여 원자와 원자를 밀착시켜 접합시키는 용접법이다. 종류에는 확산용접, 마찰용접, 폭발용접, 초음파용접이 있다.

14

정답 ④

원형봉의 늘어난 길이인 변형량(δ)을 구하면

$$\delta = \frac{PL}{AE} = \frac{100 \times 10^3 \times 3}{0.01 \times 300 \times 10^9} \rightarrow \delta = \frac{3 \times 10^5}{3 \times 10^9}$$

$$\therefore \quad \delta = 0.0001\text{m}$$

15

정답 ③

표준대기압 1atm = 10.33mAq
= 14.7psi
= 760mmHg
≒ 1.013bar
≒ 1,013hPa

16

정답 ①

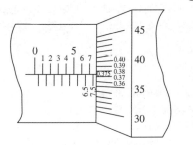

측정값은 7.5 + 0.375 = 7.875mm이므로 약 7.87mm이다.

17

정답 ④

냉간가공은 열간가공보다 표면산화물이 발생하지 않아서 정밀가공이 가능해서 가공면이 매우 깨끗하다.

냉간가공한 재료의 특징
• 수축에 의한 변형이 없다.
• 인성, 연성, 연신율을 감소시킨다.
• 가공온도와 상온과의 온도 차가 적다.
• 결정립의 변형으로 단류선이 형성된다.
• 가공경화로 강도, 경도, 항복점을 증가시킨다.
• 전위의 집적으로 인하여 가공경화가 발생한다.
• 가공 시 불균일한 응력으로 인해 잔류응력이 발생한다.
• 냉간가공이 많아질수록 결정핵의 생성이 많아져서 재결정온도는 낮아진다.
• 열간가공과는 달리 표면이 산화되지 않아서 치수정밀도가 높고 깨끗한 가공면을 얻는다.
• 강을 200 ~ 300℃의 범위에서 냉간가공하면 결정격자에 변형이 생기고 청열취성이 발생한다.

열간가공한 재료의 특징
• 충격이나 피로에 강하다.
• 가공도가 매우 큰 변형이 가능하다.
• 설비와 가공할 수 있는 치수에 제한이 있다.
• 불순물이나 편석이 없어지고 재질이 균일하게 된다.
• 연화 및 재결정이 이루어져 가공성을 저하시키지 않는다.
• 새로운 결정이 생기고 이것이 다시 변형, 재결정이 반복되어 결정립을 미세화한다.
• 가공이 거듭됨에 따라 기계적 성질은 향상되나 어느 정도 이상이 되면 큰 효과가 없다.
• 열간가공된 제품은 고온에서 재료의 산화가 발생되므로 냉간가공 제품에 비해 균일성이 떨어진다.

18

정답 ③

• 냉동사이클의 성능계수 : $\epsilon_r = \dfrac{(증발온도)}{(응축온도) - (증발온도)}$

따라서 성능계수는 $\dfrac{270}{330 - 270} = 4.5$이 된다.

19

정답 ④

분류 밸브는 유압원에 2개 이상의 유압 회로에 분류시킬 때, 압력에 관계없이 일정하게 유량을 분할하여 흐르게 하는 밸브이다.

오답분석
① 브레이크 밸브 : 일종의 강압 밸브로 브레이크를 가했을 때, 브레이크관의 압력이 재빨리 내려가게 하는 밸브
② 카운터 밸런스 밸브 : 한쪽 흐름에 배압을 만들고, 다른 방향은 자유 흐름이 되도록 만들어 주는 밸브
③ 감압 밸브 : 유체의 압력을 감소시켜 동력을 절감시키는 밸브
⑤ 체크 밸브 : 한쪽 방향의 흐름은 자유로우나 역방향의 흐름을 허용하지 않는 밸브

20

정답 ①

냉동 사이클에서 냉매는 압축기 → 응축기 → 팽창밸브 → 증발기 → 압축기로 순환하는 경로를 갖는다.

냉동기의 4대 구성요소
• 압축기 : 냉매기체의 압력과 온도를 높여 고온, 고압으로 만들면서 냉매에 압력을 가해 순환시킨다.
• 응축기 : 복수기라고도 불리며 냉매기체를 액체로 상변화시키면서 고온, 고압의 액체를 만든다.
• 팽창밸브 : 교축과정 상태로 줄어든 입구를 지나면서 냉매액체가 무화되어 저온, 저압의 액체를 만든다.
• 증발기 : 냉매액체가 대기와 만나면서 증발되면서 기체가 된다. 실내는 냉매의 증발잠열로 인하여 온도가 낮아진다. 저열원에서 열을 흡수하는 장치이다.

21
정답 ①

실린더 게이지는 측미계를 이용한 내경 측정기이다.

오답분석

② 버니어캘리퍼스 : 원형 물체의 외경, 내경, 깊이 등의 측정기
③ 측장기 : 고정도의 길이 측정기
④ 블록 게이지 : 길이 측정의 표준이 되는 게이지
⑤ 센터 게이지 : 선반으로 나사를 절삭할 때

22
정답 ④

선반가공 시 재료 제거율을 구하는 공식은 다음과 같다.

(재료 제거율)=(제거면적)×(회전수)×(이송속도)

$$= \pi dt \times 1,000 \times 0.3$$
$$= (3.14 \times 10 \times 0.1) \times 1,000 \times 0.03$$
$$= 94.2 \text{cm}^3/\text{min}$$

23
정답 ②

베인 펌프와 피스톤 펌프는 용적형 펌프에 속한다.

유압펌프의 종류

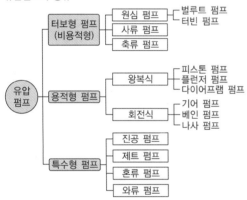

24
정답 ④

$$\delta = \frac{PL^3}{3EI} = \frac{PL^3}{3E} \times \frac{12}{bh^3} = \frac{8 \times 10^3 \times 1.5^3}{3 \times 200 \times 10^9} \times \frac{12}{0.3 \times 0.1^3}$$
$$= 0.18 \times 10^{-2} \text{m} = 1.8 \text{mm}$$

25
정답 ③

게이트 밸브로도 불리는 슬루스 밸브는 유체 차단 막인 게이트로 흐름을 차단시키는 가장 일반적으로 밸브이다. 유체의 흐름에 대한 저항이 적고 압력에 강해서 발전소의 도입관이나 상수도 주관과 같이 지름이 큰 관이나 자주 개폐할 필요가 없는 관의 밸브로 사용된다.

슬루스 밸브기호

26
정답 ①

관마찰계수는 레이놀즈 수와 관벽의 표면조도와의 함수이며, 관 길이 1m에 흐르는 동안 유체 1kg당 마찰 일량은 유체 속도에너지에 비례하고, 관의 안지름에 반비례한다. 이 함수의 비례 정수를 관마찰계수라 한다.

- $f(\text{관마찰계수}) = \dfrac{64}{(\text{레이놀즈 수})}$

따라서 레이놀즈 수가 1,000인 경우 관마찰계수는 $\dfrac{64}{1,000} = 0.064$ 이다.

27
정답 ③

압연롤러와 공작물 사이의 마찰력은 중립점을 경계로 반대 방향으로 작용한다. 윤활유는 압연하중과 토크를 감소시키고, 마찰계수는 냉간가공일 때 더 작아진다. 공작물이 자력으로 압입되려면 롤러의 마찰각이 접촉각보다 커야한다.

28
정답 ③

등온과정에서 엔탈피는 0으로 불변이다.

- 엔탈피(H) : 내부에너지(U)와 일(W)의 합으로 나타낸 값으로 열의 이동과 상태변화로 인한 물질의 에너지 변화를 설명한다.

29
정답 ④

공장을 자동화하기 위해서는 사람이 수동으로 하던 일을 컴퓨터나 기계가 하도록 대체해야 한다. 따라서 〈보기〉의 항목 모두 공장자동화에 반드시 필요한 요소들이다.

30
정답 ③

칠드주조 : 냉경주조라고도 하며, 용융 백주철을 급랭한 금형에 넣고 표면은 시멘타이트로 내부는 인성이 있는 재료를 만들 때 사용한다.

31
정답 ④

카르노사이클의 열효율

$$\eta = 1 - \frac{Q_L}{Q_H}$$
$$0.3 = 1 - \frac{Q_L}{200}$$
$$Q_L = (1-0.3) \times 200 = 140 \text{kJ}$$

32

전단탄성계수

$G = \dfrac{E}{2(1+\mu)}$, (E : 탄성계수, μ : 푸아송 비)

따라서 전단탄성계수는 $G = \dfrac{E}{2(1+\mu)} = \dfrac{200}{2(1+0.3)} \fallingdotseq 76.9\text{GPa}$
이다.

33

정답 ①

분할 핀(Split Pin)은 가운데가 갈라져 나사의 풀림 방지나 부품을
축에 결부하는 데 사용하는 핀으로, 비교적 작은 힘을 받을 때 사
용하며 한 번 사용한 핀은 재사용하지 않는다.

오답분석

② 테이퍼 핀(Taper Pin) : $\dfrac{1}{50}$ 의 테이퍼를 붙인 핀으로, 보스를
　축에 고정할 때 사용하는 핀
③ 너클 핀(Knuckle Pin) : 자동 연결기에서 상호 연결·해방에
　사용되는 너클을 회전시키는 부품
④ 앵커 핀(Anchor Pin) : 핸드 브레이크에 작용하는 힘을 좌우
　바퀴에 균등하게 분배하는 이퀄라이저를 지지하는 핀
⑤ 빼기 핀(Lifting Pin) : 조형기로 조형을 할 때, 모형 위로부터
　주형을 위로 들어 올리면서 발형(拔型)할 때 주형틀의 네 귀퉁
　이를 아래로부터 수직으로 올리기 위한 강제 핀

34

정답 ②

최대 주응력설

최대 인장응력이나 최대 압축응력의 크기가 항복강도보다 클 경우
재료의 파손이 일어난다는 이론으로, 취성재료의 분리 파손과 가
장 일치한다.

$\sigma_{\max} = \dfrac{1}{2}(\sigma_x + \sigma_y) + \dfrac{1}{2}\sqrt{(\sigma_x + \sigma_y)^2 + 4\tau_{xy}^2}$

$\qquad = \dfrac{1}{2}(8) + \dfrac{1}{2}\sqrt{(8)^2 + 4(3)^2} = 4 + \dfrac{1}{2}\sqrt{64+36}$

$\qquad = 9\text{N/mm}^2$

최대 전단응력설

최대 전단응력이 그 재료의 항복 전단응력에 도달하면 재료의 파
손이 일어난다는 이론으로 연성재료의 미끄럼 파손과 일치한다.

$\tau_{\max} = \dfrac{1}{2}\sigma_Y = \dfrac{1}{2}\sqrt{\sigma_x^2 + 4\tau^2} = \dfrac{1}{2}\sqrt{8^2 + 4(3)^2}$

$\qquad = \dfrac{1}{2}\sqrt{64+36} = 5\text{N/mm}^2$

35

정답 ②

인터플로는 유압 장치의 밸브 위치를 전환하는 과정에서 발생하는
과도적인 오일 압력으로 인해 생기는 밸브 포트간의 흐름을 말한다.

오답분석

① 자유 흐름 : 유압 장치의 작동에 상관없이 오일이 흐르는 것
③ 제어 흐름 : 유압 장치의 작동에 따라 일정한 양의 오일이 흐
　르는 것
④ 아음속 흐름 : 액체 속의 음파의 속도보다 유체가 느리게 흐
　르는 것
⑤ 초음속 흐름 : 유체 속도가 음속의 속도 이상으로 흐르는 것

36

정답 ①

백래시(Backlash)란 기어의 이 사이의 뒤틈을 의미하므로 피치원
둘레상에서 전동할 물체와 치(이)면 사이의 틈새를 의미한다.

37

정답 ①

파스칼의 원리에 의해 A, B피스톤이 받는 압력은 동일하다.

따라서 $P_1 = P_2$ 이므로 $P_1 = \dfrac{F_1}{A_1} = \dfrac{F_1}{\pi\left(\dfrac{D_1}{2}\right)^2} = \dfrac{4F_1}{\pi D_1^2}$ 이 된다.

38

정답 ②

플래시 용접(플래시 버트용접)은 철판에 전류를 통전한 후 외력을
가해 용접하는 방법 중 하나이다.

39

정답 ②

절삭속도(v) 구하는 식은 $v = \dfrac{\pi dn}{1{,}000}$ 이며, $v(\text{m/min})$는 절삭속
도, $d(\text{mm})$는 공작물의 지름, $n(\text{rpm})$은 주축 회전수를 나타낸다.

$v = \dfrac{\pi dn}{1{,}000} \rightarrow n = \dfrac{1{,}000v}{\pi d} = \dfrac{1{,}000 \times 196}{3.14 \times 50} \rightarrow n \fallingdotseq 1{,}248\text{rpm}$

따라서 회전수는 약 1,250rpm이다.

40

정답 ③

강의 열처리 조직의 경도 순서는 페라이트<펄라이트<소르바이
트<트루스타이트<마텐자이트로 높아진다.

참고로 강의 열처리조직 중 철(Fe)에 탄소(C)가 6.67% 함유된 시
멘타이트 조직의 경도가 가장 높다.

개별문항 2 전기일반

01	02	03	04	05	06	07	08	09	10
①	②	②	②	③	①	①	②	③	④
11	12	13	14	15	16	17	18	19	20
③	②	②	②	⑤	②	①	①	②	④
21	22	23	24	25	26	27	28	29	30
②	②	④	③	①	②	②	⑤	④	③
31	32	33	34	35	36	37	38	39	40
①	③	①	④	③	④	①	④	④	③

01 정답 ①

Δ 결선의 $I = \dfrac{\sqrt{3}\,V}{Z}$, Y 결선의 $I = \dfrac{V}{\sqrt{3}\,Z}$

$\dfrac{Y\ 결선의\ I}{\Delta\ 결선의\ I} = \dfrac{\dfrac{V}{\sqrt{3}\,Z}}{\dfrac{\sqrt{3}\,V}{Z}} = \dfrac{1}{3}$

$Y-\Delta$ 기동이란 운전 상태의 각 상의 고정자 권선이 Δ결선인 전동기를 기동시에 한하여 Y결선으로 하고, 정격 전압을 인가하여 기동한 후 속도가 상승하면 Δ결선으로 환원하여 운전하는 방법이다. 현재 $\Delta \rightarrow Y$로 바꾼다고 했으므로 속도는 감소한다.

02 정답 ②

전류를 흐르게 하는 원동력을 기전력이라 하며 단위는 V이다.

$E = \dfrac{W}{Q}$ [V] (Q : 전기량, W : 일의 양)

03 정답 ②

무한히 긴 직선 도선으로부터의 자기장 $B = \dfrac{\mu_0 i}{2\pi d}$ 로 도선으로부터의 수직 거리 d에 반비례한다.

04 정답 ②

$E = \dfrac{V(정격전압)}{\sqrt{3}} = I(단락전류)\,Z(동기리액턴스)$이므로,

$I(단락전류) = \dfrac{\dfrac{V(정격전압)}{\sqrt{3}}}{Z(동기리액턴스)} = \dfrac{\dfrac{220}{\sqrt{3}}}{3} \fallingdotseq 42.3A$

05 정답 ③

$P = VI\cos\theta = 90 \times 5 \times 0.6 = 270W$

06 정답 ①

자유전자는 (−) 전하를 가지므로 자유전자가 과잉된 상태는 음전하로 대전된 상태를 말한다.

오답분석

② 화학반응 등에 의해 물체가 열이 나는 상태이다.
③ 음전하와 양전하의 양이 같아 물체의 전하 합이 0인 상태이다.
④ 전자가 다른 곳으로 이동하여 전자가 있던 자리에 양전하를 갖는 양공이 생성되어 양전하로 대전된 상태이다.
⑤ 원자와 분자 등의 입자에서 내부의 전자 배치 상태가 다른 전자 배치 상태로 바뀌는 상태이다.

07 정답 ①

전기회로에서 전류와 자기회로에서 자속의 흐름은 항상 폐회로를 형성한다.

08 정답 ②

$Z_1 = a^2 Z_2$

$a = \sqrt{\dfrac{Z_1}{Z_2}}$

$\therefore\ a = \sqrt{\dfrac{Z_1}{Z_2}} = \sqrt{\dfrac{18,000}{20}} = 30$

09 정답 ③

$E_d = \dfrac{2\sqrt{2}\,E}{\pi} - e_a$ 에서

$E = \dfrac{\pi}{2\sqrt{2}}(E_d + e_a) = \dfrac{\pi}{2\sqrt{2}}(100 + 10) \fallingdotseq 122V$

10 정답 ④

일정한 크기와 방향의 정상전류가 흐르는 도선 주위의 자기장 세기를 구할 수 있는 법칙은 '비오 – 사바르 법칙'이다.

오답분석

① 옴의 법칙 : 전류의 세기는 전압에 비례하고, 저항에 반비례한다.
② 렌츠의 법칙 : 유도 전류의 자속은 자속의 증가 또는 감속을 방해하는 방향으로 나타난다는 법칙이다.
③ 키르히호프의 법칙 : 전류가 흐르는 길에서 들어오는 전류와 나가는 전류의 합이 같다는 제1법칙과 임의의 폐회로를 따라 한 바퀴 돌 때 그 회로의 기전력의 총합은 각 저항에 의한 전압 강하의 총합과 같다는 제2법칙이 있다.
⑤ 플레밍의 왼손 법칙 : 전동기 원리와 관련있는 법칙으로 자기장과 전류의 방향을 알고 있을 때 힘의 방향을 알 수 있다.

안심Touch

11
정답 ③

전기자 반작용에서 감자작용이 발생할 경우 지상 전류 상태에서 리액턴스는 증가하여 유도되는 전류가 주자속을 감소시킨다.

12
정답 ②

●$_3$: 3로 스위치

오답분석

① ●$_{EX}$: 방폭형

③ ●$_{2P}$: 2극 스위치

④ ●$_{3A}$: 전류가 3A 이상인 스위치

⑤ ●$_{15A}$: 전류가 15A 이상인 스위치

13
정답 ②

용량 : $C = \dfrac{Q}{V} = \dfrac{5 \times 10^{-3} C}{1,000V} = 5 \times 10^{-6} F = 5 \mu F$

14
정답 ②

철심을 규소 강판으로 성층하는 주된 이유는 철손을 감소시키기 위함이며, 철손은 와류손(맴돌이전류손)과 히스테리시스손의 합을 말한다.

15
정답 ②

전력은 $P = \dfrac{V^2}{R}$ 으로 저항에 반비례한다. 직렬일 때의 전체 저항은 2R이고, 병렬일 때의 전체 저항은 $\dfrac{R}{2}$ 이므로 직렬 전체 저항은 병렬 전체저항의 4배이다. 따라서 직렬일 때 전력은 병렬일 때의 전력보다 $\dfrac{1}{4}$ 로 줄어든다.

16
정답 ②

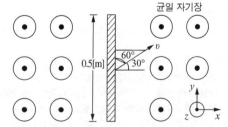

• 힘

$F = BlI\sin\theta [N]$

$6 = B \times 0.5 \times 2 \times \sin 90°$

$\quad = B \times 0.5 \times 2 \times 1$

$\therefore B = \dfrac{6}{0.5 \times 2 \times 1} = \dfrac{6}{1} = 6Wb/m^2$

• 유기 기전력

$e = Blv\sin\theta$

$\quad = 6 \times 0.5 \times 10 \times \sin 60°$

$\quad = 6 \times 0.5 \times 10 \times \dfrac{\sqrt{3}}{2} = 15\sqrt{3} V$

17
정답 ①

전압이 일정할 때 주파수(f)와 철손(P_h)의 관계는 $P_h \propto \dfrac{E^2}{f}$ 에서 반비례함을 알 수 있다. 따라서 주파수가 높아지면 철손은 감소한다.

18
정답 ①

㉠ 1차 환산 전압 : $V_1 = \dfrac{N_1}{N_2} V_2 = a \times V_2 = 2 \times 100 = 200V$

㉡ 1차 환산 임피던스 : $Z_1 = a^2 \times Z_2 = 4 \times 20 = 80 \Omega$

19
정답 ②

플로어 덕트는 사용 전압이 400V 미만이기 때문에 특별 제3종이 아닌 제3종 접지공사를 한다.

전압별 접지공사

기계기구의 구분	접지공사의 종류
400V 미만인 저압용의 것	제3종 접지공사
400V 이상의 저압용의 것	특별 제3종 접지공사
고압용 또는 특고압용의 것	제1종 접지공사

20
정답 ④

반구형파 실효 전압

$V = \sqrt{\dfrac{1}{T} \displaystyle\int_0^T v^2 dt}$ [V]

$\quad = \sqrt{\dfrac{1}{5} \displaystyle\int_0^1 (10)^2 dt}$ [V] $= \sqrt{\dfrac{1}{5} \displaystyle\int_0^1 100 dt}$ [V]

$\quad = \sqrt{\dfrac{1}{5} [100t]_0^1}$ [V] $= \sqrt{\dfrac{1}{5} (100 - 0)}$ [V]

$\quad = \sqrt{\dfrac{100}{5}}$ [V] $= \sqrt{20}$ V $= 2\sqrt{5}$ V

21
정답 ②

정류기의 평균전압
- 단상 반파 회로의 평균직류전압(E_d)=0.45×E[v]
- 단상 전파 회로의 평균직류전압(E_d)=0.9×E[v]
- 3상 반파 회로의 평균직류전압(E_d)=1.17×E[v]
- 3상 전파 회로의 평균직류전압(E_d)=1.35×E[v]

문제는 단상 반파 회로이므로, E_d=0.45×E[v]=0.45×200=90이고, 전류는 $I=\dfrac{V}{R}=\dfrac{90}{10}$=9A임을 알 수 있다.

22
정답 ②

유효전력 $P=I^2R$[W]로, 유효전력은 전류의 제곱과 저항에 비례한다.

오답분석
① 저항 R만의 회로 : 허수부 0(역률 1)
③ RLC 회로에서 L 제거 시 : C 전류(진상)
④ 역률 개선 : C 추가(진상용 콘덴서)
⑤ 교류회로에서 전류와 전압은 시간에 따라 변화하고 시간에 대한 평균값이 0이 되므로 실효값의 개념을 사용한다.

23
정답 ④

3상 유도 전압 조정기의 2차 측을 구속하고 1차 측에 전압을 공급하면, 2차 권선에 기전력이 유기된다. 여기서, 2차 권선의 각상 단자를 각각 1차 측의 각상 단자에 적당하게 접속하면 3상 전압을 조정할 수 있다.

24
정답 ③

가로등, 경기장, 공장, 아파트 단지 등의 일반조명을 위하여 시설하는 고압 방전등의 효율은 70lm/W 이상이어야 한다.

25
정답 ①

과도 상태에서는 L, C 등의 회로 소자 또는 전원의 상태가 순간적으로 변화하는 경우에는 각 부분의 전압, 전류 등의 에너지가 순간적으로 정상 상태에 도달하지 못하고, 정상 상태에 이르는 동안 여러 가지 복잡한 변화를 하게 된다. 이러한 현상을 과도 현상이라 하며 정상 상태에 도달하기까지의 일정한 시간을 과도 시간이라 한다. 시상수의 값이 클수록 정상 상태로 되는 데 시간이 오래 걸린다.

26
정답 ②

평행판 콘덴서 전극 사이에 유리판 삽입 : 콘덴서 직렬 구조

$$C_o \quad\longrightarrow\quad C_{유리판} \quad C_{공기}$$

- 공기 $C=\dfrac{\varepsilon S}{d}$ 에서 $d=\dfrac{1}{2}=\dfrac{\varepsilon S}{\frac{1}{2}d}=\dfrac{\varepsilon S}{d}\times 2$

  C는 2배의 용량이 된다.
  $\therefore\ C_0=2\times C=2\times 2\mu F=4\mu F$

- 유리판 $C=\dfrac{\varepsilon S}{d}$ 에서 $d=\dfrac{1}{2}$, $\varepsilon=9\varepsilon=\dfrac{9\varepsilon S}{\frac{1}{2}d}=\dfrac{\varepsilon S}{d}\times 18$

  C는 18배의 용량이 된다.
  $\therefore\ C_0=18\times C=18\times 2=36\mu F$

등가회로

$$4\mu F \qquad 36\mu F$$

$$\therefore\ C_0=\dfrac{4\times 36}{4+36}=\dfrac{144}{40}=3.6\mu F$$

27
정답 ②

플레밍의 왼손 법칙은 전동기 원리와 관련있는 법칙으로 엄지는 힘(F), 검지는 자속밀도(B), 중지는 전류(I)를 나타낸다.

28
정답 ⑤

일정한 운동 에너지를 가지고 등속 원운동한다.

29
정답 ④

Y결선은 중성점 접지가 가능하고, 선간전압은 상전압의 $\sqrt{3}$ 배가 되며, 선간전압에 제3고조파가 발생하지 않고, 같은 선간전압의 결선에 비해 절연이 쉽다.

30
정답 ③

금속관 공사나 합성수지관 공사 시 박스 내에서 전선을 접속하는 경우 '와이어 커넥터'를 사용하며, 정크션 박스 내에서 전선을 접속할 때도 사용한다.

31
정답 ①

$LI=N\phi$에서

인덕턴스 $L=\dfrac{N\phi}{I}=\dfrac{600\times 10^{-3}}{3}=200\times 10^{-3}H=200mH$

32
정답 ③

RC 직렬회로

시정수 $\tau = RC[\text{s}] = 20 \times 10^3 \times 2 \times 10^{-6} = 40 \times 10^{-3} = 4 \times 10^{-2}\,\text{s}$

33
정답 ①

기전력이 3V가 되려면 1.5V 건전지 2개를 직렬 접속하고, 전류 용량이 3A가 되려면 1.5V 건전지 3개를 병렬 접속한다.

34
정답 ④

동기전동기는 원동기의 조속기 감도가 지나치게 예민하거나 원동기의 토크에 고조파 토크가 포함되는 경우 난조가 발생한다. 난조 발생에 대한 대책으로는 제동권선 설치, 플라이휠 부착 등이 있다.

동기전동기의 장·단점
• 장점
　– 속도가 일정하다.
　– 역률이 좋다.
　– 효율이 좋다.
　– 출력이 크다.
　– 공극이 크다.
• 단점
　– 기동 시 토크를 얻기 어렵다.
　– 수조가 복잡하다.
　– 난조가 일어나기 쉽다.
　– 가격이 고가이다.
　– 직류전원 설비가 필요하다.

35
정답 ③

동기 발전기의 단락비를 크게 한 것은 안정도를 높이기 위한 대책이다. 단락비가 큰 동기 발전기는 동기 임피던스·전압변동률·전기자 반작용·효율이 작고, 출력·선로의 충전 용량·계자기자력·단락전류·공극이 크다. 또한 안정도가 좋으며, 중량은 무겁고 가격이 비싸다.

36
정답 ④

• a점에서의 전위 $V_a = \dfrac{Q}{4\pi\varepsilon a}$

• b점에서의 전위 $V_b = \dfrac{Q}{4\pi\varepsilon b}$

$\therefore V_{ab} = V_a - V_b = \dfrac{Q}{4\pi\varepsilon}\left(\dfrac{1}{a} - \dfrac{1}{b}\right)$

$Q = CV$에서

$C = \dfrac{Q}{V_{ab}} = \dfrac{Q}{\dfrac{Q}{4\pi\varepsilon}\left(\dfrac{1}{a} - \dfrac{1}{b}\right)} = 4\pi\varepsilon\left(\dfrac{ab}{b-a}\right)$

a, b 각각 2배 증가, 내부를 비유전율 $\varepsilon_r = 2$인 유전체로 채울 때,

$4\pi 2\varepsilon\left(\dfrac{4ab}{2b-2a}\right) = 4\pi 2\varepsilon\left\{\dfrac{4ab}{2(b-a)}\right\} = 4 \times 4\pi\varepsilon\left\{\dfrac{ab}{(b-a)}\right\} = 4$배

37
정답 ①

(A) 렌츠의 법칙 : 유도전류에 의한 자기장은 자속의 변화를 방해하는 방향으로 진행한다.

(B) 플레밍의 왼손 법칙 : 전동기의 회전방향을 결정한다.

(C) 패러데이의 유도 법칙 : $e = -L\dfrac{di}{dt} = -N\dfrac{d\phi}{dt}$이다.

38
정답 ④

페라이트는 매우 높은 투자율을 가지므로 고주파수 응용 분야에 널리 사용된다.

39
정답 ④

변압기의 용량 $= E_2 I_2$ 식이고,

$E_2 = \dfrac{V_2}{\sqrt{3}} = \dfrac{6,600}{\sqrt{3}} \fallingdotseq 3,810\text{V}$

$I_2 = \dfrac{400 \times \dfrac{10^3}{3}}{3,810 \times 0.7} \fallingdotseq 50\text{A}$

$\therefore 3,810 \times 50 = 190,500\text{A} \fallingdotseq 190\text{kVA}$

40
정답 ③

다이오드는 전류를 한쪽으로는 흐르게 하고 반대쪽으로는 흐르지 않게 하는 정류작용을 하는 전자 부품이다. 제너 다이오드는 정방향에서는 일반 다이오드와 동일한 특성을 보이지만 역방향으로 전압을 걸면 일반 다이오드보다 낮은 특정 전압(항복 전압 혹은 제너 전압)에서 역방향 전류가 흐르는 소자이다. 제너 다이오드는 정전압을 얻을 목적으로 항복 전압이 크게 낮아지도록 설계되어 있으며, 전기 회로에 공급되는 전압을 안정화하기 위한 정전압원을 구성하는 데 많이 사용된다.

오답분석
① 발광 다이오드 : LED라고도 하며, 화합물에 전류를 흘려 빛을 내는 반도체소자이다.
② 포토 다이오드 : 광다이오드라고도 하며, 빛에너지를 전기에너지로 변환한다.
④ 바리스터 다이오드 : 양 끝에 전압에 의해 저항이 변하는 비선형 반도체 저항소자이다.
⑤ 쇼트키 다이오드 : 금속과 반도체의 접촉면에 생기는 장벽(쇼트키 장벽)의 정류 작용을 이용한 다이오드이다.

01	02	03	04	05	06	07	08	09	10
②	③	⑤	③	⑤	④	④	④	①	③
11	12	13	14	15	16	17	18	19	20
④	④	⑤	④	④	②	②	④	③	②
21	22	23	24	25	26	27	28	29	30
②	⑤	④	⑤	①	②	④	①	②	②
31	32	33	34	35	36	37	38	39	40
③	①	③	①	⑤	③	⑤	③	④	②

01
정답 ②

코일에 발생하는 자속은 전류와 코일을 감은 권수에 비례한다. 이때 권수(N)와 전류(I)의 곱을 기자력(F, 자속을 흐르게 하는 힘)이라 한다. 따라서 $F=NI$이고 환상철심 코일의 기자력 $F=NI$ $=R\phi$[AT]이다. 따라서 권수 $N=\dfrac{F}{I}=\dfrac{1,000}{10}=100$회이다.

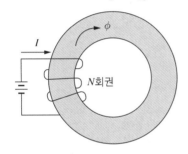

02
정답 ③

실효치는 $\dfrac{(최댓값)}{\sqrt{2}}=\dfrac{220\sqrt{2}}{\sqrt{2}}=220$V이며, 전기각속도는 $\omega=2\pi f=140\pi$이므로 $f=70$Hz이다.

03
정답 ⑤

$\beta A=1$일 경우 발진기의 발진조건이며, $\beta A=0$인 경우에는 궤환이 없다.

04
정답 ③

계단형 PN접합 다이오드의 접속 전위차는 $V_o=\dfrac{kT}{q}\ln\dfrac{N_aN_d}{n_i^2}$으로 P영역과 N영역에서의 불순물 농도가 각각 10^{13}cm^{-3}, 10^{17} cm^{-3}일 때를 구하면 다음과 같다(N_a : p영역 불순물 농도, N_d : n영역 불순물 농도).

$\therefore V_o=\dfrac{kT}{q}\ln\dfrac{N_aN_d}{n_i^2}=0.0259\times\ln\dfrac{10^{13}\times10^{17}}{(1.5\times10^{10})^2}$

$\fallingdotseq 0.0259\times22.215\fallingdotseq0.575$V

05
정답 ⑤

암페어의 오른나사 법칙은 전류에 의해서 발생하는 자계의 방향은 전류 방향에 따라 결정된다는 법칙이다. 전류의 방향이 오른나사가 진행하는 방향이라면 자계의 방향은 오른나사의 회전 방향이 된다.

전류의 방향

자계의 방향

오답분석

① 전자유도에 의해 유기되는 기전력의 방향은 자속의 변화를 방해하는 방향이라는 식($e=-N\dfrac{d\phi}{dt}=-L\dfrac{di}{dt}$[V])이다.

② 전류(I)와 자계(H)의 관계를 정의한 식($\triangle H=\dfrac{I\triangle l\sin\theta}{4\pi r^2}$ [AT/m])이다.

③ 키르히호프의 제1법칙은 회로에서 전류의 총계는 0으로 공식 $\displaystyle\sum_{k=1}^{n}i_k=0$이고, 제2법칙은 폐회로 내에 전위차의 합은 0으로 $\displaystyle\sum_{K=1}^{n}E_K-IR_K=0$이다.

④ 직류발전기의 원리로서, 유기된 기전력 $e=Blv\sin\theta$[V]으로 정의된다.

06
정답 ④

공진곡선에서 선택도 $Q_o=\dfrac{(공진주파수)}{(대역폭)}=\dfrac{f_o}{B}=\dfrac{f_o}{f_H-f_L}$ 이다. 따라서 $Q_o=\dfrac{20}{10.1-9.9}=\dfrac{20}{0.2}=100$이 된다.

07
정답 ④

객체 지향 프로그래밍은 객체라는 작은 단위로 모든 처리를 기술하는 프로그래밍 방법이다. 이러한 객체 지향 프로그래밍 언어로는 C++, C#, JAVA, PYTHON, RUBY, PERL, ASP 등을 볼 수 있다. FORTRAN은 프로그램을 작성할 때 실행 순서를 지정하게 되는 프로그램 작성 언어인 절차 지향 프로그래밍 언어로, 절차 지향 프로그래밍 언어로는 C언어, PASCAL, COBOL, FORTRAN, ALGOL, PL/1 등이 있다.

08
정답 ④

$E=30\text{V/m}$의 평등전계 내에서 이동거리에 따른 전위 차 $V_{AB}=30\times0.9=27\text{V}$이다. 전하는 전계 방향으로 이동되었으므로 이동한 후의 전위 V_B는 이동하기 전의 전위 $V_A=60\text{V}$보다 27V 낮아진다. 따라서 $V_{AB}=V_A-V_B \rightarrow V_B=V_A-V_{AB}=60-27=33\text{V}$이다.

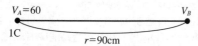

09
정답 ①

열잡음은 전도전자의 열교란운동에 의해 생기는 잡음이다.

오답분석

② 백색잡음 : 어떤 주파수 대역 내에서의 모든 주파수의 출력이 포함되어 있는 잡음이다.

③ 산탄잡음 : 전자의 특수한 현상 때문에 전류에 불규칙한 요동이 생겨 발생하는 잡음이다.

④ 분배잡음 : 여러 개의 극(極)을 갖는 소자 중의 전류가 각각의 극으로 나뉠 때 그 비율이 변동함으로써 생기는 잡음이다.

⑤ 충격잡음 : 비교적 계속 시간이 짧으며, 잡음 발생의 시간 간격이 계속 시간에 비해 긴 불규칙한 잡음이다.

10
정답 ③

주기억장치는 처리속도가 빠르기는 하지만, 대부분 전원이 끊어지면 저장된 자료가 소멸되고 가격이 비싸 다량의 자료를 영구적으로 보관할 수가 없다. 그러나 보조기억장치는 속도가 상대적으로 느리기는 하지만, 다량의 자료를 영구적으로 저장할 수 있는 특징이 있다.

11
정답 ④

$k=\dfrac{1}{\rho}[\mho/\text{m}]$, $E=\dfrac{V}{l}[\text{V/m}]$, 전류밀도($i$)는 $i=\dfrac{I}{S}=\dfrac{V}{RS}$이다. 전류밀도에 $R=\rho\dfrac{l}{S}$를 대입하면 $i=\dfrac{V}{RS}=\dfrac{V}{\rho\dfrac{l}{S}\times S} \rightarrow i=\dfrac{V}{\rho l}$

이 된다. 고유저항 ρ은 도전율 k의 역수로 $\rho=\dfrac{1}{k}$과 전계의 세기 $E=\dfrac{V}{l}$를 대입하면 $i=\dfrac{V}{l/k}=k\times\dfrac{V}{l}=kE[\text{A/m}^2]$이 된다.

12
정답 ④

방출전자의 흐름 및 속도는 온도와 상관없이 일정하다. 방출전자의 흐름은 빛의 세기에 비례하며, 에너지는 빛의 주파수에 비례하고, 빛의 파장에 반비례한다.

13
정답 ⑤

$R-C$ 직렬회로에 직류전압 15V를 인가하고 $t=0$에서 스위치를 켰을 때 커패시터 C에 충전된 전하 $q=CE(1-e^{-\frac{1}{CR}t})[\text{C}]$이고, 커패시터 양단에 걸리는 전압 $V_c=\dfrac{q}{C}=\dfrac{CE}{C}(1-e^{-\frac{1}{CR}t})$ $=E(1-e^{-\frac{1}{CR}t})[\text{V}]$이다. 따라서 커패시터 양단에 걸리는 전압 $V_c=15(1-e^{-\frac{t}{2\times0.5}})=15(1-e^{-t})[\text{V}]$이다.

14
정답 ④

전가산기는 반가산기(X−OR) 2개, AND 2개, OR 1개로 구성된다.

15
정답 ②

16진수는 0에서 9까지 10개의 숫자에 A에서 F까지 6개의 문자를 추가한 것을 한 단위로 사용해 수를 표현하는 방식이다. 즉 10, 11, 12, 13, 14, 15는 알파벳 대문자를 빌려 각자 A, B, C, D, E, F로 사용된다. 따라서 C2A$_{(16)}$을 10진수로 변환하면, C2A$_{(16)}=12\times16^2+2\times16^1+10\times16^0=3,072+32+10=3,114$가 된다.

16
정답 ②

슈미트 트리거 회로는 입력진폭이 소정의 값을 넘으면 급격히 작동하여 거의 일정한 출력을 얻고, 소정의 값 이하가 되면 즉시 복구하는 동작을 하는 회로를 말한다.

17
정답 ②

파울리 베타원리는 원자 내 2개 이상의 전자가 같은 양자상태에 있을 수 없는 전자 배열을 지배하는 법칙으로, 원자의 전자껍질구조를 설명한다. 하나의 양자궤도에는 반대의 스핀을 가진 2개의 전자가 존재하고, 원자 내 존재하는 어떠한 전자도 4개의 양자수가 전부 같을 수 없다.

18
정답 ④

메모리에 액세스하고 있지 않을 때 DMA를 수행하는 방식은 DMA 방식 중 사이클 스틸 모드(Cycle Stealing Mode)이다. 버스트 모드(Burst Mode)는 CPU에서 제어를 빼앗아 데이터를 한 번에 전송하는 방식이다.

19
정답 ③

기자력 $F = NI = R\phi = Hl$[AT]이다. 따라서 자속 $\phi = \dfrac{NI}{R} =$

$\dfrac{F}{\dfrac{l}{\mu S}} = \dfrac{\mu SNI}{l}$[Wb]가 된다$\left(R = \dfrac{l}{\mu S} \right)$.

20
정답 ②

Si(규소)는 4가인 원소이다. P형 반도체는 순수한 반도체에서 양공을 증가시키기 위해서 3가인 불순물[알루미늄(Al), 붕소(B), 갈륨(Ga), 인듐(In)]을 첨가한 것으로 전자수를 증가시킨 N형 반도체와 대조된다.

오답분석

• N형 반도체 : 전하 운반자 역할을 하는 전자의 수가 양공의 수에 비해서 훨씬 많이 있는 반도체로 순수한 규소(Si)나 게르마늄(Ge) 등에 5가인 불순물(Bi, Sb, P, As 등)을 넣는다.

21
정답 ②

직각좌표 $4 + j3$의 극좌표 형식은 $\sqrt{4^2 + 3^2} \angle \tan^{-1} \dfrac{3}{4} = 5 \angle$
$36.9°$가 된다.

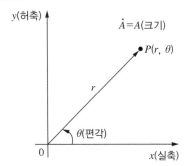

22
정답 ⑤

드리프트(Drift) 현상은 기기나 증폭기의 특성 등이 시간적으로 서서히 변동하는 것을 말한다. 이러한 드리프트가 일어나는 원인으로는 전원 전압의 변동에 의한 것, 온도 변화에 수반하는 트랜지스터나 저항기의 특성 변화에 의한 것, 부품의 경년 변화에 의한 것 등이 있다.

23
정답 ④

바리스터(Varistor)란 인가전압에 크기에 따라 저항이 민감하게 변하는 비선형 저항소자이다. 또한 바리스터는 전압이 높아지면 저항이 감소하여 과잉전류를 흡수하는 것으로 전압 제한 회로, 트랜지스터 보호, 과전압 방지에 사용한다.

24
정답 ⑤

단위체적의 에너지 $W = \dfrac{1}{2}ED$[J]이고, 전계의 세기 $E = \dfrac{2W}{D}$
이다. 따라서 $E = \dfrac{2 \times 6.3 \times 10^{-3}}{3.1 \times 10^{-7}} = 4.065 \times 10^4$[V/m]이다. 전

하밀도 $D = \varepsilon E$[C/m²]이므로 유전율 $\varepsilon = \dfrac{D}{E} = \dfrac{3.1 \times 10^{-7}}{4.065 \times 10^4} =$
7.62×10^{-12}[F/m]이다.

25
정답 ①

오답분석

② 절대 주소 지정 방식 : 기계어 명령에 원하는 기억 장소의 절대 주소를 포함시키는 것을 말한다.
③ 간접 주소 지정 방식 : 지정된 주소에 들어 있는 값을 꺼내어 그것을 다른 기억 장치 주소로 보고, 그 위치에 있는 실제 피연산자에 접근하는 방식이다.
④ 직접 주소 지정 방식 : 기억 장소를 주소부에 직접 지정할 수 있게 되어 있는 것으로, 이 방식은 주소부에서 지정한 기억 장소의 내용을 피연산자로 취급할 수 있다.
⑤ 색인 주소 지정 방식 : 명령의 실행 과정에서 피연산자의 주소를 명령어의 주소 부분과 색인 레지스터에 의해 결정하는 방법이다.

26
정답 ②

4단자 회로망의 기초방정식의 전압과 전류 방정식은 각각 $V_1 = AV_2 + BI_2$, $I_1 = CV_2 + DI_2$(역방향 기준)에서 2차 개방의 경우 $I_2 = 0$이며, 4단자 정수의 정의는 다음과 같다.

• 전압궤환율 $A = \dfrac{V_1}{V_2} \bigg|_{I_2 = 0}$

• 단락 전달 임피던스(임피던스 차원식) $B = \dfrac{V_1}{I_2} \bigg|_{V_2 = 0}$

• 개방 전달 어드미턴스(어드미턴스 차원식) $C = \dfrac{I_1}{V_2} \bigg|_{I_2 = 0}$

• 전류궤환률 $D = \dfrac{I_1}{I_2} \bigg|_{V_2 = 0}$ 이다.

27
정답 ④

라이트웨어는 상용 소프트웨어 버전에서 몇 가지 핵심기능을 제거한 채 유료가 아닌 무료로 배포되는 소프트웨어이다.

28

자속밀도는 $B = \dfrac{\phi}{s} = \dfrac{8 \times 10^{-4}}{5 \times 10^{-4}} = \dfrac{8}{5} = \mu_o \mu_s H[\text{Wb/m}^2]$이다.

비투자율 $\mu_s = \dfrac{B}{\mu_o H}$이므로

$\mu_s = \dfrac{8}{5} \times \dfrac{1}{4\pi \times 10^{-7} \times 2,000} \fallingdotseq 636.620$이다.

따라서 철심의 비투자율은 약 637이 된다.

29

오답분석

① 버퍼(Buffer) : 구동 장치가 구동되는 장치로부터의 반작용을 받지 않도록 그 중간에 두는 격리 장치 혹은 반작용 흡수 장치이다.
③ 팬 인(Fan In) : 논리 회로에서 한 게이트에 들어가는 입력선의 개수이다.
④ 드라이브(Drive) : 자기 디스크나 테이프를 그 속에서 회전 이동시켜 데이터 블록을 판독 또는 기록하기 위해 헤드를 수용한 장치이다.
⑤ 마운트(Mount) : 진동이나 충격을 받는 부분과 지지해야 할 장치 사이에 탄성체를 개재시켜 여기서 진동이나 충격을 흡수하는 장치이다.

30

연관기억장치는 저장된 내용을 이용해 접근하는 기억장치로, 보통 한 CPU에 하나의 연관기억장치가 사용된다.

31

전하를 움직이는 데 쓰인 에너지 공식은 $W = qV$에서 전위차를 유도하면 $V = \dfrac{W}{q}$이다. 전위차 공식에 에너지 180J과 전하량 6C를 대입하면 전위차는 $V = \dfrac{180}{6} = 30$V가 나온다. 따라서 전기장의 세기 $E = \dfrac{V}{d} = \dfrac{30}{0.6} = 50$V/m이 된다.

32

오답분석

② 벡터 방식 : 화면에 문자 등을 표시할 때 문자의 형태를 선분의 모양으로 기억시켜 놓고 표시하는 방식이다.
③ 슈퍼바이저 모드 : 명령의 실행가능한 범위를 표시하는 실행 모드의 일종이다.

④ 데이지 체인 방법 : 신호를 전송할 때 데이지 체인 신호를 요구하지 않는 장치에서 버스를 통해 신호를 전달시키는 방법이다.
⑤ 사이클 스틸링 : 입출력 채널과 프로세서가 동시에 주기억장치를 접근하려고 하여 문제가 발생할 때 채널의 우선순위를 높게 주는 것이다.

33

정저항 회로는 두 단자의 임피던스가 주파수와 무관하게 일정한 저항과 같은 회로를 뜻한다. 이때 근사치는 $\dfrac{Z_1}{Y_2} = Z_1 Z_2 = R^2$으로 계산하며, 정밀치 계산은 허수부가 0일 때이다. $\dfrac{Z_1}{Y_2} = Z_1 Z_2 = $

$j\omega L \times \dfrac{1}{j\omega C} = \dfrac{L}{C} = R^2$이므로 $C = \dfrac{L}{R^2}$이다. 따라서 $C = \dfrac{L}{R^2}$

$= \dfrac{500 \times 10^{-3}}{1,000^2} = 0.5 \times 10^{-6} = 0.5 \mu$F가 된다.

34

열전자 방출용 재료는 융점이 높고, 일함수가 작고, 진공 상태에서 증발되지 않아야 하며, 방출 효율이 좋아야 한다. 또한 가공 공작이 용이한 것으로 사용한다.

35

정사각형 한 변에서 중심($\dfrac{a}{2}$[m] 떨어진 점)에 미치는 자계의 세기 (H_1)는 $H_1 = \dfrac{I}{4\pi \dfrac{a}{2}}(\sin\beta_1 + \sin\beta_2)$이고 여기서 $\beta_1 = \beta_2 = 45°$이다. 따라서 $H_1 = \dfrac{I}{4\pi \dfrac{a}{2}}(\sin45° + \sin45°) = \dfrac{I}{4\pi \dfrac{a}{2}} \times 2 \times \dfrac{1}{\sqrt{2}}$

$= \dfrac{I}{\sqrt{2}\pi a}$[AT/m]이다. 정사각형 단일 코일의 중심에서 자계의 세기는 4개의 변이 있으므로 $H = 4H_1$이다.

따라서 $H = 4 \times \dfrac{I}{\sqrt{2}\pi a} = \dfrac{2\sqrt{2}I}{\pi a}$AT/m이다.

36

전압 변동률(ε)은 다음과 같이 계산할 수 있다.

$\varepsilon(\%) = \dfrac{(\text{무부하 시 단자전압}) - (\text{단자전압})}{(\text{단자 전압})} \times 100$

$= \dfrac{15 - 10}{10} \times 100 = 50$

따라서 전압 변동률은 50%이다.

37 정답 ⑤

원자가 바닥상태 전자 배치에서 가장 바깥 전자껍질에 있는 전자로 화학결합에 관여하는 전자를 원자가 전자(Valence Electron)라고 한다.

전자껍질은 안쪽부터 K, L, M, N …껍질이라고 하며, 각 껍질마다 가질 수 있는 전자 개수가 다르다. 안쪽 전자껍질부터 전자를 차례로 채우면, K껍질은 2개, L껍질은 8개, M껍질은 18개까지 채울 수 있다. 전자의 수가 17인 원자의 K껍질과 L껍질을 채우고 남은 전자가 M껍질에 자리한다. 따라서 가장 바깥 껍질은 M껍질이며 원자가 전자는 $17-(2+8)=7$개이다.

38 정답 ③

QAM(Quadrature Amplitude Modulation : 직교 잔폭 변조)은 두 개의 직교 반송파를 이용해 각각 ASK로 변조한 것을 합성, 동일 전송로에 송출시켜 비트 전송 속도의 2배 향상이 가능하다.

39 정답 ④

'$N=b$점' 기준 독립적인 전류방정식(키르히호프의 제1법칙)은 1개, '$B=$폐회로'인 독립적인 전압방정식(키르히호프 제2법칙)은 2개이다.

40 정답 ②

A급 증폭은 동작점에 대응하는 평균 전압·전류가 B급 증폭과 C급 증폭에 비해 크기 때문에 전력의 효율은 낮다.

안심Touch

제3회 직업기초능력평가 정답 및 해설

직업기초능력평가

01	02	03	04	05	06	07	08	09	10
②	③	④	①	⑤	②	③	②	④	③
11	12	13	14	15	16	17	18	19	20
⑤	②	④	②	②	①	④	③	④	③
21	22	23	24	25	26	27	28	29	30
④	①	①	①	④	④	④	④	③	①
31	32	33	34	35	36	37	38	39	40
③	④	④	②	②	③	④	④	③	④

01 정답 ②

철도안전법 제8조 제2항을 통해 국토교통부장관은 대통령령이 아닌 국토교통부령으로 정하는 바에 따라 정기적으로 안전관리체계를 검사할 수 있음을 확인할 수 있다.

오답분석

① 철도안전법 제7조 제5항
③ 철도안전법 제8조 제3항
④ 철도안전법 제7조 제2항
⑤ 철도안전법 제7조 제6항

02 정답 ③

철도안전법 제38조의12 제5항에 따르면 철도차량 소유자 등은 반드시 국토교통부장관이 지정한 전문기관으로부터 정밀안전진단을 받아야 한다.

오답분석

① 철도안전법 제38조의12 제1항
② 철도안전법 제38조의12 제2항
④ 철도안전법 제38조의13 제1항
⑤ 철도안전법 제38조의13 제2항

03 정답 ④

철도안전법 시행규칙 제75조의17 제2항 제7호에 따르면 철도차량을 제조 또는 판매하는 자는 정밀안전진단기관으로 지정될 수 없으므로 철도차량 제조 기업인 D는 정밀안전진단기관으로 지정될 수 없다.

오답분석

① 철도안전법 시행규칙 제75조의17 제2항 제1호, 제2호
② B기관의 경우 2019년 5월에 철도안전법 제38조의13 제3항 제6호를 위반하여 업무정지를 받았으나, 이는 지정신청일인 2021년 6월 1일 기준으로 2년 전의 일이므로 철도안전법 제75조의17 제2항 제5호에 따라 정밀안전진단기관으로 지정될 수 있다.
③ C기관의 경우 2020년 1월에 철도안전법 제38조의13 제3항 제2호를 위반하여 지정취소를 받았으나, 이는 지정신청일인 2021년 6월 1일 기준으로 1년 5개월 전의 일이므로 철도안전법 제75조의17 제2항 제5에 따라 정밀안전진단기관으로 지정될 수 있다.
⑤ 철도안전법 시행규칙 제75조의17 제2항 제6호

04 정답 ①

갈등이 발생하면 서로에 대해 이해하지 않고, 배척하려는 성향이 있기 때문에 갈등 당사자 간에 의사소통이 줄어들고, 접촉하지 않으려는 경향이 생긴다.

오답분석

② 조직의 갈등이 없거나 너무 낮으면 조직원들의 의욕이 상실되고, 환경변화에 대한 적응력도 떨어지며 조직성과는 낮아지게 된다.
③ 갈등이 승리를 더 원하게 만든다.
④ 목표달성을 위해 노력하는 팀이라면 갈등은 항상 있게 마련이다.
⑤ 갈등은 새로운 해결책을 만들어주는 기회가 될 수 있다.

05 정답 ⑤

세액은 공급가액의 10%이므로 (수기종이계산서의 공급가액)×0.1이다. 따라서 [F4] 셀에는 「=E4*0.1」을 입력해야 한다.

06
정답 ②

[G5] 셀을 채우기 위해서는 함수식 「=SUM(G3:G4)」 또는 「=SUM(E5:F5)」가 입력되어야 하고, 총 합계는 12,281,889이다.

07
정답 ③

V0 : 유아가 동행하지만, 유모차대여유무는 V0(미대여)로 표기되어 있다.

① AU : 시작일(8월 1일)과 마감일(9월 30일)만 시간 제약이 있고, 그 이외 날짜에는 24시간 가능하므로 8월 후기(8월 16일 ~ 8월 31일) 신청한 위 신청자는 시간제약 없이 신청 가능했다.
② A2C0B1 : 성인(만 19세 이상) 2명과 유아(만 3세 이하) 1명으로 총 세 명으로 표기되어 있다.
④ 19 : 20일과 21일은 주말로 평일 중 마지막 날은 19일이므로 옳은 내용이다.
⑤ WM : 평일에는 3차시(17:00 ~ 20:00)가 운영되지 않고, 19일은 평일이므로 평일 2차시(14:00 ~ 17:00)가 가장 늦은 차시이다.

08
정답 ②

신청내용을 신청번호 순으로 정리하면 다음과 같다.
• 9월 1일 15시 30분의 통화내용 : 사전신청일은 9월 전기(SE)
• 관람인원은 보호자인 김ㅁㅁ와 6살 아이 : A1C1B0
• 유모차 미대여 : V0
• 관람날짜 및 요일과 시간 : 10월 둘째 주 토요일(10월 13일)의 주말 오전시간대(13HB)
따라서 신청자의 신청번호는 'SEA1C1B0V013HB'이다.

09
정답 ④

생후 1주일 내 사망자 수는 1,162+910=2,072명이고, 생후 셋째 날 사망자 수는 166+114=280명이므로 생후 1주일 내 신생아 사망률 중 셋째 날 신생아 사망률은 $\frac{280}{2,072} \times 100 ≒ 13.5\%$이다.

10
정답 ③

인구성장률 그래프의 경사가 완만할수록 인구수 변동이 적다.

① 인구성장률은 1970년 이후 계속 감소하고 있다.
② 총인구가 감소하려면 인구성장률 그래프가 (-)값을 가져야 하는데 2011년과 2015년에는 (+)값을 갖는다.
④ 2040년의 총인구보다 1990년 인구가 더 적은 것을 확인할 수 있다.
⑤ 총인구는 2020년부터 감소하는 것을 확인할 수 있다.

11
정답 ⑤

철도안전법 제19조 제7항에 따르면 운전면허의 효력이 실효된 사람이 운전면허를 다시 받으려는 경우 그 절차의 일부가 면제될 수 있다.

① 철도안전법 제19조 제1항과 제2항에 따르면 운전면허의 유효기간은 10년이나, 운전면허 갱신을 받으면 유효기간 이후에도 그 운전면허의 효력을 유지할 수 있다.
② 철도안전법 제19조 제4항에 따르면 운전면허 유효기간 만료일 전 6개월 이내에 갱신을 받지 않으면 만료일 다음 날부터 그 운전면허의 효력이 정지되나, 효력이 사라지는 것은 아니다.
③ 철도안전법 제19조 제6항에 따르면 국토교통부장관은 운전면허의 유효기간이 만료되었을 때가 아닌 만료되기 전 운전면허 갱신에 관한 내용을 통지해야 한다.
④ 철도안전법 제19조 제3항 제2호와 철도안전법 시행규칙 제32조 제3항에 따르면 운전면허 갱신 신청자는 필요한 교육훈련을 20시간 이상 받아야 한다.

12
정답 ②

B는 운전관제사로 근무한 지 2년이 되지 않았으므로 관제업무에 2년 이상 종사해야 한다는 철도안전법 시행규칙 제32조 제2항 제1호의 조건에 충족되지 않는다. 따라서 B는 공고문의 '교육신청자격'에 따라 제2종 전기차량 운전면허 갱신교육을 신청할 수 있다.

① 철도안전법 시행규칙 제32조 제1항
③ 철도안전법 시행규칙 제32조 제2항 제2호
④ 철도안전법 시행규칙 제32조 제2항 제3호
⑤ 철도안전법 제19조 제3항 제1호에 따르면 운전면허의 갱신을 신청하는 날 전 10년 이내의 해당 경력을 의미하므로 현재 종사 여부와 관계없이 E는 철도안전법 시행규칙 제32조 제2항 제1호에 해당된다.

13
정답 ④

프랑스와 한국의 시차는 7시간이므로, 프랑스 시각 2일 9시 30분은 한국 시각으로 2일 16시 30분이다. 비행시간이 13시간 걸린다고 하였으므로 인천에 3일 5시 30분에 도착한다.

14
정답 ②

주어진 자료에서 원하는 항목만을 골라 해당하는 금액의 합계를 구하기 위해서는 SUMIF 함수를 사용하는 것이 적절하다. SUMIF 함수는 「=SUMIF(범위, 조건, 합계를 구할 범위)」 형식으로 작성한다. 따라서 「=SUMIF(C3:C22,"외식비",D3:D22)」로 입력하면 원하는 값을 도출할 수 있다.

15
정답 ②

MOD 함수는 어떤 숫자를 특정 숫자로 나누었을 때 나오는 나머지를 알려주는 함수로 짝수 혹은 홀수를 구분할 때도 사용할 수 있는 함수이다.

오답분석
① SUMIF 함수는 조건에 맞는 셀의 값들의 합을 알려주는 함수이다.
③ INT 함수는 실수의 소수점 이하를 제거하고 정수로 변경할 때 사용하는 함수이다.
④ NOW 함수는 현재의 날짜와 시간을 알려주는 함수이며, 인수는 필요로 하지 않는다.
⑤ VLOOKUP 함수는 특정 범위의 첫 번째 열에 입력된 값을 이용하여 다른 열에 있는 값을 찾을 때 사용하는 함수이다.

16
정답 ①

오답분석
② 출근과 지각이 바뀌어 출력된다.
③·④·⑤ 9시 정각에 출근한 손흥민이 지각으로 출력된다.

17
정답 ④

교육 내용은 R&D 정책, 사업 제안서, 지식재산권 등 모두 R&D 사업과 관련된 내용이다. 따라서 기상산업 R&D 사업관리를 총괄하는 산업연구지원실이 제시된 교육 내용과 가장 관련이 높은 부서이다.

18
정답 ③

기상상담실은 기상예보해설 및 상담업무 지원, 기상상담실 상담 품질관리, 대국민 기상상담 등의 업무를 수행하므로 기상예보해설 PPT 및 보도 자료 결과보고와 밀접하게 관련이 있다.

19
정답 ④

항만기상관측장비 유지보수·관리 용역에 대한 입찰이기 때문에 기상관측장비 구매 & 유지보수 관련 수행 업무를 하는 장비사업팀과 가장 관련이 높다.

20
정답 ③

직업인의 기본자세
• 소명의식
• 천직의식
• 봉사정신
• 협동정신
• 책임의식
• 전문의식
• 공평무사한 자세

21
정답 ④

• 세 번째 조건 : A가 받는 상여금은 75만 원이다.
• 네 번째, 여섯 번째 조건 : B의 상여금<C의 상여금, B의 상여금<D의 상여금<E의 상여금이므로 B가 받는 상여금은 25만 원이다.
• 다섯 번째 조건 : C가 받는 상여금은 50만 원 또는 100만 원이다.
이를 정리하여 가능한 경우를 표로 나타내면 다음과 같다.

구분	A	B	C	D	E
경우 1	75만 원	25만 원	50만 원	100만 원	125만 원
경우 2	75만 원	25만 원	100만 원	50만 원	125만 원

따라서 C의 상여금이 A보다 많은 경우는 경우 2로 이때, B의 상여금(25만 원)은 C의 상여금(100만 원)의 25%이다.

오답분석
① 모든 경우에서 A를 제외한 나머지 네 명의 상여금 평균은 $\frac{25만+50만+100만+125만}{4}=75만$ 원 이므로 A의 상여금과 같다.
② 어느 경우에서도 A와 B의 상여금은 각각 75만 원, 25만 원이므로 A의 상여금이 반드시 B보다 많다.
③ C의 상여금은 경우 1에서 50만 원으로 두 번째로 적고, 경우 2에서 100만 원으로 두 번째로 많다.
⑤ C의 상여금이 D보다 적은 경우는 경우 1로, 이때 D의 상여금(100만 원)은 E의 상여금(125만 원)의 80%이다.

22
정답 ①

세계적 기업인 맥킨지(McKinsey)에 의해서 개발된 7S 모형
• 공유가치(Shared Value) : 조직 구성원들의 행동이나 사고를 특정 방향으로 이끌어 가는 원칙이나 기준이다.
• 리더십 스타일(Style) : 구성원들을 이끌어 나가는 전반적인 조직관리 스타일이다.
• 구성원(Staff) : 조직의 인력 구성과 구성원들의 능력과 전문성, 가치관과 신념, 욕구와 동기, 지각과 태도 그리고 그들의 행동패턴 등을 의미한다.
• 제도·절차(System) : 조직운영의 의사결정과 일상 운영의 틀이 되는 각종 시스템을 의미한다.
• 조직구조(Structure) : 조직의 전략을 수행하는 데 필요한 틀로서 구성원의 역할과 그들 간의 상호관계를 지배하는 공식요소이다.
• 전략(Strategy) : 조직의 장기적인 목적과 계획 그리고 이를 달성하기 위한 장기적인 행동지침이다.
• 기술(Skill) : 하드웨어는 물론 이를 사용하는 소프트웨어 기술을 포함하는 요소를 의미한다.

23
정답 ①

서류심사 배점 및 가점 기준 확정은 서류심사 이전에 이미 확정되어 있어야 한다. 서류를 본 후 심사 기준을 정하면 공정하게 되지 않을 가능성이 크다. 이후 면접에서도 면접의 배점 등의 기준은 면접 전에 확정되어야 한다.

24
정답 ①

면접문항 제작 일정표 작성 및 문항 개발은 계획안에 나와 있지 않은, '3. 면접문항 제작을 위한 외부업체 섭외' 부분에 들어갈 하략된 내용이다. 면접 계획안을 보고 준비해야 할 것을 찾는 문제이므로 이에 해당되지 않는다.

25
정답 ④

올바른 갈등해결방법
- 다른 사람들의 입장을 이해한다. 사람들이 당황하는 모습을 자세하게 살핀다.
- 어려운 문제는 피하지 말고 맞선다.
- 자신의 의견을 명확하게 밝히고 지속적으로 강화한다.
- 사람들과 눈을 자주 마주친다.
- 마음을 열어놓고 적극적으로 경청한다.
- 타협하려 애쓴다.
- 어느 한쪽으로 치우치지 않는다.
- 논쟁하고 싶은 유혹을 떨쳐낸다.
- 존중하는 자세로 사람들을 대한다.

26
정답 ④

스마트시티 전략은 정보통신기술을 적극적으로 활용하여 도시의 혁신을 이끌고 도시 문제를 해결하는 것으로 볼 수 있다. ④는 물리적 기반시설 확대의 경우로 정보통신기술의 활용과는 거리가 멀다.

27
정답 ④

간선노선과 보조간선노선을 구분하여 노선번호를 부여하면 다음과 같다.
- 간선노선
  - 동서를 연결하는 경우 : (가), (나)에 해당하며, 남에서 북으로 가면서 숫자가 증가하고 끝자리에는 0을 부여하므로 (가)는 20, (나)는 10이다.
  - 남북을 연결하는 경우 : (다), (라)에 해당하며, 서에서 동으로 가면서 숫자가 증가하고 끝자리에는 5를 부여하므로 (다)는 15, (라)는 25이다.
- 보조간선노선
  - (마) : 남북을 연결하는 모양에 가까우므로 (마)의 첫자리는 남쪽 시작점의 간선노선인 (다)의 첫자리와 같은 1이 되어야 하고, 끝자리는 5를 제외한 홀수를 부여해야 하므로 가능한 노선번호는 11, 13, 17, 19이다.
  - (바) : 동서를 연결하는 모양에 가까우므로 (바)의 첫자리는 바로 아래쪽에 있는 간선노선인 (나)의 첫자리와 같은 1이 되어야 하고, 끝자리는 0을 제외한 짝수를 부여해야 하므로 가능한 노선번호는 12, 14, 16, 18이다.

따라서 가능한 조합은 ④이다.

28
정답 ④

10대의 인터넷 공유활동을 참여율이 큰 순서대로 나열하면 '커뮤니티 이용 → 퍼나르기 → 블로그 운영 → UCC 게시 → 댓글달기'이다. 반면 30대는 '커뮤니티 이용 → 퍼나르기 → 블로그 운영 → 댓글달기 → UCC 게시'이다. 따라서 활동 순위가 서로 같지 않다.

오답분석
① 20대가 다른 연령에 비해 참여율이 비교적 높은 편임을 자료에서 확인할 수 있다.
② 남성이 여성보다 참여율이 대부분의 활동에서 높지만, 블로그 운영에서는 여성의 참여율이 높다.
③ 남녀 간의 참여율 격차가 가장 큰 영역은 13.8%p로 댓글달기이며, 그 반대로는 2.7%p로 커뮤니티 이용이다.
⑤ 40대는 다른 영역과 달리 댓글달기 활동에서는 다른 연령대보다 높은 참여율을 보이고 있다.

29
정답 ③

매월 각 프로젝트에 필요한 인원들을 구하면 다음과 같다.

(단위 : 명)

구분	2월	3월	4월	5월	6월	7월	8월	9월
A	46							
B	42	42	42	42				
C		24	24					
D				50	50	50		
E						15	15	15
합계	88	66	66	92	50	65	15	15

따라서 5월에 가장 많은 92명이 필요하므로 모든 프로젝트를 완료하기 위해서는 최소 92명이 필요하다.

30
정답 ①

프로젝트별 총 인건비를 계산하면 다음과 같다.
- A프로젝트 : 46×130만=5,980만 원
- B프로젝트 : 42×550만=23,100만 원
- C프로젝트 : 24×290만=6,960만 원
- D프로젝트 : 50×430만=21,500만 원
- E프로젝트 : 15×400만=6,000만 원

따라서 A∼E프로젝트를 인건비가 가장 적게 드는 것부터 나열한 순서는 'A-E-C-D-B'임을 알 수 있다.

31　정답 ③

30번에서 구한 총 인건비와 진행비를 합산하여 각 프로젝트에 들어가는 총 비용을 계산하면 다음과 같다.
- A프로젝트 : 5,980만+20,000만=25,980만 원
- B프로젝트 : 23,100만+3,000만=26,100만 원
- C프로젝트 : 6,960만+15,000만=21,960만 원
- D프로젝트 : 21,500만+2,800만=24,300만 원
- E프로젝트 : 6,000만+16,200만=22,200만 원

따라서 C프로젝트가 21,960만 원으로 총 비용이 가장 적게 든다.

32　정답 ④

팔은 안으로 굽는다는 속담은 공과 사를 구분하지 못한 것으로 올바른 직업윤리라고 할 수 없다.

33　정답 ④

회사와 팀의 업무 지침은 변화하는 환경 속에서 그 일의 전문가들에 의해 확립된 것이므로, 기본적으로 지켜야 할 것은 지키되 그 속에서 자신의 방식을 발견해야 한다. 따라서 본인이 속한 팀의 업무 지침이 마음에 들지 않는다는 이유로 이를 지키지 않고 본인만의 방식을 찾겠다는 D대리의 행동전략은 적절하지 않다.

34　정답 ②

직장에서의 자기개발은 도움이 되는 인간관계를 선별하기 위해서가 아닌 직장 내 동료들과 긍정적인 인간관계를 형성하기 위해 필요하다.

35　정답 ②

자기개발은 자아인식, 자기관리, 경력개발의 세 과정으로 구성돼 있다. 이 중 자기관리란 목표를 성취하기 위해 자신의 행동 및 업무수행을 관리하고 조정하는 것을 말한다. 자신에 대한 이해를 바탕으로 비전과 목표를 수립하고, 피드백 과정을 통해 부족한 점을 고쳐 나가도록 한다.

오답분석
① 자아인식이란 자신의 흥미, 적성, 특성 등을 이해하고 자기정체감을 확고히 하는 것을 말한다.
③·⑤ 자기개발의 구성요소에 해당되지 않는다.
④ 경력개발이란 자신의 진로에 대해 단계적 목표를 설정하고 목표 성취에 필요한 역량을 개발해 나가는 능력을 말한다.

36　정답 ③

B부장의 부탁으로 여러 가게를 돌아다니다가 물건을 찾았다면 일단 사가는 것이 옳다. 그러고 나서 금액이 초과되어 돈을 보태어 산 상황을 얘기하고 그 돈을 받는다.

37　정답 ④

오답분석
① A – 호주
② B – 캐나다
③ C – 프랑스
⑤ E – 일본

38　정답 ④

제시된 자료의 ○, ◑, ●을 점수로 변환하고, 빈칸을 $a \sim f$로 나타내면 다음과 같다.
이때 계산의 편의성을 위해 심사위원 A ~ D의 총점도 함께 나타낸다.

정책 \ 심사위원	A	B	C	D	합계
가	1.0	1.0	0.5	0	2.5
나	1.0	1.0	0.5	1.0	3.5
다	0.5	0	1.0	0.5	2.0
라	a	1.0	0.5	e	$a+e+1.5$
마	1.0	c	1.0	0.5	$c+2.5$
바	0.5	0.5	0.5	1.0	2.5
사	0.5	0.5	0.5	1.0	2.5
아	0.5	0.5	1.0	f	$f+2.0$
자	0.5	0.5	d	1.0	$d+2.0$
차	b	1.0	0.5	0	$b+1.5$
평균(점)	0.55	0.70	0.70	0.50	
총점(점)	5.5	7.0	7.0	5.0	

심사위원별 총점을 이용하여 $a \sim f$를 구하면 다음과 같다.
- 심사위원 A : $1.0+1.0+0.5+a+1.0+0.5+0.5+0.5+0.5+b=a+b+5.5=5.5 \rightarrow a+b=0$
  a와 b는 0, 0.5, 1.0 중 하나이므로 $a=0$, $b=0$이다.
- 심사위원 B : $1.0+1.0+0+1.0+c+0.5+0.5+0.5+0.5+1.0=c+6.0=7.0 \rightarrow c=1.0$
- 심사위원 C : $0.5+0.5+1.0+0.5+1.0+0.5+0.5+1.0+d+0.5=d+6.0=7.0 \rightarrow d=1.0$
- 심사위원 D : $0+1.0+0.5+e+0.5+1.0+1.0+f+1.0+0=e+f+5.0=5.0$
  e와 f는 0, 0.5, 1.0 중 하나이므로 $e=0$, $f=0$이다.

앞에서 구한 $a \sim f$를 바탕으로 정책 라·마·아·자·차의 총점을 구하면 다음과 같다.
- 정책 '라'의 총점 : $a+e+1.5=0+0+1.5=1.5$
- 정책 '마'의 총점 : $c+2.5=1.0+2.5=3.5$
- 정책 '아'의 총점 : $f+2.0=0+2.0=2.0$
- 정책 '자'의 총점 : $d+2.0=1.0+2.0=3.0$
- 정책 '차'의 총점 : $b+1.5=0+1.5=1.5$

따라서 폐기할 정책은 '다', '라', '아', '차'이다.

39

정답 ③

B팀장에게 가지고 있는 불만이므로 본인과 직접 해결하는 것이 가장 올바르다. 비슷한 불만을 가지고 있는 사원들과 이야기를 나누고 개선해 줄 것을 바라는 사항을 정리한 후에 B팀장에게 조심스레 말하는 것이 옳다.

40

정답 ④

제시된 사례를 살펴보면 갈등 처리를 통해 내부 집단끼리 서로의 목표를 달성하여 만족시키기를 원하고 있고, 갈등 당사자들은 적정한 수준에서의 변화와 과도하지 않은 요구조건을 서로 원하고 있다. 따라서 이와 같은 사례에서 유추할 수 있는 갈등처리 의도에 대해 옳게 설명하고 있는 사람은 은영과 권철이다.

직무수행능력평가

개별문항 1 기계일반

01	02	03	04	05	06	07	08	09	10
①	⑤	③	④	⑤	②	②	③	②	②
11	12	13	14	15	16	17	18	19	20
④	②	④	①	②	③	③	③	①	④
21	22	23	24	25	26	27	28	29	30
①	①	④	②	②	④	②	④	③	②
31	32	33	34	35	36	37	38	39	40
①	②	①	①	④	④	②	①	④	③

01

정답 ①

공기정압 베어링은 일반 구름베어링처럼 볼이나 롤러를 사용하지 않고, 압축공기의 압력만을 이용한다.

02

정답 ⑤

연성파괴는 소성변형을 수반하면서 서서히 끊어지므로 균열도 매우 천천히 진행되면서 갑작스럽게 파괴된다. 또한 취성파괴에 비해 덜 위험하고, 컵 – 원뿔 파괴(Cup and Cone Fracture)현상이 나타난다.

03

정답 ③

나사리드의 이동거리(=암나사의 이동거리)는 $L=np=3 \times p$이므로 나사피치의 3배이다(n은 줄 수, p는 피치).

04

정답 ④

4행정 사이클기관이 2행정 사이클기관보다 행정길이가 더 길기 때문에 체적효율이 더 높다.

2행정 사이클기관은 매회전마다 폭발하여 동일배기량일 경우 출력이 크고, 회전력이 균일하다. 또한 마력당 기관중량이 가벼우며 밸브기구가 필요 없어 구조가 간단하다.

05

정답 ⑤

관용나사의 나사산 각도는 55°이다.

오답분석

① 인치계(TW) 사다리꼴나사 : 29°
② 미터계(TM) 사다리꼴나사 : 30°
③ 아메리카 나사 : 60°
④ 미터보통나사 : 60°

06

열응력 $\sigma = E\varepsilon$

$= E\alpha \triangle t$

$= E\alpha(T_2 - T_1)$

$= (200 \times 10^9) \times (12 \times 10^{-6}) \times (60 - 10)$

$= 120,000 \times 10^3$

$= 120 \times 10^6$ 이고 양쪽 벽에 고정되어 있으므로

-120MPa이다.

07

정답 ②

구상흑연주철은 황 성분이 적은 선철을 용해로, 전기로에서 용해한 후 주형에 주입 전 마그네슘, 세륨, 칼슘 등을 첨가시켜 흑연을 구상화하여 보통주철보다 강력한 성질을 갖은 주철이다.

오답분석

① 합금주철 : 보통주철에 니켈, 구리 등을 첨가하여 특수강 성질을 갖게 하는 주철

③ 칠드주철 : 표면의 경도를 높게 만들기 위해 금형에 접해서 주철용탕을 응고하고, 급랭하여 제조한 주철

④ 가단주철 : 주조성이 좋은 주철을 용해하여 열처리를 함으로써 견인성을 높인 주철

⑤ 백주철 : 회주철을 급랭시킨 주철로 파단면이 백색을 띠며, 흑연의 함유량이 매우 적고, 다른 주철보다 시멘타이트의 함유량이 많아서 단단하지만 취성이 있는 주철

08

정답 ③

실리코나이징은 강철표면에 규소를 확산 침투시키는 방법으로 산류에 대한 내부식성, 내마멸성이 큰 표면 경화법이다.

오답분석

① 질화법 : 질화용 강의 표면층에 질소를 확신시켜, 표면층을 경화하는 방법

② 청화법 : 시안화물을 사용한 표면 경화법

④ 크로마이징 : 표면에 크롬을 침투 확산하고, 내열, 내마모, 내식성을 부여하는 금속 침투법

⑤ 하드 페이싱 : 표면의 합금층을 만드는 것으로 마모나 부식을 방지하는 방법

09

정답 ②

밀링머신과 평면연삭기는 모두 테이블에 공작물을 고정시킨 후 이 테이블에 이송운동을 주면서 주축에서 장착된 커터와 연삭숫돌을 회전시켜 공작물을 절삭하는 공작기계이다.

오답분석

• 선반 : 공작물은 고정 후 회전, 절삭공구는 직선이송으로 공작물을 절삭한다.

• 드릴링머신 : 공작물은 고정, 절삭공구는 회전 및 직선이송으로 공작물을 절삭한다.

10

정답 ②

절삭속도 공식을 이용하여 주축의 회전수를 구하면 다음과 같다 [v=절삭속도(m/min), d=공작물의 지름(mm), n=주축회전수(rpm)].

$v = \dfrac{\pi dn}{1,000} \rightarrow 314 = \dfrac{3.14 \times 50 \times n}{1,000} \rightarrow 314,000 = 157n$

$\therefore n = 2,000$rpm

11

정답 ④

삼각형 단면 2차 모멘트 : $I = \dfrac{bh^3}{36}$, (b : 밑변, h : 높이)

따라서 축에 단면 2차 모멘트는

$I = \dfrac{bh^3}{36} = \dfrac{20 \times 30^3}{36} = 15,000$cm^4 이다.

12

정답 ②

주물사는 통기성, 성형성이 좋고, 열에 의한 화학적 변화가 없어야 한다. 열전도도가 낮아 용탕이 빨리 응고되지 않도록 하고, 주물표면과 접합력이 약해야 제품분리가 용이하다.

13

정답 ④

탄소강에 함유된 원소는 탄소, 규소, 망간, 인, 황, 수소 등이 있으며, 수소는 백점과 헤어크랙의 원인이 된다.

오답분석

① 망간 : 강도, 경도, 인성증가, 고온에서 결정입자의 성장을 억제한다.

② 규소 : 인장강도, 탄성한계, 경도를 증가시킨다.

③ 인 : 상온취성의 원인이며, 결정입자를 조대화시킨다.

⑤ 황 : 절삭성을 좋게 하고, 알칼리성에 약하다.

14

정답 ①

(절대압력)=(대기압력)+(계기압력)

$P_{abs} = P_{a(=atm)} + P_g = 100 + 30 = 130$kPa

15

정답 ②

한계게이지는 허용할 수 있는 부품의 오차범위인 최대·최소를 설정하고 제품의 치수가 그 범위에 드는지 검사하는 기기이다.

오답분석

① 블록게이지 : 길이 측정의 표준이 되는 측정기기로 공장용 측정기들 중에서 가장 정확한 기기이다.

③ 간극게이지 : 작은 틈새나 간극을 측정하는 기기로 필러게이지라고도 불린다.

④ 다이얼게이지 : 측정자의 직선 또는 원호운동을 기계적으로 확대하여 그 움직임을 회전 지침으로 변환시켜 눈금을 읽을 수 있도록 한 측정기이다.

⑤ 센터게이지 : 선반으로 나사를 절삭할 때 나사 절삭 바이트의 날끝각을 조사하거나 바이트를 바르게 부착할 때 사용하는 게이지이며, 또한 공작품의 중심 위치의 좋고 나쁨을 검사하는 게이지를 가리키기도 한다.

16　　　　　　　　　　　　　정답 ③

점도(Viscosity)는 유체의 흐름에 대한 저항력의 척도로 유체의 끈끈한 정도로 이해하면 쉽다. 따라서 점도지수가 높으면 그만큼 분자 간 결합력이 큰 것이므로 온도변화에 대한 점도변화는 점도지수가 낮을 때보다 더 작게 된다.

17　　　　　　　　　　　　　정답 ③

자유도란 자유롭게 이동할 수 있는 지점의 수로, 다음 탁상 스탠드의 경우에는 4절 링크 2개가 모두 각각 좌우로 이동할 수 있으므로 총자유도는 2개가 된다.

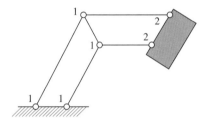

18　　　　　　　　　　　　　정답 ③

컴퓨터에 의한 통합 제조라는 의미로 제조부문, 기술부문 등의 제조 시스템과 경영 시스템을 통합 운영하는 생산 시스템을 CIM (Computer Integrated Manufacturing)이라 한다.

오답분석

① CAM(Computer Aided Manufacturing) : 컴퓨터를 이용한 생산 시스템으로 생산과 제조분야에서 사용되며, CAD에서 얻은 설계로부터 종합적인 생산순서와 규모를 계획해서 CNC공작기계의 가공 프로그램을 자동으로 수행한다.

② FMS(Flexible Manufacturing System) : 유연생산시스템으로 하나의 생산공정에서 다양한 제품을 동시에 제조할 수 있는 생산자동화시스템으로 다품종 소량생산을 가능하게 한다.

④ FA(Factory Automation) : 공장자동화라고 하며 생산계획부터 부품가공, 조립, 제품출하 등을 파악할 수 있는 시스템을 갖춘 생산공정자동화시스템이다.

⑤ TQM(Total Quality Management) : 전사적 품질경영으로서 제품 및 서비스의 품질을 향상시켜 장기적인 경쟁우위를 확보하기 위해 기존의 조직문화와 경영관행을 재구축하는 것이다.

19　　　　　　　　　　　　　정답 ①

부력에 의해 잠긴 부분의 부피만큼 바닷물의 비중에 대한 중량은 전체 얼음 중량과 같다. 따라서 잠겨 있는 부분의 체적을 $x\,\mathrm{m}^3$로 가정하고 (중량)=(비중)×(체적)을 이용하면,

$$0.88\times(30+x)=1.025\times x \rightarrow 0.145x=26.4$$

$$\rightarrow x=\frac{26.4}{0.145}≒182\mathrm{m}^3$$

따라서 얼음의 전체 체적은 $182+30=212\mathrm{m}^3$이며, 단위 N으로 바꾸면 $212\times9.8=2,077.6\mathrm{N}$이다.

20　　　　　　　　　　　　　정답 ④

• 탄성계수 : $E=2G(1+\mu)$

• 전단탄성계수 : $G=\dfrac{E}{2(1+\mu)}$

21　　　　　　　　　　　　　정답 ①

연료소모량 공식에 적용할 효율을 구하기 위해 카르노사이클 열효율 공식에 대입한다.

• 카르노사이클의 열효율

$$\eta=1-\frac{Q_L}{Q_H}=-\frac{T_L}{T_H}=1-\frac{273+27}{273+527}=0.625$$

• 연료소모량

$$F=\frac{\text{보일러 용량}}{\text{저위발열량}\times\text{효율}}=\frac{100\times10^6\mathrm{J/s}}{20\times10^6\mathrm{J/kg}\times0.625}=8\mathrm{kg/s}$$

22　　　　　　　　　　　　　정답 ①

키의 전달 강도가 큰 순서

세레이션>스플라인>접선 키>성크 키(묻힘 키)>경사 키>반달 키>평 키(납작 키)>안장 키(새들 키)

23　　　　　　　　　　　　　정답 ④

벤투리 미터는 관수로 내의 유량을 측정하기 위한 장치로, 관수로의 일부에 단면을 변화시킨 관을 부착하고, 여기를 통과하는 물의 수압 변화로부터 유량을 구한다.

오답분석

① 로터미터(Rotameter)

② 마노미터(Manometer)

③ 마이크로미터(Micrometer)

⑤ 가스 미터(Gas Meter)

안심Touch

24
정답 ②

심냉처리(Sub zero-treatment)는 담금질 후 시효변형을 방지하기 위해 잔류 오스테나이트를 마텐자이트로 만드는 처리과정이다.

심냉처리의 장점
- 공구강의 경도 상승, 성능 향상
- 기계부품 조직의 안정화, 형상 변화 방지
- 스테인리스강의 기계적 성질 향상

25
정답 ②

담금질(Quenching; 퀜칭)에 관한 설명으로, 담금질은 재료를 변태점 이상의 온도로 가열한 후 급랭시켜 마텐자이트 조직을 얻기 위한 열처리법이다.

기본 열처리 4단계
- 담금질(Quenching; 퀜칭) : 재료를 강하게 만들기 위하여 변태점 이상의 온도인 오스테나이트 영역까지 가열한 후 물이나 기름 같은 냉각제 속에 집어넣어 급랭시킴으로써 강도와 경도가 큰 마텐자이트 조직을 만들기 위한 열처리조작이다.
- 뜨임(Tempering; 템퍼링) : 잔류응력에 의한 불안정한 조직을 A_1 변태점 이하의 온도로 재가열하여 원자들을 좀더 안정적인 위치로 이동시킴으로써 잔류응력을 제거하고 인성을 증가시키는 위한 열처리법이다.
- 풀림(Annealing; 어닐링) : 강 속에 있는 내부응력을 제거하고 재료를 연하게 만들기 위해 A_1 변태점 이상의 온도로 가열한 후 공기 중에서 서랭함으로써 강의 성질을 개선하기 위한 열처리법이다.
- 불림(Normalizing; 노멀라이징) : 주조나 소성가공에 의해 거칠고 불균일한 조직을 표준화 조직으로 만드는 열처리법으로 A_3 변태점보다 $30 \sim 50℃$ 높게 가열한 후 공랭시킴으로써 만들 수 있다.

26
정답 ④

솔리드 모델링은 공학적 해석[면적, 부피(체적), 중량, 무게중심, 관성 모멘트] 계산이 가능하다.

솔리드 모델링의 특징
- 간섭체크가 가능하다.
- 숨은선의 제거가 가능하다.
- 정확한 형상표현이 가능하다.
- 기하학적 요소로 부피를 갖는다.
- 유한요소법(FEM)의 해석이 가능하다.
- 금형설계, 기구학적 설계가 가능하다.
- 형상을 절단하여 단면도 작성이 가능하다.
- 모델을 구성하는 기하학적 3차원 모델링이다.
- 데이터의 구조가 복잡해서 모델 작성이 복잡하다.
- 조립체 설계 시 위치나 간섭 등의 검토가 가능하다.
- 서피스 모델링과 같이 실루엣을 정확히 나타낼 수 있다.
- 셸 혹은 기본곡면 등의 입체요소 조합으로 쉽게 표현할 수 있다.
- 공학적 해석[면적, 부피(체적), 중량, 무게중심, 관성모멘트] 계산이 가능하다.

- 불리안 작업(Boolean Operation)에 의하여 복잡한 형상도 표현할 수 있다.
- 명암, 컬러 기능 및 회전, 이동하여 사용자가 명확히 물체를 파악할 수 있다.

27
정답 ②

체심입방격자(BCC; Body Centered Cubic)의 단위격자는 꼭짓점에 원자 $\frac{1}{8}$, 안에 원자 1개가 들어 있다. 따라서 총 $\frac{1}{8} \times 8 + 1 = 2$개이다.

금속의 결정구조

종류	체심입방격자 (BCC; Body Centered Cubic)	면심입방격자 (FCC; Face Centered Cubic)	조밀육방격자 (HCP; Hexagonal Close Packed lattice)
성질	• 강도가 크다. • 용융점이 높다. • 전성과 연성이 작다.	• 전기전도도가 크다. • 가공성이 우수하다. • 장신구로 사용된다. • 전성과 연성이 크다. • 연한 성질의 재료이다.	• 전성과 연성이 작다. • 가공성이 좋지 않다.
원소	W, Cr, Mo, V, Na, K	Al, Ag, Au, Cu, Ni, Pb, Pt, Ca	Mg, Zn, Ti, Be, Hg, Zr, Cd, Ce
단위 격자	2개	4개	2개
배위수	8	12	12
원자 충진율	68%	74%	74%

28
정답 ④

유압회로에서 캐비테이션이 발생하지 않도록 하기 위해 흡입관 내의 평균유속을 3.5m/s 이하로 만들어 준다.

29
정답 ③

카운터싱킹(Countersinking) : 접시머리나사의 머리가 완전히 묻힐 수 있도록 원뿔(원추형)자리를 만드는 작업

30
정답 ②

- (접선가속도)$= r \times \alpha$(각가속도)$= 2m \times 1,000rad/sec^2$
  $= 2,000m/sec^2$, 방향 : $\overrightarrow{EA}$
- (법선가속도)$= r \times \omega^2$(각속도)$= 2m \times (10rad/sec)^2$
  $= 200m/sec^2$, 방향 : $\overrightarrow{EO}$

31 정답 ①

수격현상은 관내를 흐르는 유체의 유속이 급히 바뀌면 유체의 운동에너지가 압력에너지로 변하면서 관내압력이 비정상적으로 상승하여 배관이나 펌프에 손상을 주는 현상이다. 송출량과 송출압력이 주기적으로 변하는 현상은 맥동현상이다.

맥동현상(서징현상, Surging)
펌프 운전 중 압력계의 눈금이 주기적이며 큰 진폭으로 흔들림과 동시에 토출량도 변하면서 흡입과 토출배관에서 주기적으로 진동과 소음을 동반하는 현상이며 영어로는 서징(Surging)현상이라고 한다.

캐비테이션(Cavitation : 공동현상)
유동하는 유체의 속도변화에 의해 압력이 낮아지면 포화증기압도 함께 낮아지면서 유체 속에 녹아 있던 기체가 분리되어 유체 내부에 기포가 발생하는 현상으로 이 기포가 관 벽이나 날개에 부딪치면서 소음과 진동이 발생하는 현상이다. 유체의 증기압보다 낮은 압력이 발생하는 펌프 주위에서 주로 발생한다.

32 정답 ②

외팔보형 단판스프링의 양단은 고정단과 자유단으로 구성되며 자유단에 하중(P)이 작용한다.
자유단의 최대처짐 구하는 식을 응용하면 다음과 같다.

$$\delta_{\max} = \delta_0 = \frac{4Pl^3}{bh^3 E}$$

여기서 두께인 h를 $2h$로 높이고, 두께와 처짐만을 고려하면

$$\delta_0 : \frac{1}{h_0^{\,3}} = \delta : \frac{1}{h^3}$$

$$\delta_0 \frac{1}{h^3} = \delta \frac{1}{h_0^{\,3}}$$

$$\frac{1}{8}\delta_0 = \delta$$

$$\frac{\delta}{\delta_0} = \frac{1}{8}$$

33 정답 ①

스터드볼트는 양쪽 끝이 모두 수나사로 되어 있는 볼트로 한쪽 끝은 암나사가 난 부분에 반영구적인 박음 작업을 하고, 반대쪽 끝에 너트를 끼워 고정시킨다.

오답분석
② 관통볼트 : 구멍에 볼트를 넣고 반대쪽에 너트로 죄는 일반적인 형태의 볼트
③ 아이볼트 : 나사의 머리 부분을 고리 형태로 만들고 고리에 로프나 체인, 훅 등을 걸어 무거운 물건을 들어 올릴 때 사용하는 볼트
④ 나비볼트 : 볼트를 쉽게 조일 수 있도록 머리 부분을 날개 모양으로 만든 볼트

⑤ 탭볼트 : 죄려고 하는 부분이 두꺼워서 관통 구멍을 뚫을 수 없거나 길다란 구멍을 뚫었다고 하더라도 구멍이 너무 길어서 관통 볼트의 머리가 숨겨져서 죄기 곤란할 때 상대편에 직접 암나사를 깎아 너트 없이 죄어서 체결하는 볼트

34 정답 ①

• 수차의 이론출력, $L_{th} = \dfrac{\gamma Q v}{75}$ [PS]

$$L_{th} = \frac{1,000 \times (6/60) \times 15}{75} = 20[\text{PS}]$$

35 정답 ④

전해가공(ECM; Electro Chemical Machining)이란 공작물을 양극에, 공구를 음극에 연결하면 도체 성질의 가공액에 의한 전기화학적 작용으로 공작물이 전기 분해되어 원하는 부분을 제거하는 가공법으로 가공된 공작물에는 열 손상이 발생하지 않는다.

36 정답 ④

웜 기어(웜과 웜휠기어로 구성)는 회전운동하는 운동축을 90°로 회전시켜서 다시 회전운동을 시키는 기어장치로 역회전을 방지할 수 있다.

웜과 웜휠기어의 특징
• 부하용량이 크다.
• 잇 면의 미끄럼이 크다.
• 역회전을 방지할 수 있다.
• 감속비를 크게 할 수 있다.
• 운전 중 진동과 소음이 거의 없다.
• 진입각이 작으면 효율이 떨어진다.
• 웜에 축방향의 하중이 발생된다.

37 정답 ②

칠드주철이란 주철제의 주물로 원하는 면에 금속형을 대서 백선철화(칠드화) 시켜서 경도, 내마모성 및 내충격성을 크게 하는 주철이다.

오답분석
① 구상흑연주철 : 황이 적은 선철을 용해하여 마그네슘, 세슘 등을 첨가하여 제조하는 주철
③ 가단주철 : 백선조직의 주철을 주조하여 열처리를 더함으로써 견인성을 크게 하는 주철
④ 규소주철 : 규소를 다량으로 첨가하여 주철의 내식성과 내산성을 크게 하는 주철
⑤ 회주철 : 탄소가 흑연 박편의 형태로 석출되며, 내마모성과 진동흡수 능력이 우수한 주철

제3회 정답 및 해설

38 정답 ①

청열 취성은 철이 산화되어 푸른빛으로 보이는 상태를 말하며, 탄소강이 200℃~300℃에서 인장강도와 경도 값이 상온일 때보다 커지지만 연신율이 낮아져 취성이 커지는 현상이다.

39 정답 ④

ㄴ. 양이온과 음이온이 혼합된 도전성의 가스체로 높은 온도를 가진 플라스마를 한 방향으로 모아서 분출시키는 것을 일컬어 플라스마 제트라고 부르는데, 이를 이용하여 용접이나 절단에 사용하는 용접법으로 용접 품질이 균일하며 용접속도가 빠른 장점이 있으나, 설비비가 많이 드는 단점이 있다.

ㄷ. 2개의 텅스텐 전극 사이에서 아크를 발생시키고 홀더의 노즐에서 수소가스를 유출시켜서 용접하는 방법으로 연성이 좋고 표면이 깨끗한 용접부를 얻을 수 있으나, 토치 구조가 복잡하고 비용이 많이 들기 때문에 특수 금속 용접에 적합하다. 가열 열량의 조절이 용이하고 시설비가 싸며 박판이나 파이프, 비철합금 등의 용접에 많이 사용된다.

ㄹ. 2개의 금속 단면을 가볍게 접촉시키면서 큰 전류(대전류)를 흐르게 하면 열이 집중적으로 발생하면서 그 부분이 용융되고 불꽃이 튀게 되는데, 이때 접촉이 끊어지고 다시 피용접재를 전진시키면서 용융과 불꽃 튀는 것을 반복하면서 강한 압력을 가해 압접하는 방법으로 불꽃 용접이라고도 불린다.

오답분석

ㄱ. 용접하는 모재의 틈을 물로 냉각시킨 구리 받침판으로 둘러싸고 용융 풀의 위부터 이산화탄소가스인 실드가스를 공급하면서 와이어를 용융부에 연속적으로 공급하여 와이어 선단과 용융부와의 사이에서 아크를 발생시켜 그 열로 와이어와 모재를 용융시키는 용접법이다. 이때 전극으로 사용되는 와이어는 소모된다.

40 정답 ③

안전율(S) : 외부의 하중에 견딜 수 있는 정도를 수치로 나타낸 것

$$S=\frac{[극한강도(\sigma_u)]}{[허용응력(\sigma_a)]}=\frac{[인장강도(\sigma_y)]}{[허용응력(\sigma_a)]}$$

오답분석

① 안전율은 일반적으로 플러스(+)값을 취한다.

② 기준강도가 100MPa이고, 허용응력이 1,000MPa이면 안전율은 0.1이다.

④ 안전율이 1보다 작아지면 안전성은 떨어진다.

⑤ 일반적인 강재 안전율은 3~3.5 정도이고, 콘크리트 안전율은 3~4 정도이다.

01	02	03	04	05	06	07	08	09	10
①	①	②	①	③	①	④	①	③	③
11	12	13	14	15	16	17	18	19	20
③	④	③	④	③	①	③	④	④	④
21	22	23	24	25	26	27	28	29	30
④	②	②	④	②	④	①	④	②	④
31	32	33	34	35	36	37	38	39	40
①	③	①	④	③	①	⑤	④	③	②

01 정답 ①

$$I=\frac{Q}{t}=\frac{600}{5\times60}=\frac{600}{300}=2A$$

02 정답 ①

사인 함수에 대한 무한 급수는 푸리에 급수이다.

03 정답 ②

오답분석

ㄴ. 단위계단함수 $u(t)$는 t가 음수일 때 0, t가 양수일 때 1의 값을 갖는다.

ㄹ. 단위램프함수 $r(t)$는 $t>0$ 때 단위 기울기를 갖는다.

04 정답 ①

$$E_A-I_AR_A=E_B-I_BR_B$$

두 발전기의 유기 기전력은 같으므로 $E_A=E_B$이다.

$$I_AR_A=I_BR_B(I : 135A \Rightarrow 135=I_A+I_B)$$

$$(135-I_B)\times0.1=I_B\times0.2$$

$$\therefore I_A=90A, \quad I_B=45A$$

05 정답 ③

줄의 법칙은 전류에 의해 단위시간에 발생하는 열량이 도체의 저항과 전류의 제곱, 흐르는 시간에 비례한다는 것이다.

오답분석

① 옴의 법칙 : 전류의 세기는 전압에 비례하고, 저항에 반비례한다.

② 패러데이의 법칙 : 자기장 세기의 변화로 유도 기전력이 발생한다.

④ 키르히호프의 법칙 : 전류가 흐르는 길에서 들어오는 전류와 나가는 전류의 합이 같다는 제1법칙과 임의의 폐회로를 따라 한 바퀴 돌 때 그 회로의 기전력의 총합은 각 저항에 의한 전압 강하의 총합과 같다는 제2법칙이 있다.

⑤ 렌츠의 법칙 : 유도 전류의 자속은 자속의 증가 또는 감속을 방해하는 방향으로 나타난다는 법칙이다.

06
정답 ①

전선의 접속 시 주의사항으로는 전기의 세기를 20% 이상 감소시키지 않고 80% 이상의 전기세기를 유지하며, 접속 부분에 전기저항이 증가하지 않도록 해야 한다.

07
정답 ④

△결선

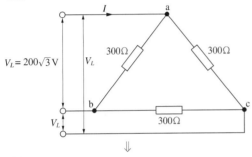

⇓

Y결선

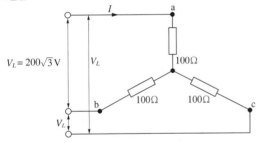

Y결선 임피던스 병렬연결상태(등가회로)

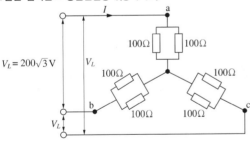

한 상당 임피던스

$$Z = \frac{100 \times 100}{100 + 100} = \frac{10,000}{200} = 50\Omega$$

Y결선(상전류=선전류)이므로

$$I_p = \frac{V_p}{Z} = \frac{\frac{200\sqrt{3}}{\sqrt{3}}}{50} = \frac{200}{50} = 4\text{A}$$

08
정답 ①

$Z = \dfrac{I_{1n} Z_1}{V_{1n}} \times 100$ 식에서 $I_{1n} = \dfrac{10 \times 10^3}{2,000} = 5\text{A}$

$Z_1 = \sqrt{(6.2)^2 + (7)^2} \fallingdotseq 9.35$

$\therefore \ Z = \dfrac{5 \times 9.35}{2,000} \times 100 = 2.3375 \fallingdotseq 2.34\%$

09
정답 ③

변압기 유도 기전력 $E = 4.44 f N \varnothing m[\text{V}]$에서 변압기 자속과 비례하는 것은 유도 기전력(전압)이다.

10
정답 ③

접지공사를 하는 주된 목적은 감전사고 방지이다. 이외에 전로의 대지 전압 상승 방지와 보호계전기의 동작 확보, 이상 전압의 억제가 있다.

11
정답 ③

$i = \dfrac{V}{R} = \dfrac{141 \sin \omega t}{10} = 14.1 \sin \omega t,$

실효값 $I = \dfrac{I_{\max}}{\sqrt{2}} = \dfrac{14.1}{\sqrt{2}} \fallingdotseq 10\text{A}$

12
정답 ④

녹아웃 펀치와 같은 용도로는 '홀소'가 있으며, 홀소는 분전반이나 배전반의 금속함에 원형 구멍을 뚫기 위해 사용하는 공구이다.

오답분석

① 리머 : 금속관이나 합성 수지관의 끝 부분을 다듬기 위해 사용하는 공구이다.
② 벤더 : 관을 구부릴 때 사용하는 공구이다.
③ 클리퍼 : 펜치로 절단하기 힘든 굵기 25mm^2 이상의 두꺼운 전선을 절단하는 공구이다.
⑤ 오스터 : 파이프에 나사를 절삭하는 다이스 돌리기의 일종이다.

13
정답 ②

저항에 흐르는 전류

$I = \dfrac{V}{R_1 + R_2} = \dfrac{6}{1+2} = 2\text{A}$

$\therefore \ V_{AB} = IR_1 = 2\text{A} \times 1\Omega = 2\text{V}$

안심Touch

14 정답 ②

줄의 법칙에 따라 도체에 발생하는 열에너지 $H = 0.24 I^2 Rt \, [\text{cal}]$ 이다. H는 저항에 비례하므로 R_2는 R_1보다 3배의 열을 발생시킨다.

15 정답 ③

$$E = K\Phi N$$

$$E' = K\Phi \frac{1}{2} N$$

$$E = E'$$

$$K\Phi N = K\Phi \frac{1}{2} N$$

따라서 Φ는 2배가 되어야 한다.

16 정답 ①

분전반 및 배전반은 전기회로를 쉽게 조작할 수 있는 장소에 설치해야 하며, 기구 및 전선을 점검할 수 있도록 시설해야 한다.

17 정답 ③

정회전 슬립은 $s = \dfrac{N_s - N}{N_s}$ 이며, N_s는 동기속도, N은 회전자속도이다 $\left(s = \dfrac{N_s - N}{N_s} = 1 - \dfrac{N}{N_s} \ \rightarrow \ \dfrac{N}{N_s} = 1 - s \right)$.

역회전 슬립은 회전자속도 N에 $-N$을 대입하여 구한다. 즉

$$s' = \frac{N_s - (-N)}{N_s} = \frac{N_s + N}{N_s} = 1 + \frac{N}{N_s} = 1 + (1 - s) = 2 - s \ \text{이다.}$$

18 정답 ④

철심에서 실제 철의 단면적과 철심의 유효면적과의 비를 점적률이라고 한다.

오답분석

① 권수비 : 변압기의 1차 · 2차 권선수의 비
② 변류비 : 변압기의 1차 · 2차 부하 전류의 비
③ 변동률 : 정격전압과 무부하 상태의 전압의 차와 정격전압의 비
⑤ 변성비 : 변압기의 무부하에 있어서의 1차 단자전압과 다른 단자전압과의 비

19 정답 ④

△ → Y 변환 등가회로

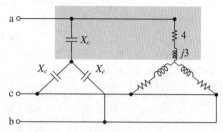

△ → Y 변환 시 1상당 임피던스 $Z = 4 + j3 \, [\Omega]$

병렬 등가회로

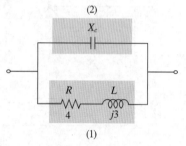

RL 직렬에 C 병렬연결인 등가회로로 구성

(1) 어드미턴스 $Y_1 = \dfrac{1}{4 + j3} \, \mho$

(2) 어드미턴스 $Y_2 = j \dfrac{1}{X_c} \, \mho$

$$\therefore \ Y = Y_1 + Y_2 = \frac{1}{4 + j3} + j\frac{1}{X_c}$$

$$= \left(\frac{1 \times (4 - j3)}{(4 + j3) \times (4 - j3)} \right) + j\frac{1}{X_c}$$

$$= \frac{4 - j3}{16 + 9} + j\frac{1}{X_c} = \frac{4}{25} - j\frac{3}{25} + j\frac{1}{X_c}$$

X_c를 구하므로 허수부=0

$$-j\left(\frac{3}{25} - \frac{1}{X_c} \right) = 0$$

$$\frac{3}{25} = \frac{1}{X_c}$$

$$\therefore \ X_c = \frac{25}{3} \, \Omega$$

20
정답 ④

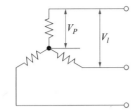

Y결선 선전압

$V_l = \sqrt{3}\,V_p[\text{V}] = \sqrt{3} \times 220 = 220\sqrt{3}\ \text{V}$

21
정답 ④

농사용 전선로 시설기준
- 사용전압 : 저압
- 전선의 굵기 : 2.0mm 또는 1.38kN
- 경간 : 30m 이하
- 높이 : 3.5m
- 말구의 지름 : 9cm

22
정답 ②

전기력선의 성질
- 도체 표면에 존재(도체 내부에는 없다)
- (+) → (−) 이동
- 등전위면과 수직으로 발산
- 전하가 없는 곳에는 전기력선이 없음(발생, 소멸이 없다)
- 전기력선 자신만으로 폐곡선을 이루지 않음
- 전위가 높은 곳에서 낮은 곳으로 이동
- 전기력선은 서로 교차하지 않음
- (전기력선 접선방향)=(그 점의 전계의 방향)
- $Q[\text{C}]$에서 $\dfrac{Q}{\varepsilon_0}$개의 전기력선이 나옴
- 전기력선의 밀도는 전기장의 세기에 비례

23
정답 ②

$H = nI$이고, n은 단위길이당 권수이다.

$n = \dfrac{N}{l} = \dfrac{20}{10^{-2}} = 2,000$이므로,

$H = nI = 2,000 \times 5 = 10,000\text{AT/m} = 10^4\,\text{AT/m}$

24
정답 ②

병렬회로 공진 주파수는 직렬과 동일하다.

$\therefore f = \dfrac{1}{2\pi\sqrt{LC}}[\text{Hz}] = \dfrac{1}{2\pi\sqrt{100 \times 1 \times 10^4 \times 10^{-6}}}$

$\qquad = \dfrac{1}{2\pi}\,\text{Hz}$

25
정답 ④

부흐홀츠 계전기는 변압기의 주 탱크와 콘서베이터를 연결하는 배관에 설치하여 변압기 내부에서 발생하는 일정량 이상의 가스량과 기준 속도 이상의 유속에 의해 작동되는 계기이다.

26
정답 ④

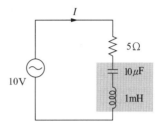

RLC 직렬회로에서 전류 I가 최대일 때 임피던스 Z 최소(허수부 =0), 즉 공진상태이다.

- 공진상태

  $Z = R + j(X_L - X_c)$

  $X_L - X_c = 0$이므로

  $\therefore Z = R$

- 전류 $I = \dfrac{V}{Z} = \dfrac{10}{5} = 2\text{A}$

27
정답 ①

패러데이의 전자 유도 법칙(Faraday's Law of Electromagnetic Induction)에 의하여 유도 기전력의 크기는 코일을 지나는 자속의 매초 변화량과 코일의 권수에 비례한다.

28
정답 ④

구리전선과 전기 기계기구 단지를 접속하는 경우에 진동 등으로 인하여 헐거워질 염려가 있는 곳에는 '스프링 와셔'를 끼워 진동을 방지한다.

29
정답 ②

발전기의 입력 $P_g = \dfrac{450 \times 0.85}{0.9}$인데 발전기의 입력과 원동기의 출력은 같으므로, (원동기의 출력)=425kW

따라서, 원동기의 입력 $P = \dfrac{P_g}{0.85} = \dfrac{425}{0.85} = 500\text{kW}$

30

정답 ④

펠티어 효과(Peltier Effect)는 두 종류의 금속을 접속하여 폐회로를 만들고 전류를 흘리면 양 접속점의 한쪽은 온도가 올라가고(열의 발생) 다른 쪽은 온도가 내려가는(열의 흡수) 현상을 말한다. 이 효과는 제벡 효과의 역효과이며 금속을 조합시킴으로써 전자냉동 등에 응용되고 있다.

오답분석

① 줄 효과(Joule Effect) : 자성 물질을 자화하면 변형이 생기고, 외부로부터 힘을 가하여 변형시키면 자화의 형태가 변화하는 현상이다.

② 톰슨 효과(Thomson Effect) : 1개의 금속도선의 각부에 온도차가 있을 때, 이것에 전류를 흘리면, 부분적으로 전자의 운동에너지가 다르기 때문에 온도가 변화하는 곳에서 줄열 이외의 열이 발생하거나 흡수가 일어나는 현상이다.

③ 핀치 효과(Pinch Effect) : 전류가 통과하는 도체 내에서 같은 방향으로 흐르는 전류상호간에 흡인력이 작용하여 액체 도체가 중심을 향해 수축하는 현상이다.

⑤ 제벡 효과(Seebeck Effect) : 상이한 금속을 접합하여 전기회로를 구성하고, 양쪽 접속점에 온도차가 있으면 회로에 열기전력이 발생하는 현상이다.

31

정답 ①

줄의 법칙이란 전류에 의해 단위시간에 발생하는 열량은 도체의 저항과 전류의 제곱에 비례한다는 것으로, 자기장과 직접적 관련이 없다.

오답분석

② 플레밍의 왼손 법칙 : 전동기 원리와 관련 있는 법칙으로 자기장과 전류의 방향을 알고 있을 때 힘의 방향을 알 수 있다.

③ 비오 – 사바르 법칙 : 전기회로에 전류가 흐를 때 이 전류가 만드는 자기장은 전류의 방향에 수직이고 크기는 전류로부터의 거리의 제곱에 반비례한다는 법칙으로, 일정한 크기와 방향의 정상전류가 흐르는 도선 주위의 자기장 세기를 구할 수 있다.

④ 앙페르의 오른나사 법칙 : 일정한 전류가 흐를 때 그 둘레에 만들어지는 자기장의 방향과 크기를 나타내는 법칙이다. 자기장은 전류 둘레에 동심원형으로 생기고 전류의 방향을 오른나사의 진행 방향으로 하였을 때 자기장의 방향은 그 회전 방향과 같다는 법칙이다.

⑤ 플레밍의 오른손 법칙 : 발전기의 원리와 관련 있는 법칙으로 자기장 속에서 도선이 움직일 때 자기장의 방향과 도선이 움직이는 방향으로 유도기전력의 방향을 결정하는 규칙이다.

32

정답 ③

크기가 같고 부호가 반대인 두 전하가 일정 거리만큼 떨어져 있는 것을 전기 쌍극자라 부르고, 이 전기 쌍극자를 나타내는 물리량을 쌍극자 모멘트(쌍극자 능률)라 한다. 그 크기는 전하량과 거리의 곱이며, 방향은 음전하에서 양전하로 향한다. 물리학에서 전하로 이루어진 계의 극성을 재는 척도 중 하나이며, 원자에 외부 전계가 작용하면 전자의 분포가 치우쳐 전기 쌍극자 모멘트가 유발된다.

33

정답 ①

비돌극형(원통형) 동기발전기의 1상 출력은 $P = \dfrac{EV}{X_s}\sin\delta$[W]이다.

34

정답 ②

동력 배선에서 경보를 표시하는 램프의 일반적인 색깔은 황색이다.

35

정답 ③

유기 기전력

$e = Blv\sin\theta[\text{V}] = 10 \times 0.2 \times 10 \times \sin 90°$
$= 10 \times 0.2 \times 10 \times 1 = 20\text{V}$

전력

$P = \dfrac{V^2}{R} = \dfrac{(20)^2}{2} = \dfrac{400}{2} = 200\text{W}$

36

정답 ①

지선에 연선을 사용할 경우 3가닥 이상의 연선을 사용해야 한다.

오답분석

② 안전율은 2.5 이상이어야 하며, 목주나 A종은 1.5 이상이어야 한다.

③ 인장 하중은 4.31kN 이상으로 해야 한다.

④ 철주 또는 철근콘트리트주는 지선을 사용하지 않는다.

⑤ 아연도금철봉은 지중 부분 및 지표상 30cm까지 사용한다.

37

정답 ⑤

구리의 전기화학 당량 $k = 0.3293 \times 10^{-3}$g/C이므로
w(석출되는 구리의 양) $= kIt = 0.0003293 \times 10 \times 30 \times 60 ≒ 5.93$g

38

정답 ④

파형의 각주파수는 $\omega = 2\pi f$이므로 주파수는 $f = \dfrac{\omega}{2\pi}$ 이다.

$e = 141\sin(120\pi t - \dfrac{\pi}{3})$에서 $\omega = 120\pi$ 이므로, 주파수 $f = \dfrac{120\pi}{2\pi}$
$= 60$Hz이다.

39

정답 ③

C형 전선접속기 등에 의한 접속은 동전선의 종단접속 방법에 해당되지 않는다. 종단접속 방법에는 비틀어 꽂는 형의 전선접속기, 종단 겹침용 슬리브, S형 슬리브, 트위스트형 전선접속기, 동선압착단자 등을 이용하여 접속한다.

40

정답 ②

유입 변압기에 많이 사용하는 니스류나 기름에 침적한 목면, 명주, 종이 등의 절연 재료는 내열 등급 A종으로 분류되며, 최고 허용 온도는 105℃이다.

절연재료의 종류와 최고 허용 온도

내열 등급	최고 허용 온도	주요 절연 재료	주요 용도
Y종	90	목면, 명주, 종이, 목재	저전압 기기
A종	105	니스류를 함침하고, 기름에 침적한 목면, 명주 및 종이, 목재 등(Y종＋니스, 기름)	변압기 등 보통의 기기
E종	120	폴리우레탄, 에폭시수지, 폴리에틸렌	보통 또는 대용량 기기
B종	130	마이카, 석면, 유리섬유 등을 접착제와 함께 사용한 것	고전압 기기, 건식 변압기
F종	155	마이카, 석면, 유리섬유 등을 실리콘수지 등의 접착제와 함께 사용한 것	H종 건식 변압기
H종	180	마이카, 석면, 유리섬유 등을 규소수지와 함께 사용한 것	특수 기기
C종	180	마이카, 석면 등을 단독으로 사용한 것	

개별문항 3 전자일반

01	02	03	04	05	06	07	08	09	10
③	②	④	①	②	④	②	③	④	①
11	12	13	14	15	16	17	18	19	20
①	①	②	②	④	③	④	④	①	⑤
21	22	23	24	25	26	27	28	29	30
④	①	④	④	④	⑤	④	②	①	③
31	32	33	34	35	36	37	38	39	40
④	③	②	②	④	①	④	①	④	③

01
정답 ③

전자파 속도는 $v = \dfrac{\omega}{\beta} = \dfrac{\omega}{\omega\sqrt{LC}} = \dfrac{1}{\sqrt{\varepsilon_o \varepsilon_r \mu_o \mu_r}}$ 이며, 광속도

$c = \dfrac{1}{\sqrt{\epsilon_o \mu_o}}$ 이므로 $v = \dfrac{1}{\sqrt{\varepsilon_o \varepsilon_r \mu_o \mu_r}} = \dfrac{1}{\sqrt{\varepsilon_o \mu_o}} \times \dfrac{1}{\sqrt{\varepsilon_r}}$

$\fallingdotseq \dfrac{3 \times 10^8}{\sqrt{80}} \fallingdotseq 3.35 \times 10^7 \,\mathrm{m/s}$이다.

02
정답 ②

반파의 정현파	최대치	평균치	실효치
	I_m	$\dfrac{I_m}{\pi} = I_{av}$	$\dfrac{I_m}{2} = I$

반파 정현파의 최대치를 평균치에 대한 식으로 바꾸면

$$\dfrac{I_m}{\pi} = I_{av} \rightarrow I_m = \pi I_{av} \cdots ㉠$$

반파 정현파의 실효치에 ㉠을 대입하면

$$I = \dfrac{I_m}{2} = \dfrac{1}{2} \times \pi I_{av} \rightarrow I = \dfrac{\pi}{2} \times I_{av}$$

따라서 평균치와 실효치 사이의 관계식은 $I = \dfrac{\pi}{2} \times I_{av}$ 이다.

03
정답 ④

플립플롭 회로는 에지 트리거이고, 래치 회로는 레벨 트리거이다.

04
정답 ①

태양전지는 광기전력 효과를 이용한 광전지로 빛에너지를 전기로 변환시킨다.

오답분석

광도전 효과를 이용한 도전체는 광도전 셀(화재경보기, 자동점멸 장치 등), 광다이오드, Cds도전셀이 있다.

55 / 60
제3회 정답 및 해설

05
정답 ②

1비트를 비교하는 진리표는 입력 신호를 다음과 같이 정리할 수 있다.
- A<B일 경우, 0<1 → 1이므로 ㉠에 들어갈 값은 1이다.
- A=B일 경우, 0=0 → 1, 1=1 → 1이고, 다른 나머지의 경우는 0이다. 따라서 ㉡에 들어갈 값은 0이다.
- A>B일 경우, 1>0 → 1이고, 다른 나머지의 경우는 0이다. 따라서 ㉢에 들어갈 값은 0이다.

따라서 빈칸에 들어갈 값은 ㉠ 1, ㉡ 0, ㉢ 0이다.

06
정답 ④

2개의 자극판 사이의 에너지는 $W=\frac{1}{2}LI^2$이며, 인턱턴스 $L=\frac{N\phi}{I}$를 대입하면 $W=\frac{1}{2}\times\frac{N\phi}{I}\times I^2=\frac{1}{2}N\phi\times I=\frac{1}{2}\ni\times\phi=\frac{1}{2}Hl\times BS=\frac{1}{2}HBSl$[J]이다. 따라서 단위체적당 에너지 밀도는 $W=\frac{1}{2}HB=\frac{1}{2}H\times\mu H=\frac{1}{2}\mu H^2$[J/m³]이 된다($B=\mu H$).

07
정답 ②

어셈블러 언어는 기계어에 가깝기 때문에 고급언어(COBOL, FORTRAN 등)로 기술하는 것보다 프로그램이 복잡하다. 이 때문에 어셈블러로 기술되는 프로그램은 OS(오퍼레이팅 시스템) 등에 한정되어 있다.

08
정답 ③

초전도 현상은 어떤 물질을 특정 임계 온도 이하로 냉각시켰을 때 저항이 0이 되고 내부 자기장을 밀쳐내는 현상이다. 초전도체의 임계 자기장은 온도가 높아질수록 낮아지고, 모든 초전도체는 외부 자기장이 없거나 외부 자기장의 세기가 특정한 값 미만일 때 낮은 전류에 대하여 전기저항이 0이 되는 현상을 보인다.

09
정답 ④

RL직렬 회로에 직류 전압을 가했을 경우 시정수 $\tau=\frac{L}{R}$이며, 시간 $t=3\tau=3\frac{L}{R}$초일 때의 회로에 흐르는 전류는 다음과 같다(E는 직류 전압, R은 저항).

$i_{(t)}=\frac{E}{R}(1-e^{-\frac{R}{L}t})=\frac{E}{R}(1-e^{-\frac{R}{L}\times 3\tau})$

$=\frac{E}{R}(1-e^{-\frac{R}{L}\times 3\times\frac{L}{R}})=\frac{E}{R}(1-e^{-3})$

$\fallingdotseq\frac{E}{R}\left(1-\frac{1}{20}\right)=\frac{E}{R}(1-0.05)=\frac{E}{R}\times 0.95$

따라서 시간 $t=3\tau$초일 때의 회로에 흐르는 전류는 최종값 전류 $\left(\frac{E}{R}\right)$의 약 95%를 차지한다.

※ 시정수 : 물리량이 시간에 대해 계속적으로 변화하여 정상치에 달하는 경우, 양이 정상치의 63.2%에 달할 때까지의 시간을 말한다.

10
정답 ①

광전효과에서 물질에 따라 특정 진동수를 가지고 있으며, 광전자를 방출하기 위해서는 특정 진동수(=문턱 진동수)보다 높은 빛을 쬐어줘야 광자가 금속 원자를 때려 전자를 방출하게 되며 이 전자를 광전자라고 한다.
$E_k=h\nu-E_w$에서 $h\nu$는 쬐어준 빛의 에너지이며, E_w는 광전물질의 일함수로 광전자를 내보내기 위한 최소한의 에너지로, $E_w=hf_0$이다(f_0는 문턱 진동수).

11
정답 ①

전하(Q) 공식 $Q=CV$에서 전압(V)에 대한 식으로 바꾸면 $V=\frac{Q}{C}$이다. 따라서 $V=\frac{3\times10^{-3}}{20\times10^{-6}}=150$V이다.

12
정답 ①

8비트 연속근사 A/D 변환기가 4MHz의 클럭 주파수의 총 변환시간은 $8\times\frac{1}{f}=8\times\frac{1}{4\times10^6}=2\times10^{-6}=2\mu$s이다.

13
정답 ②

분산처리시스템은 여러 대의 컴퓨터에 작업을 나누어 처리하여 그 내용이나 결과가 통신망을 통해 상호교환되도록 연결되어 있는 시스템으로, 접근 가능 경로와 접근 방법이 많아 보안이 취약해질 수 있다.

14
정답 ②

최종치 정리 $\lim\limits_{t\to\infty}f(t)=\lim\limits_{s\to0}sF(s)$에 주어진 함수 $F(s)$를 대입하면

$\lim\limits_{s\to0}sF(s)=\lim\limits_{s\to0}s\times\frac{12(s+3)}{2s^3+s^2+6s}=\lim\limits_{s\to0}\frac{12s+12\times3}{2s^2+s+6}$

$=\frac{12\times3}{6}=6$

따라서 함수 $F(s)$에 대한 $f(t)$의 최종치는 6이다.

15 정답 ③

디코더(Decoder)는 컴퓨터 내부에서 디지털로 코드화된 데이터를 해독하여 그에 대응되는 아날로그 신호로 바꿔주는 컴퓨터 회로로, 인코더의 반대개념이다.

오답분석

① 플립플롭(Flip Flop) : 1 또는 0과 같이 하나의 입력에 대하여 항상 그에 대응하는 출력을 발생하게 하고, 새로운 입력이 주어질 때까지 그 상태를 안정적으로 유지하는 회로이다.
② 인코더(Encoder) : 디지털 전자회로에서 어떤 부호계열의 신호를 다른 부호계열의 신호로 바꾸는 변환기이다.
④ 멀티플렉서(Multiplexer) : 여러 개의 입력선 중에서 하나를 선택하여 단일 출력선으로 연결하는 조합회로로, 다중 입력 데이터를 단일 출력하므로 데이터 셀렉터(Data Selector)라고도 한다.
⑤ 디멀티플렉서(Demultiplexer) : 데이터 분배 회로(Data Distributor)라고도 하며, 한 개의 선으로부터 입수된 정보를 받아들임으로써 N개의 선택 입력에 의해 2^N개의 가능한 출력선 중의 하나를 선택하여 정보를 전송하는 조합 회로이다.

16 정답 ③

페르미온 전자는 파울리 배타원리로 인해 같은 에너지 준위에는 오직 하나의 전자만 존재한다. 따라서 절대온도 0도에서 전자들은 가능한 가장 낮은 에너지 준위부터 차례로 채워지며, 이때 가장 높은 에너지 준위가 페르미 에너지(Fermi Energy)가 된다.

17 정답 ④

$$v = \frac{\omega}{\beta} = \frac{\omega}{\omega\sqrt{LC}} = \frac{1}{\sqrt{LC}} = \frac{1}{\sqrt{\varepsilon\mu}} = \frac{1}{\sqrt{\varepsilon_o\varepsilon_r\mu_o\mu_r}}$$

$$= \frac{1}{\sqrt{\varepsilon_o\mu_o}} = 3 \times 10^8 = c(\text{광속도})[\text{m/s}]$$

따라서 $c = \dfrac{1}{\sqrt{\epsilon_o\mu_o}}$ 이므로 비투자율(μ_r)과 비유전율(ε_r)이 모두 1이 되어야 한다.

18 정답 ④

레이저는 유도 방출을 이용한다.

오답분석

레이저는 파와 파의 간격이 등간격의 성질인 코히런트(coherent)성과 지향성을 가진다. 활성 매질의 상태에 따라 고체 레이저, 액체 레이저, 기체 레이저로 구분되는데 고체 레이저는 반도체 레이저, 광섬유 레이저 등이 속하며, 액체 레이저는 색소 레이저, 기체 레이저는 연속적으로 광파를 방출하며 이산화탄소 레이저 등이 있다.

19 정답 ①

FET는 반도체결정의 도전성과 전기저항을 전장으로 제어하는 것이며 입력저항이 10^{14} Ω 정도로 매우 높다. FET에는 실질적으로 제어전류는 거의 흐르지 않고, 제어전압으로 제어한다. 또한, 일반 트랜지스터는 전류를 증폭시키지만, FET는 전압을 증폭시킨다.

20 정답 ⑤

I/O 제어기는 데이터 구성 기능이 아닌 데이터 버퍼링 기능을 수행한다.

21 정답 ④

패러데이의 전자유도법칙에 의해 코일과 콘덴서에서의 기전력(전압) 크기는 각각 다음과 같다.

• 코일

$$V = L\frac{di_{(t)}}{dt}[\text{V}], \text{ 전류가 급격히 변화하지 않는다.}$$

• 콘덴서

$$V_{(t)} = \frac{1}{C}\int i_{(t)}dt[\text{V}] \rightarrow i_{(t)} = C\frac{dV_{(t)}}{dt}[\text{A}], \text{ 전압이 급격히}$$
변화하지 않는다.

22 정답 ①

• 전도대 : 전자가 존재할 수 있는 허용대로 자유 전자의 에너지가 속하는 에너지대이다.
• 금지대 : 전자들이 있을 수 없는 에너지 범위로 에너지 갭이라고도 하며, 도체에는 없다.
• 가전자대 : 낮은 에너지 준위로부터 순차적으로 전자를 채워가면 아래쪽의 에너지대가 전자로 채워지는 영역이다.

23 정답 ④

전자 소자인 트랜지스터, 다이오드 등은 불순물반도체인 N형과 P형 반도체로 사용된다.

24 정답 ④

부울(Boole) 대수의 흡수법칙 : $X + XY = X$

오답분석

① 부울 대수의 기본법칙 : $X + 0 = X$
② 부울 대수의 분배법칙 : $X + YZ = (X + Y)(X + Z)$
③ 드모르간의 정리 : $(X + Y)' = X'Y'$
⑤ 부울 대수의 흡수법칙 : $X(X + Y) = X$

25

정답 ④

5×4 이차원 배열은 아래 표와 같으며, 행주도 순서이기 때문에 번지는 행을 기준으로 아래와 같이 나열된다. 그리고 a[4][3]은 4행 3열에 위치하므로 15번지임을 확인할 수 있다.

1번지 a[1][1]	2번지	3번지	4번지
5번지	6번지	7번지	8번지
9번지	10번지	11번지	12번지
13번지	14번지	15번지 a[4][3]	16번지
17번지	18번지	19번지	20번지

26

정답 ⑤

막대자석이 받는 회전력(Torque)은 $T=MH\sin\theta$이다. 따라서

$T=MH\sin\theta=mlH\sin\theta=6\times10^{-6}\times4\times10^{-2}\times100\times\dfrac{1}{2}$

$=1,200\times10^{-8}=1.2\times10^{-5}$N·m이다($M$: 자기 모멘트, m : 자극의 세기).

27

정답 ④

영상분

• 대칭 3상 전압에서는 0이 된다.

• 비접지 계열 회로에는 영상분이 존재하지 않는다.

28

정답 ②

맥스웰 – 볼츠만 분포는 열평형상태인 기체분자의 속도에 따른 확률분포이다. 따라서 플라즈마와 같은 기체상태에 적용될 수 있는

방정식은 맥스웰 – 볼츠만 방정식이며, $f(E)=Ae^{-\frac{E}{KT}}$ 로 나타낸다.

오답분석

① 아인슈타인 방정식 : 특정한 물질의 배치로부터 시공간의 왜곡을 계산할 수 있는 방정식으로 에너지, 운동량 텐서를 항으로 하여 중력을 제외한 물질의 에너지와 운동량의 밀도를 나타낸다.

③ 슈뢰딩거 방정식 : 양자 계가 시간에 따라 어떻게 변하는지 계산하는 방정식으로 파동함수의 변화를 기술하는 미분방정식이다.

④ 푸아송 방정식 : 특정 밀도로 분포되어 있는 전하의 장에서의 전위와의 관계를 나타낸 식이다.

⑤ 베르누이 방정식 : 이상 유체에 가해지는 일이 없는 경우 유체의 속도, 압력, 위치에너지 사이의 관계를 나타낸 방정식이다. 마찰에 의한 에너지 손실이 없을 경우 위치·운동·압력 에너지는 일정하다.

29

정답 ①

오답분석

② 간접번지 : 대상 데이터의 기억 장소를 직접 지정하지 않고, 이 어드레스를 저장하고 있는 기억 장소의 어드레스를 지정하는 것이다.

③ 절대번지 : 주 메모리에는 미리 번지가 고정적으로 매겨져 있는데, 이것을 절대번지라고 한다.

④ 상대번지 : 절대번지에 대해서 별도로 지정한 번지를 기준으로 하여 상대적으로 나타낸 번지를 말한다.

⑤ 참조번지 : 임시적 상태 번지를 최종적 절대 번지로 변환시키는 데 사용되는 번지이다.

30

정답 ③

유전율이 서로 다른 유전체의 경계면에서 전속밀도의 수직(법선) 성분은 서로 같고 연속적이다($D_1\cos\theta_1=D_2\cos\theta_2$).

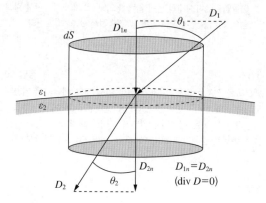

31

정답 ④

증폭기에서 부궤환을 하면 이득은 감소하지만 일그러짐을 완화할 수 있고, 이득의 변동을 억제하여 안정된 동작을 시킬 수 있다.

32

정답 ③

전자 결합회로에서 상호인덕턴스 $M=k\sqrt{L_1L_2}$ 이므로 자체 인덕턴스 L_2를 구하면 다음과 같다.

$M=k\sqrt{L_1L_2}$ → $\sqrt{L_1L_2}=\dfrac{M}{k}=\dfrac{10}{0.25}=40$

→ $L_1L_2=40^2=1,600$ → $L_2=\dfrac{1,600}{L_1}=\dfrac{1,600}{80}=20$

따라서 전자 결합회로에서 자체 인덕턴스 $L_2=20$mH이다.

33

정답 ②

전류는 1초당 단면을 지나가는 전하량을 나타낸 것으로 $I=\dfrac{Q}{t}$ 이다. 단면을 통과하는 자유 전자수는 지나가는 전하량을 1개의 전자 전하량으로 나눠주면 구할 수 있다.

따라서 이 단면을 1초 동안에 통과하는 전자수는 다음과 같다.

$$N=\frac{Q}{e}=\frac{I \times t}{e}=\frac{3 \times 1}{1.602 \times 10^{-19}} \fallingdotseq 1.87 \times 10^{19} \text{ 개}$$

34

정답 ②

• 처음의 정전용량 : $C_1=\dfrac{Q}{V}=\dfrac{Q}{\dfrac{Q}{4\pi\varepsilon_o}\left(\dfrac{1}{a}-\dfrac{1}{b}\right)}=\dfrac{4\pi\varepsilon_o ab}{b-a}$ [F]

(a : 안쪽 반지름, b : 바깥반지름, Q : 전하, ϵ_0 : 유전율)

• 반지름 5배씩 증가 후 정전용량

$$C_2=\frac{4\pi\epsilon_o \times 5a \times 5b}{5b-5a}=\frac{4\pi\epsilon_o 25ab}{5(b-a)}=\frac{25}{5} \times \frac{4\pi\epsilon_o ab}{b-a}=5\,C_1 \,[\text{F}]$$

따라서 안쪽과 바깥 반지름이 각각 5배로 증가시키면 처음 정전용량의 5배가 된다.

35

정답 ③

n비트의 저장공간이 부호화된 2의 보수에서 표현할 수 있는 범위는 $-2^{n-1} \sim (2^{n-1}-1)$을 통해 계산할 수 있다. 따라서 8비트로 표현할 수 있는 수의 표현 범위는 $-2^7 \sim (2^7-1) \rightarrow -128 \sim 127$이다.

36

정답 ①

오답분석

② ASK(진폭 위상 변조) : 2진수를 반송 주파수의 두 가지 다른 진폭에 의해 표현하는 방식으로, 펄스의 유무에 따라 특정 주파수의 사인파 진폭을 다르게 대응시킴으로써 변조한다.

③ FSK(주파수 편이 변조) : 반송파로 사용되는 정현파의 주파수에 정보를 실어 보내는 변조 방식이다.

④ PCM(펄스 부호 변조) : 송신측에서 아날로그 파형을 일단 디지털화하여 전송하고 수신측에서 그것을 다시 아날로그화 함으로써 아날로그 정보를 전송하는 방식이다.

⑤ FDM(주파수 분할 다중) : 입력 정보 파형이 주어진 주파수대역 내에 있을 때, 이것을 변조하여 조금씩 주파수를 추이시켜 서로 중복되지 않게 하나의 전송로에서 다수의 통신을 동시에 행하는 다중화 방식이다.

37

정답 ④

R－L직렬회로에서 $t=0$일 때 직류전압 $E=100$V를 인가할 때, 흐르는 전류는

$$i(t)=\frac{E}{R}(1-e^{-\frac{R}{L}t})=\frac{100}{20}(1-e^{-\frac{20}{100}t})=5(1-e^{-\frac{1}{5}t}) \text{ 이다.}$$

38

정답 ①

외부자계와 자성체가 직각을 이룰 경우 감자율이 $N=1$이다.

자성체 자계

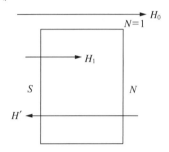

$$H_1=H_0-H'=H_0-N\frac{J}{\mu_0}=H_0-N\frac{\chi H_1}{\mu_0}$$

$$\rightarrow H_1\left(1+N\frac{\chi}{\mu_0}\right)=H_0$$

$$\rightarrow H_1=\frac{H_0}{1+N\dfrac{\chi}{\mu_0}}=\frac{H_0}{1+N\dfrac{\mu_0(\mu_r-1)}{\mu_0}}$$

$$=\frac{H_0}{1+N(\mu_r-1)} [\text{AT/m}]$$

따라서 자화의 세기는 $J=\chi H$이고, 자화율 $\chi=\mu_0(\mu_r-1)$과 자성체 자계 $H_1=\dfrac{H_0}{1+N(\mu_r-1)}$ 를 대입하면,

$$J=\chi H_1=\frac{\mu_0(\mu_r-1)H_0}{1+N(\mu_r-1)}=\frac{H_0\mu_0(\mu_r-1)}{1+N(\mu_r-1)} [\text{Wb/m}^2]$$

39

정답 ④

중첩의 정리에 따라 정전압원이 단락되었을 때 저항에 걸리는 전압 $V_1=IR=0 \times 7=0$V, 정전류원이 개방되었을 때 걸리는 전압 $V_2=IR=\dfrac{8}{7} \times 7=8$V이다. 따라서 정전압원과 정전류원이 동시에 있을 때 걸리는 전압 $V=V_1+V_2=0+8=8$V이다.

40 정답 ③

페르미 – 디락 분포함수에서 $E = E_f$ 일 경우 온도에 상관없이 확률 $f(E) = \frac{1}{2}$ 이다.

페르미 – 디락 통계

양자 계에서 금속 안에 자유전자 농도가 높기 때문에 이 전자들은 파울리 배타원리에 따르고, 에너지(E)와 페르미 에너지(E_f) 크기에 따라 에너지 준위내에 전자가 존재할 확률 분포함수[$f(E)$] 값이 다르다.

$$f(E) = \frac{1}{1 + e^{\frac{E - E_f}{KT}}}$$